古玉圖譜

（第二册）

UESTCP

电子科技大学出版社

第二册目録

古玉圖譜
四

宋淳熙敕編古玉圖譜第十四冊

古玉百乳璧 一

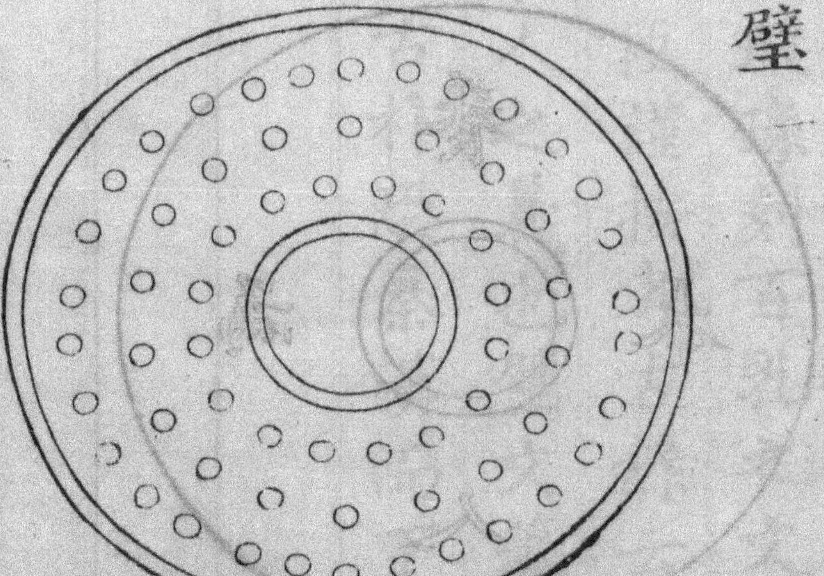

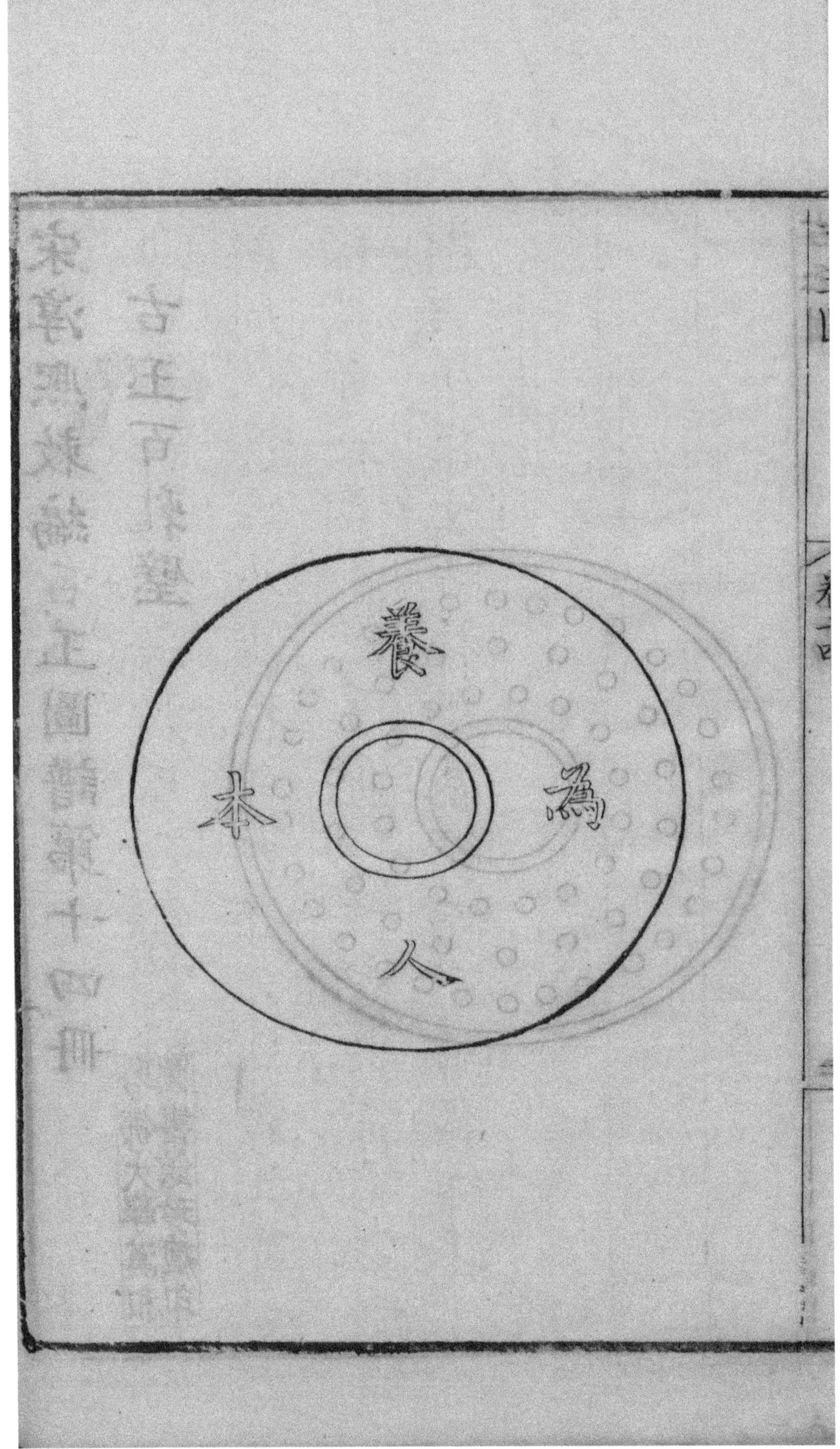
養人為本

右璧圓徑一尺二寸好徑四寸厚四分六厘
玉色瑩白無瑕瑑刻百乳之文制作古朴有
商周之遺風臣謹按考古錄云凡器之著以
枚乳者取養人之義也璧文著此亦有祖於
斯説乎儀文古朴恐秦漢而下無容作此

斯說乎儀文古樸恐秦漢而下無容作此

校孔音取義入之義也蓋文意亦有祖於

商周之遺風故證據考古錄云凡器之著以

玉色瑩白無瑕精緻而百乳之文制作古樸有

古璧圍徑一尺二寸好徑四寸厚四分六厘

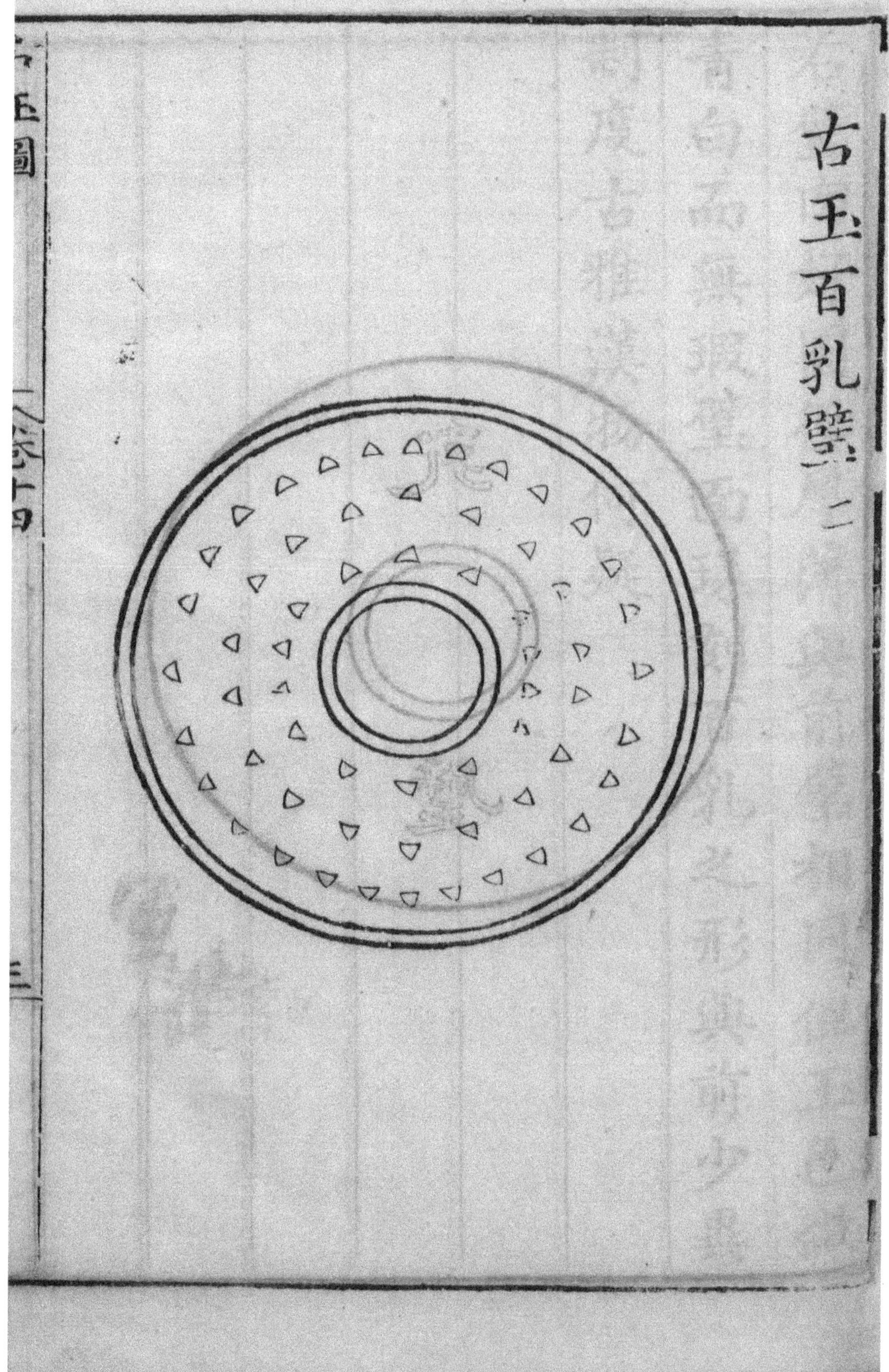

古玉百乳璧二

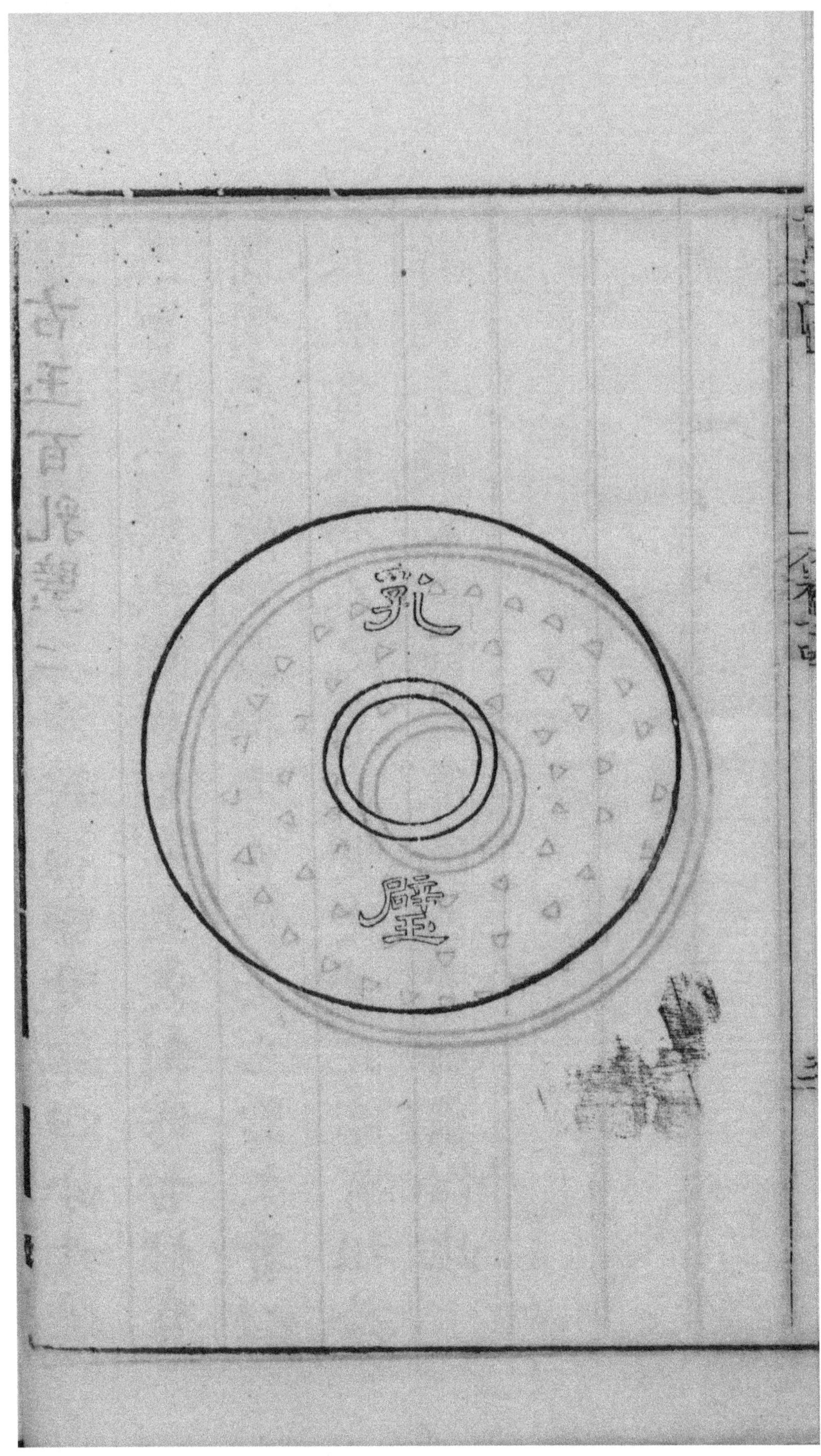
乳
璧

右璧肉好圓徑厚薄與前璧相同但玉色微青白而無瑕璧面瑑刻百乳之形與前少異制度古雅漢物何疑

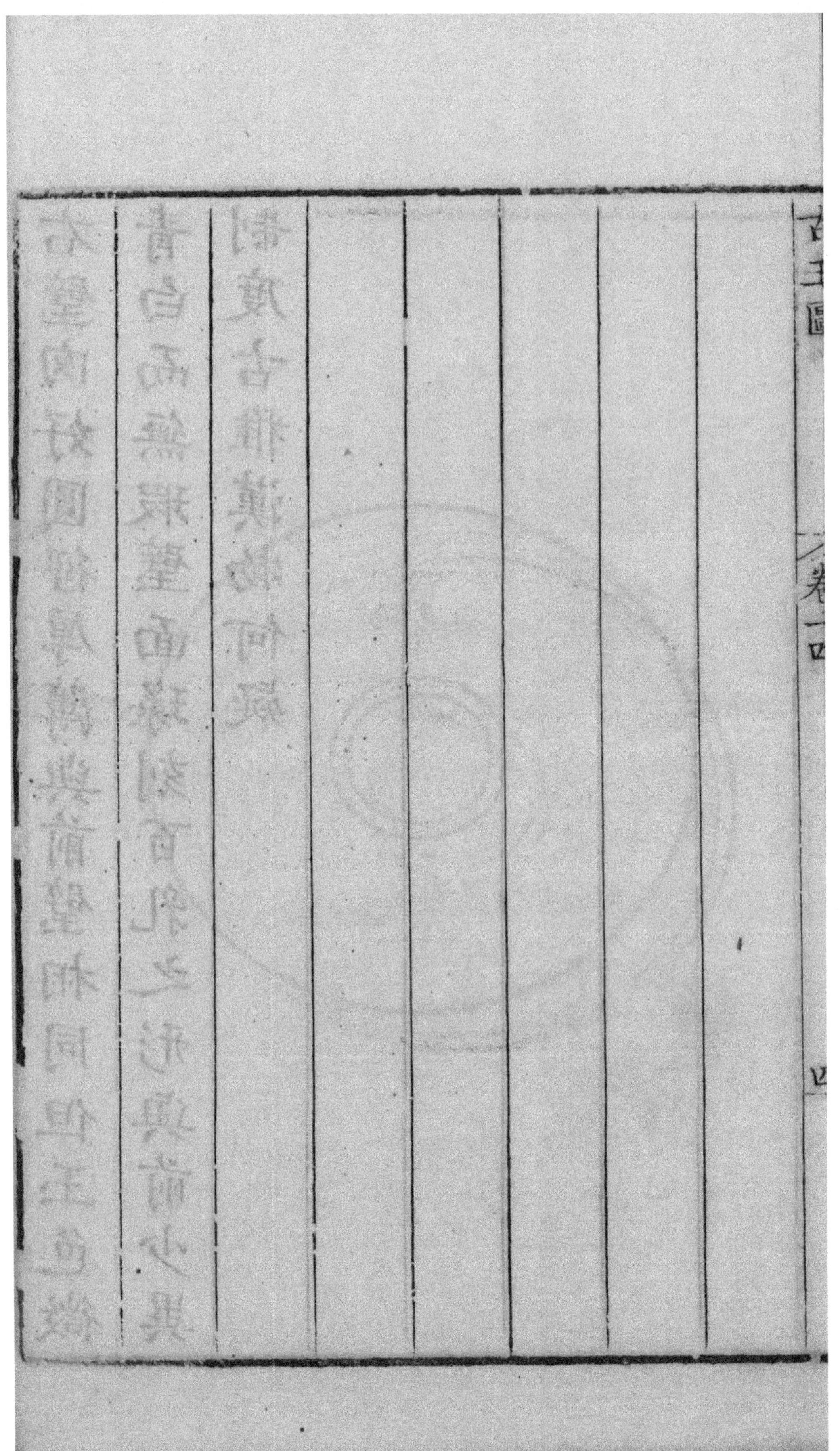

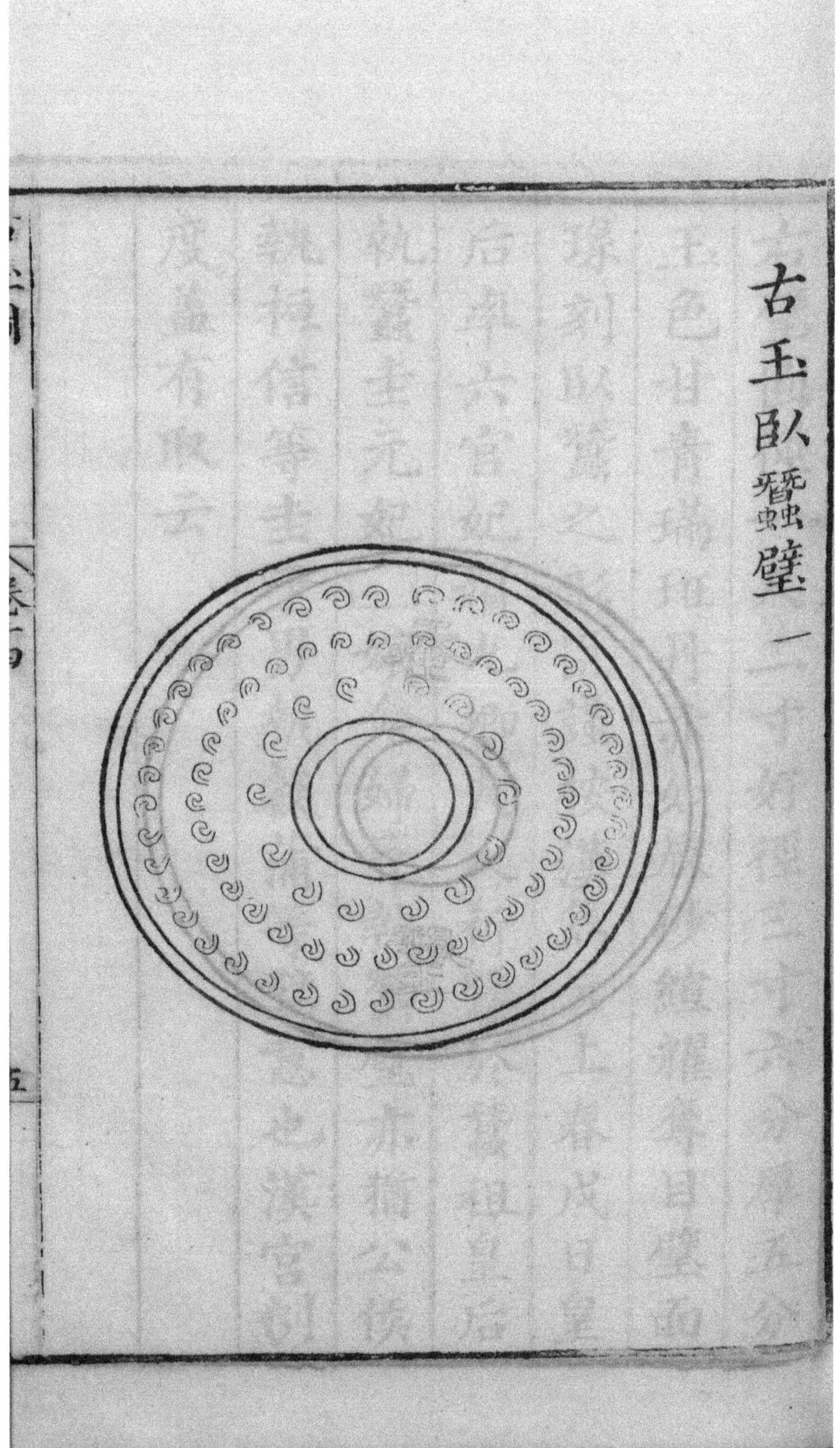

古玉臥蠶璧一

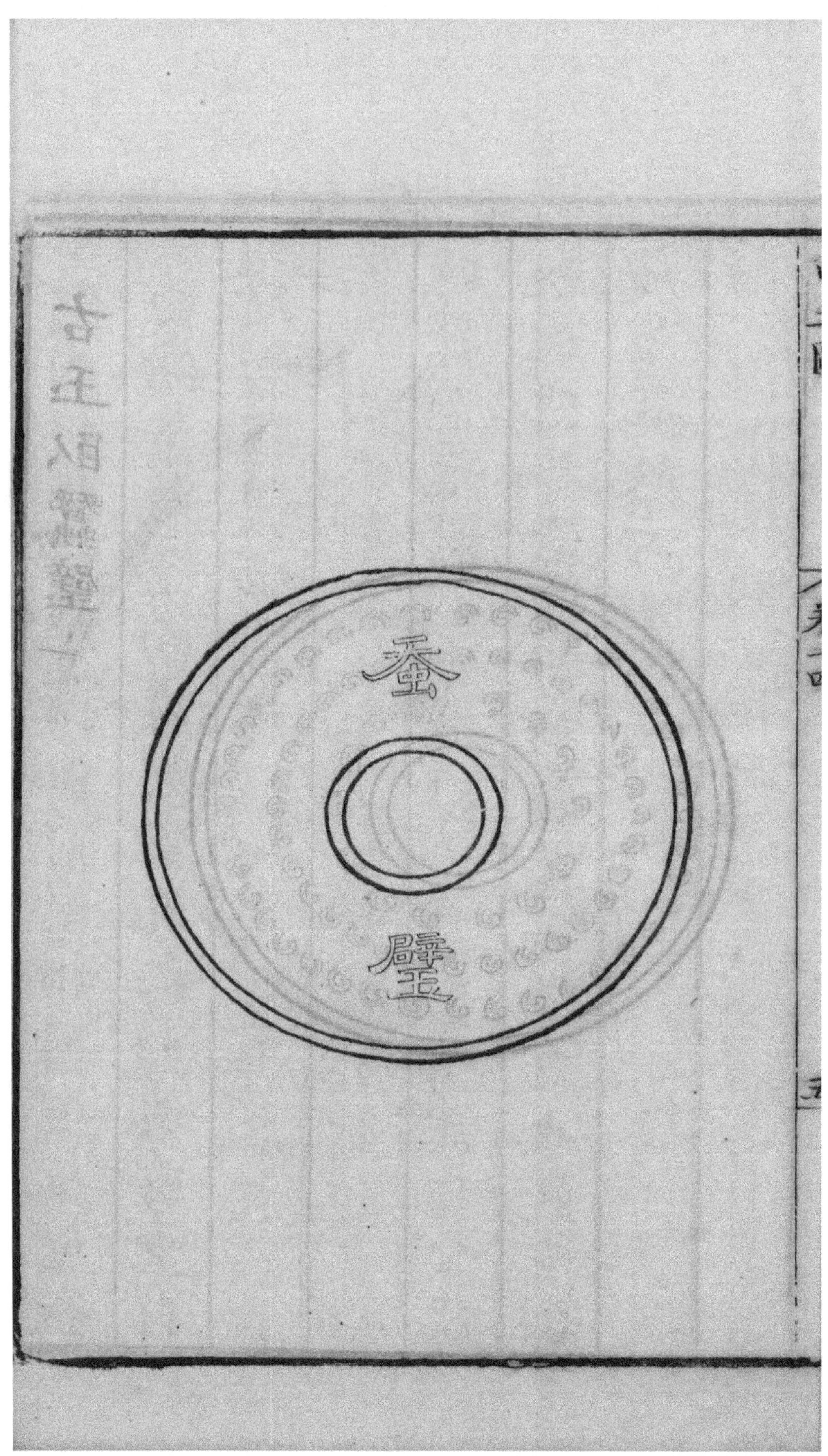
蒼
璧

右璧圓徑一尺二寸好徑三寸六分厚五分玉色甘青璊斑丹赤如辰砂絢耀奪目璧面瑑刻臥蠶之形臣謹按漢雋云上春戊日皇后率六宮妃嬪九卿夫人祈蠶於蠶祖皇后執蠶圭元妃□嬪命婦等執蠶璧亦猶公侯執桓信等圭子男執穀蒲等璧意也漢宮制度蓋有取云

度盡有取云

執桓信等圭子男執穀蒲等璧意也漢官制

執鎮圭元妃□嬪命婦等執瓊璧赤璋公侯

后率六宮妃嬪九御夫人所居次蠶祖皇后

孫劉以蠶之禮臣謹按漢儀云上年八日皇

玉色甘青蒲斑明赤如夜明瑩遍身自然面

右璧圓徑一尺三寸好徑三寸六分厚五分

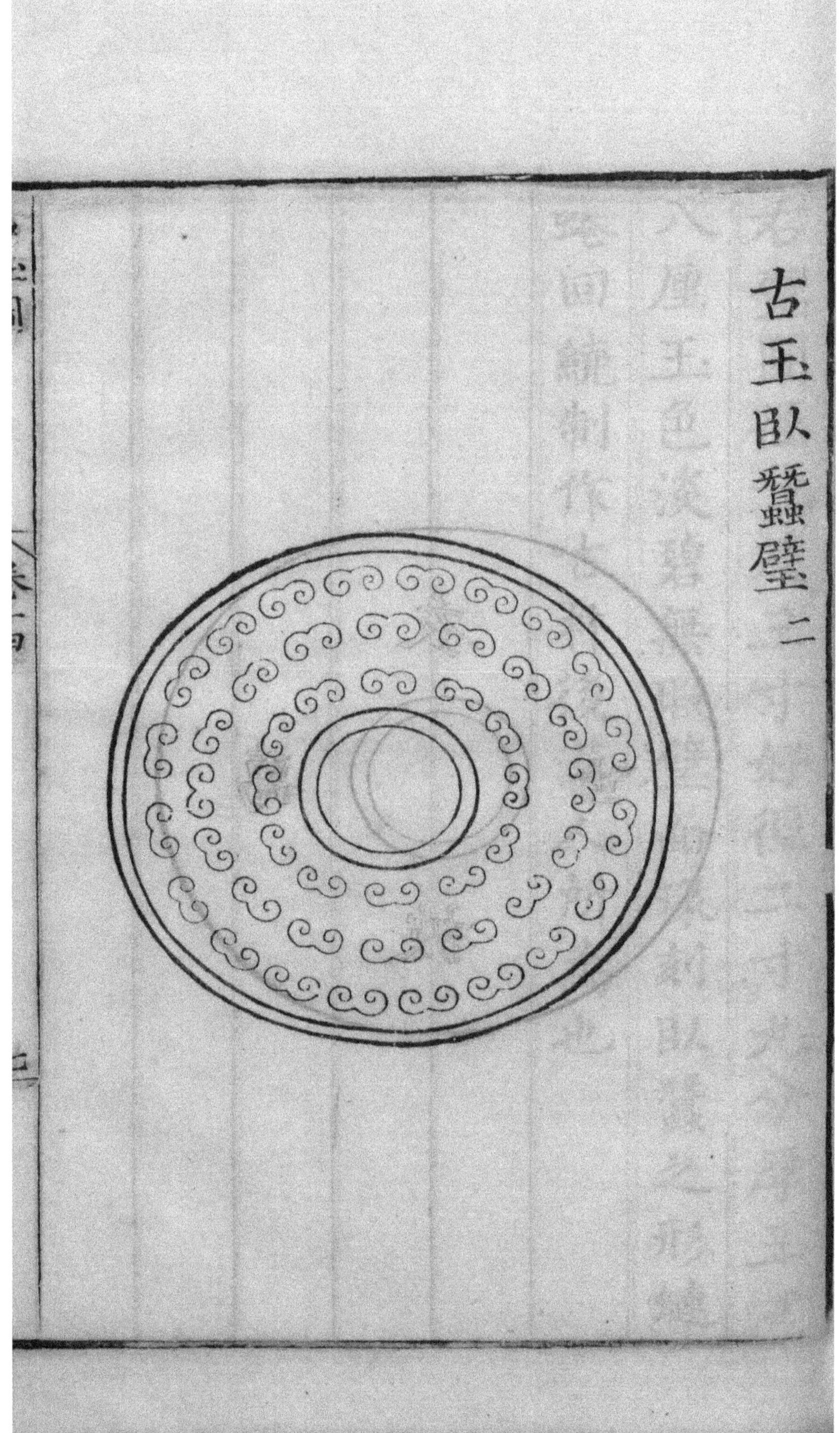

古玉臥蠶璧 二

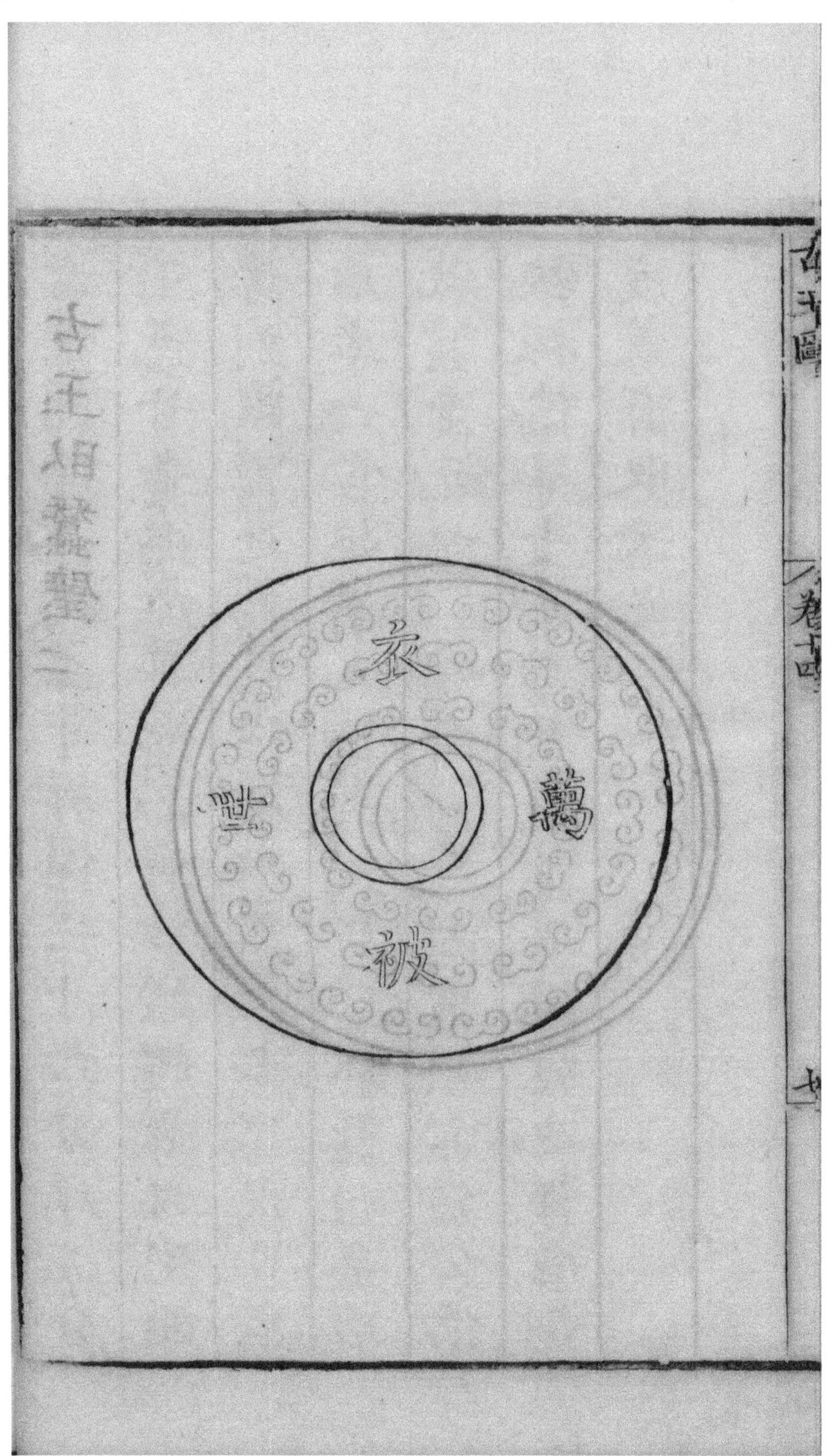
衣
被
萬
世

右璧圓徑一尺三寸好徑二寸九分厚三分八厘玉色淡碧無瑕璧面瑑刻臥蠶之形螭蜷回繞制作古朴後漢人所為也

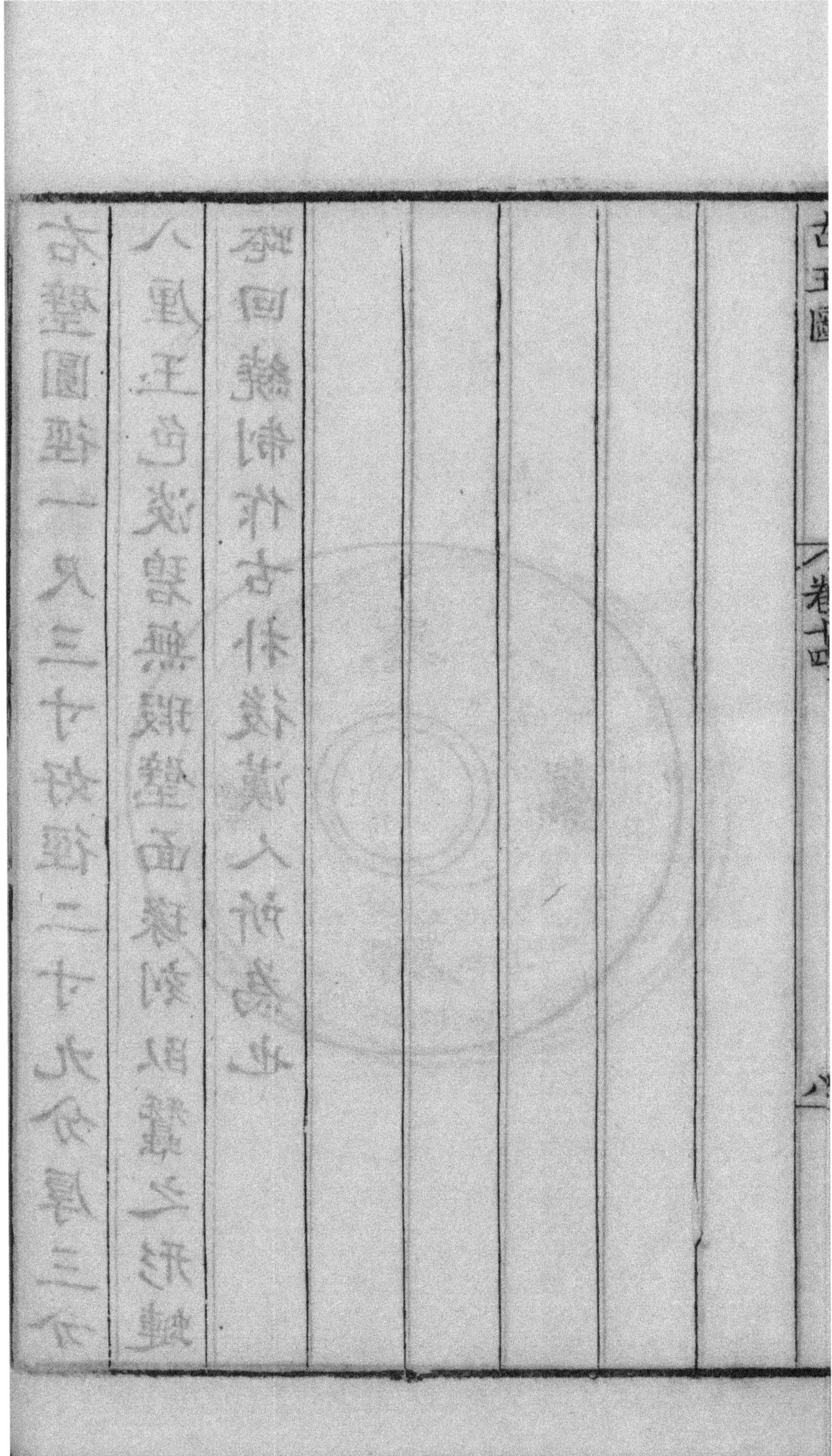

古玉臥蠶璧 計二字

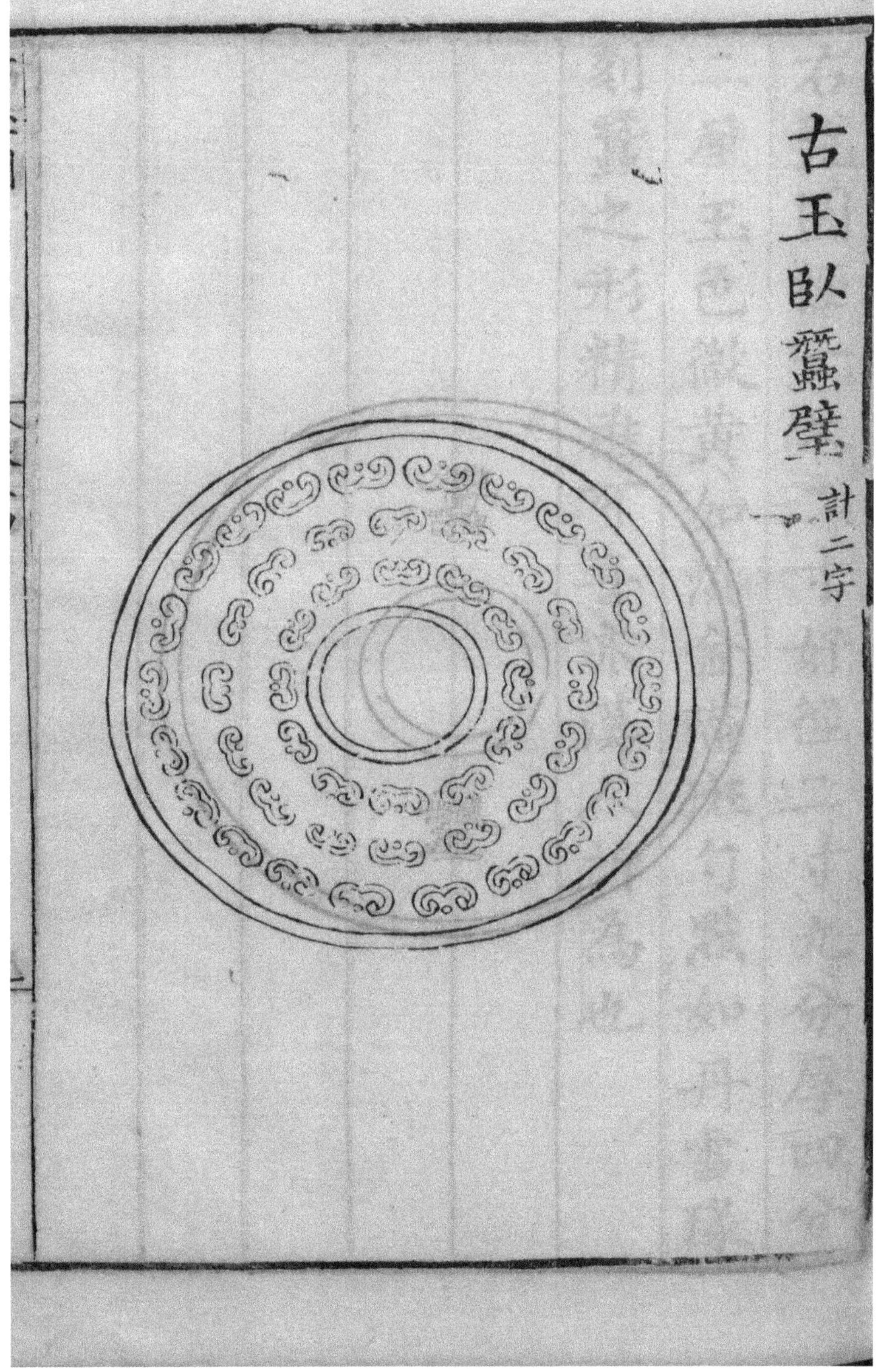

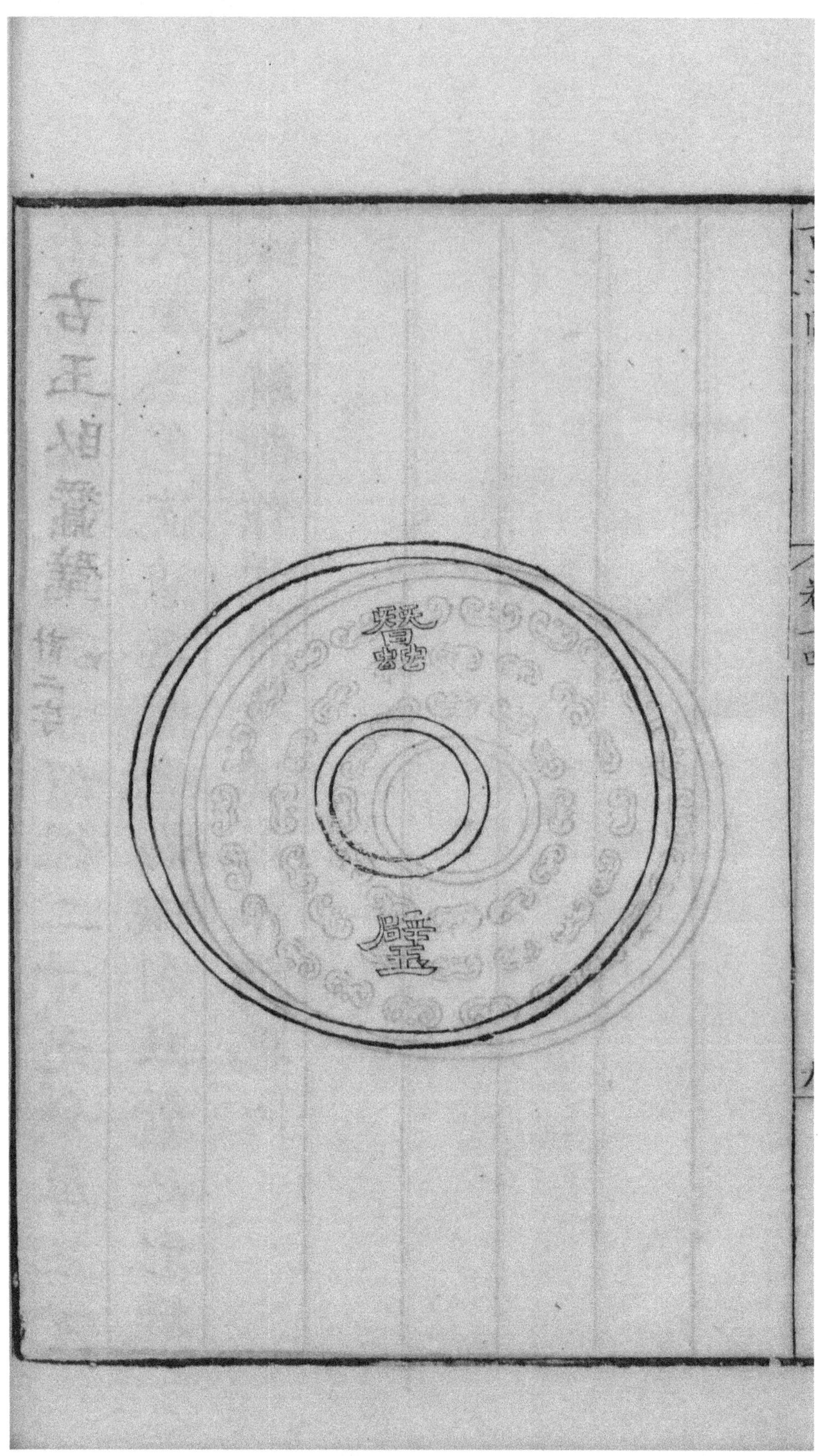

右璧圓徑一尺二寸好徑二寸九分厚四分二厘玉色微黃如淡金璊斑勻點如丹雪瑑刻蠶之形精雅可喜亦漢人所為也

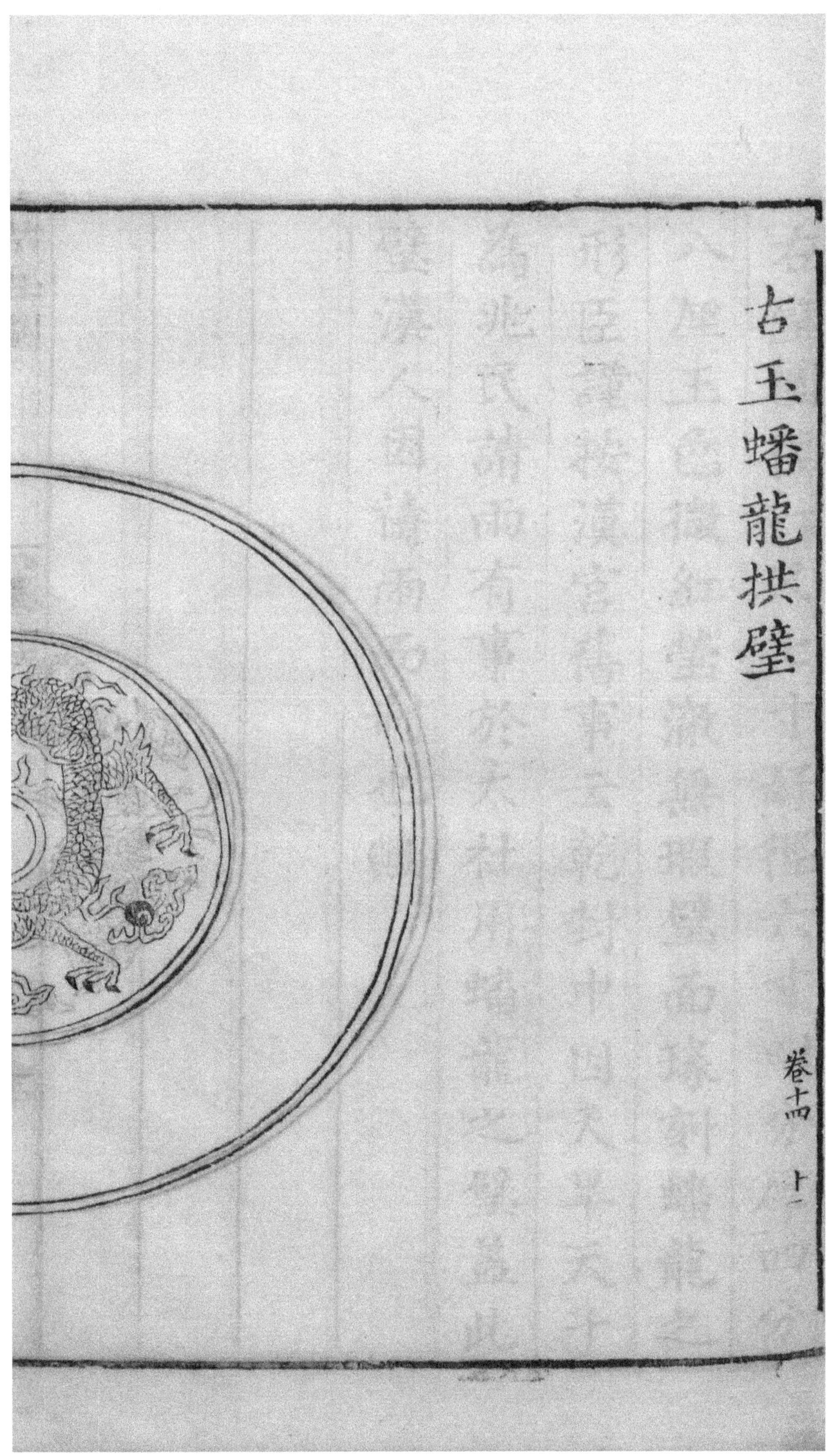

古玉蟠龍拱璧

右璧圓徑一尺七寸好徑六寸四分厚四分

八厘玉色微紅瑩澈無瑕璧面瑑刻蟠龍之

形臣謹按漢宮舊事云乾封中因天旱天子

爲兆民請雨有事於太社用蟠龍之璧盖此

璧漢人因禱雨而制也歟

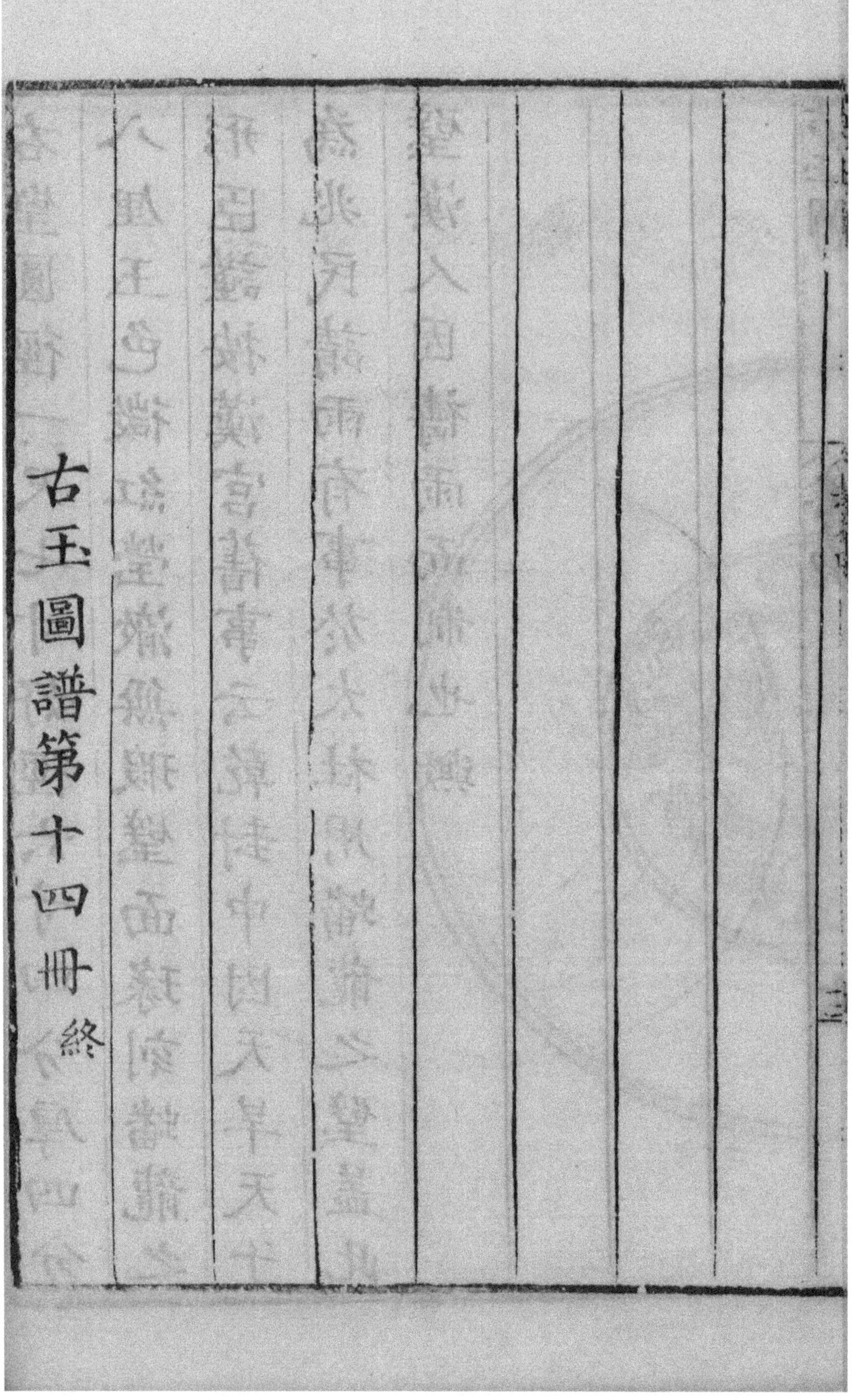

古玉圖譜第十四冊終

宋淳熙敕編古玉圖譜第十五冊

古玉蟠螭如意璧

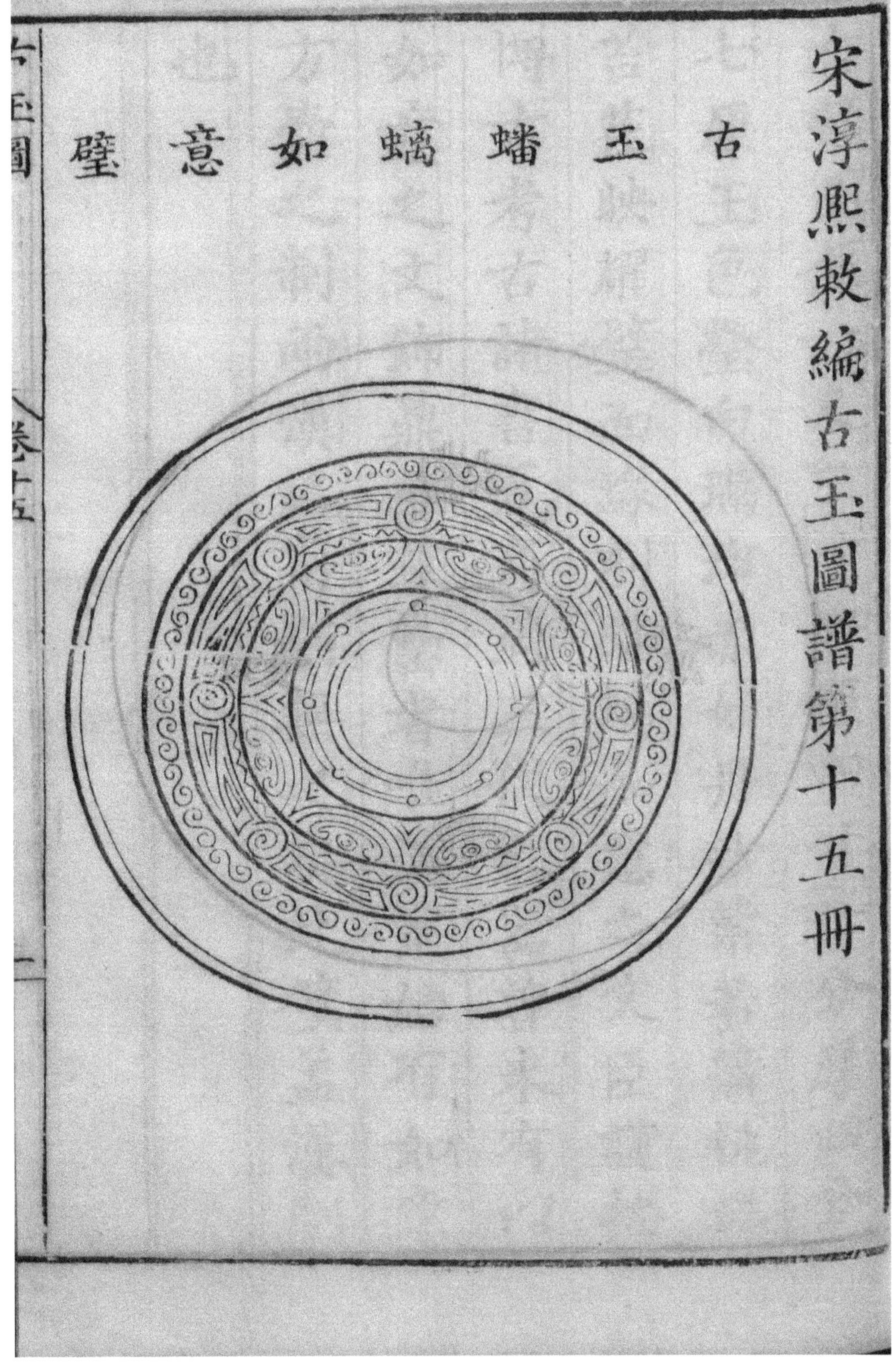

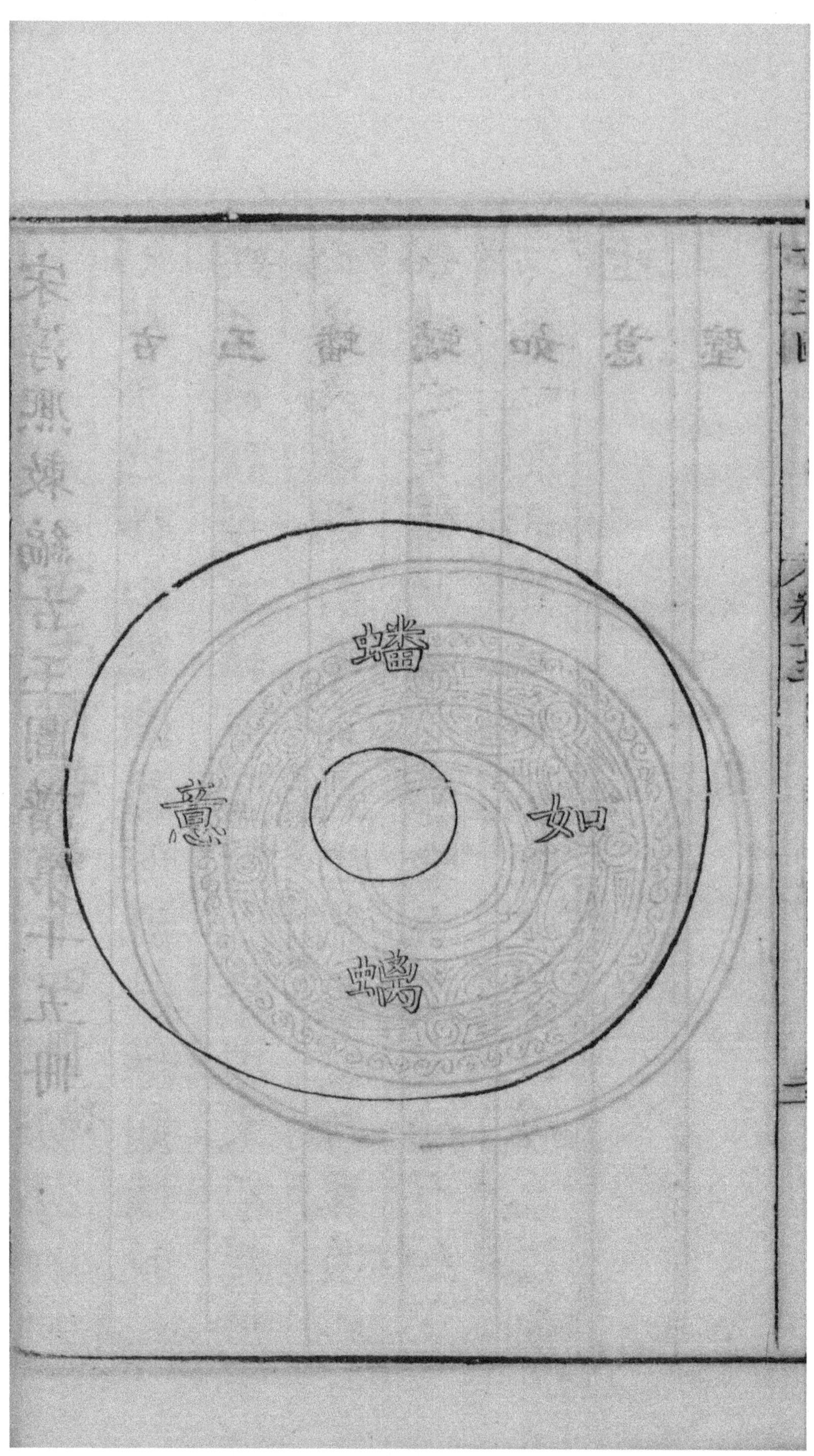

蟠
如
螭
意

右璧圓徑一尺三寸好徑四寸一分厚四分七厘玉色瑩白璊斑赤如丹砂紫若蒲桃與菭花映耀璧面瑑刻蟠螭如意之文臣謹按博古考古諸書夏商周三代之器曾未有以如意之文飾鼎彝尊罍者唯漢室始有如意方壺之制兩漢已前則無之矣此璧蓋漢制也

右璧圖徑一尺三寸好徑四寸一分厚四分
大[illegible]玉色瑩白[illegible][illegible]赤如丹砂紫若蒲桃色
[illegible]化映耀璧面[illegible][illegible][illegible][illegible]如[illegible]之文[illegible][illegible][illegible]
傳古考古諸書夏商周三代之器曾未有以
如意之文飾鼎彝尊罍者惟漢室始有如是
方壺之制兩漢已前絕無之矣此壺盛漢制
也

古玉長宜子孫璧

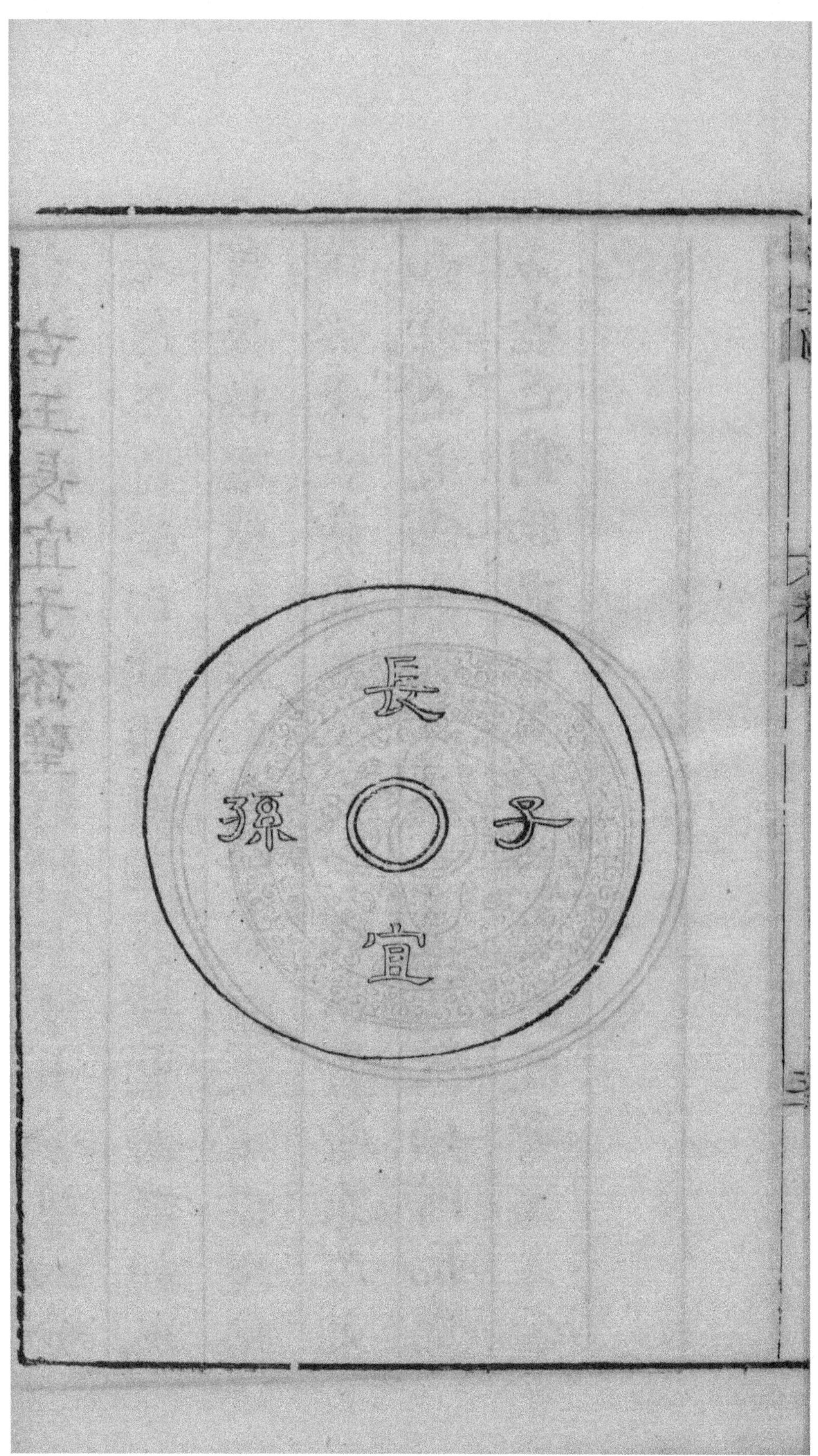
長
子
宜
孫

右璧圓徑一尺一寸好徑二寸七分厚四分玉色甘青璊斑毫無鮮澈可愛璧面瑑刻風雲異鳥連珠如意之文中有四篆字曰長宜子孫臣觀夏商周三代之器未有此等之文而飾器者唯漢人飾鏡乃與此璧相同此璧蓋漢已前物也

右璧圓徑一尺一寸好徑三寸七分厚四分
玉色甘青瑞斑真古無鮮澈可愛璧面隱起刻鳳
環異鳥連珠如意之文中有四篆字曰長宜
子孫愚觀夏商周三代之器未有此等之文
而飾器者唯漢人飾鏡乃與此璧相同此璧
盖漢已前物也

古玉蟠螭璧

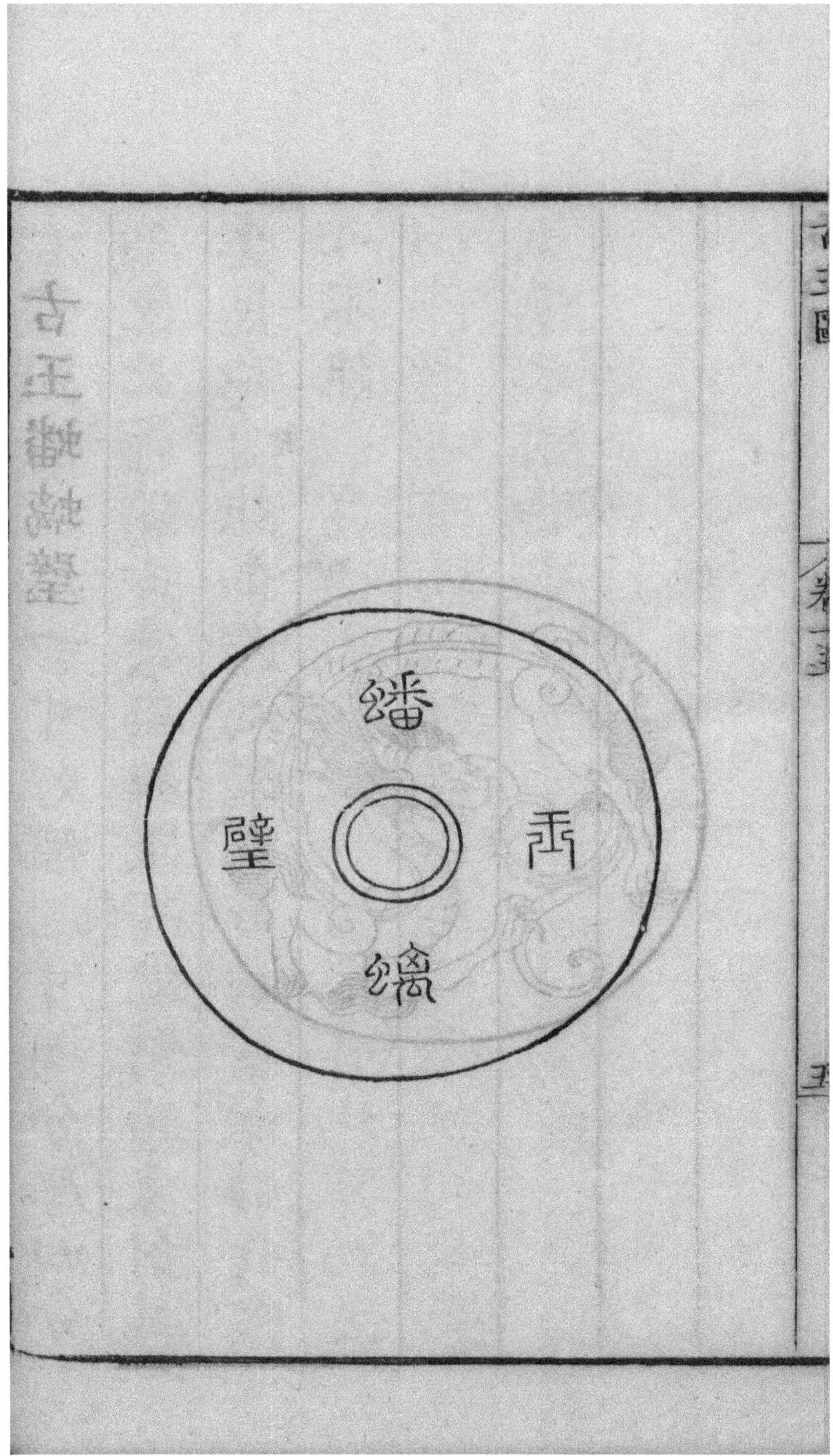

右璧圓徑一尺四寸好徑三寸八分厚四分二厘玉色甘黃無瑕而璧面瑑刻螭文高而疊起蜿蜒如生而螭體微紅酣酣如醉非漢人不能

古玉蟠雲連珠璧

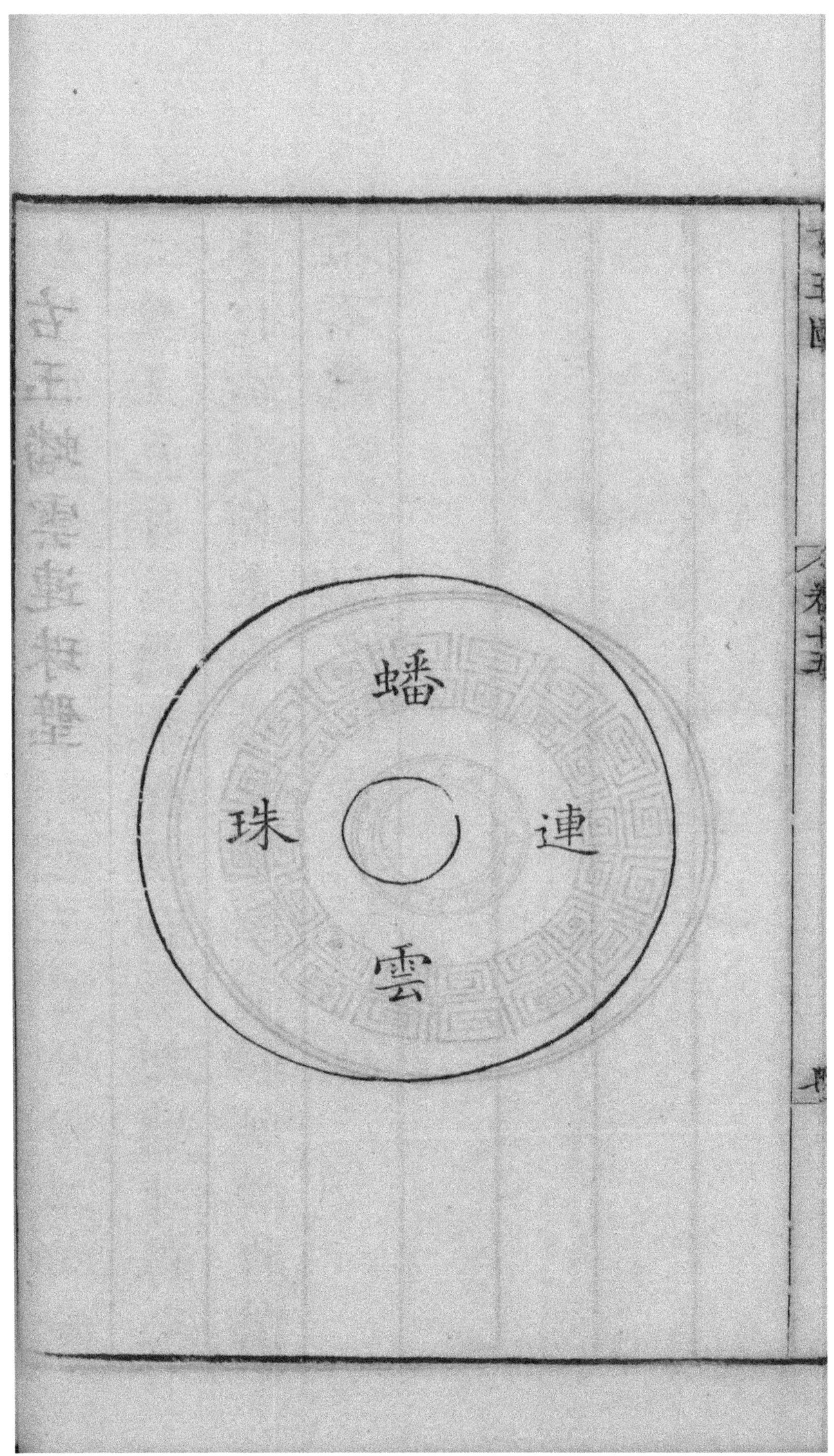
蟠
連
雲
珠

右璧圓徑一尺一寸好徑三寸一分厚四分二厘玉色翠碧無瑕璧面瑑刻蟠雲連珠之文臣觀夏商周三代之器多有蟠雲連珠飾器者此璧近似之必漢已前物也

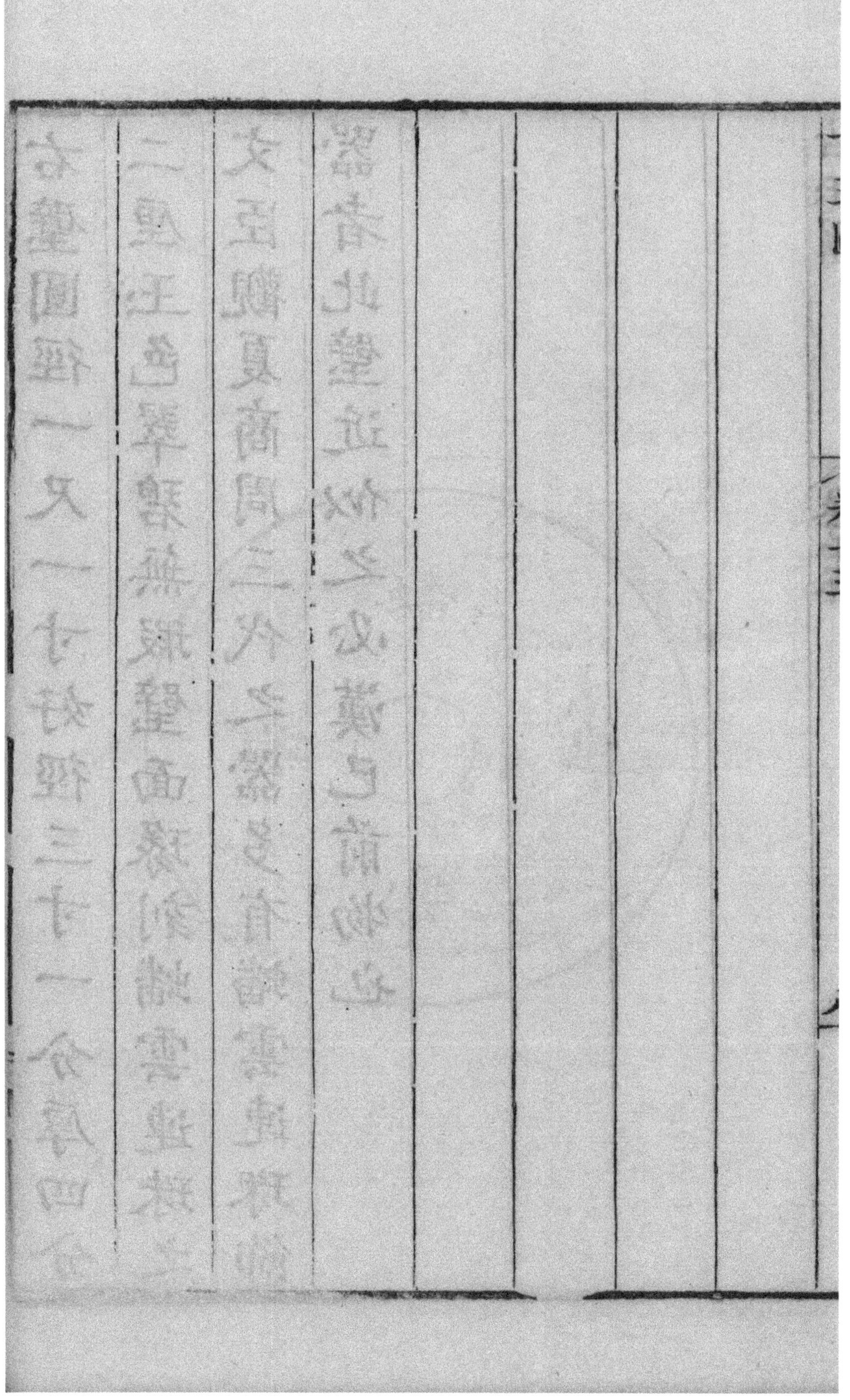

古玉穀璧

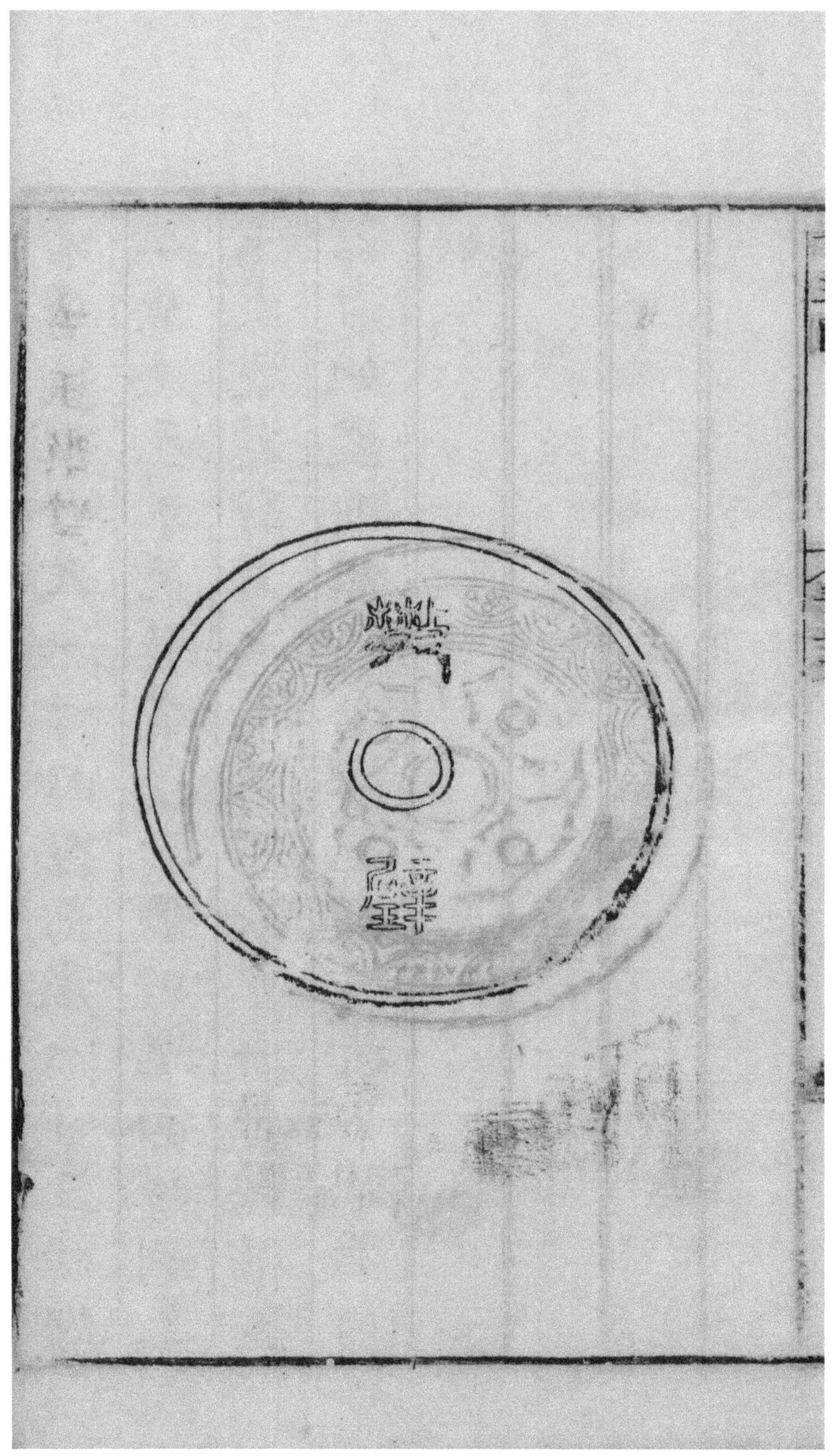

右璧圓徑一尺三寸六分好徑三寸三分厚四分六厘玉色甘青瑩澈無瑕璧面琢刻星宿之象璧背有篆文二曰散璧臣謹按祭義祭星曰散取布散之義也制作奇古周器何疑

古玉蟠虬璧

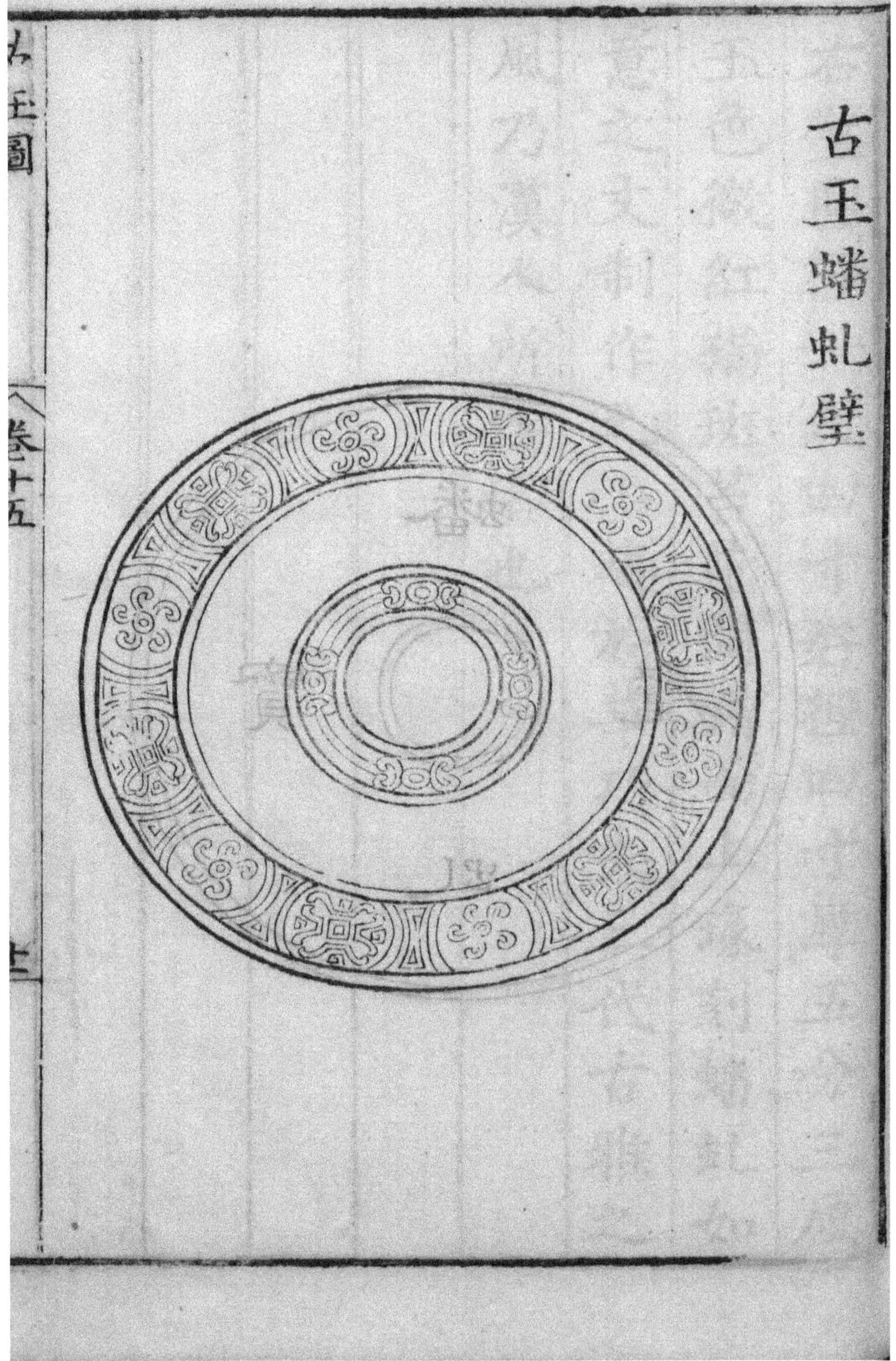

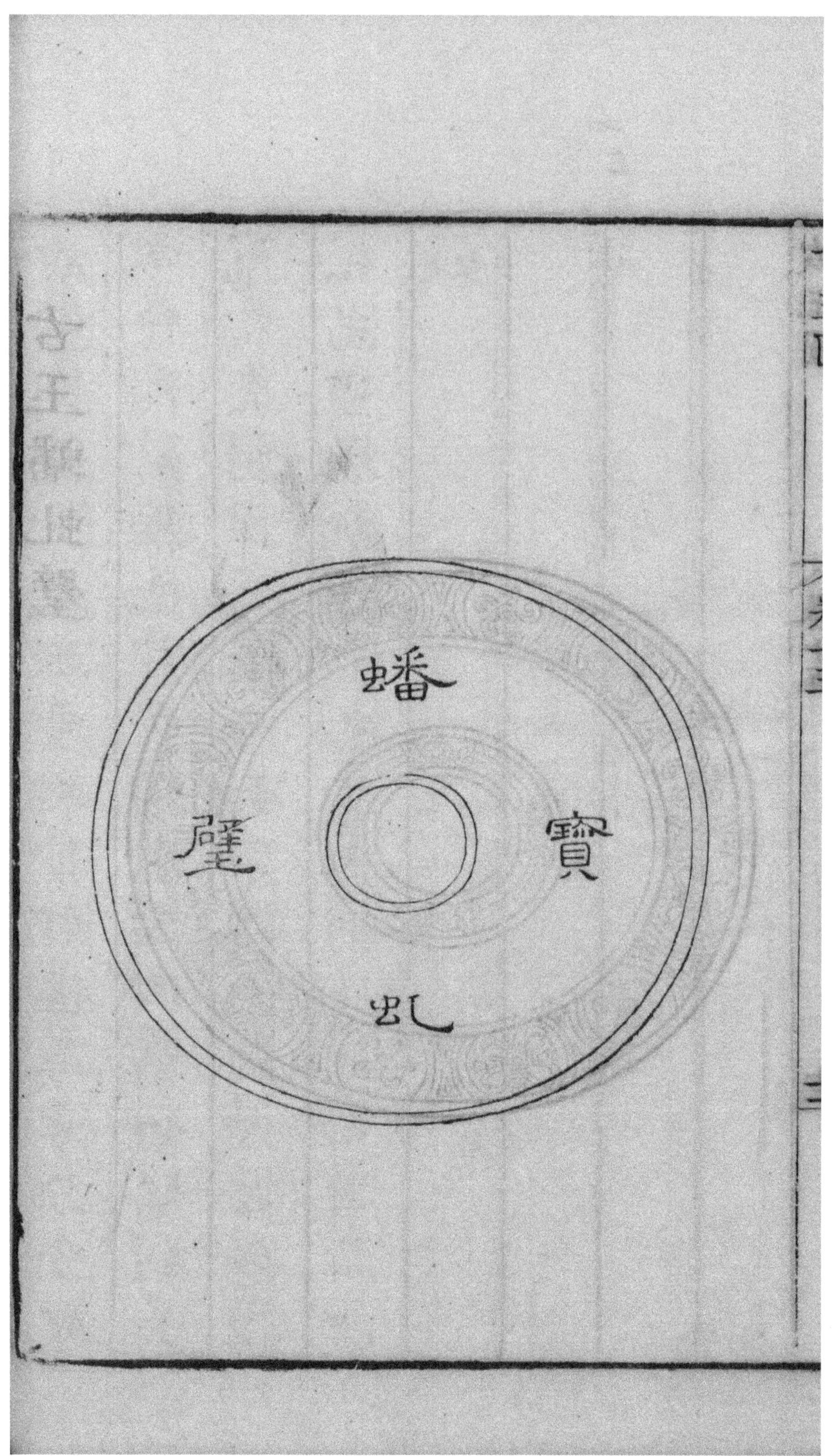
蟠
寶
璧
虬

右璧圓徑一尺四寸好徑四寸厚五分三厘玉色微紅璊斑苔花間錯面上瑑刻蟠虬如意之文制作之工趨於華巧失三代古雅之風乃漢人所為者也

宋淳熙敕編古玉圖譜第十五冊終

宋淳熙敕編古玉圖譜第十六册

古玉乾璧

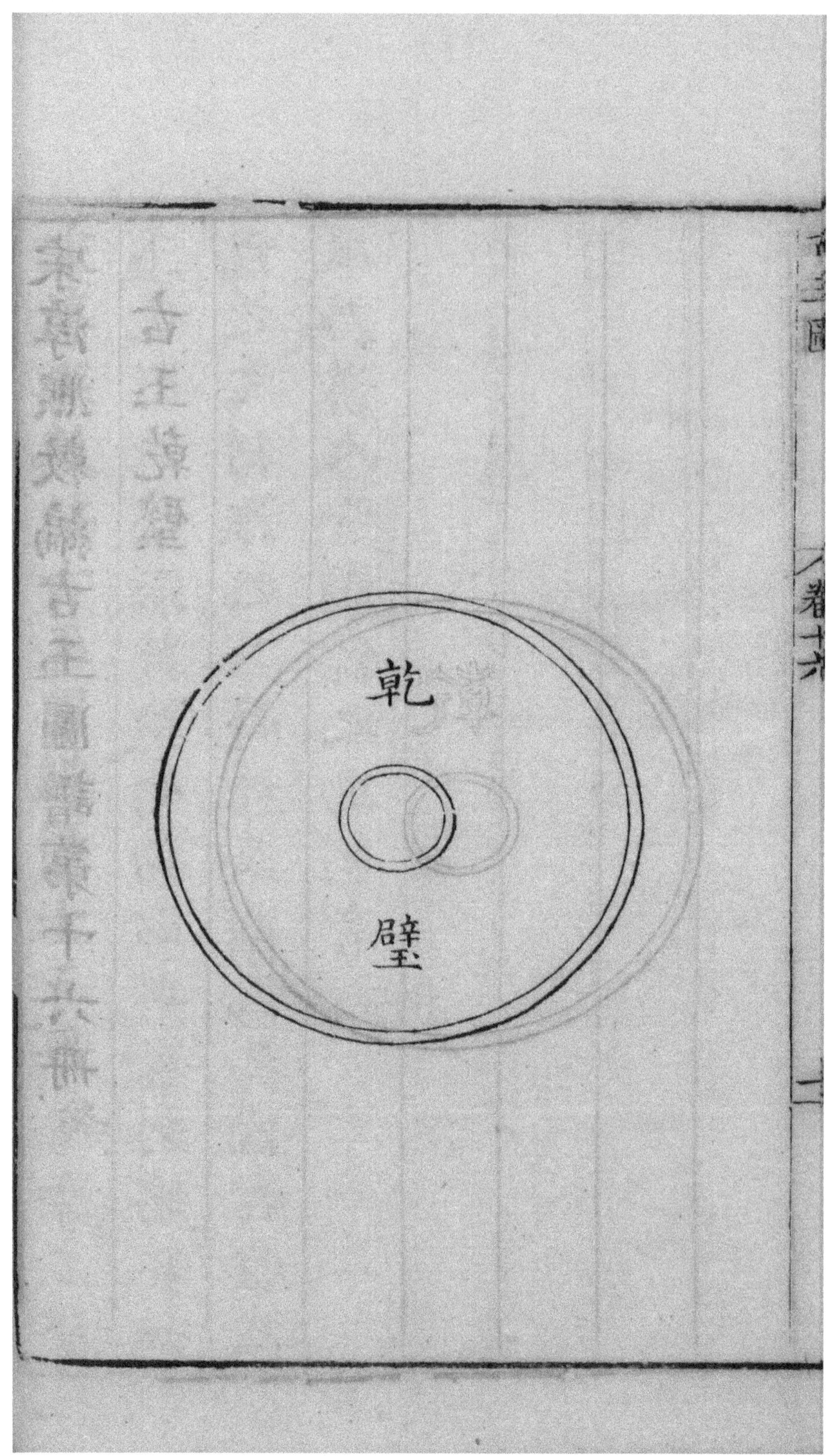
乾
璧

右璧圓徑九寸九分好徑二寸四分厚五分

玉色甘青瑩澈無瑕璧面瑑刻篆文乾字一

臣謹按禮經云蒼璧禮天璧為之器刻以乾

字其義合宜漢儒之酌制者也

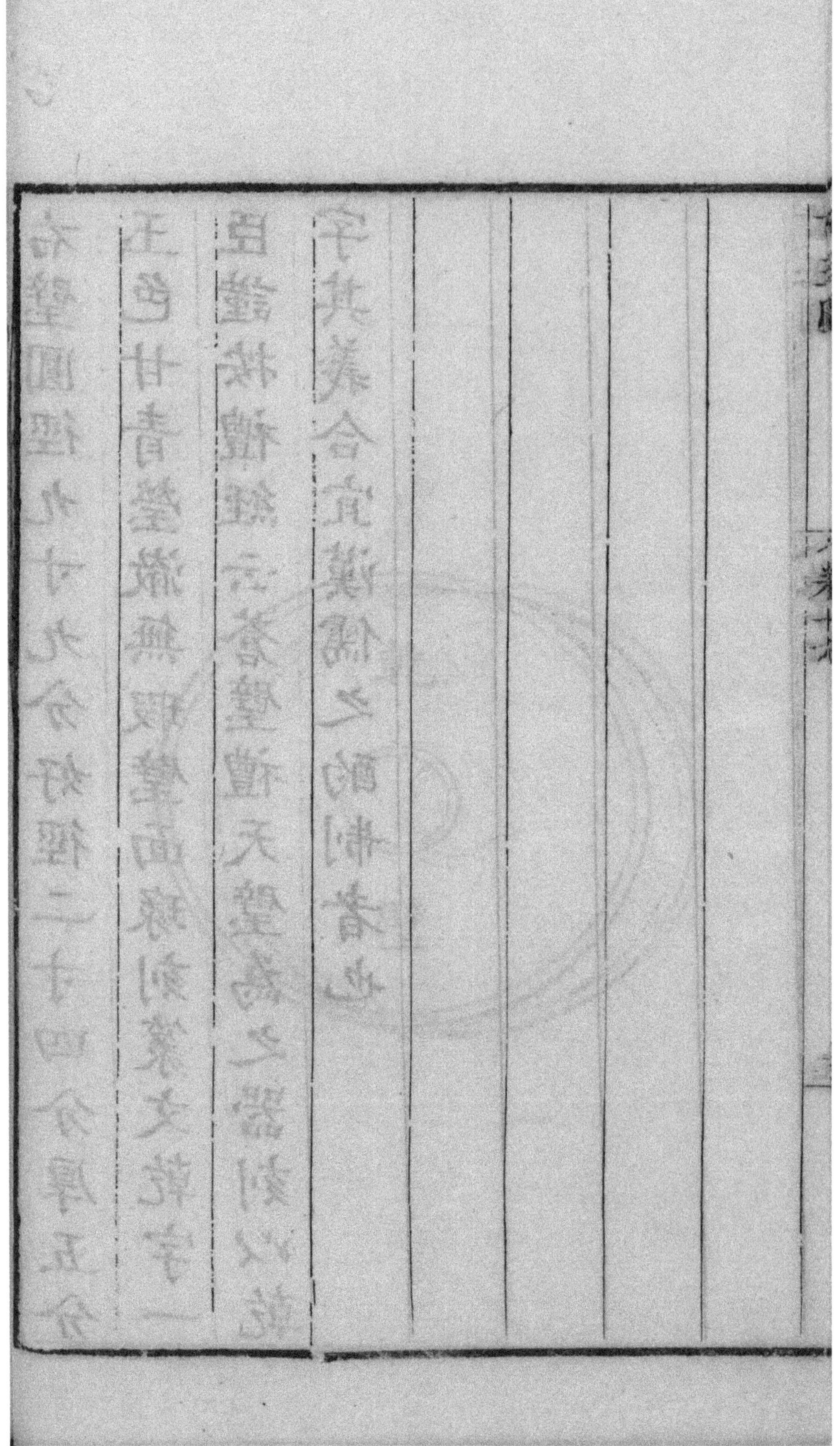

字其義合宜漢儒之所制者也

臣謹按禮經所著璧禮天璧為之器刻以乾

玉色甘青瑩澈無瑕雙面琢刻穀文乾字一

右璧圍徑九寸九分好徑二寸四分厚五分

古玉乾璧二

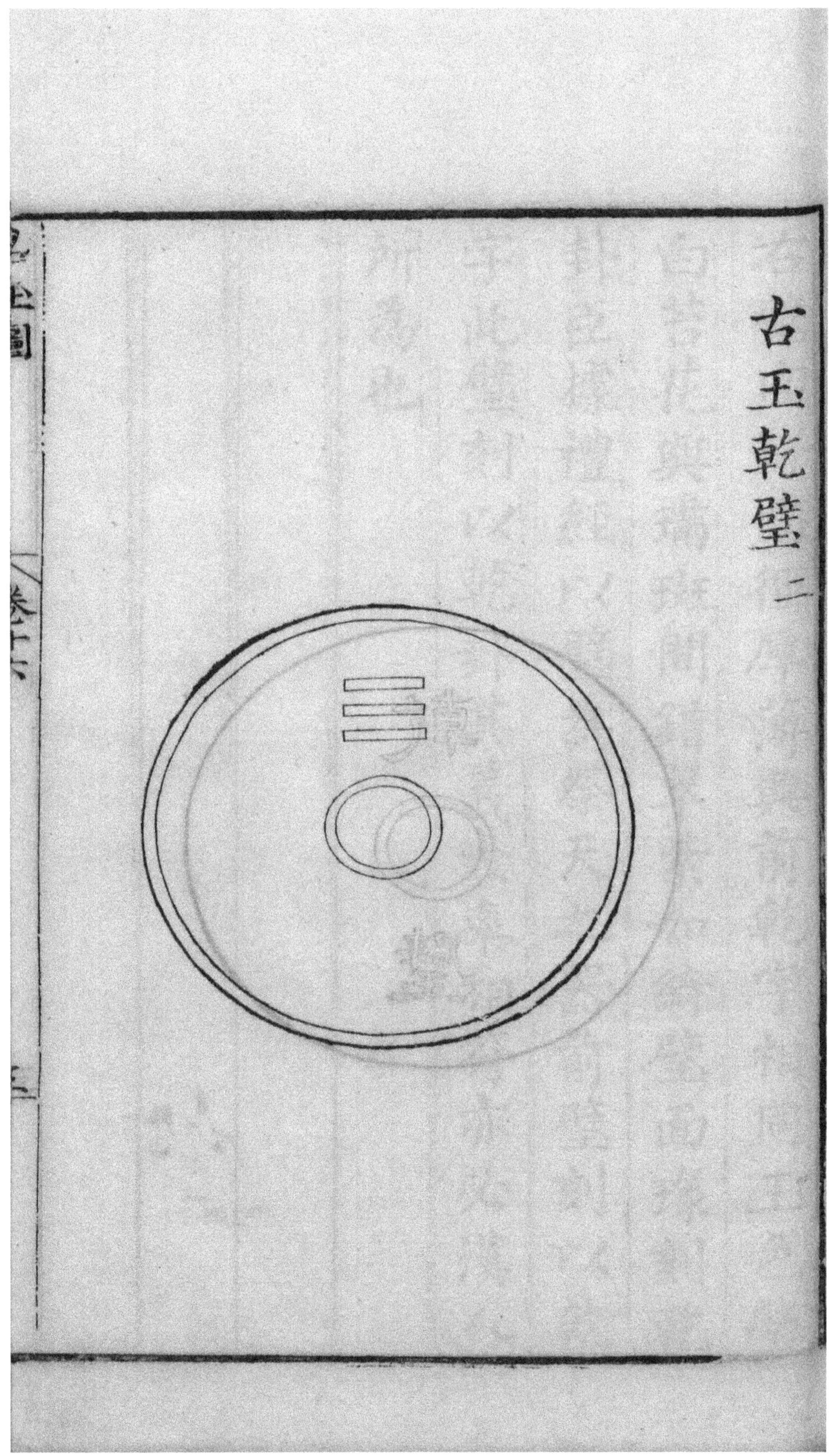

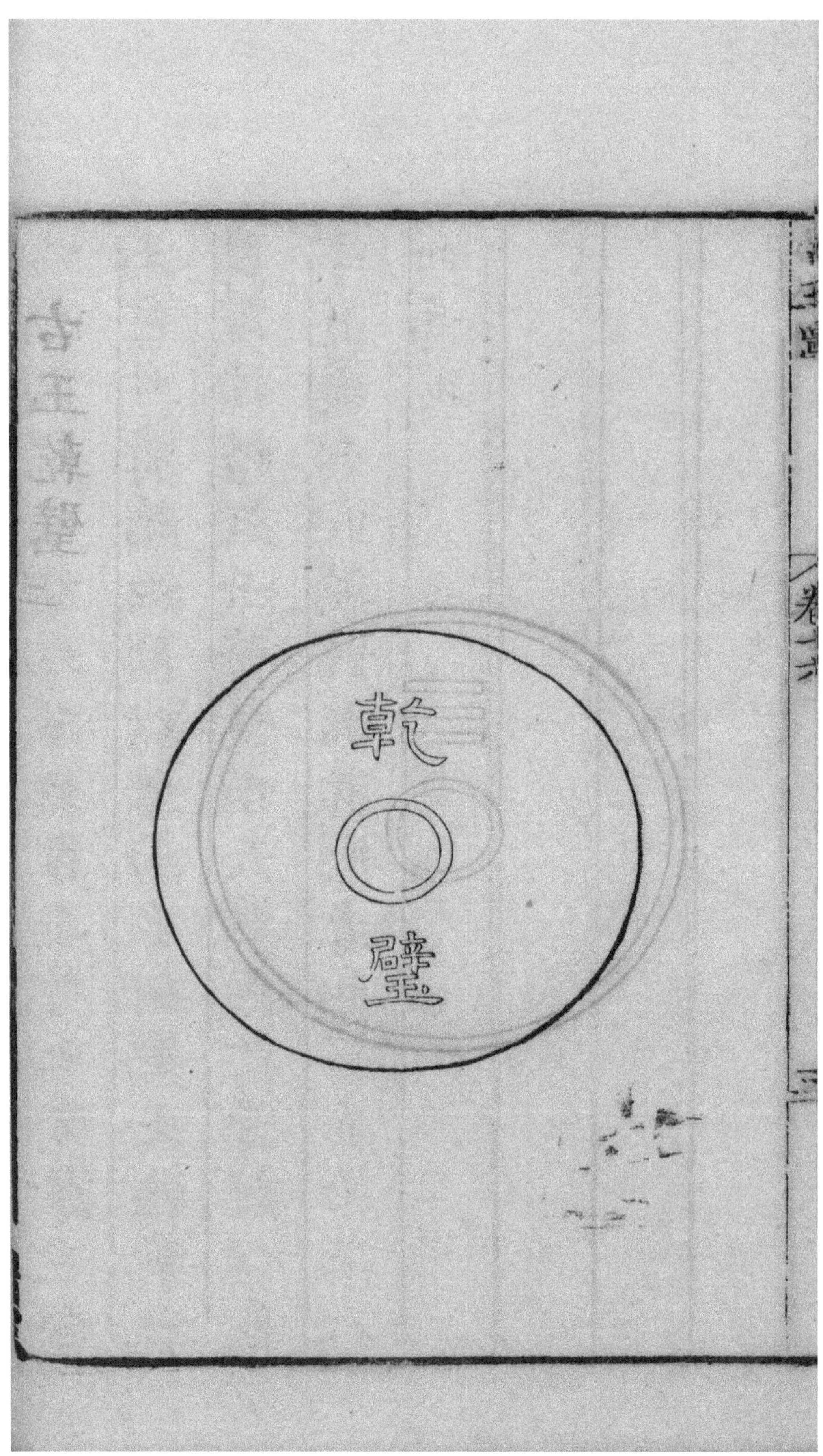
乾
璧

右璧肉好圓徑厚薄與前乾字相同玉色瑩白菩花與璊斑間錯翠紫如綺璧面瑑刻乾卦臣據禮經以璧爲祭天之器前璧刻以乾字此璧刻以乾卦其義大率相符亦必漢人所爲也

古玉雲雷璧

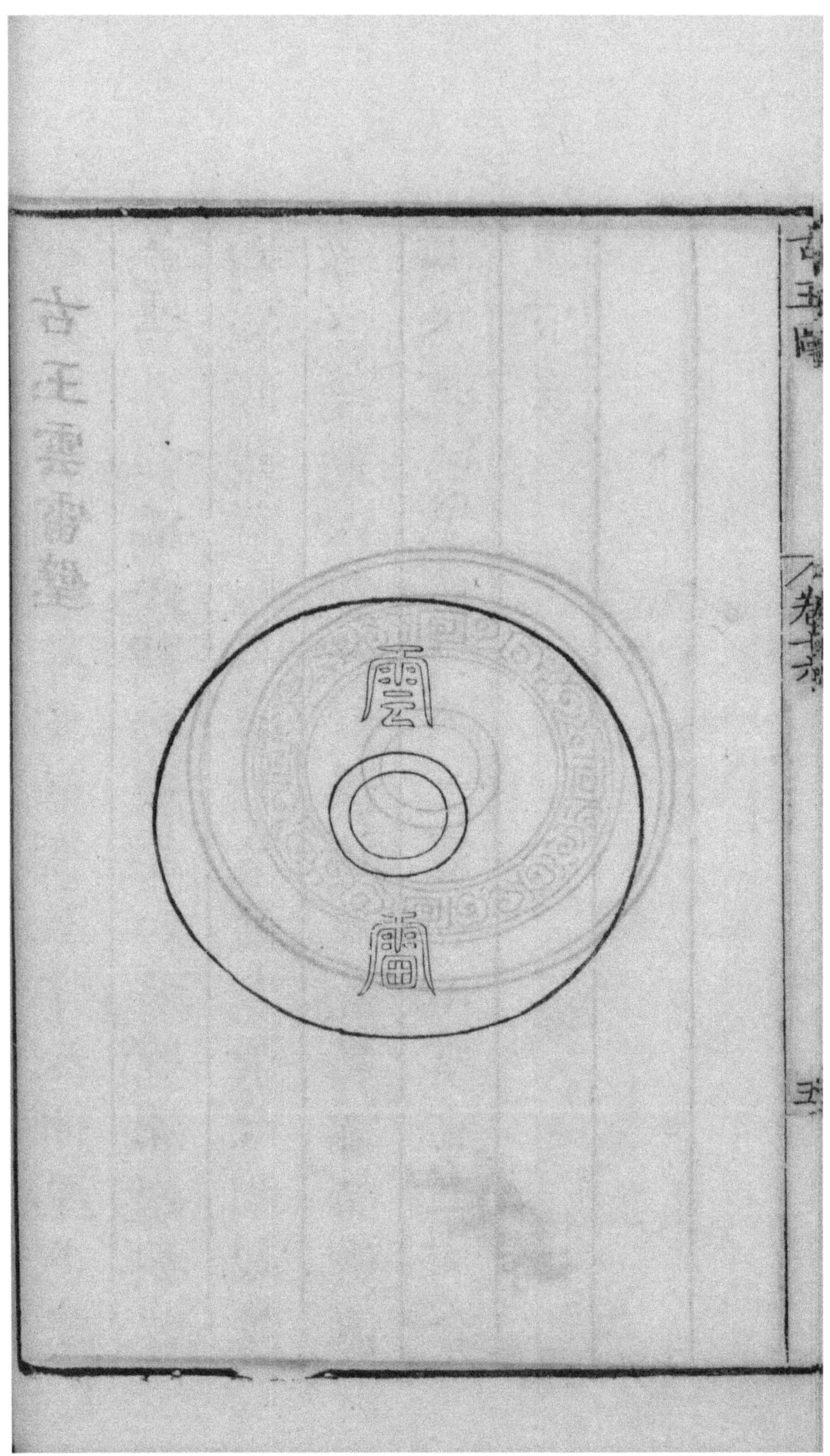
雲
雷

右璧圓徑一尺二寸好徑三寸三分厚四分三厘玉色翠碧璊斑丹黃如錦熣燦奪目璧面瑑刻雲雷之文臣謹按博古圖云凡器之着以雲雷文者取能澤物之義也雲雷雨澤上天所施璧爲祭天之器刻以雲雷之文合其宜矣

其宜矣

上天所施璽者祭天之器刻以雲雷之文合

青以雲雷文者取能霈物之義也雲雷雨澤

西瑑刻雲雷之文臣謹按博古圖云凡器之

三鳳玉色翠碧璘斑間黄如錦雜爛奪目瑩

右璧圓徑一尺二寸好徑三寸三分厚四分

古玉坤元璧

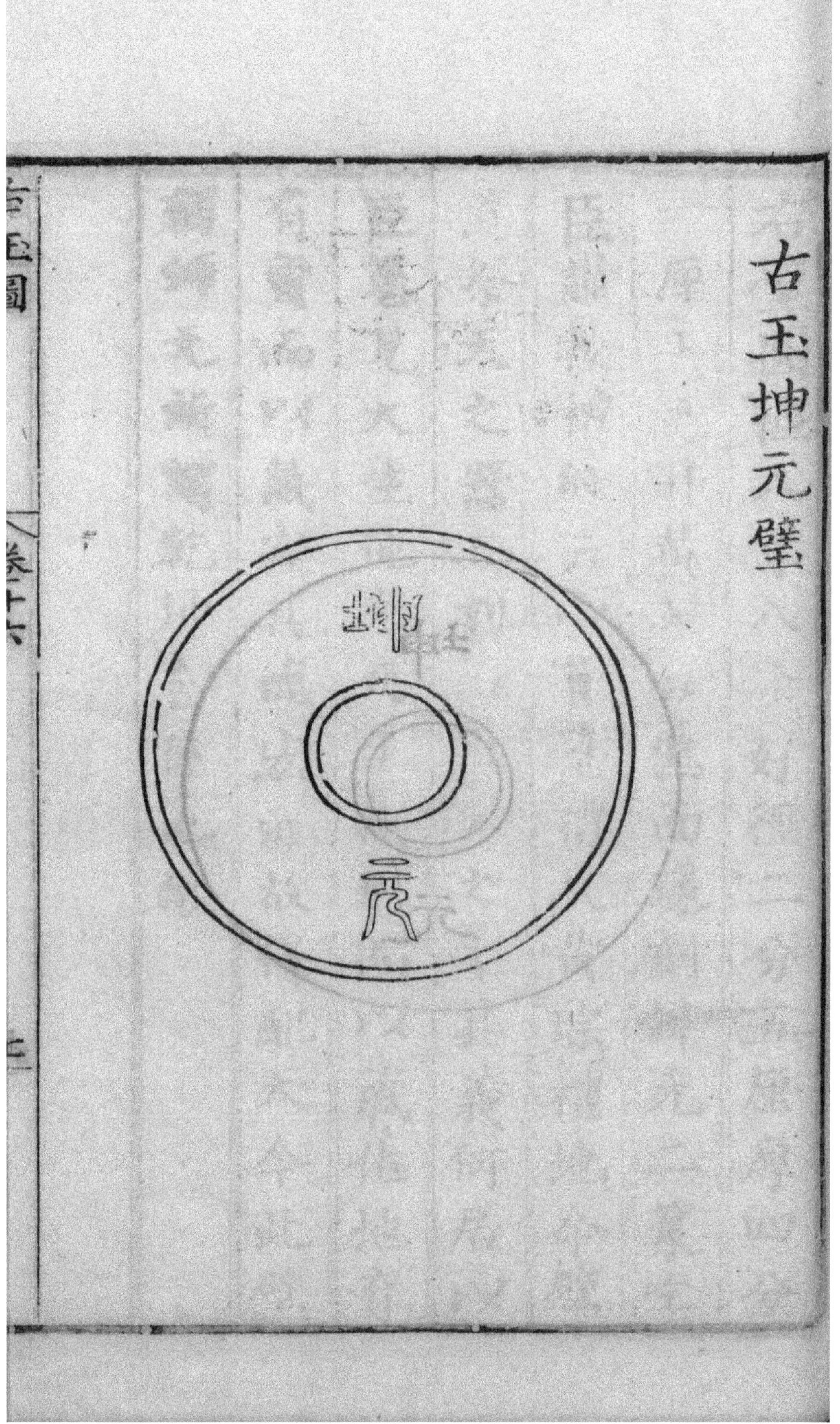

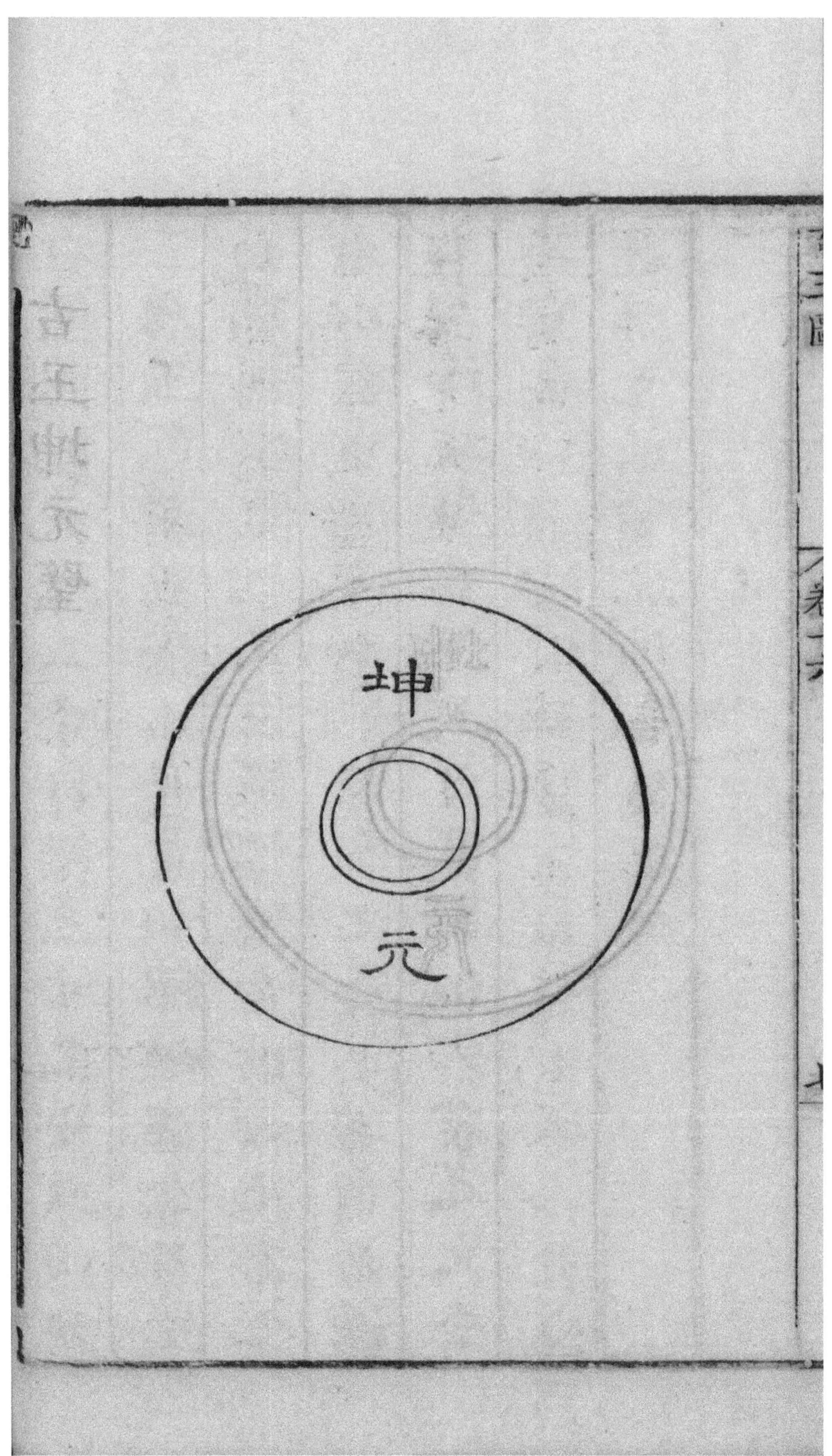
坤
元

右璧圓徑八寸八分好徑二分五厘厚四分

一厘玉色廿黄[illegible][illegible]璧面瑑刻[illegible]元二篆字

臣謹按禮緯云以蒼璧禮天黄琮禮地今璧

以祭天之器而刻以乾元之字其義何居以

臣愚見大生地者天生無形而以氣化地育

有質而以氣宣其蘊宏[illegible]故得配天今此璧

[illegible][illegible]兖新蠲乾坤合德地[illegible]

古玉山河璧
古玉圖

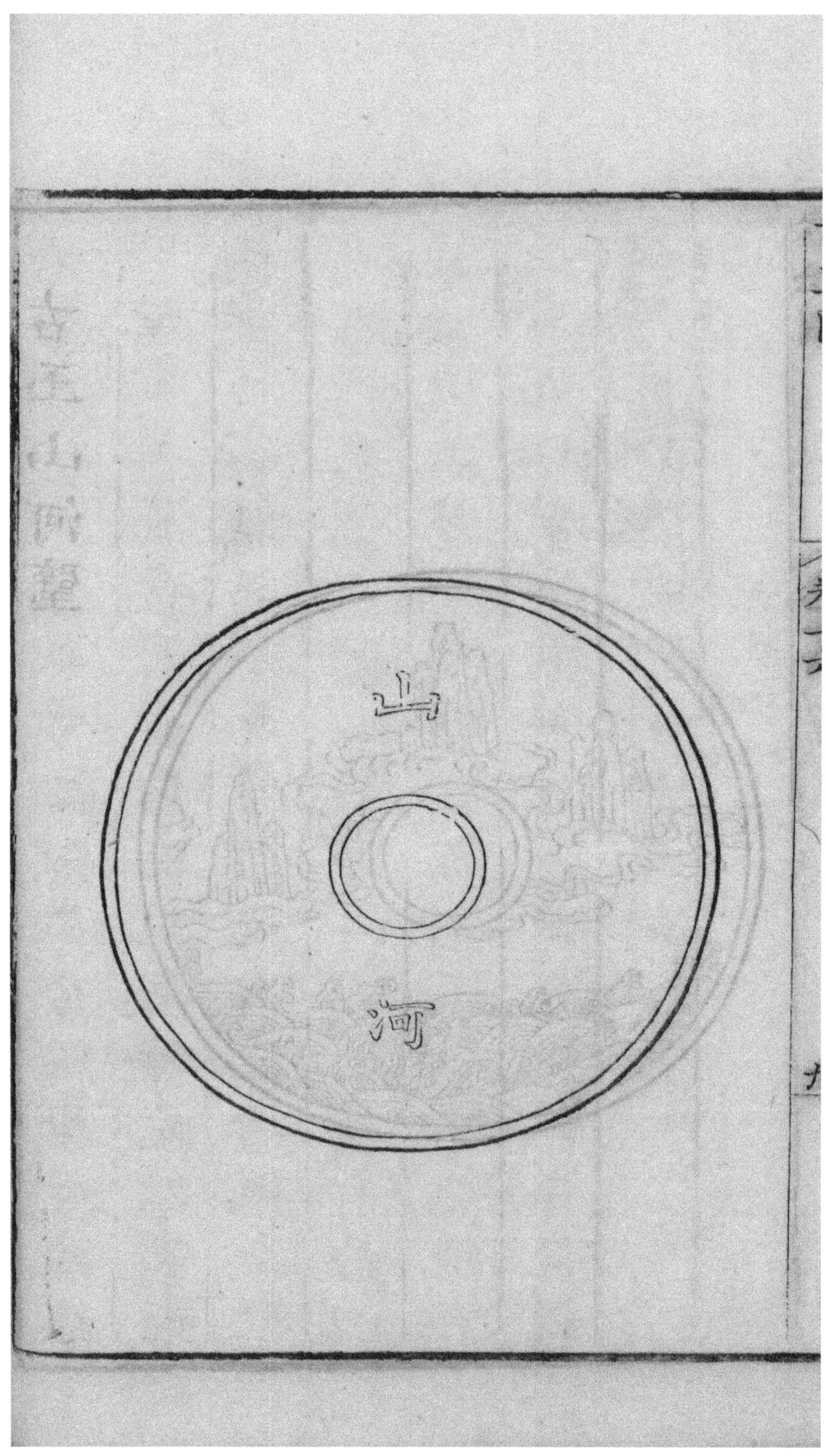
山
河

石璧圓徑一尺四寸二分好徑四分一厘厚四分七厘玉色微青白色瑩澈無瑕璧面琢刻山河雲氣縟麗非常秦漢之良工也

古玉天圓地方璧

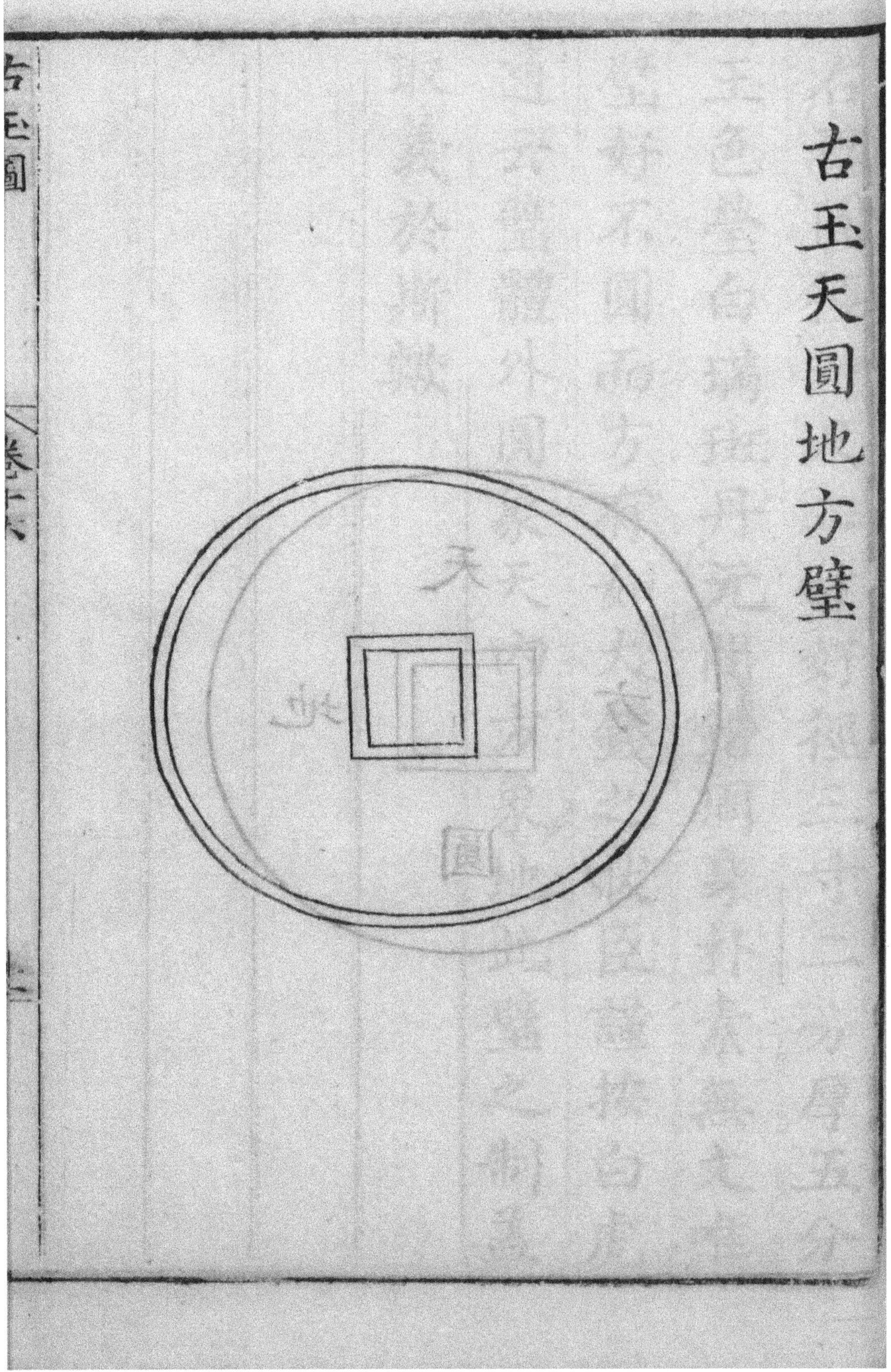

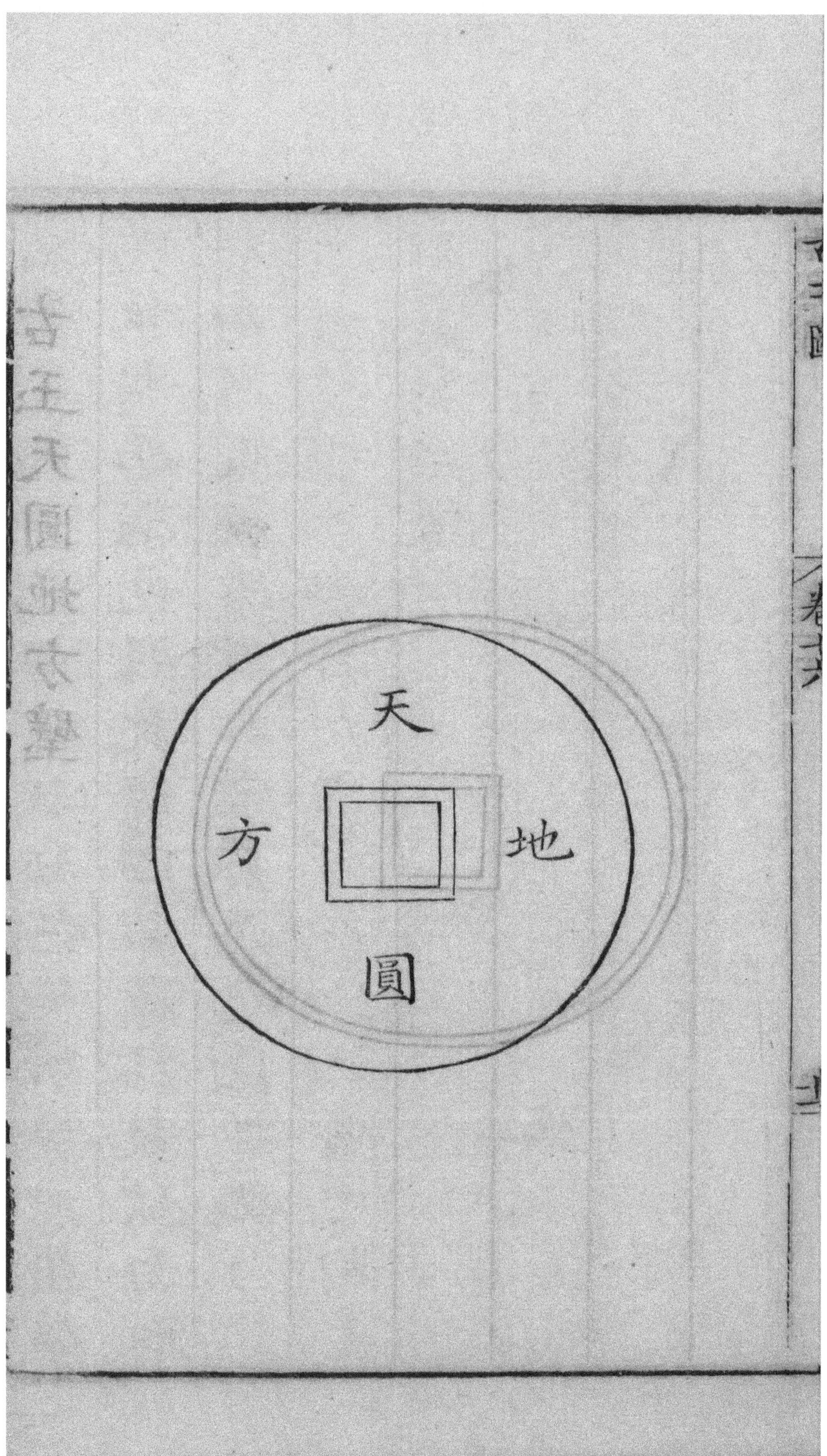
天
圓
地
方

右璧圓徑一尺二寸好徑三寸二分厚五分玉色瑩白瑞斑丹元間錯周身朴素無文唯璧好不圓而方有如大錢之狀臣謹按白虎通云璧體外圓象天内方象地此璧之制蓋取義於斯歟

宋淳熙敕編古玉圖譜第十六冊 終

宋淳熙敕編古玉圖譜第十七冊

古玉山元文黄琮

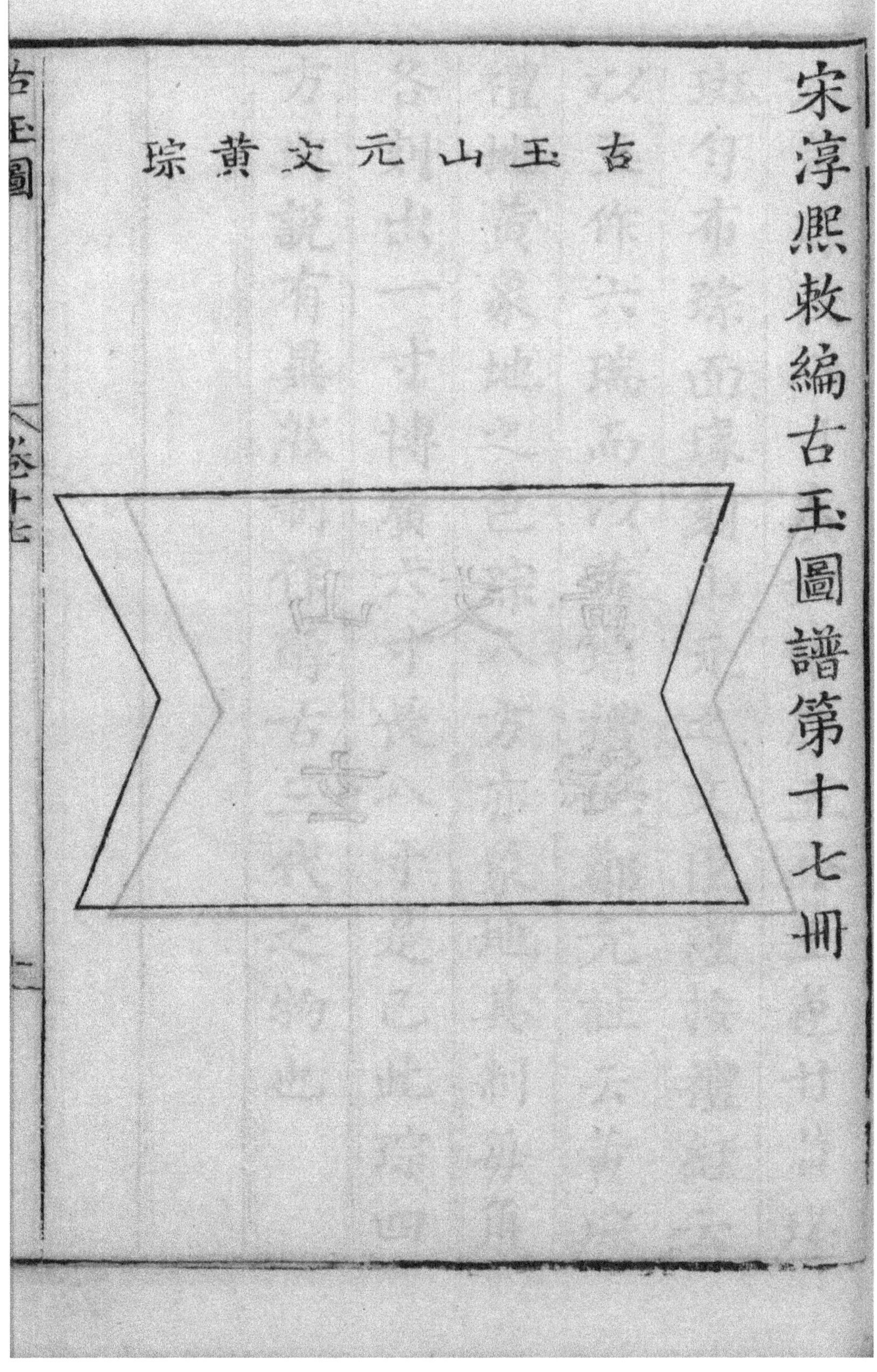

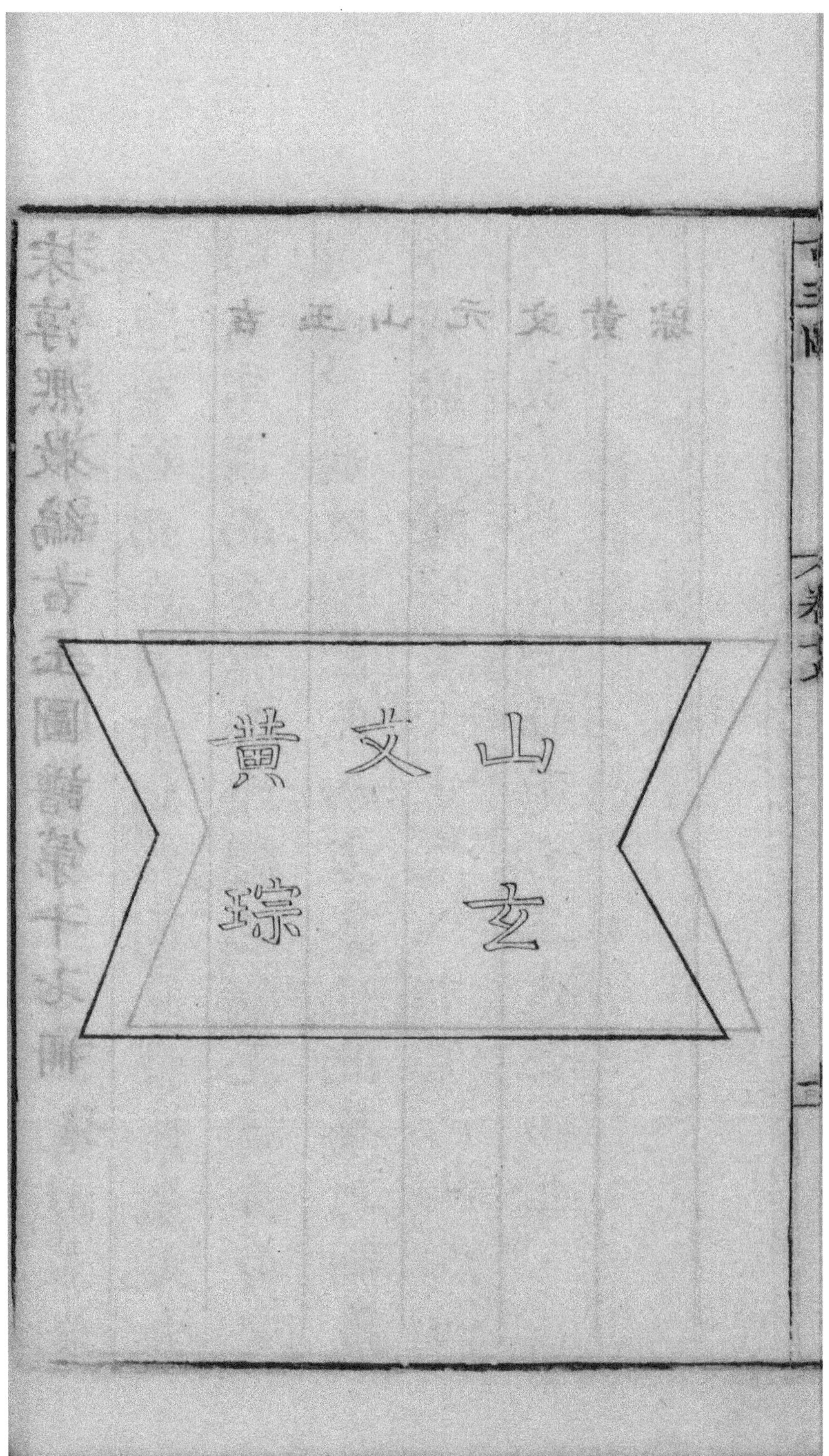
山玄
文
黃琮

右黄琮長八寸廣六寸厚五分玉色甘青瑹斑匀布琮面瑑刻山元之文臣謹按禮經云以玉作六瑞而以黄琮禮地鄭元註云黄琮禮地黄象地之色琮八方亦象地其制每角各刻出一寸博廣六寸長八寸是已此琮四方與説有異然制作醇古三代之物也

布黃綵長八寸廣六寸厚五分畫色什法
璲勺布綵面緣刻山元之文臣讜按禮經云
以王作六瑞而以黃琮禮地鄭元注云黃琮
禮地黃象地之色琮八方亦象地其制每角
各刻出一寸博廣六寸長八寸是已此瑞四
方與說有異然制作醇古三代之物也

古玉山元水蒼黃琮

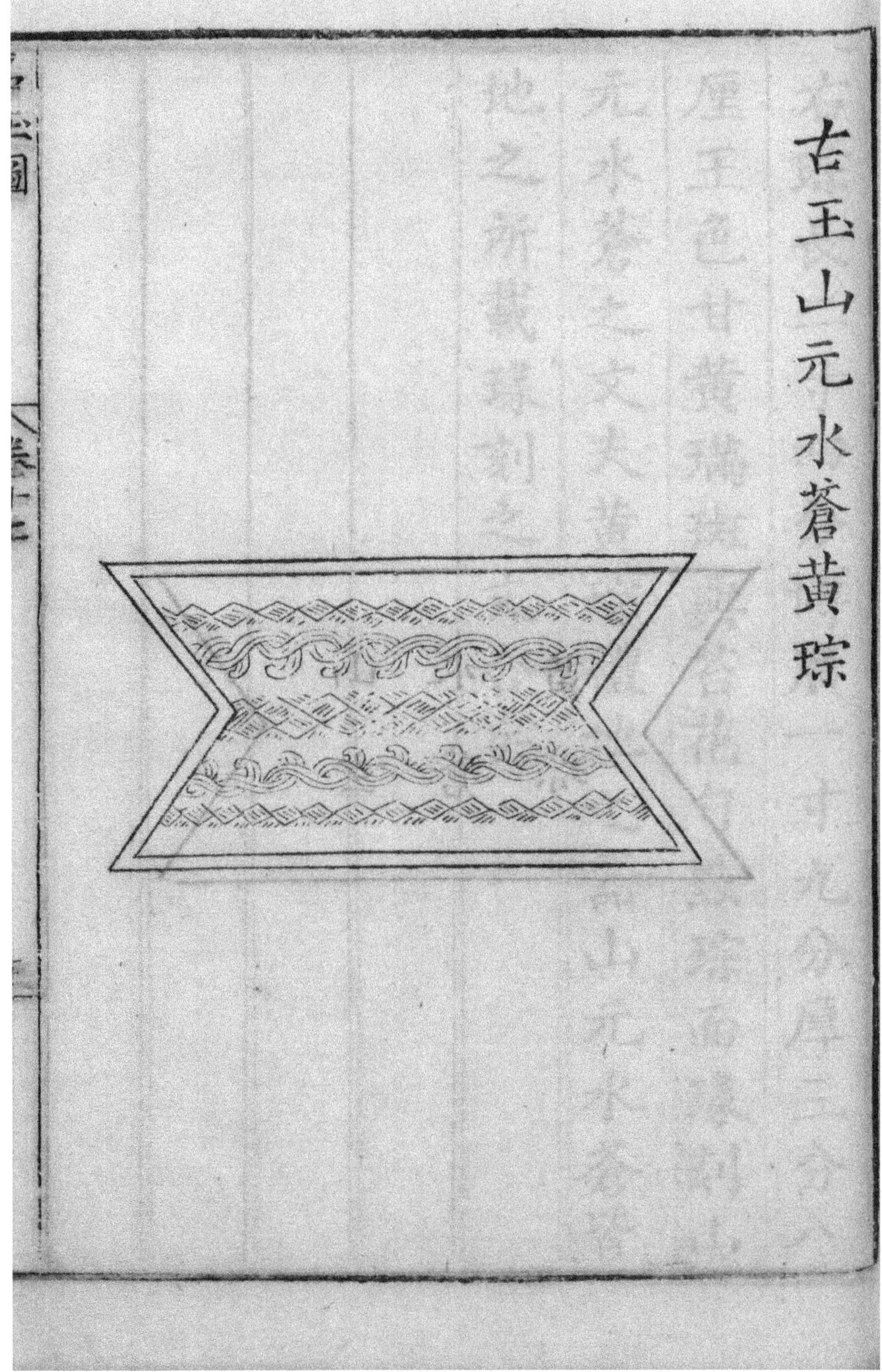

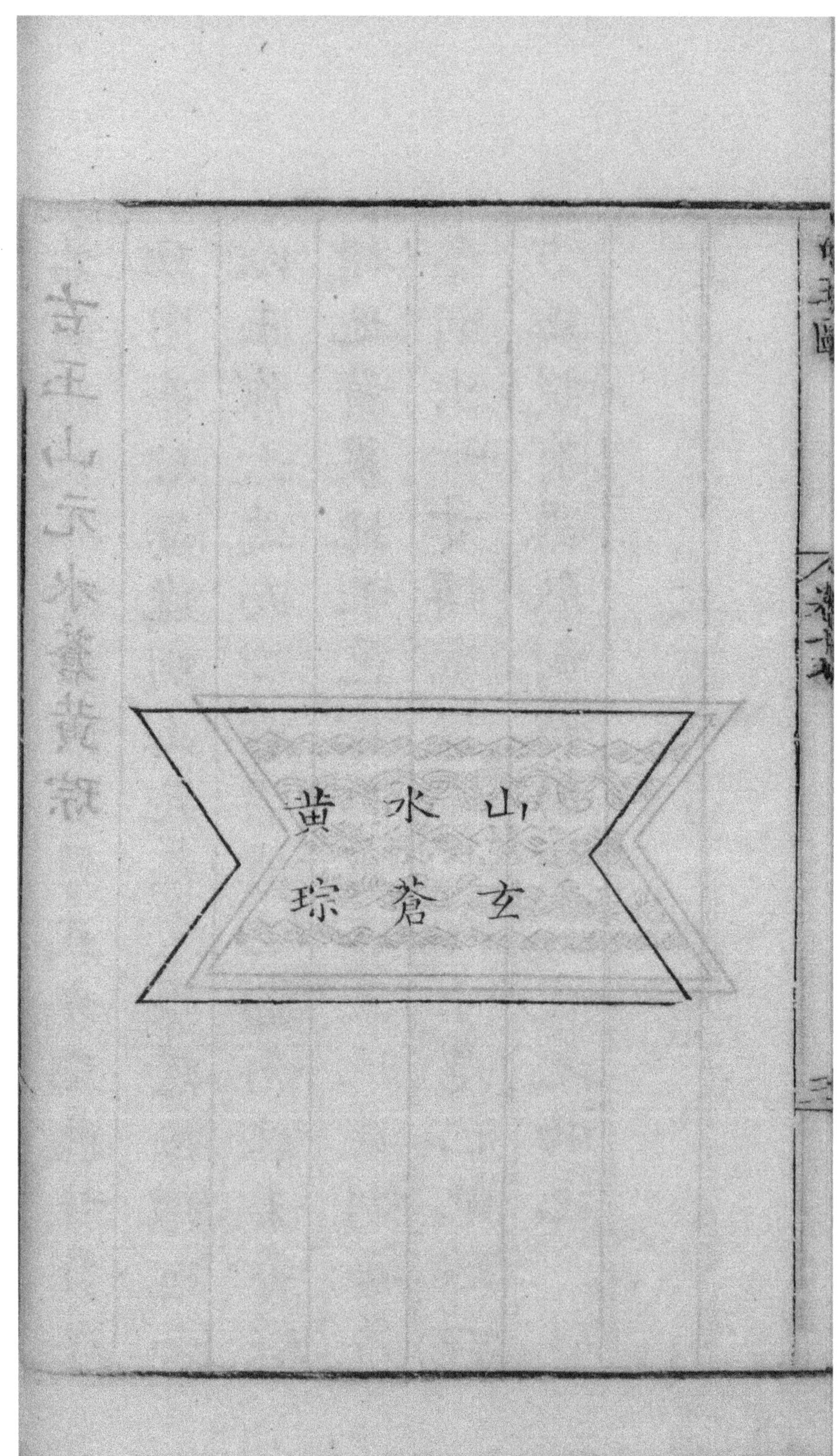
山玄
水蒼
黄琮

右琮長二寸四分博廣一寸九分厚三分八厘王色甘黃璊斑與苔花勻點琮面瑑刻山元水蒼之文夫黃琮禮地之器山元水蒼皆地之所載瑑刻之文合矣

古玉山元水蒼黃琮

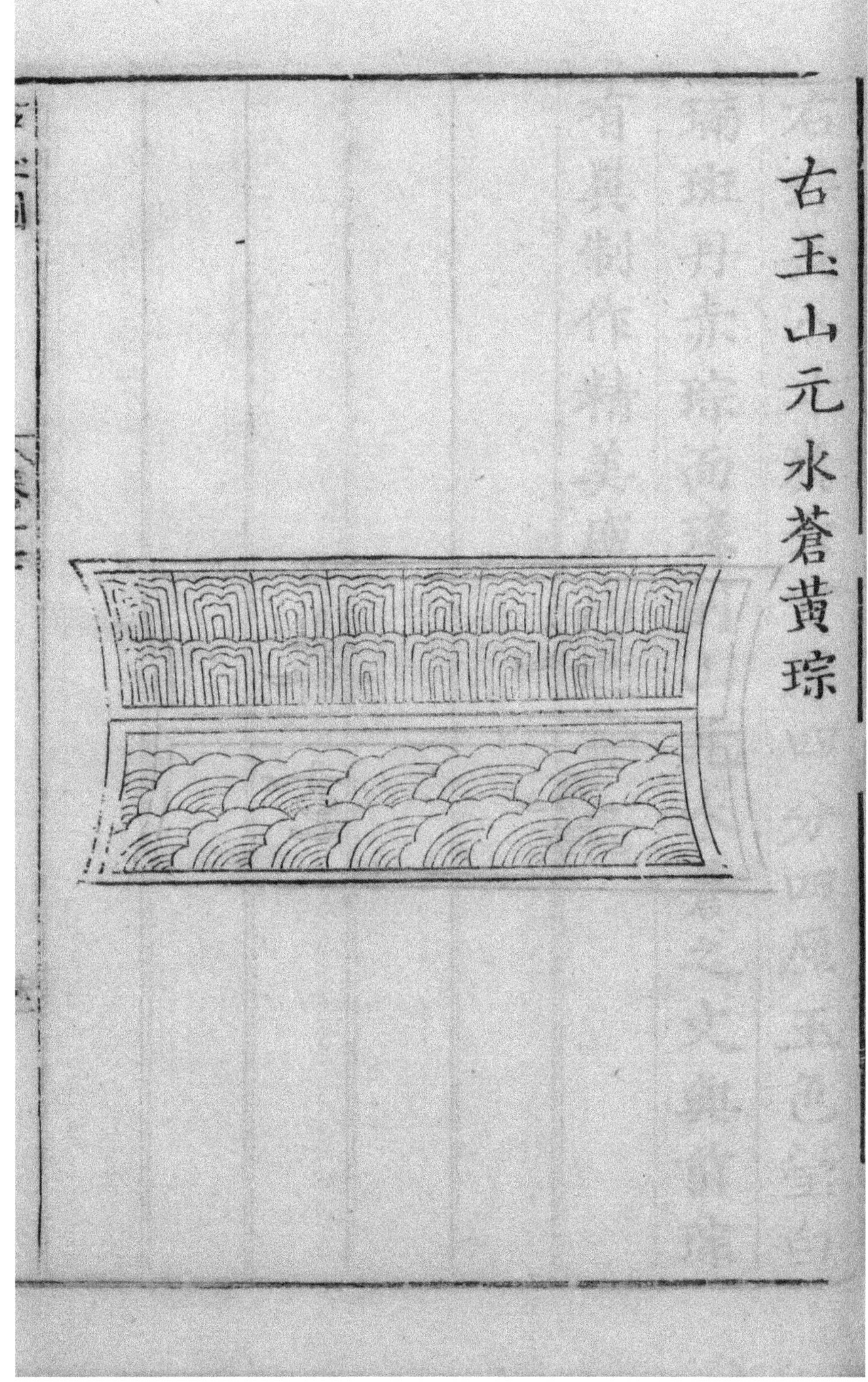

右琮長八寸廣六寸厚四分四厘玉色瑩白璊斑丹赤琮面琢刻山元水蒼之文與前琮有異制作精美葢周之寶也

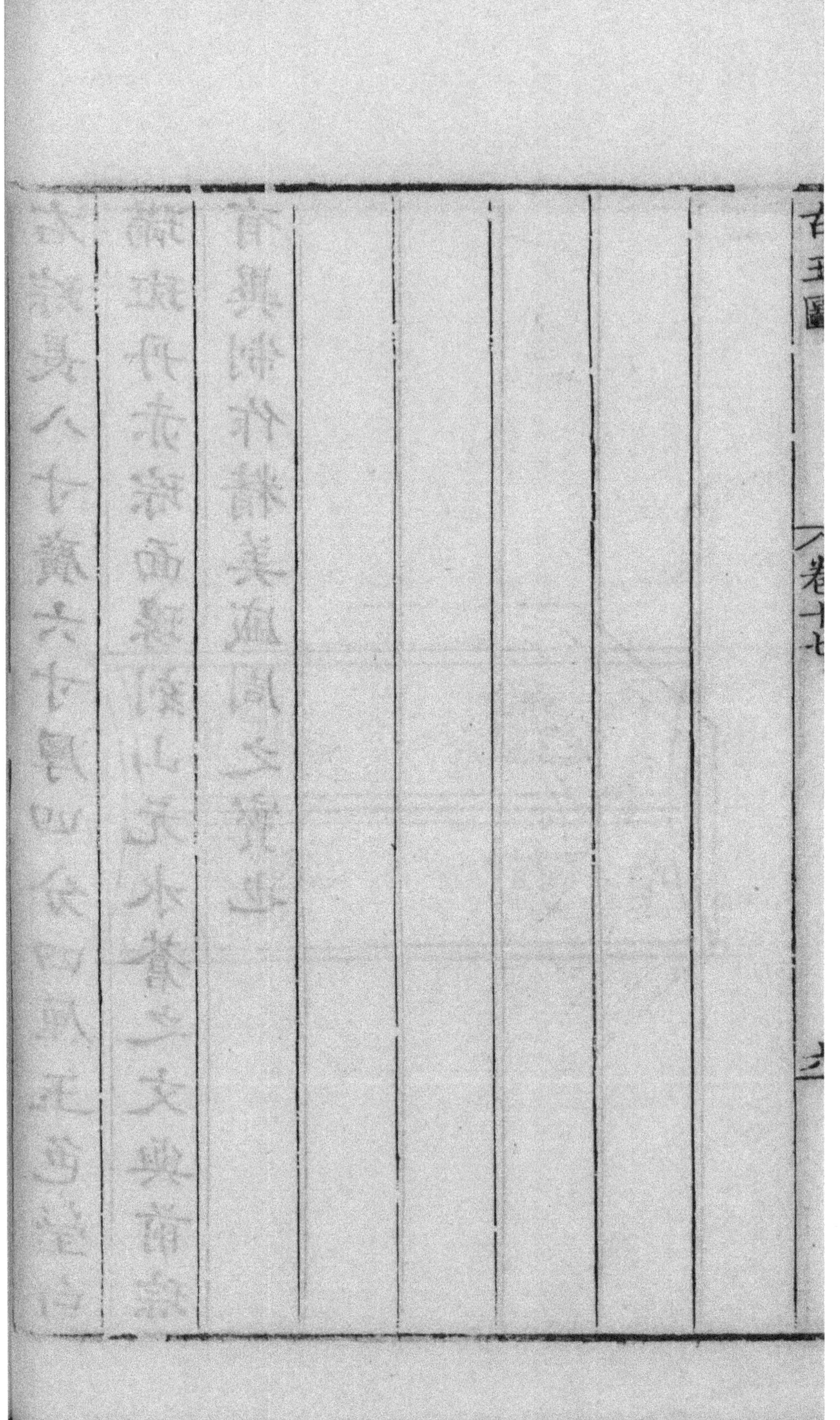

古玉有虞十二章黃琮 四

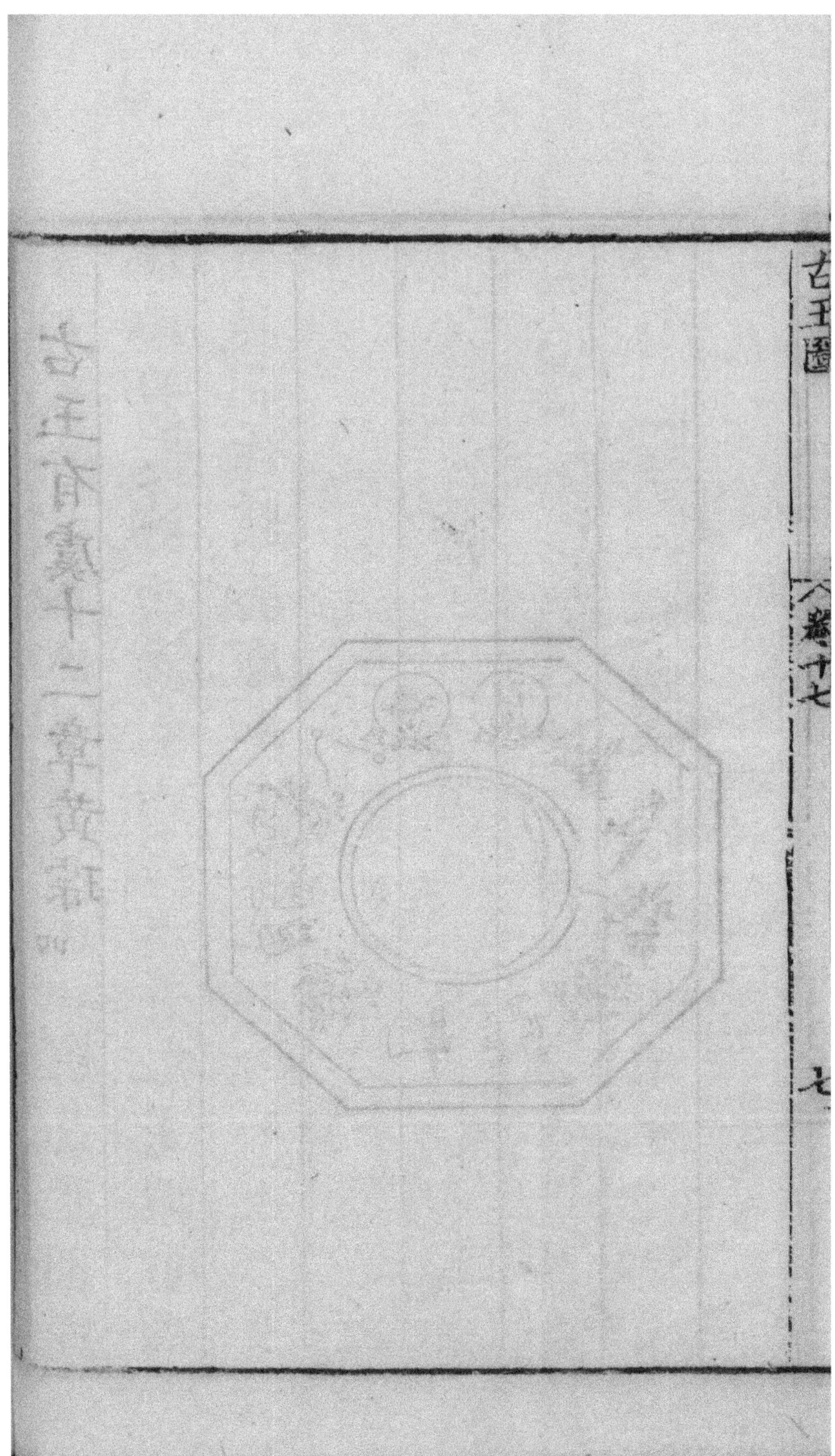

右琮長方八角每角各刻出一寸琮孔圓徑三寸六分厚五分五厘玉色甘青無瑕琮面瑑刻有虞十二章夫琮為禮地之器十二章之飾於義何居以臣愚見十二章之象自日月星斗三辰之象在天其外如山龍華蟲宗彝藻火粉米黼黻之類皆地之所育乾坤合德十二章之飾於義無妨琱鏤精工漢已前物也

物也
德十二章之飾於義無妨用鎌精工漢已前
彝藻火粉米黼黻之類皆地之所育乾坤合
月星十三辰之象在天其外如山龍華蟲宗
之飾於義何居以臣愚見十二章之象自日
瑑刻有漢十二章夫琮為禮地之器十二章
三寸六分厚五分五厘玉色甘青無瑕斑面
若琮長六寸方入角每角各刻出一寸琮孔圓徑

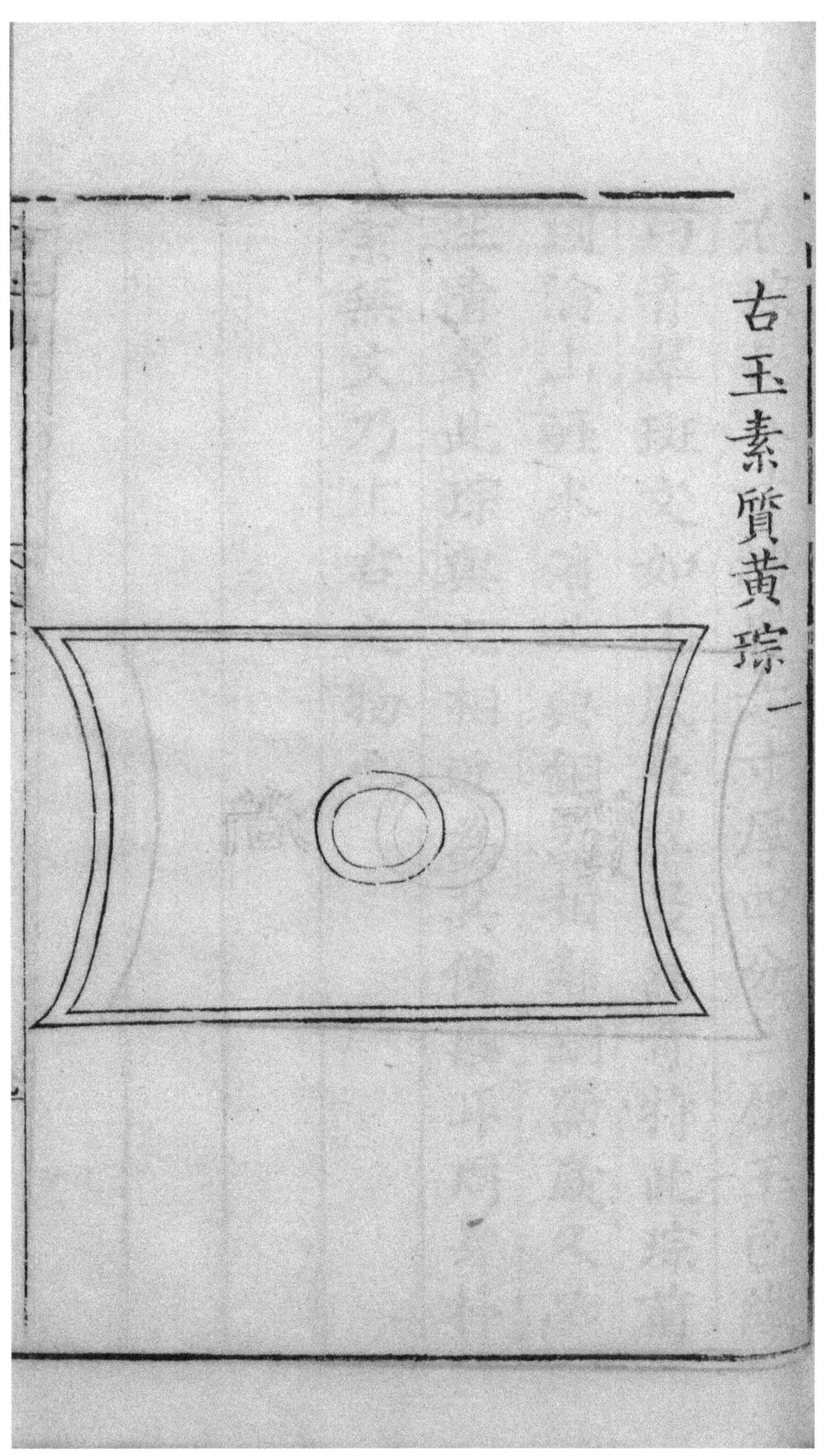
古玉素質黃琮一

尚
質

右琮長八寸博廣六寸厚四分三厘玉色纖白青翠斑文如山嵐疊翠最為奇特此琮前因淪山崕水濱必與銅器相鄰銅器歲久必生青翠此琮與之相近為其傳染耳周身朴素無文乃上古之物也

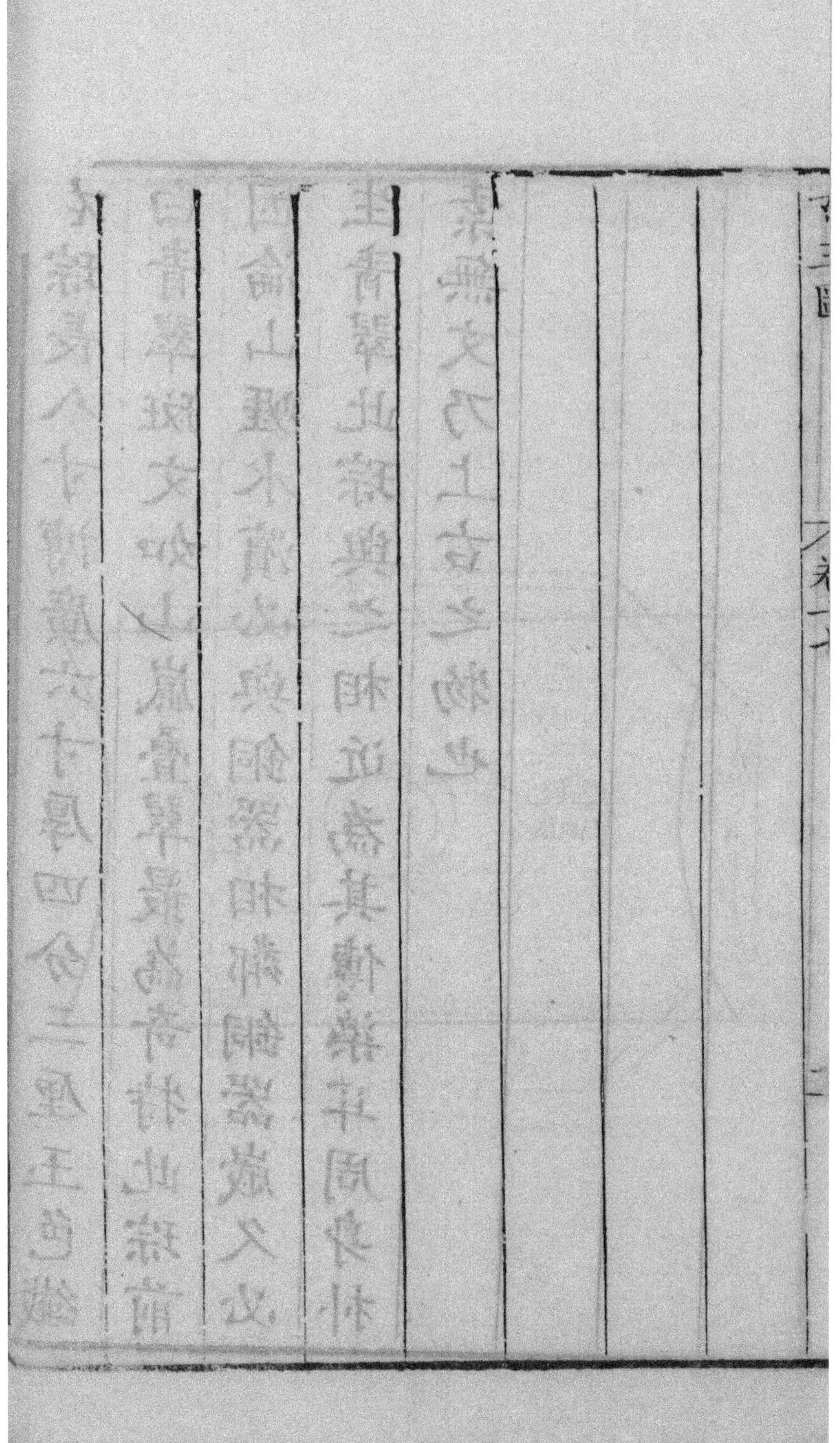

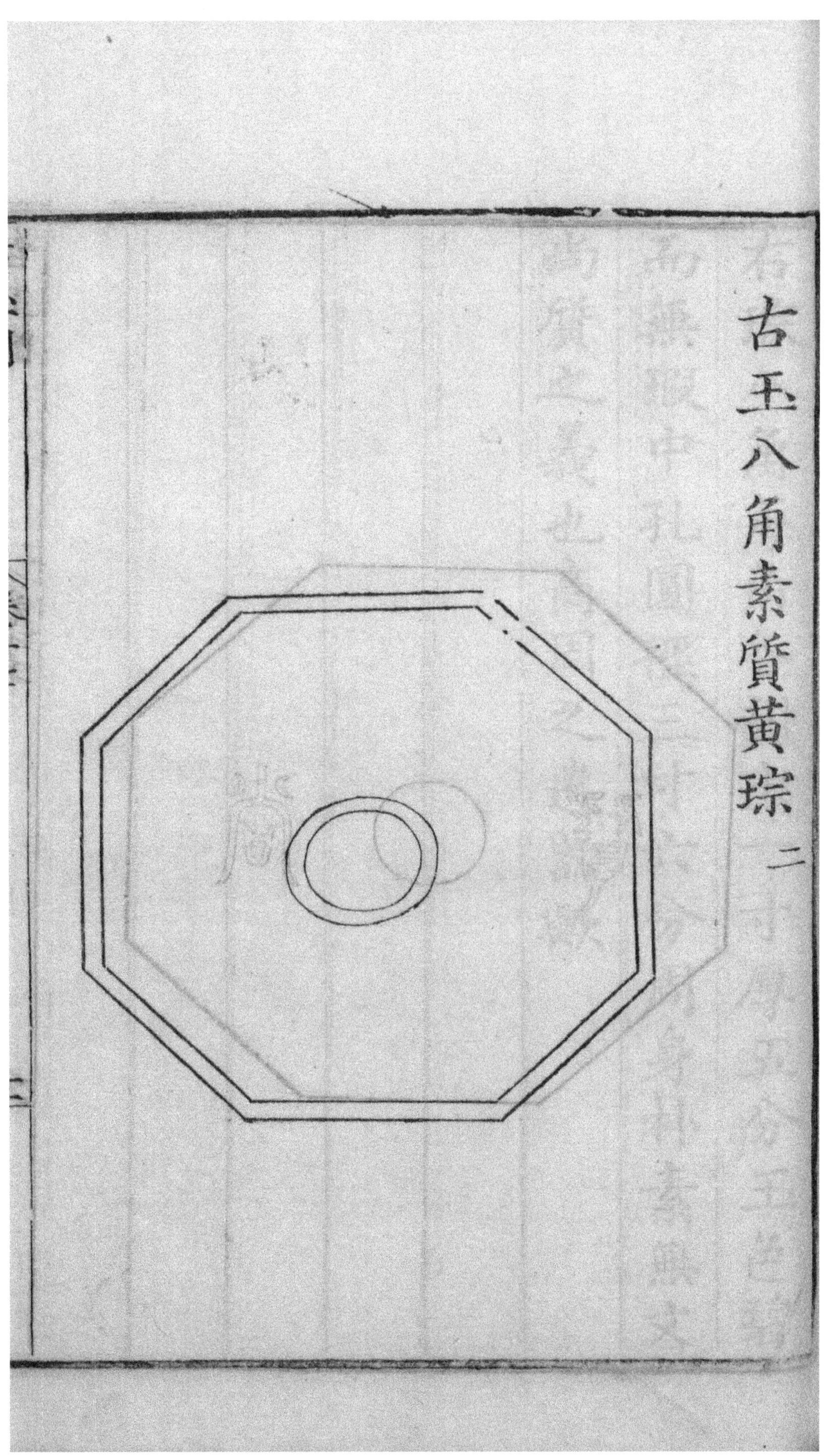
古玉八角素質黄琮
二

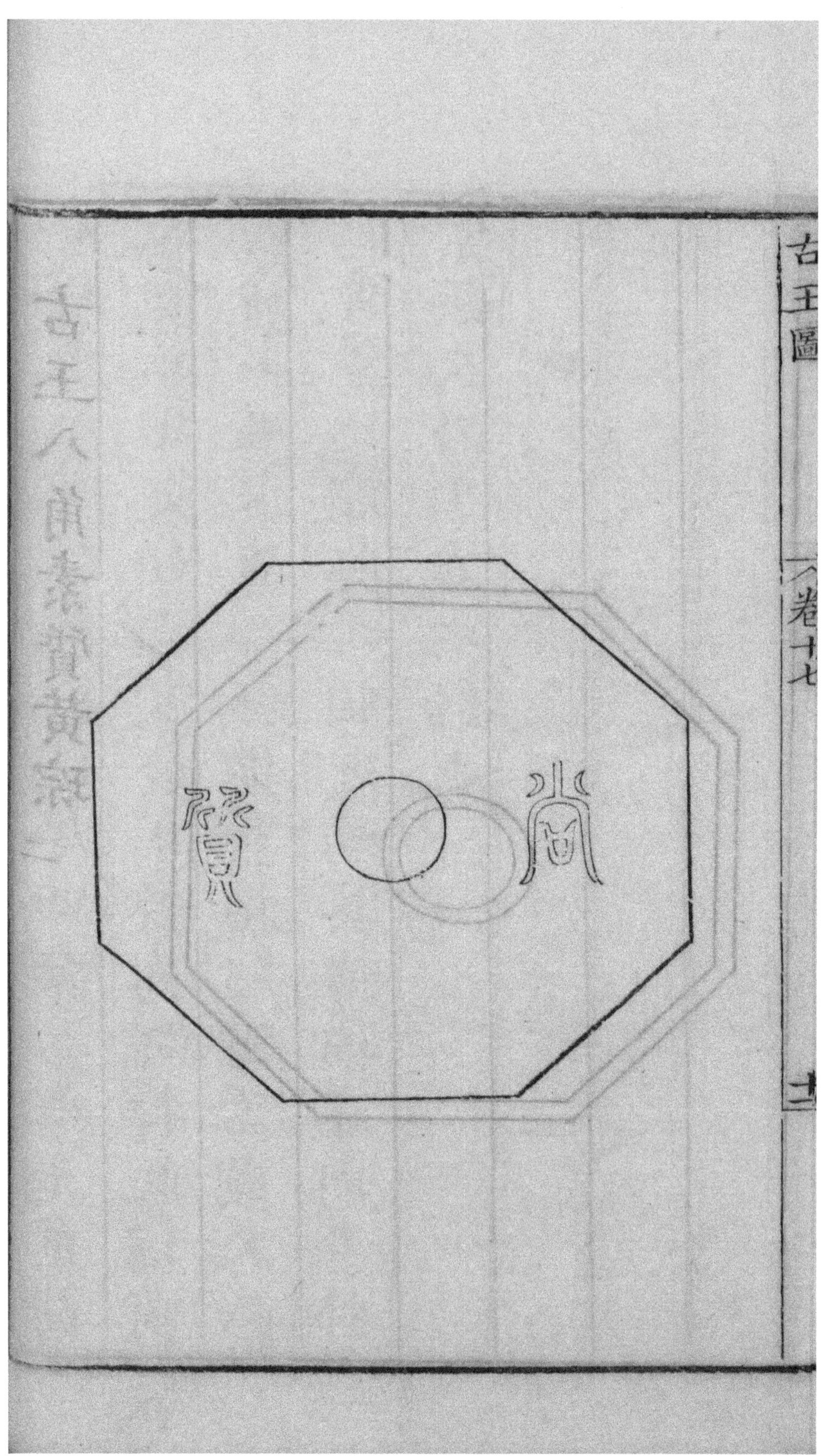

右琮八角每角各刻出一寸厚五分玉色碧而無瑕中孔圓徑三寸六分周身朴素無文尚質之義也商周之遺器歟

宋淳熙敕編古玉圖譜第十七冊 終

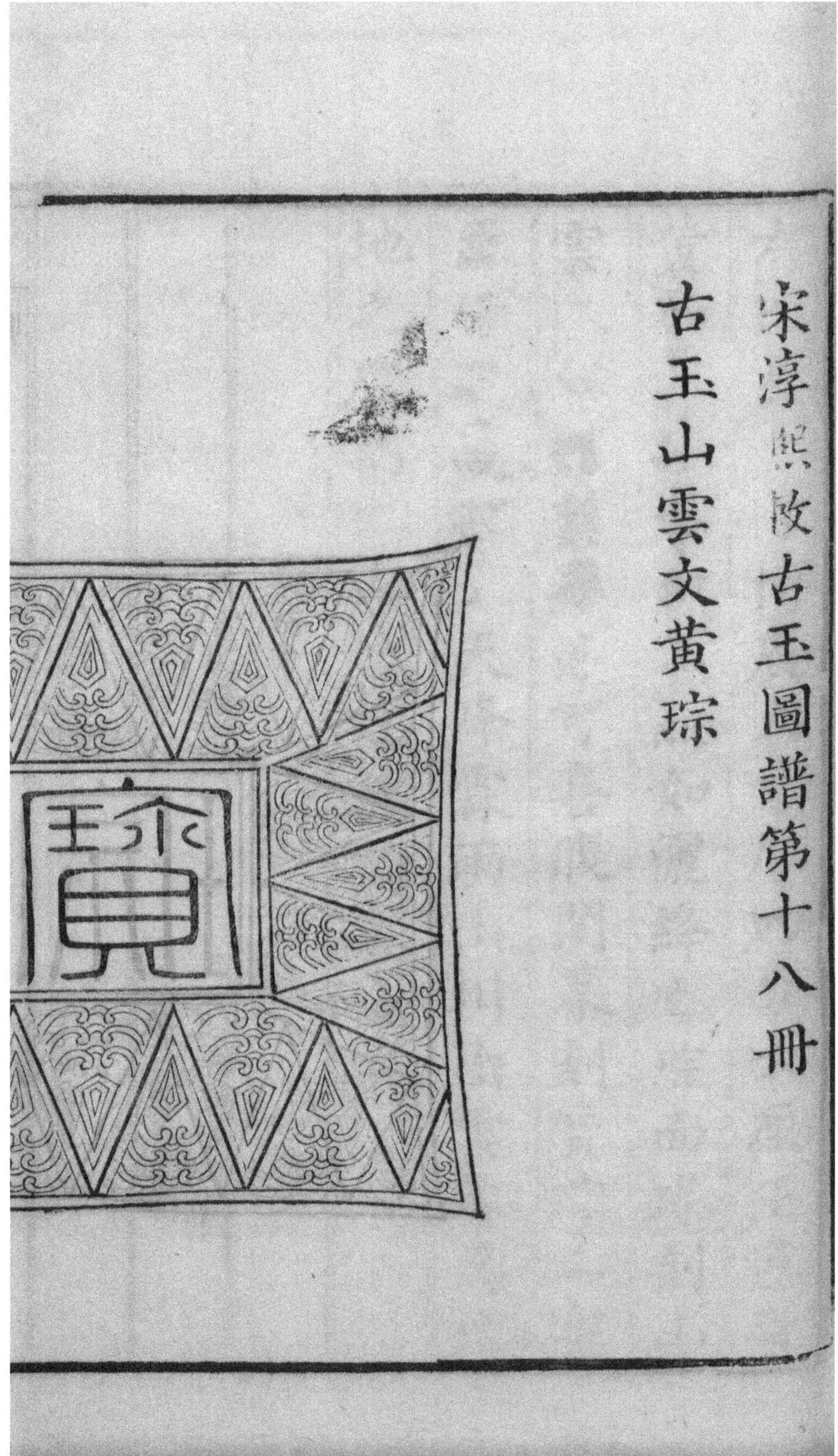

宋淳熙敕古玉圖譜第十八册

古玉山雲文黃琮

琮

[illegible][illegible]長[illegible]寸博廣六寸厚四分六厘玉色清

黄如[illegible][illegible][illegible][illegible][illegible]赭如灑絳雲琮面琢刻山

雲[illegible][illegible][illegible][illegible][illegible][illegible]可喜腹間篆刻寶琮二字

[illegible][illegible][illegible][illegible][illegible][illegible]之天降霖雨山川出雲琮為禮

地之[illegible][illegible][illegible][illegible]山雲為飾於義合矣

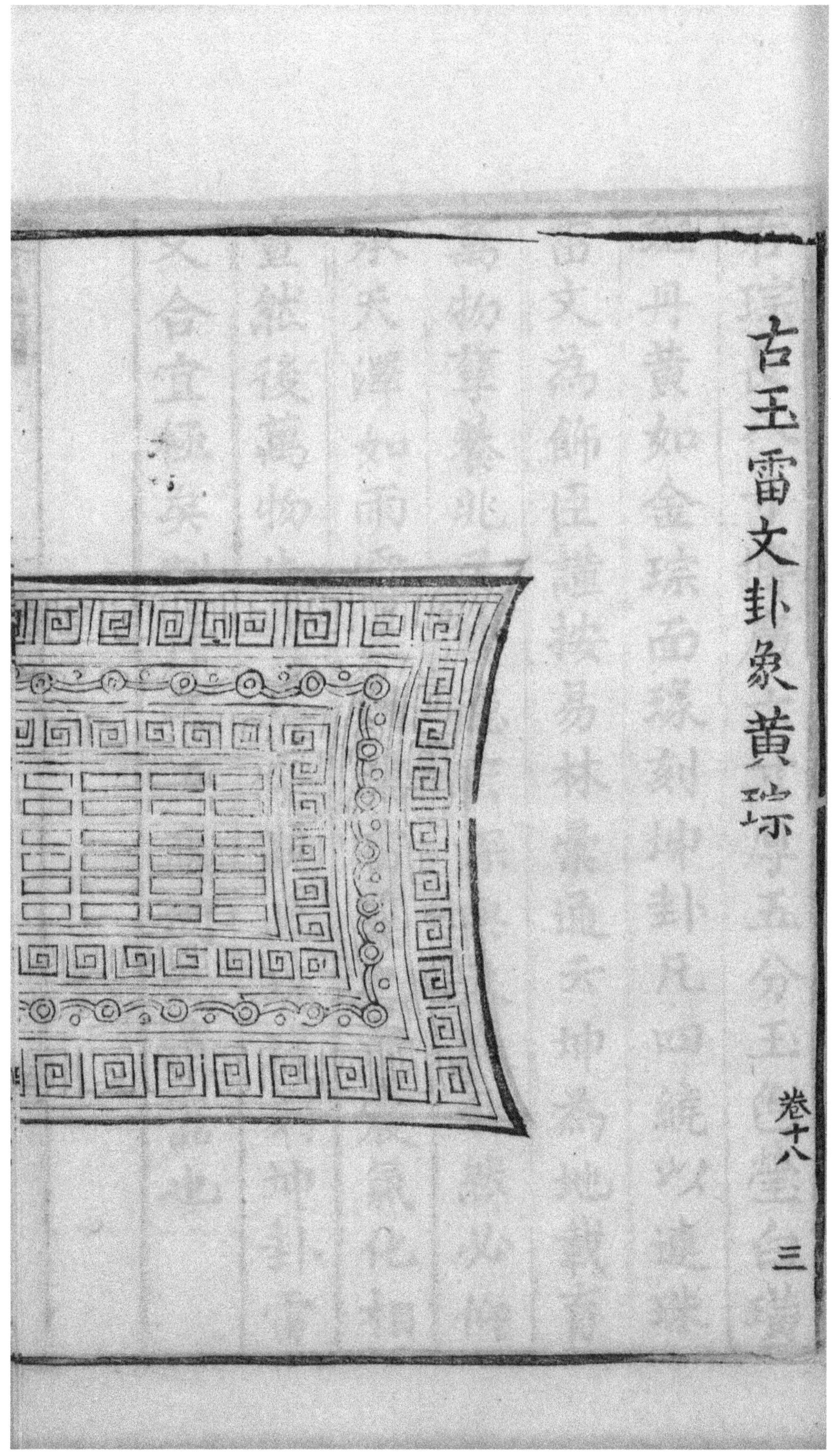

古玉雷文卦象黄琮

右琮長八寸博廣六寸厚五分玉色瑩白璜斑丹黃如金琮面瑑刻坤卦凡四繞以連珠雷文為飾臣謹按易林彙通云坤為地載育萬物孳養兆民其德宏深與天為配然必仰承天澤如雨露之所濡雷霆之所震氣化相宣然後萬物生育焉今觀此琮瑑刻坤卦雷文合宜極矣制作之工商周之遺器也

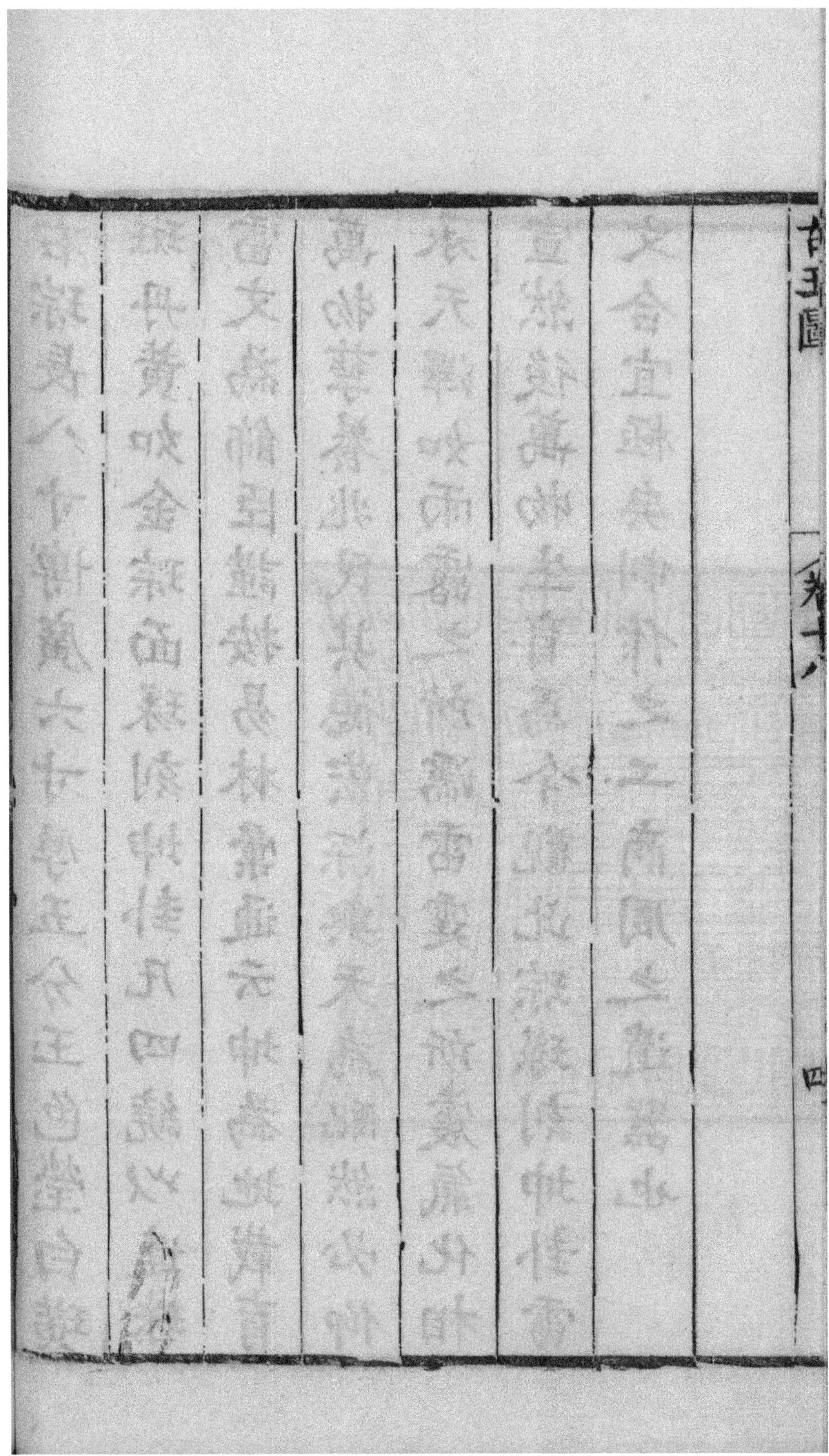

文合宜稱典制作之工爾周之道器也

豈殊後萬物生育焉分龍況嶽然剏坤卦靈

承天澤如雨露之所潤雷霆之所震氣化相

蕩物亨泰兆民其福祥澤天為瑞洽沿得

陰文為飾臣謹按易林靈通示神為瑞龍首

殊丹黄如金珠西珠刻坤卦凡四諸以

古瑞長八寸博廣六寸厚五分玉色瑩白瑞

古玉坤字黄琮

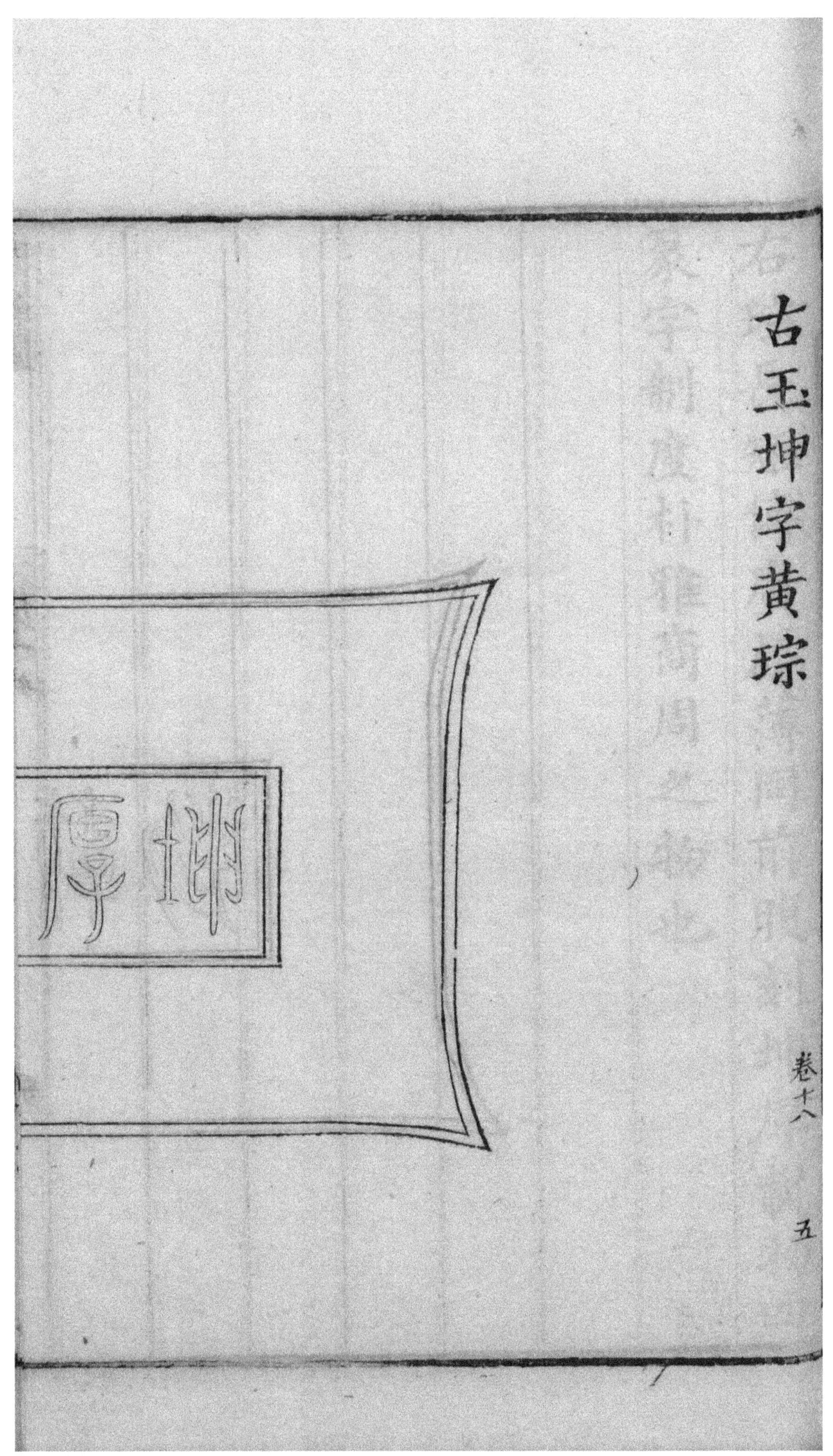

載物

右琮長短博廣厚薄同前腹刻坤厚載物四篆字制度朴雅商周之物也

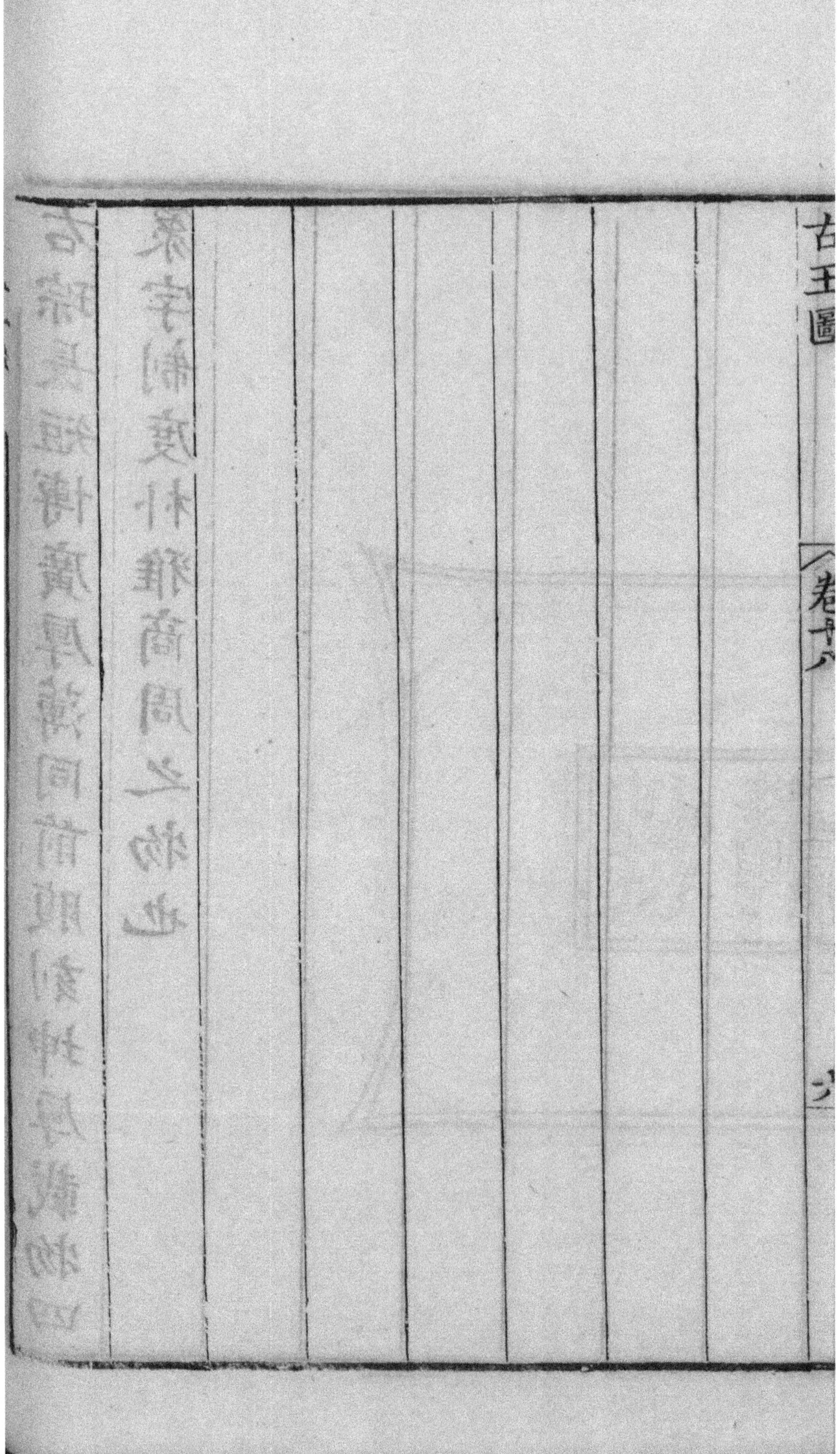

古玉八角實腹黃琮

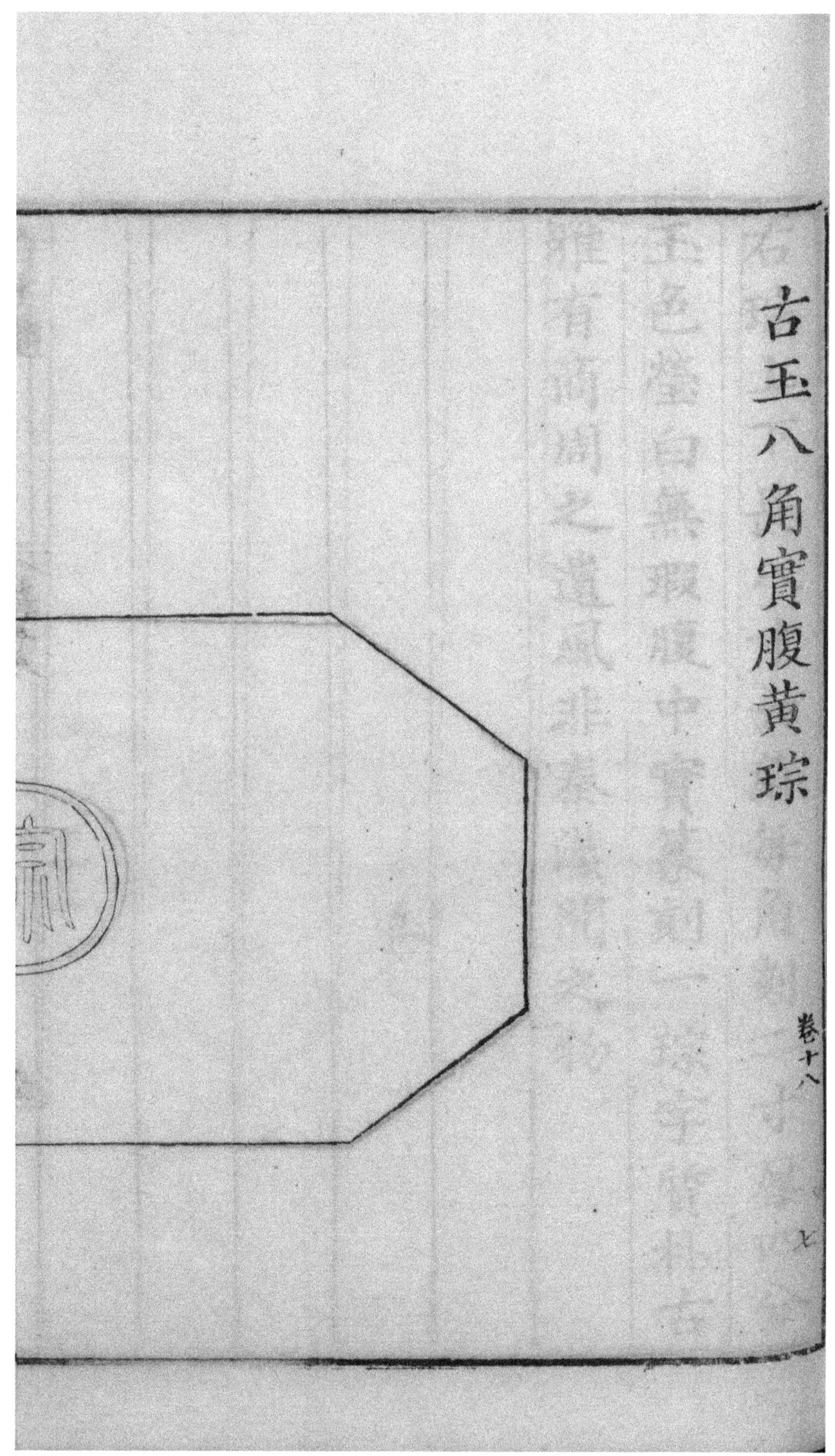

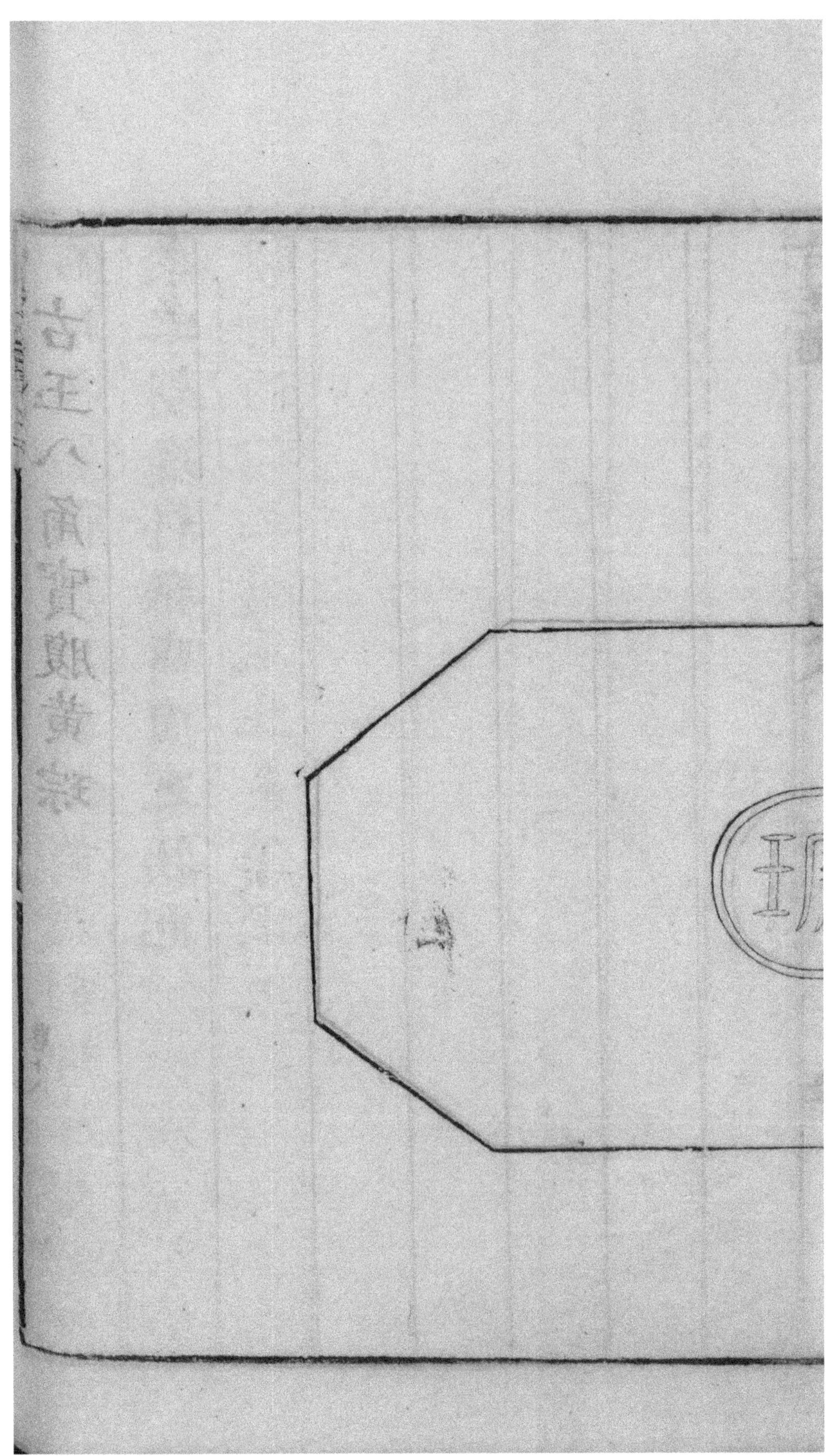

右琮上下長八寸六角每角刻二寸厚四分玉色瑩白無瑕腹中實篆刻一琮字質朴古雅有商周之遺風非秦漢間之物

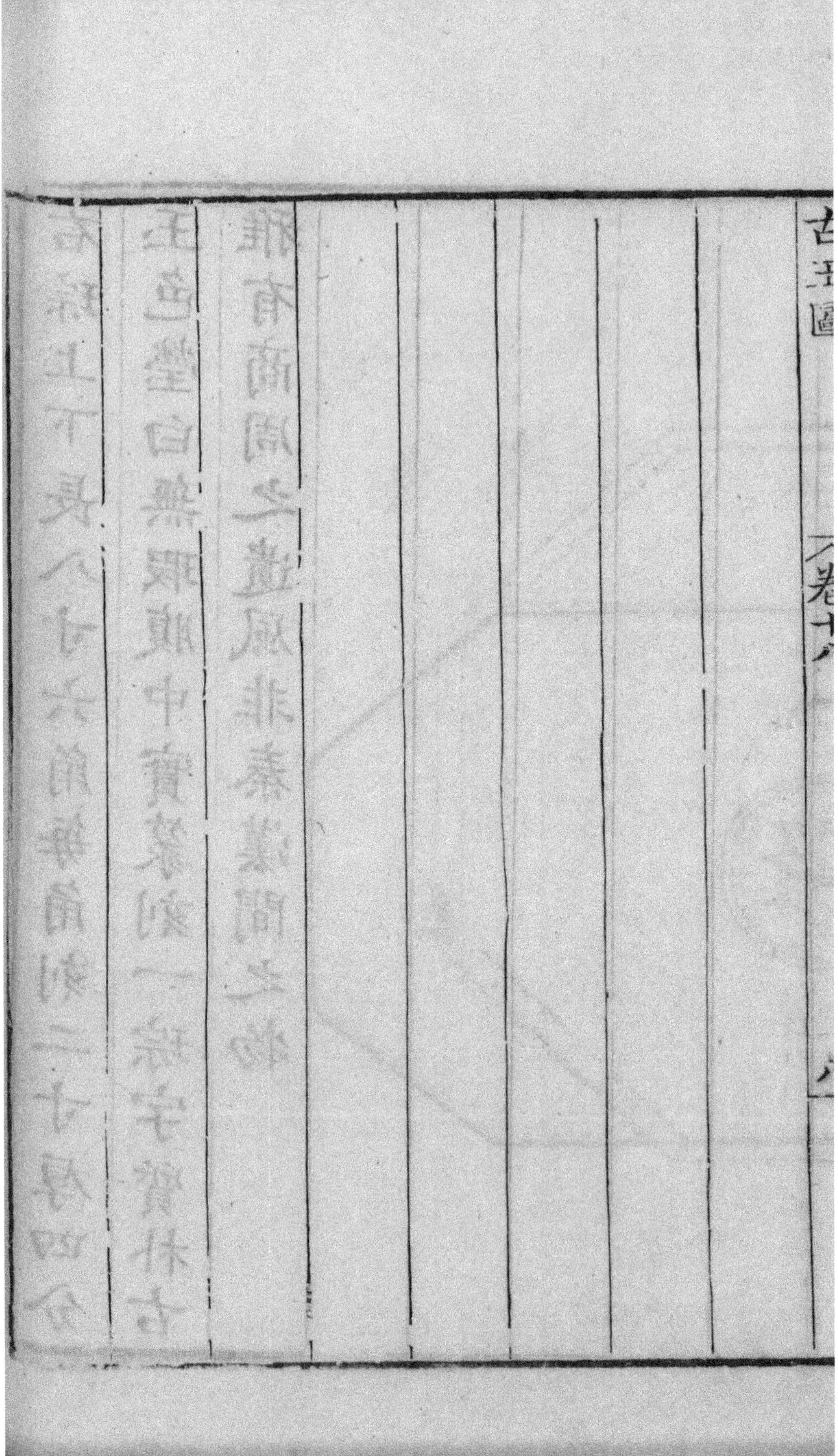

雅有商周之遺風非秦漢間之物

玉色瑩白無瑕頂中實紋刻一琮字質朴古

右琮上下長八寸六分兩端肩刻三寸厚四分

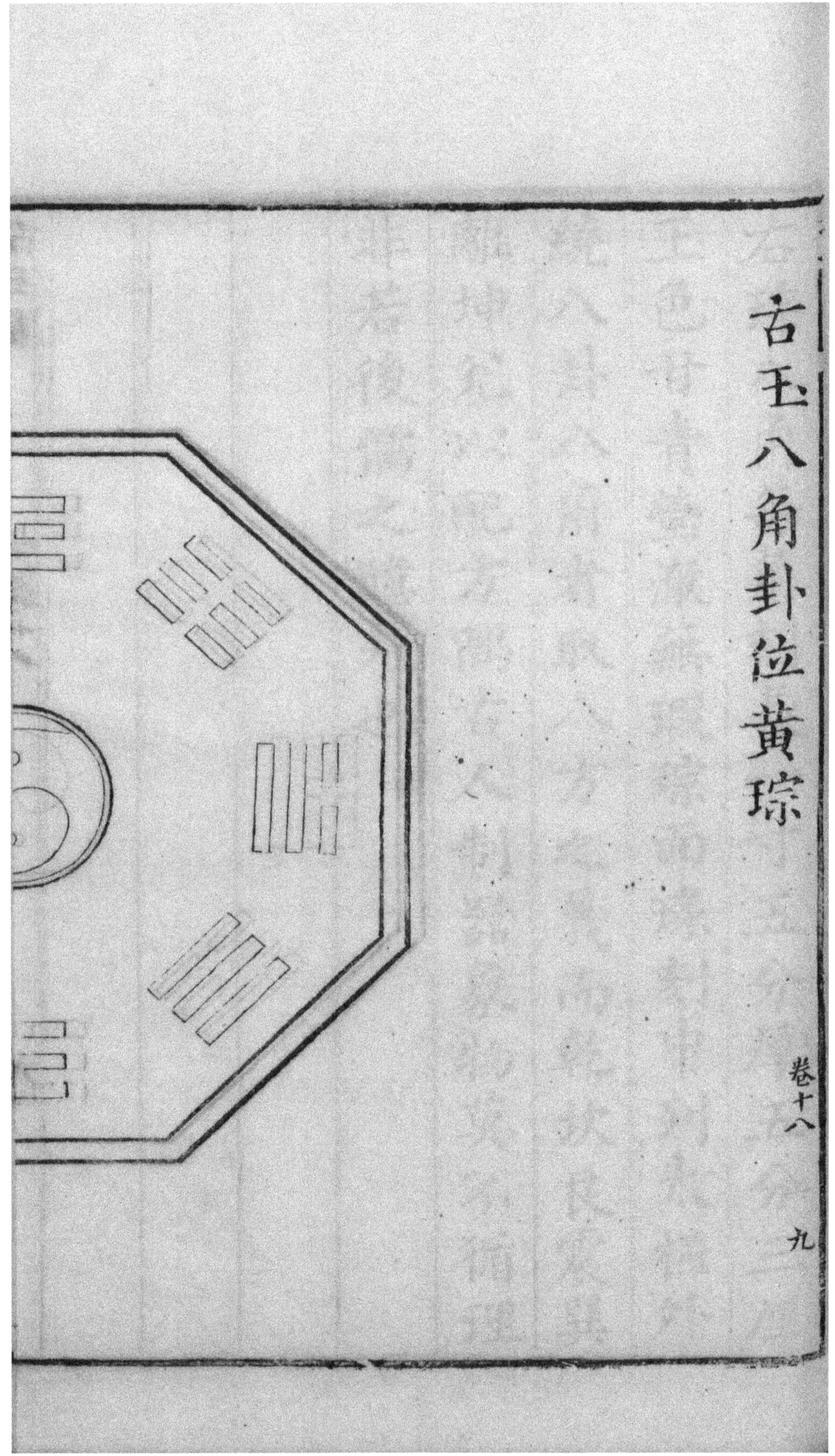

古玉八角卦位黄琮

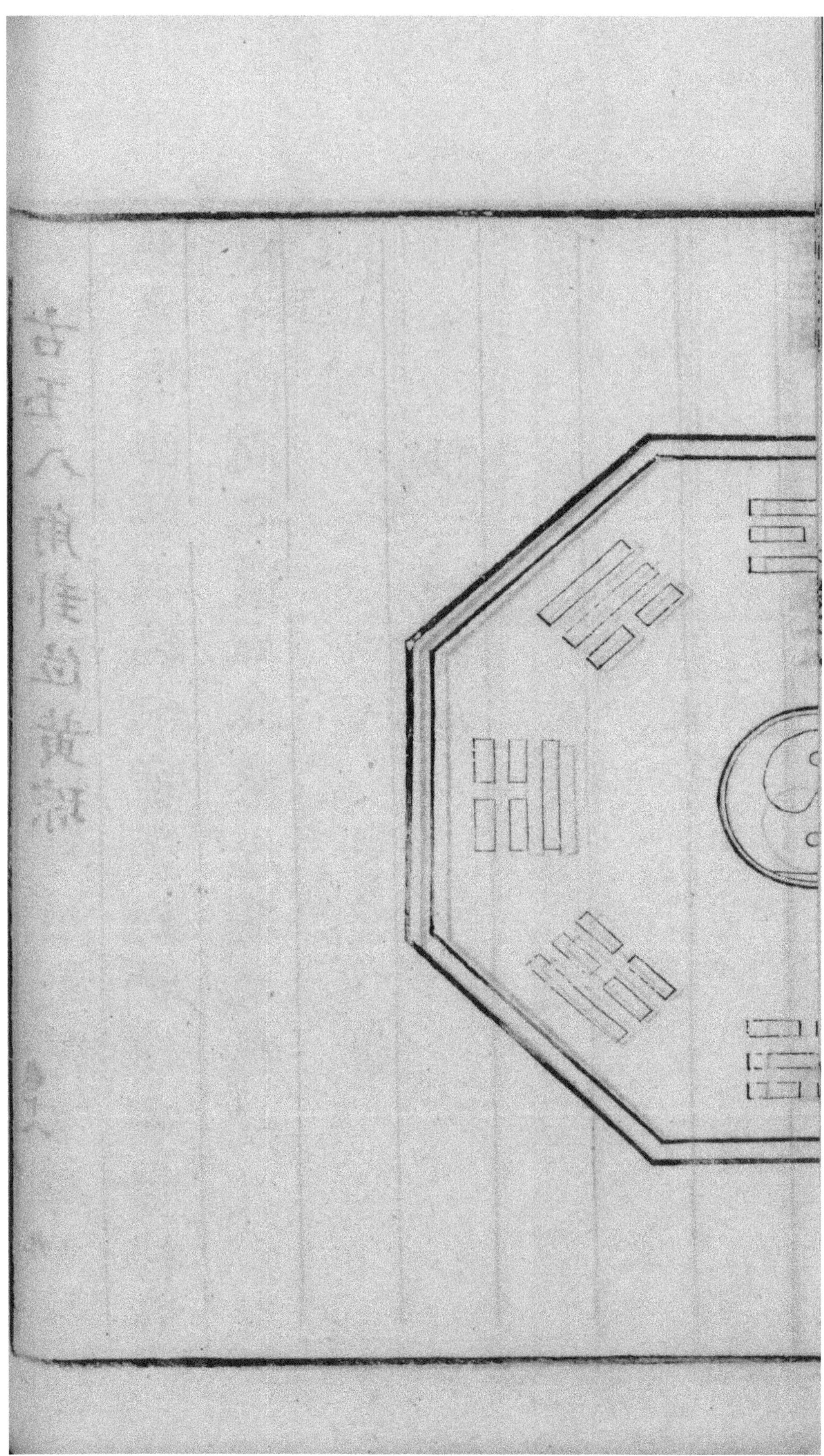

右琮八角每角刻長一寸五分厚五分三厘玉色甘青瑩澈無瑕琮面瑑刻中列太極外繞八卦八角者取八方之義而乾坎艮震巽離坤兌以配方隅古人制器象物莫不循理非若後儒之臆見也

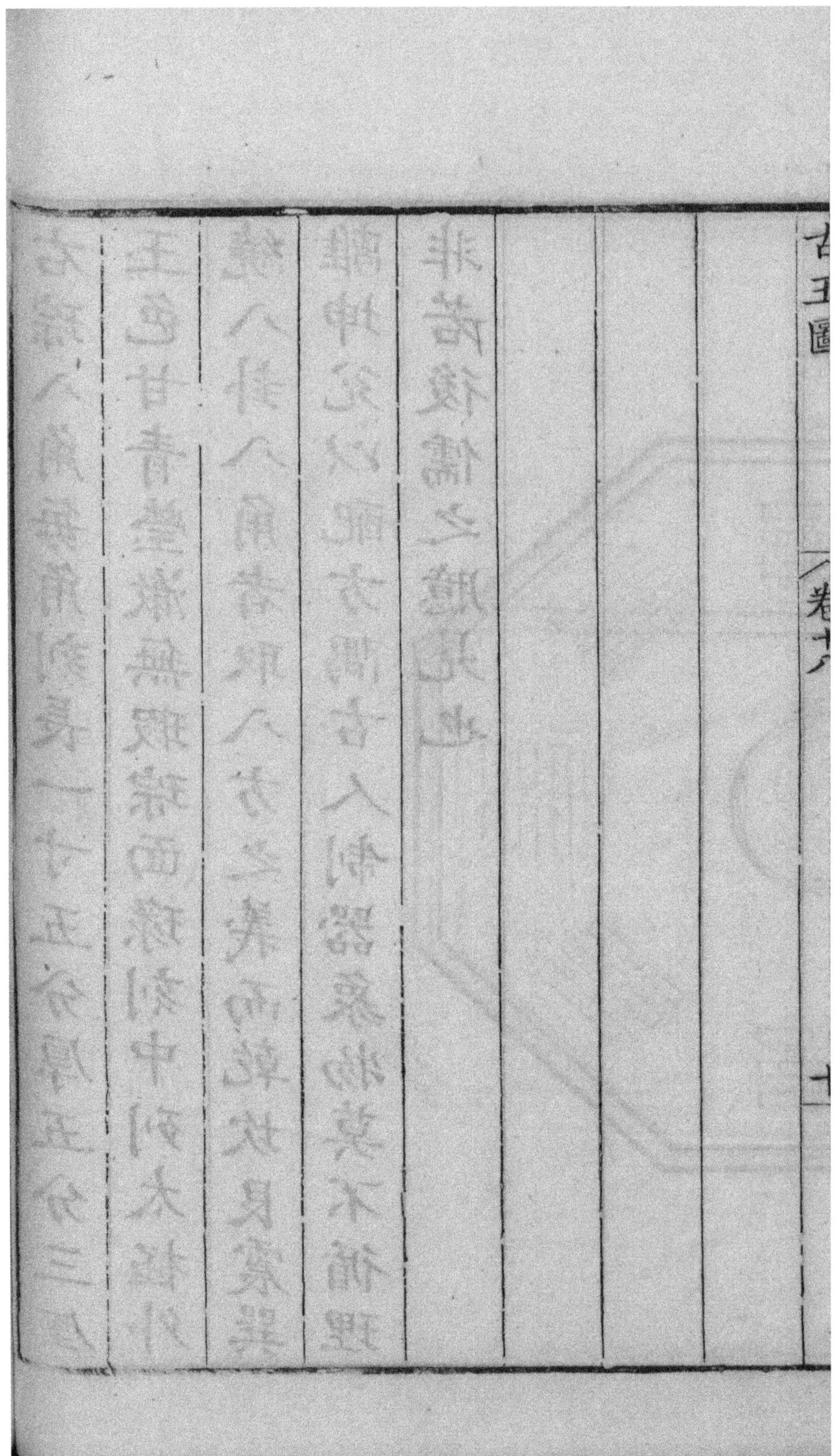

古玉八角坤元黄琮
卷十八
十二

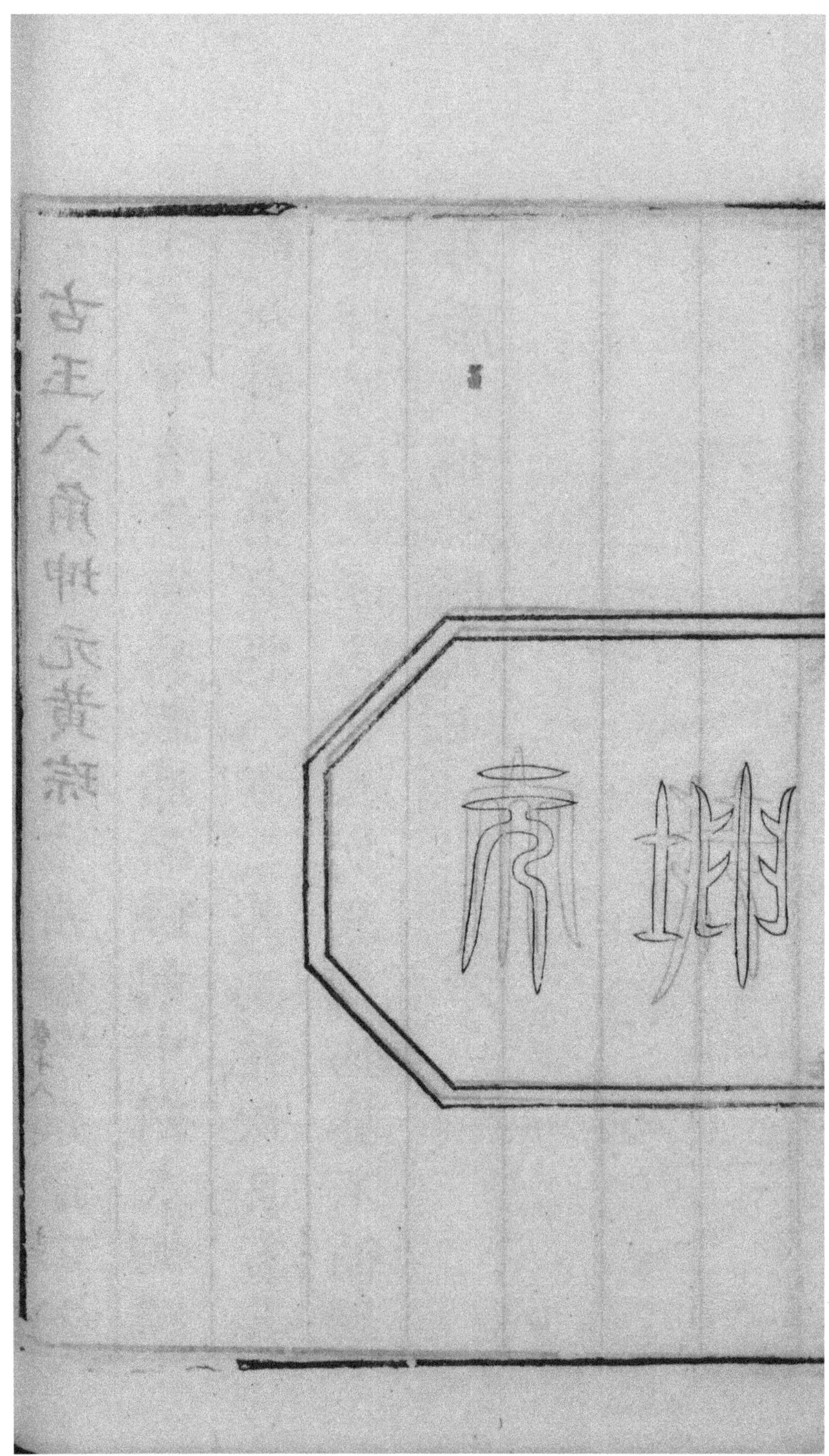

右琮上下長八寸八角每角刻二寸厚五分玉色甘黃無瑕腹刻大哉坤元四篆字制度朴雅商周之物也

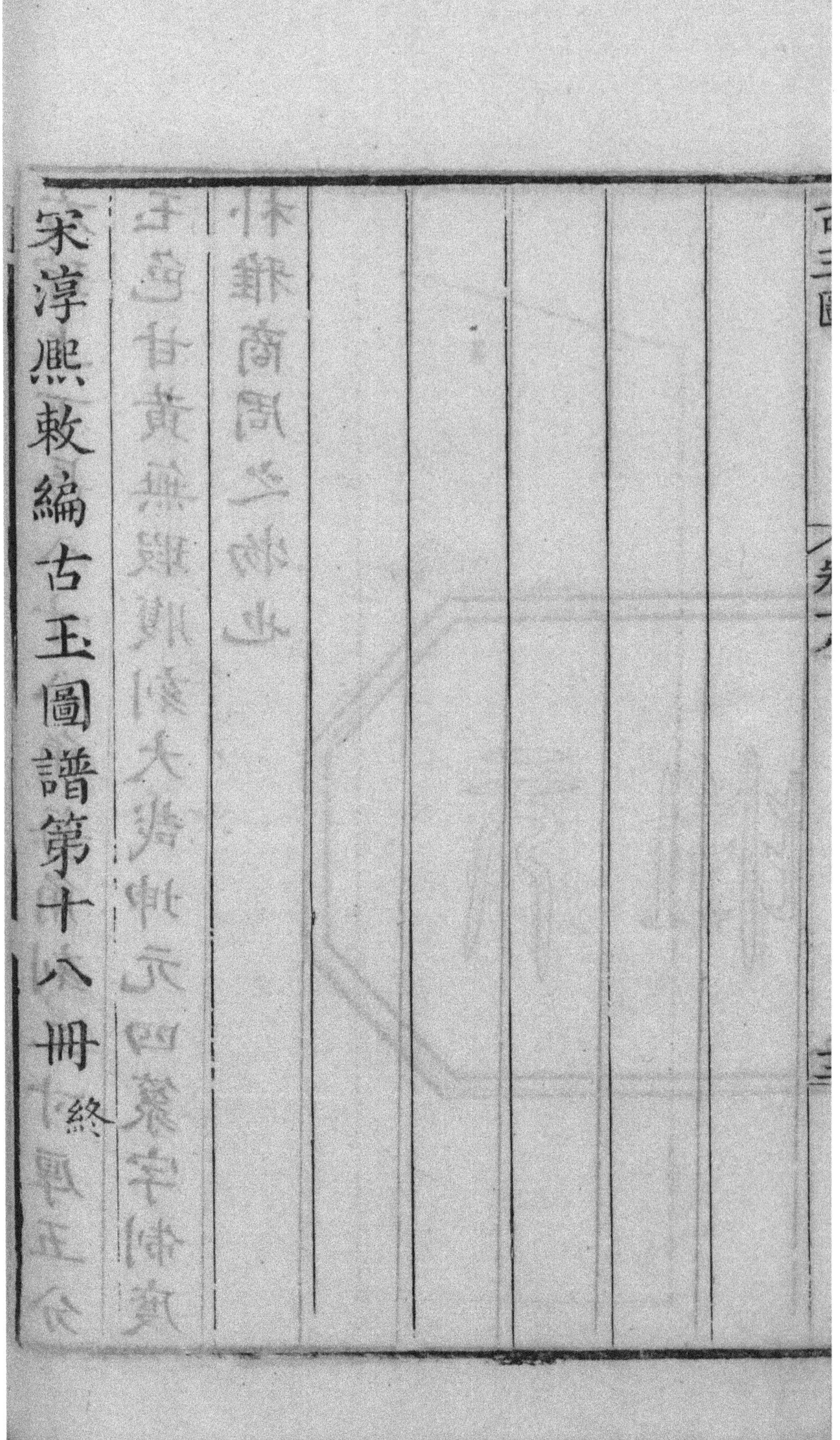

宋淳熙敕編古玉圖譜第十八冊終

宋淳熙敕編古玉圖譜第十九冊

古玉素質大璋一

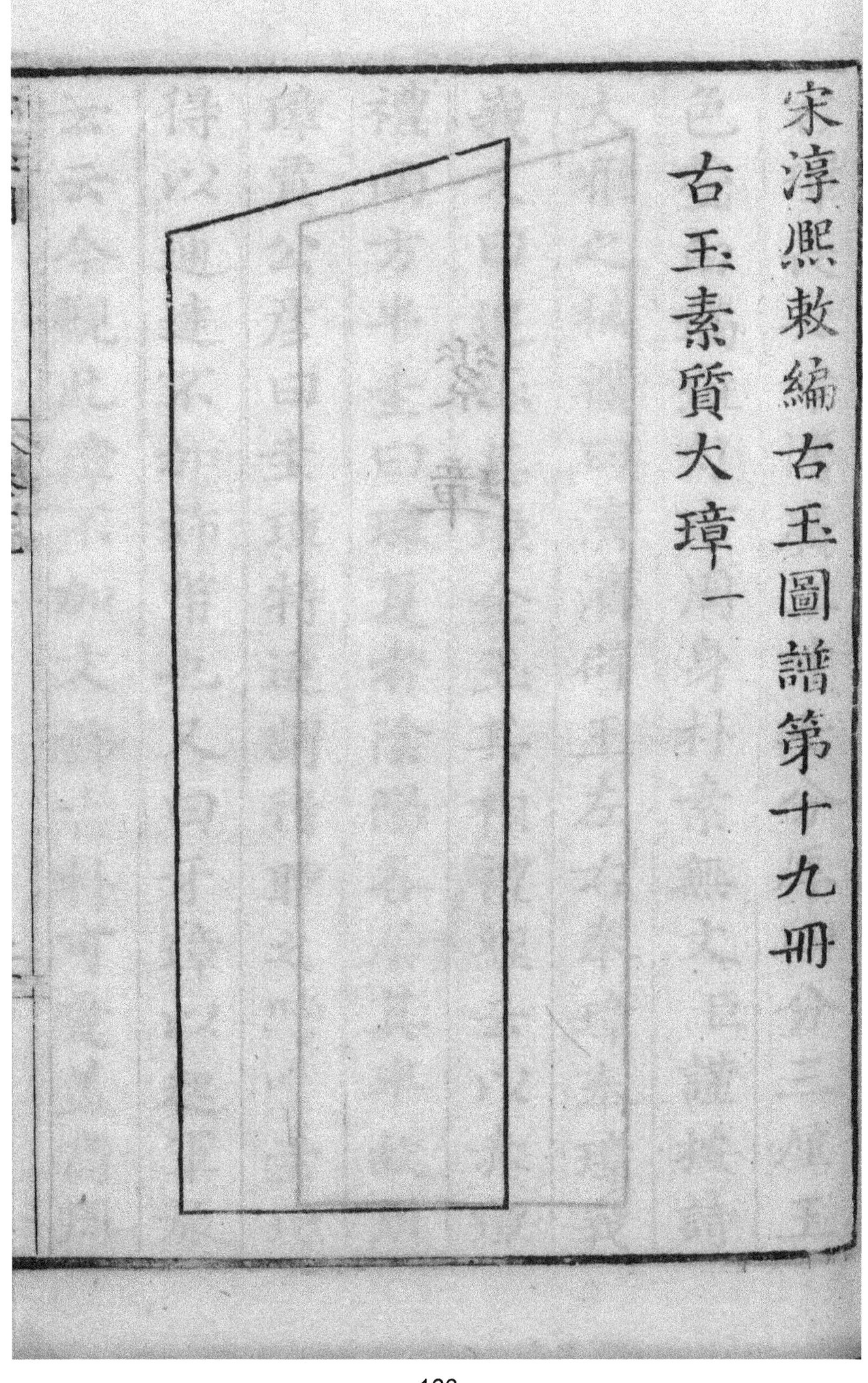

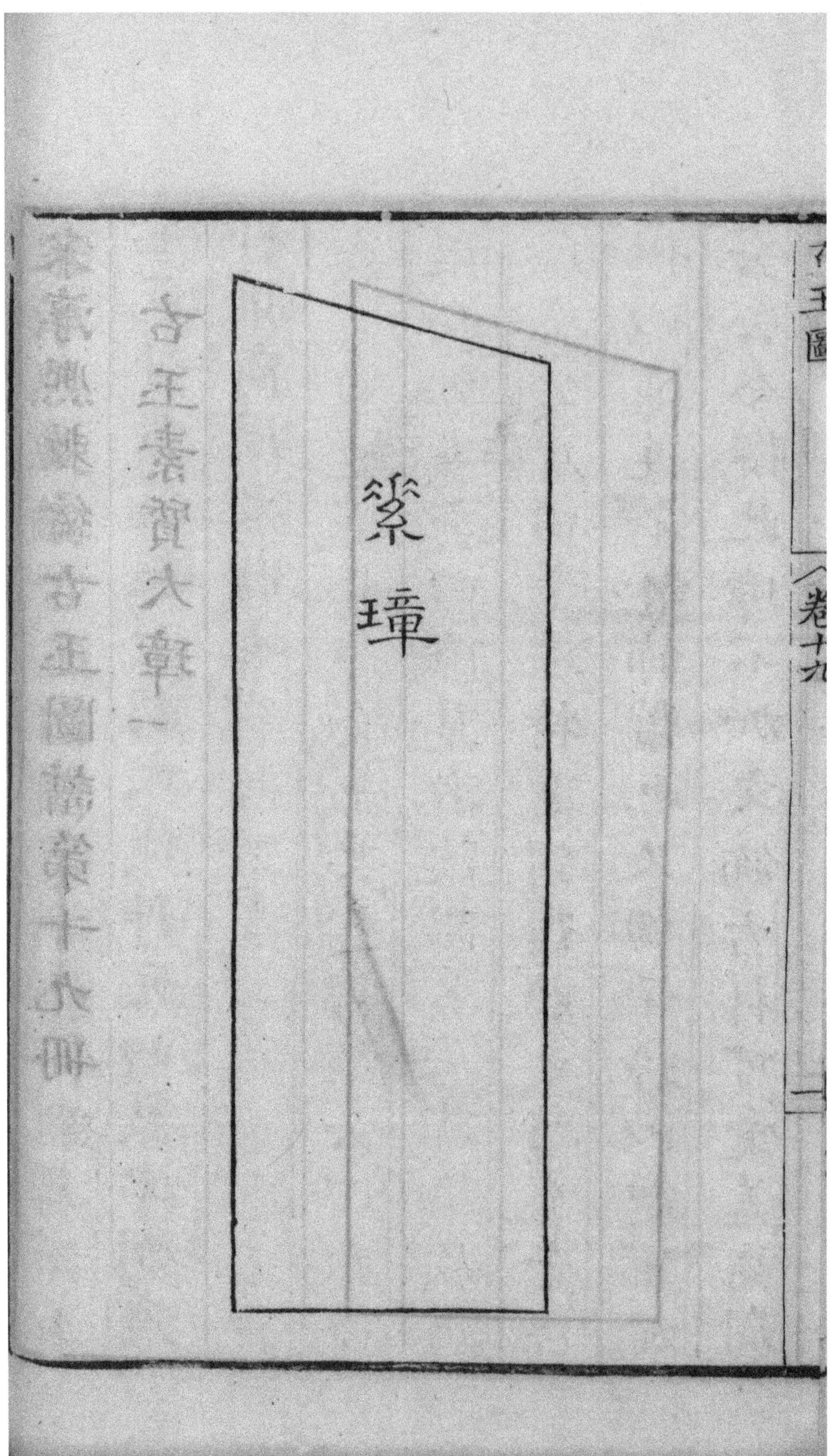

素璋

右璋長七寸博廣二寸七分厚四分三厘玉色瑩白瑞斑勻布周身朴素無文臣謹按詩大雅之棫樸曰濟濟辟王左右奉璋奉璋峩峩又曰追琢其璋金玉其相禮經云以赤璋禮南方半圭曰璋夏者陰陽各居其半故用璋賈公彥曰圭璋特達謂行聘之時唯圭璋得以通達不加飾幣也又曰牙璋以起軍旅云云今觀此璋不加文飾古朴可愛蓋商周

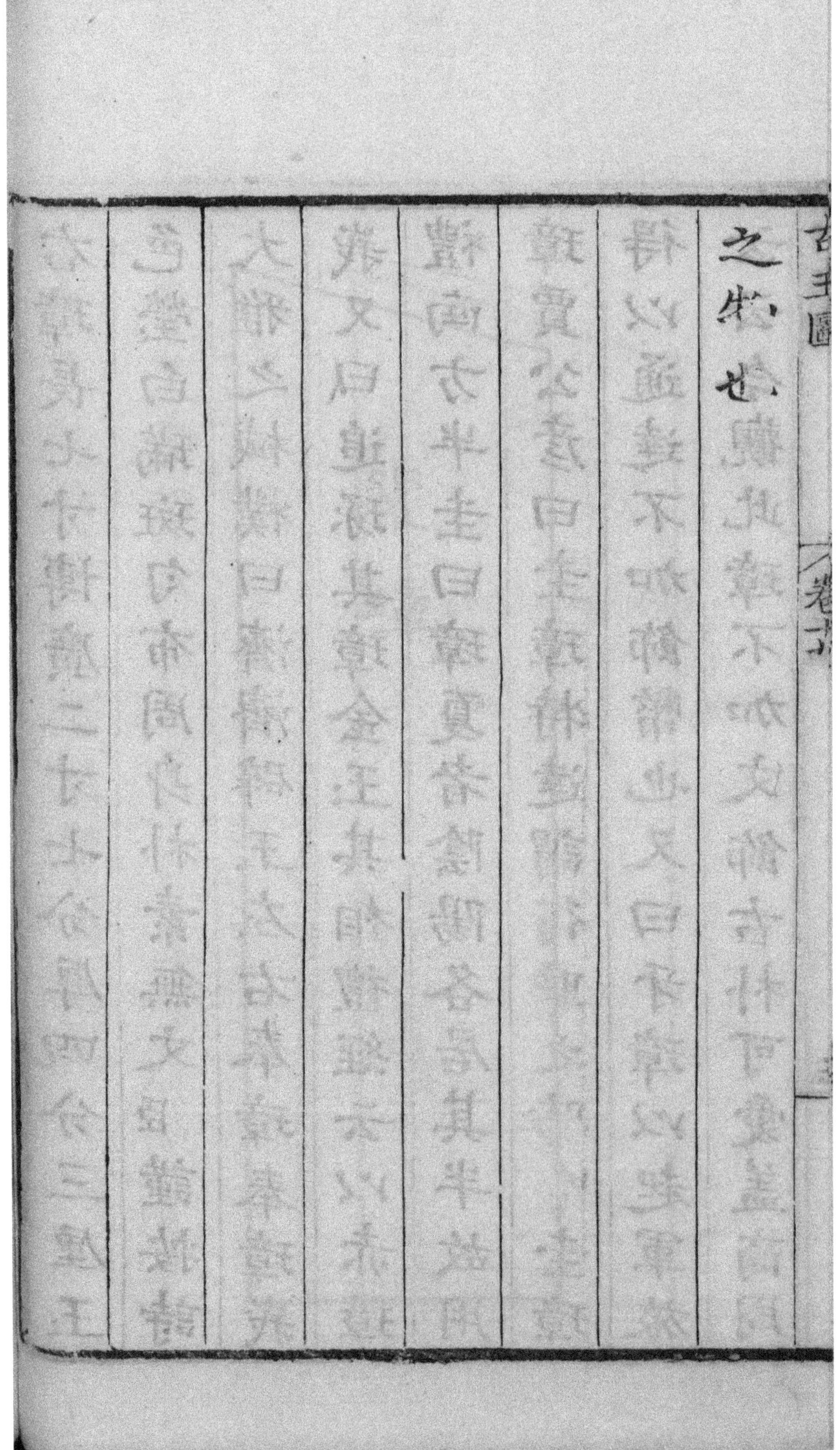

之制也觀此璋不加文飾古朴可愛蓋古周

得以通達不加飾褥也又曰牙璋以起軍旅

璋賈公彥曰王璋特達謂[illegible]

瓚向方半圭曰璋夏者陰陽各居其半故用璋

哉又曰追琢其章金玉其相禮經云以赤璋禮

大雅之棫樸曰濟濟辟王左右奉璋[illegible]

色瑩白璘斑勻布兩分朴素無文且[illegible]蝕時

右璋長七寸博廣三寸七分厚四分三[illegible]王

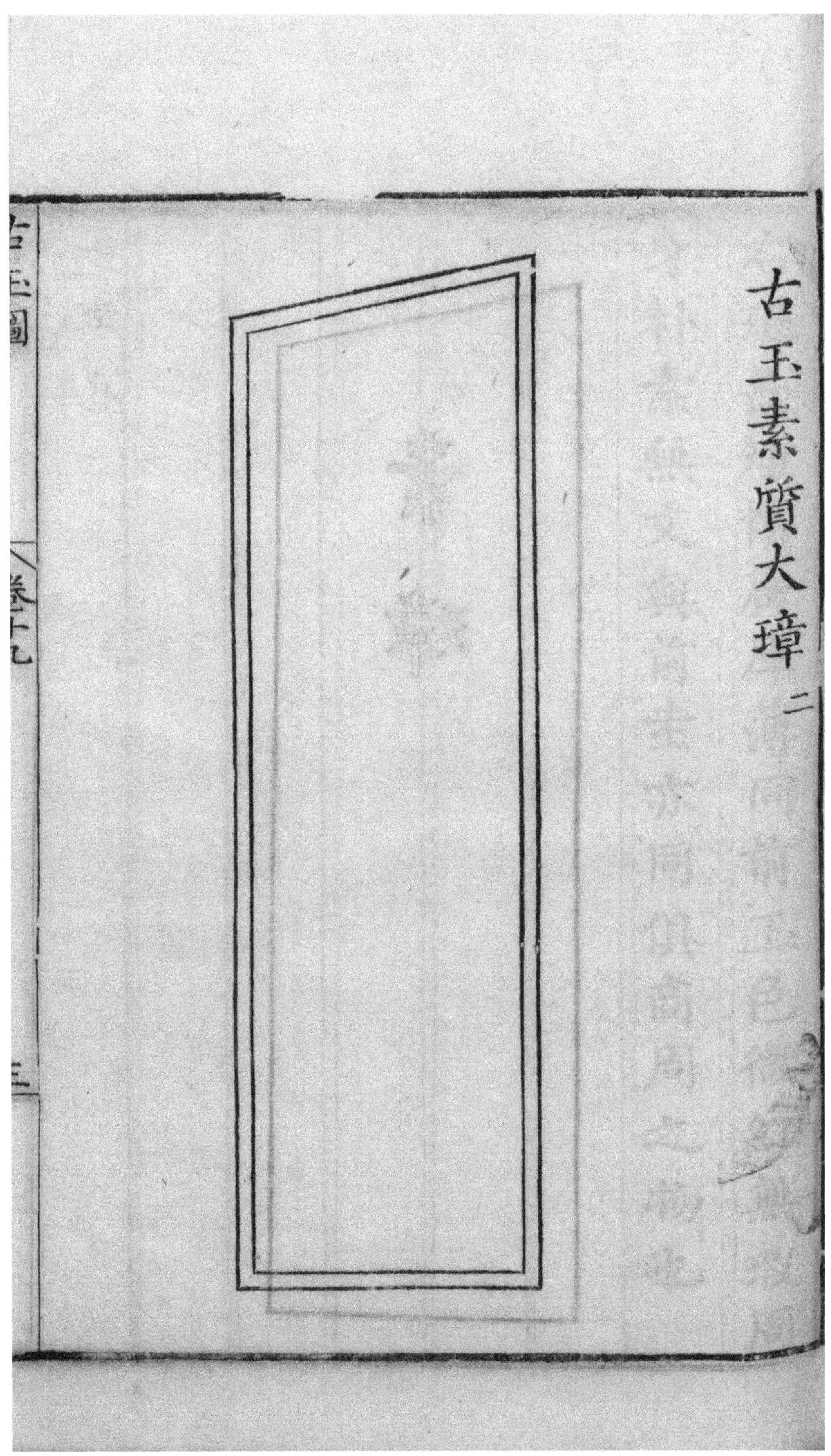
古玉素質大璋 二
古玉圖
卷十九
三

素璋

右璋長短博廣厚薄同前玉色微紅無瑕周身朴素無文與前圭亦同俱商周之物也

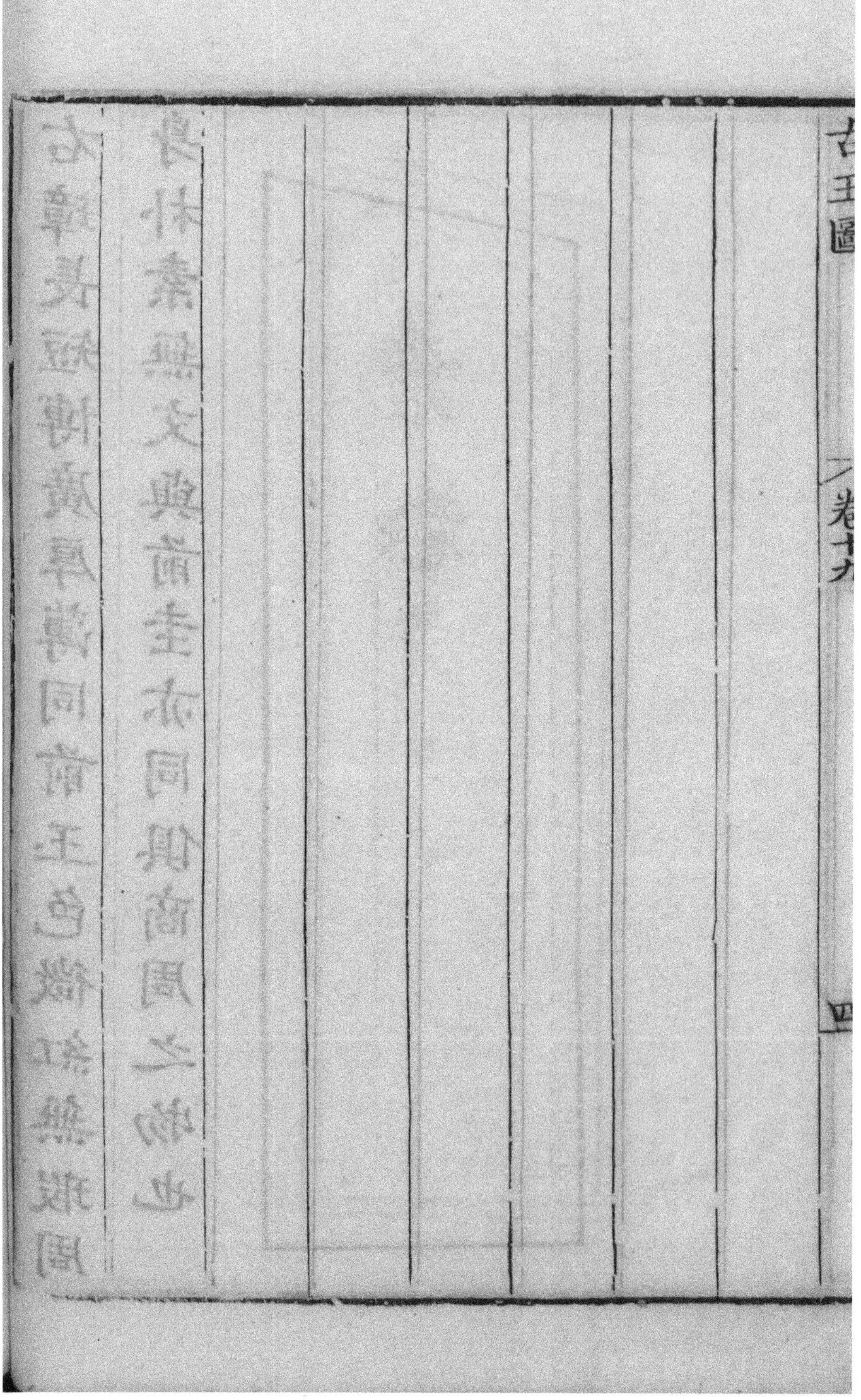

古玉素質大璋二

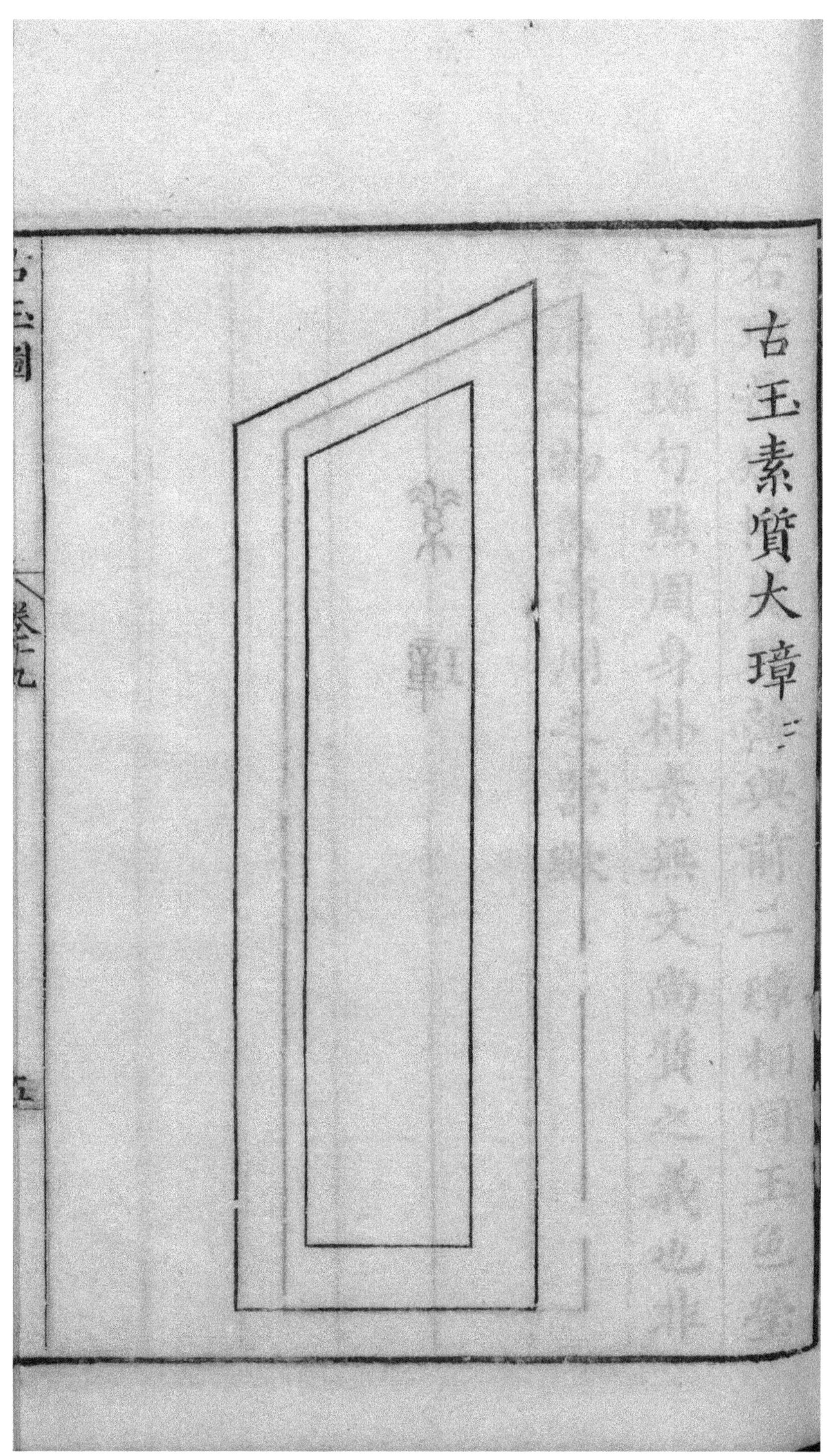

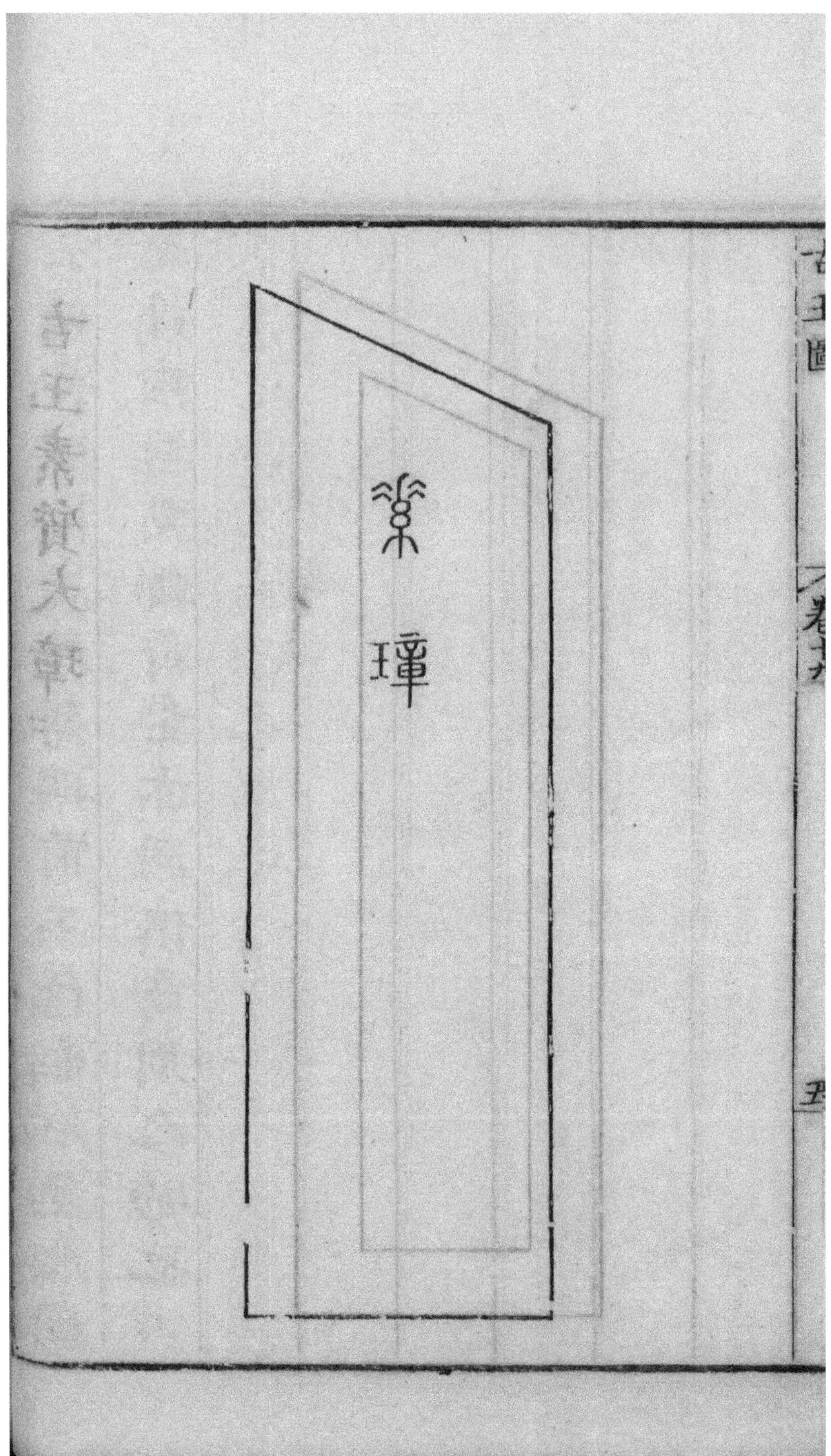
璋

右璋長短博廣厚薄與前二璋相同玉色瑩白璊斑勻點周身朴素無文尚質之義也非秦漢之物蓋商周之器歟

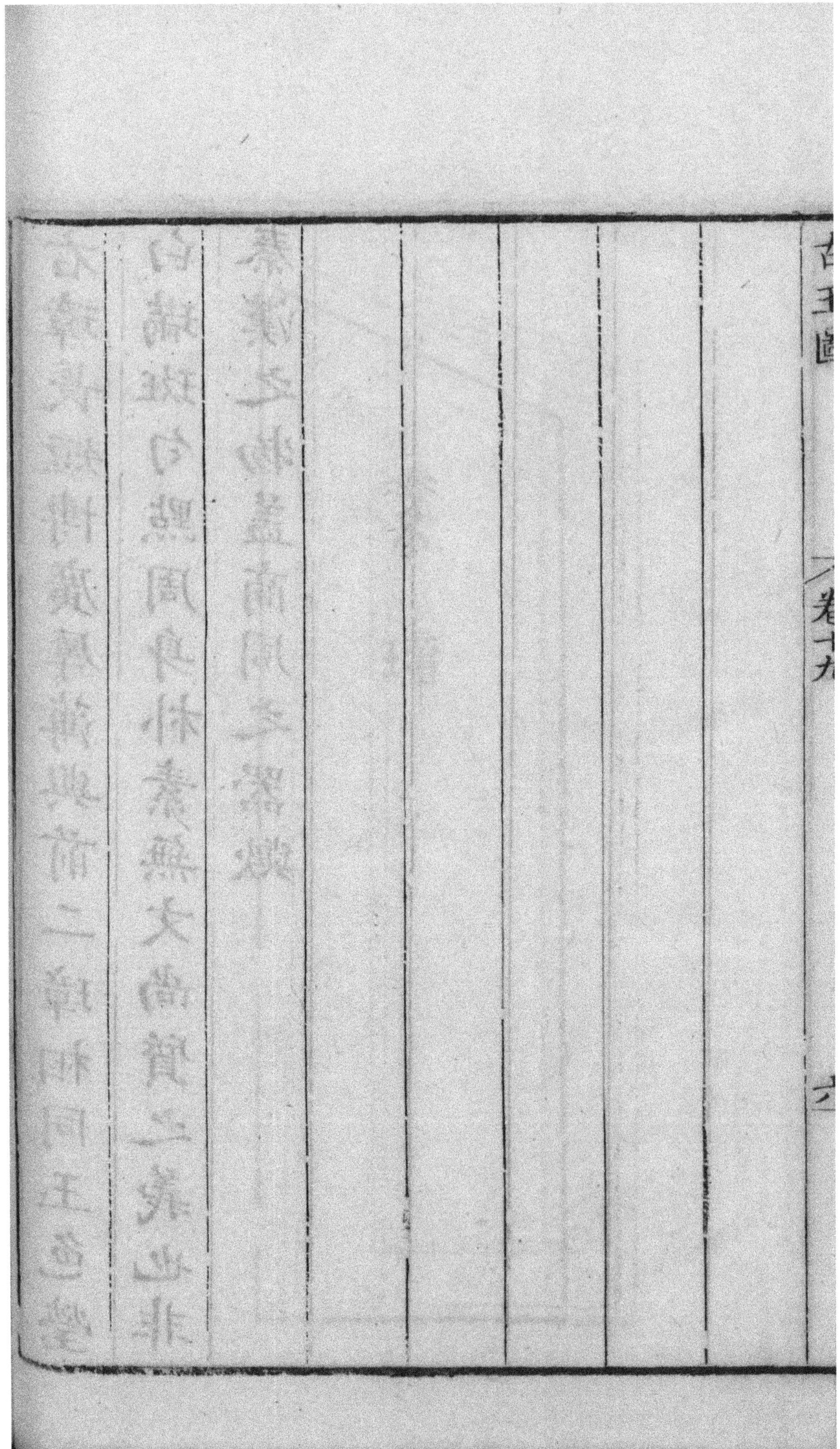

古玉彫文大璋一

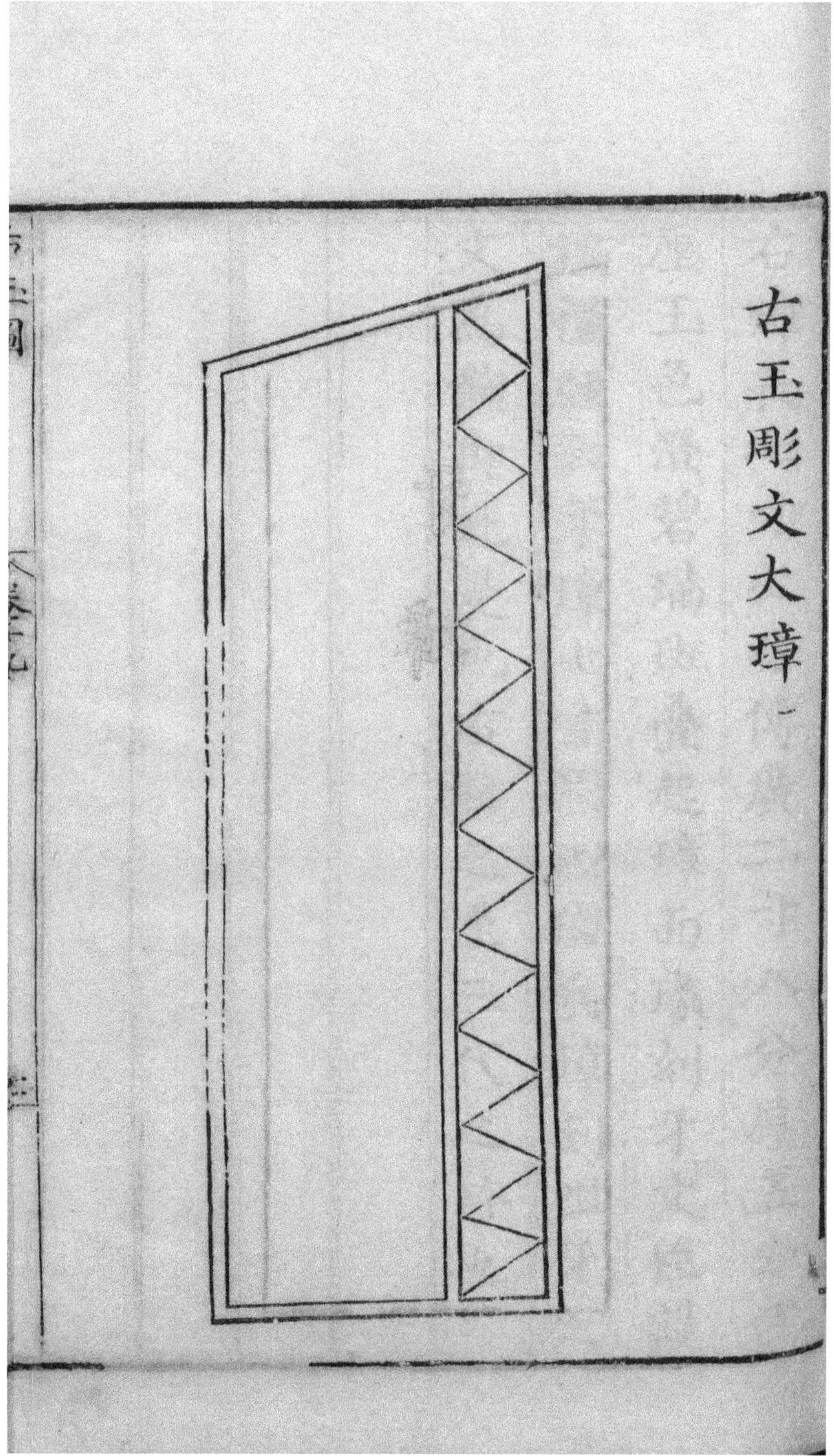

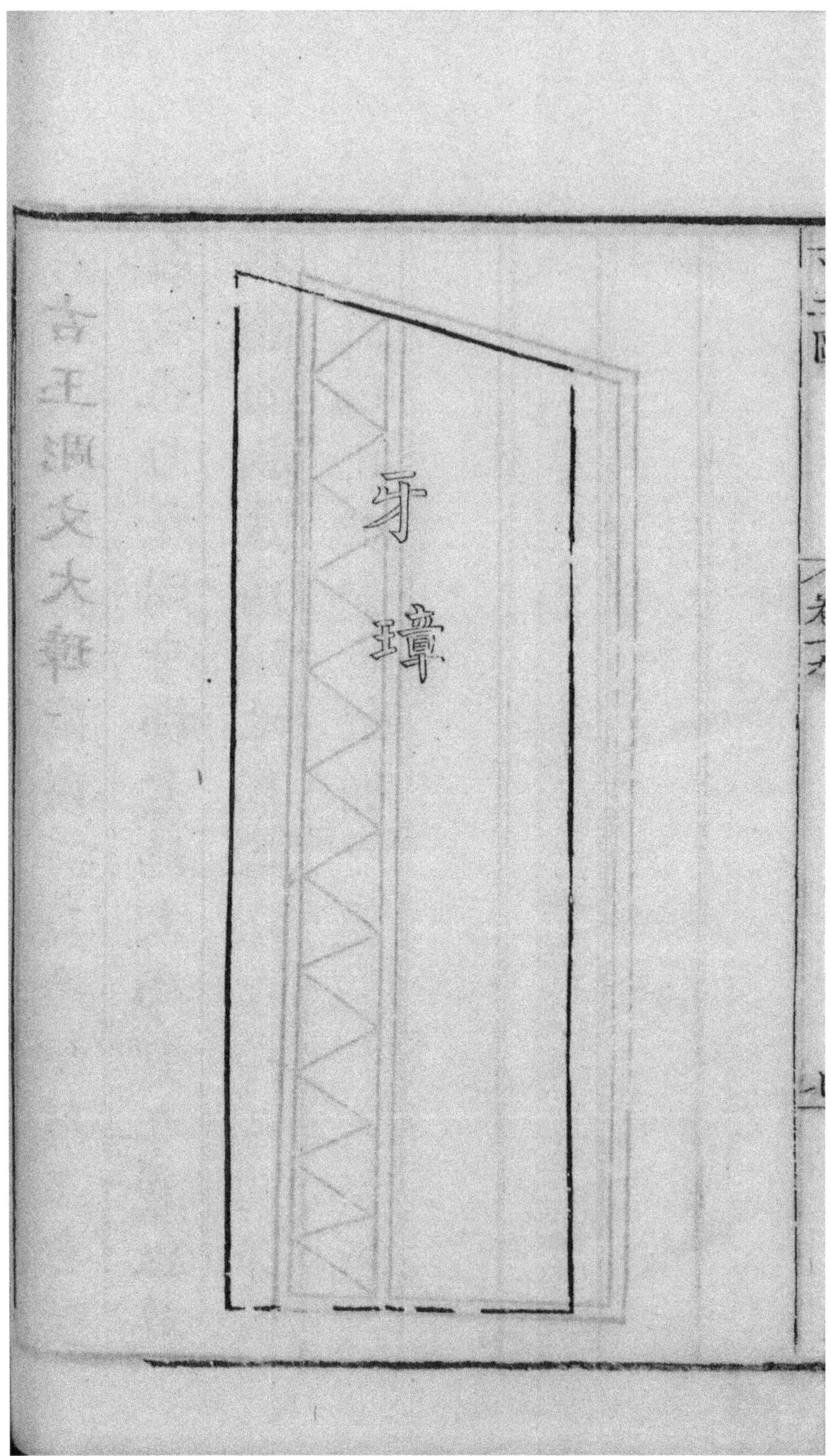
牙璋

右璋長七寸七分博廣二寸八分厚五分四厘玉色澄碧瑞斑疊起璋面瑑刻牙文臣謹按禮經云牙璋七寸用以徵兵璋刻咀牙之文為飾即此是也古雅之至三代之珍也

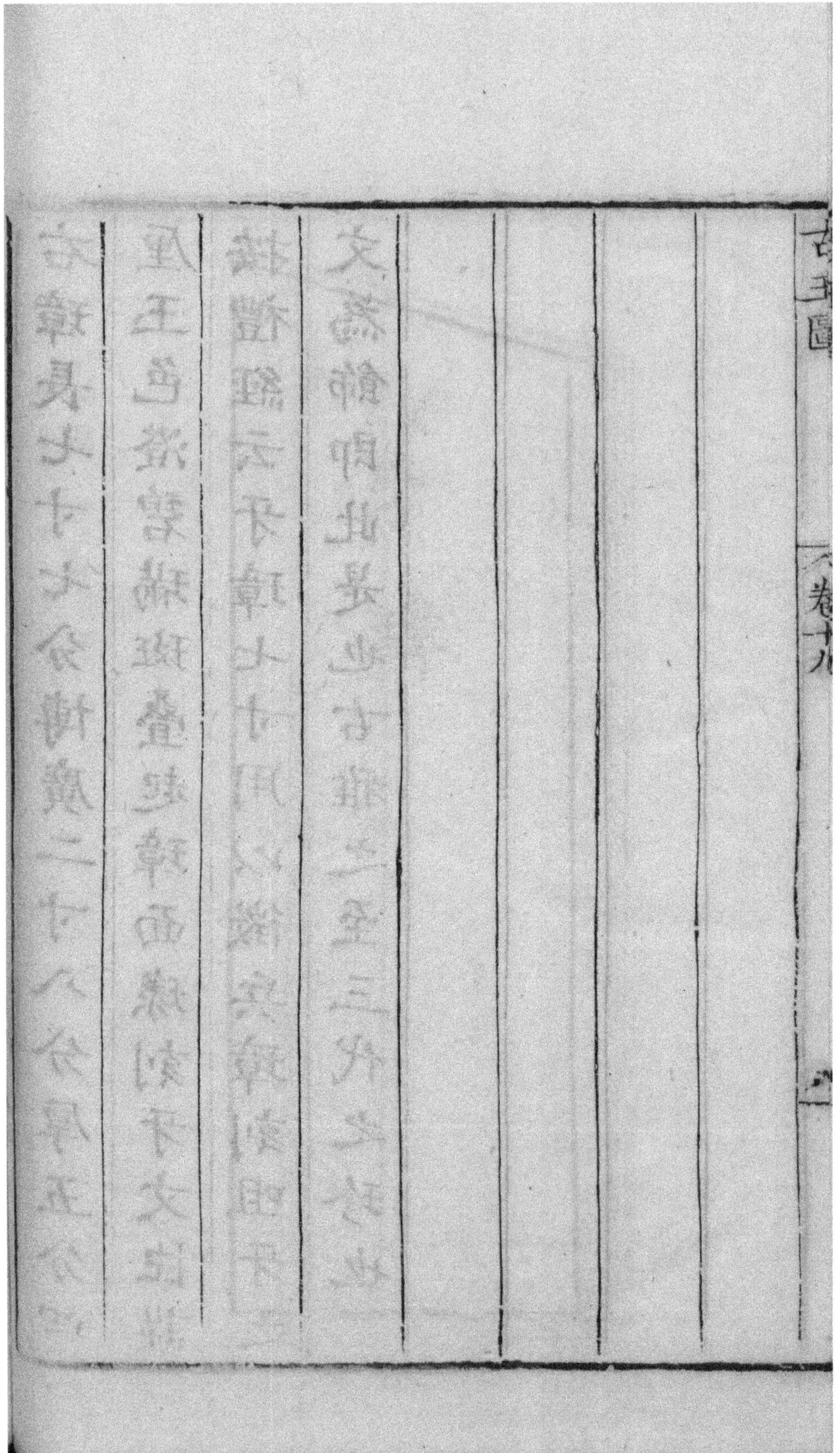

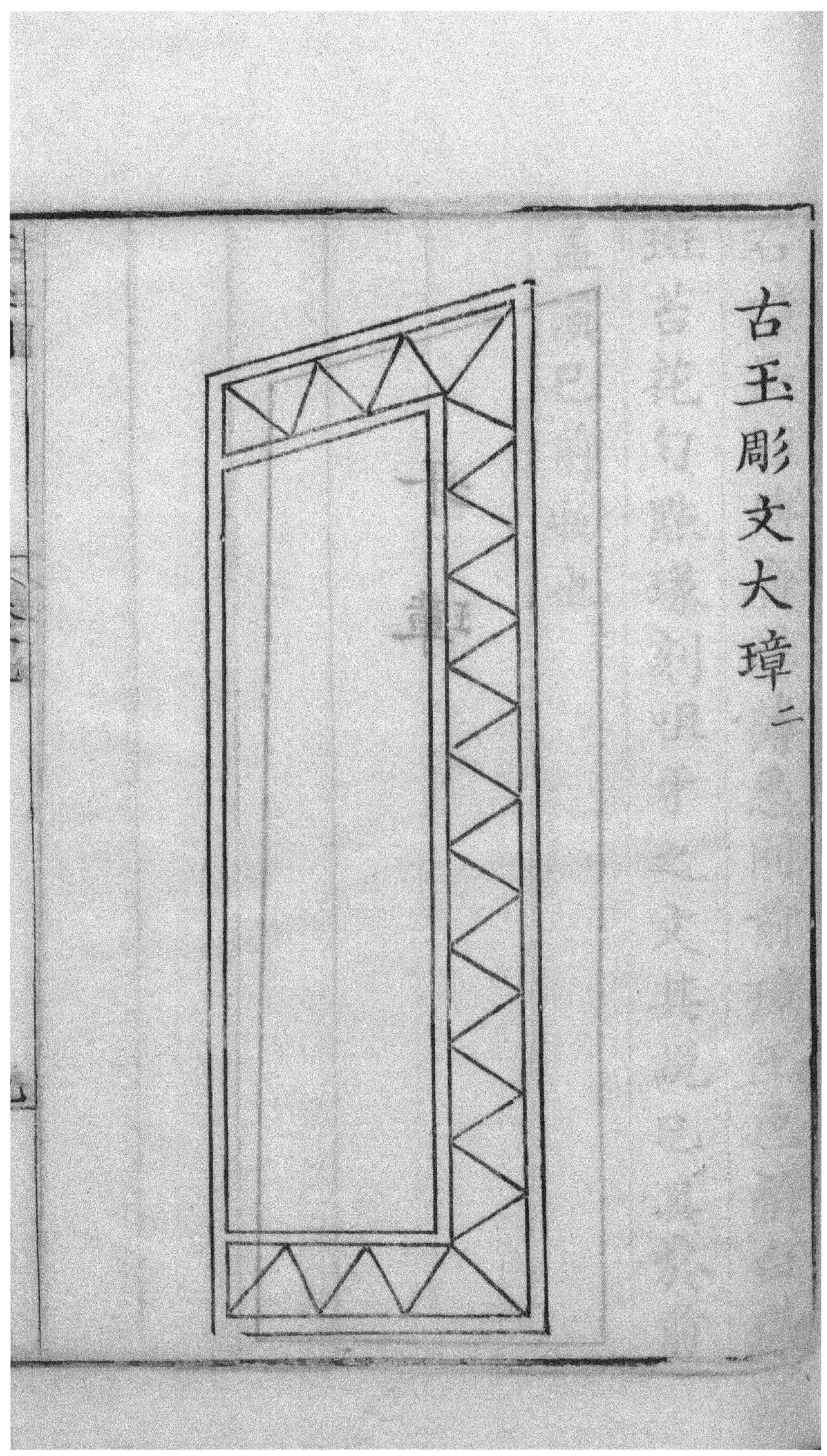
古玉彫文大璋二

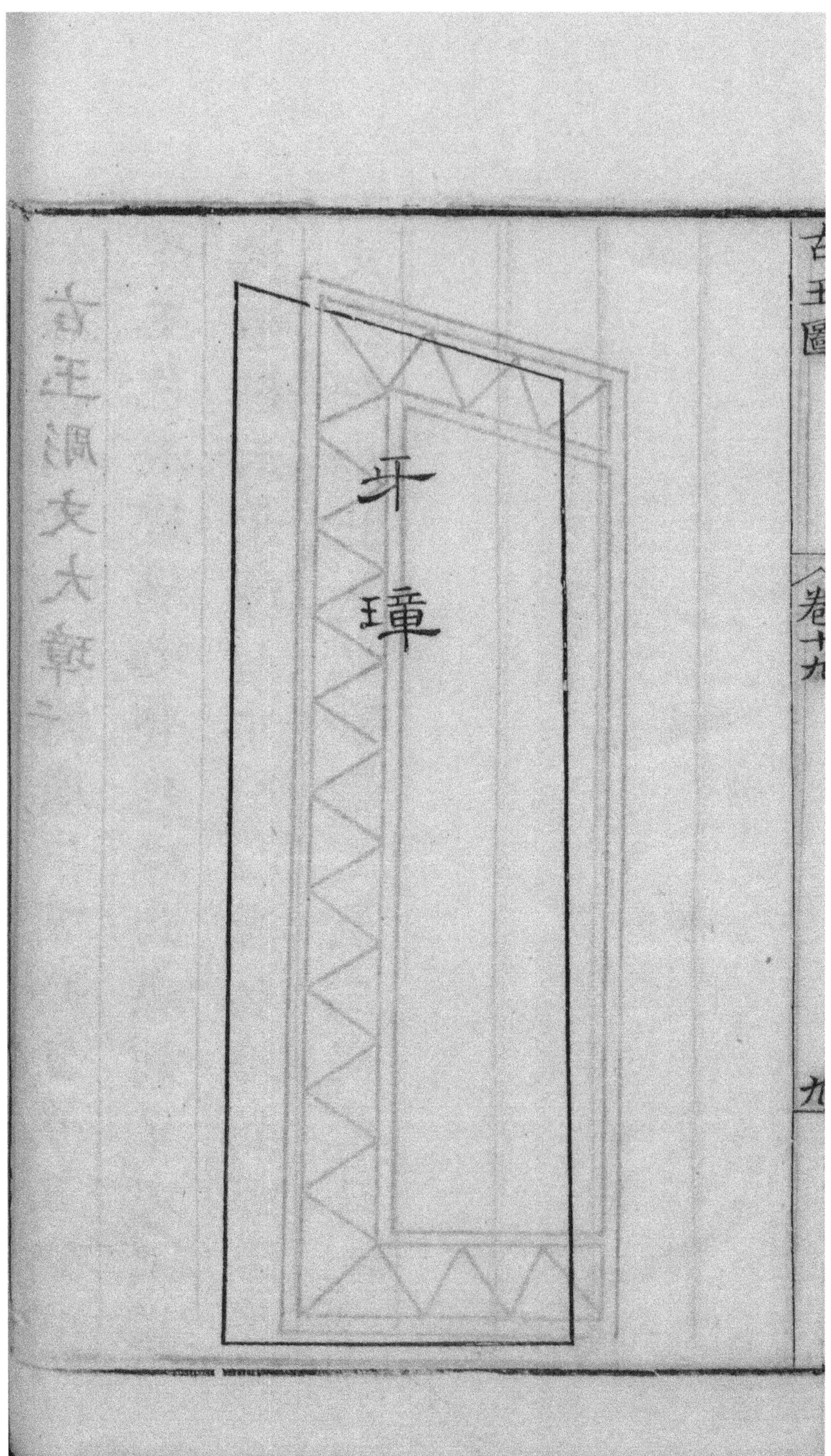
牙璋

右璋長短博廣厚薄悉同前璋玉色瑩白璊斑苔花勻點瑑刻咀牙之文其說已具於前盖漢已前物也

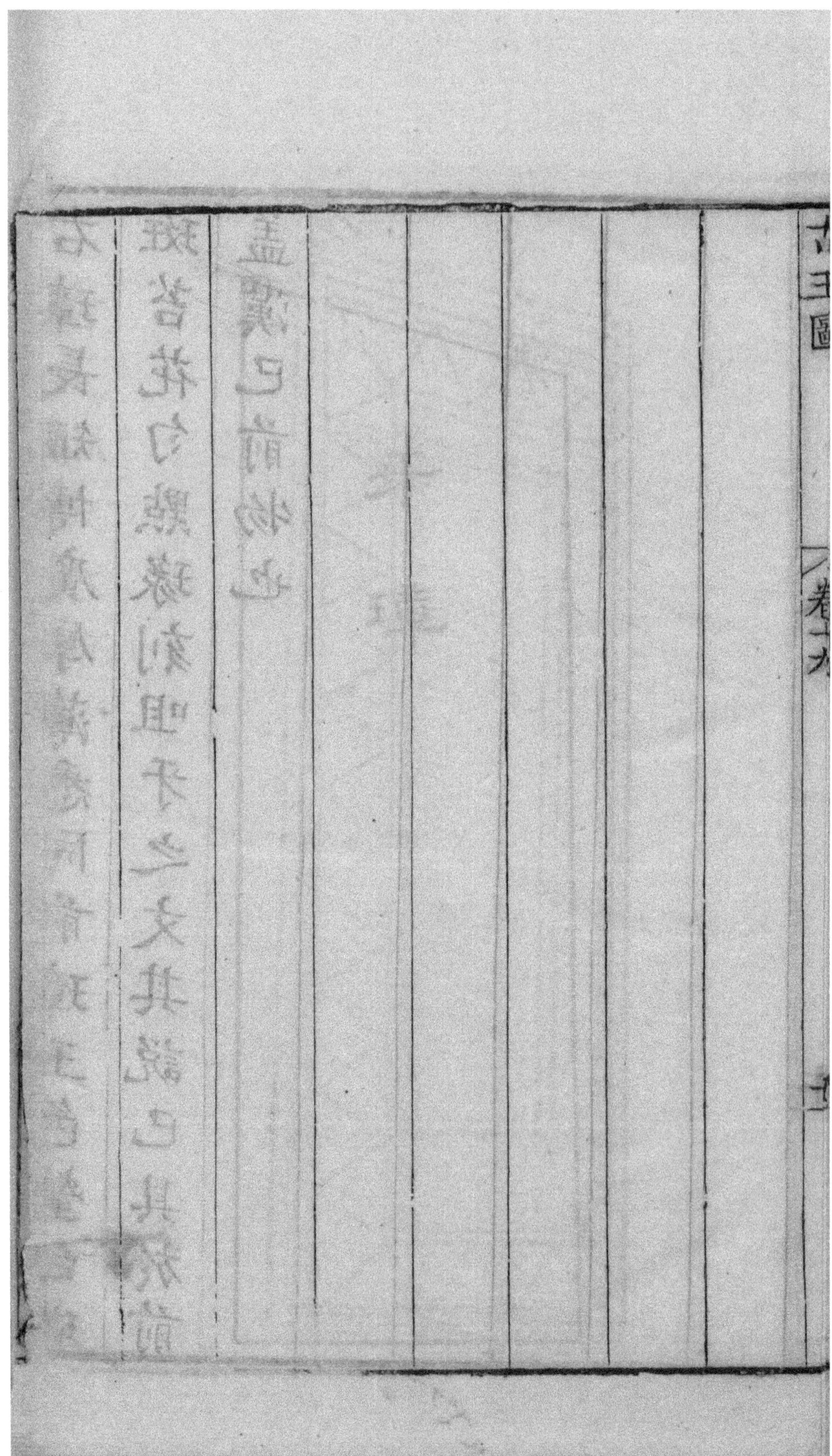

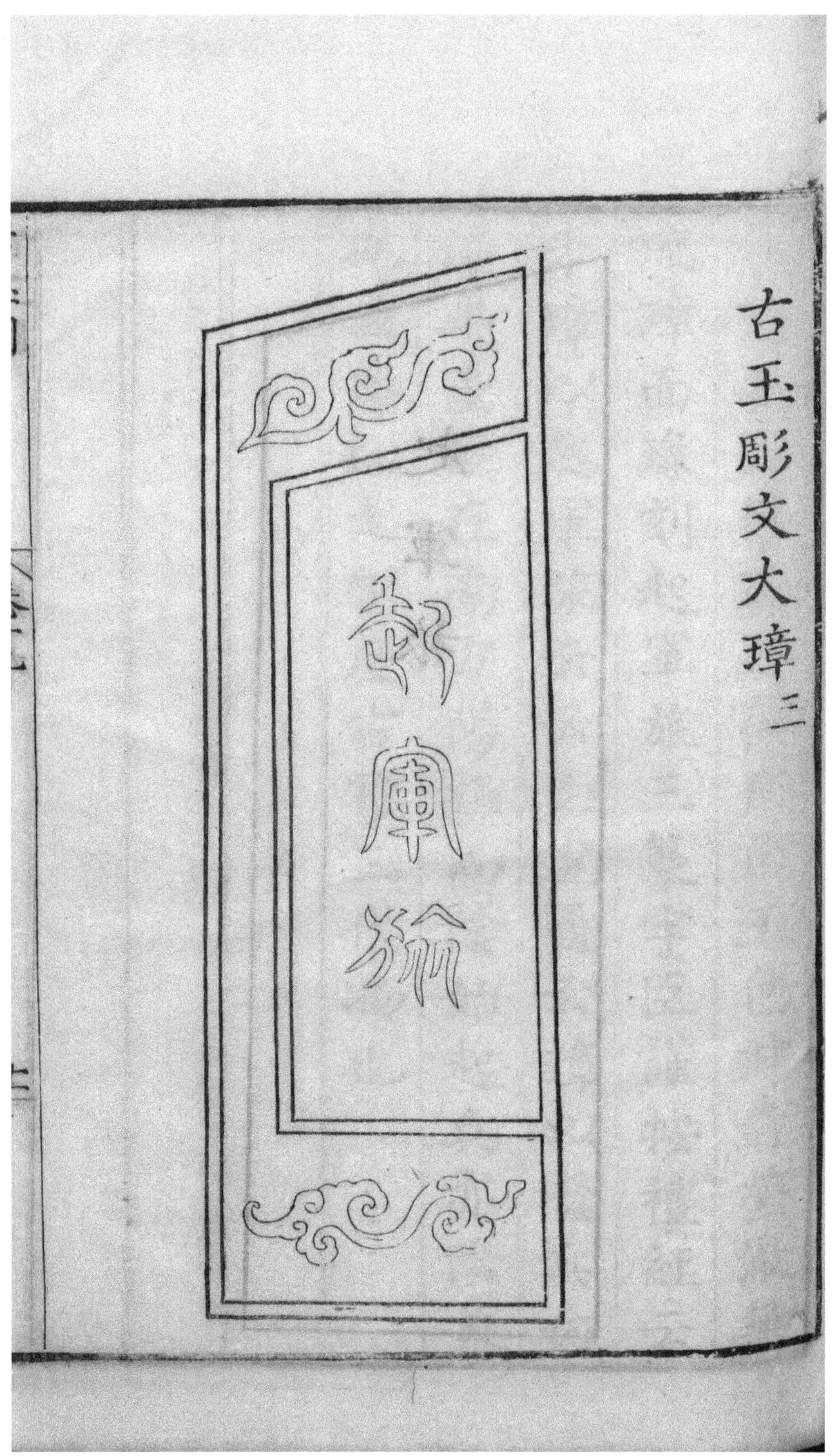
古玉彫文大璋三

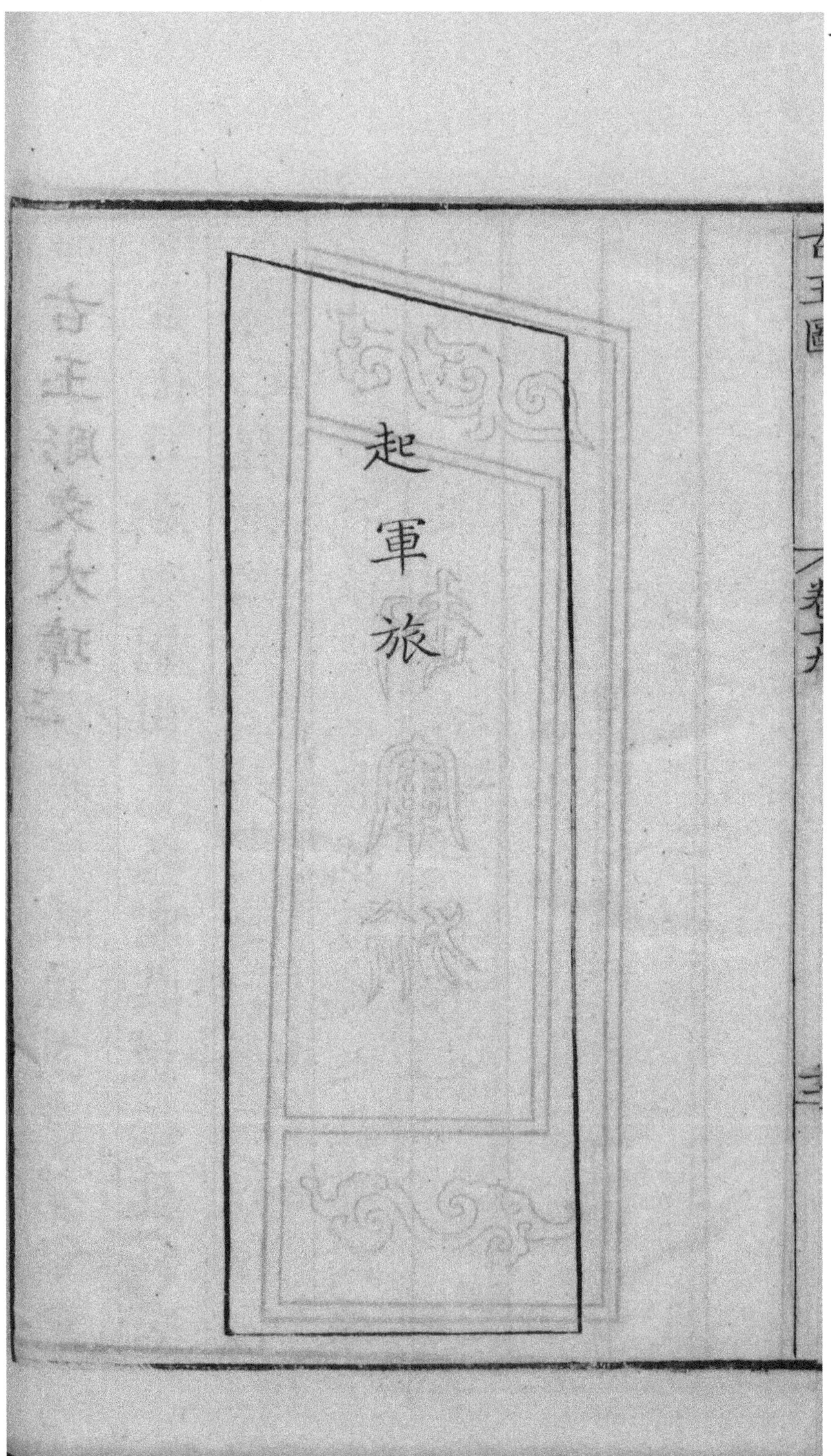
起軍旅

右璋長短博廣厚薄同前玉色甘青瑩澈無瑕璋面瑑刻起軍旅三篆字臣謹按禮經云牙璋以起軍旅云云白虎通云璋以發兵何璋半圭位在南方陽極而陰始起兵亦陰象也故璋似之制度古雅三代物也

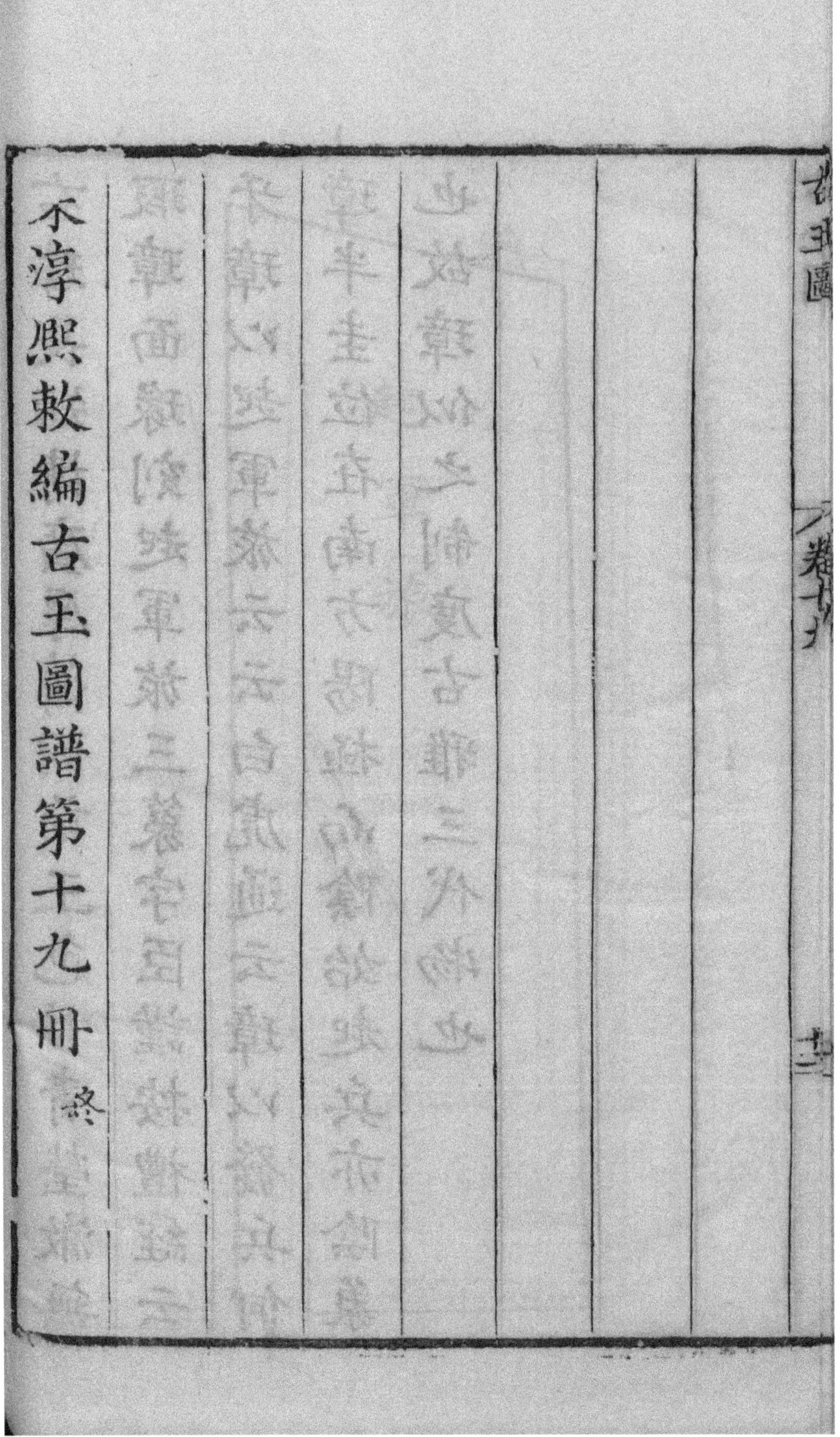

宋淳熙敕編古玉圖譜第十九冊 終

古玉圖譜
五

宋淳熙敕編古玉圖譜第二十冊

古玉朱草大璋一

朱草

右璋長七寸七分博廣二寸五分剡上二寸二分厚四分一厘玉色淡碧中有瑑刻朱草一蕤枝葉婆娑紅如猩血然自有碧玉以來未見中涵赤色者臣謹按七聖記云黛輿之山有神草焉其名曰虹光可以血玉凡玉無論何色琱琢文理既畢則以此草罨之㬥刻之閒所刻之文即成朱色深入膚理自面達背以磨礲之愈明愈鮮此璋之朱草赤色或

用此術乎臣謹按白虎通云五緯順軌德至草木則朱草生璋為禮南重器著以朱草於義實為允當琱琢之精商周之物也

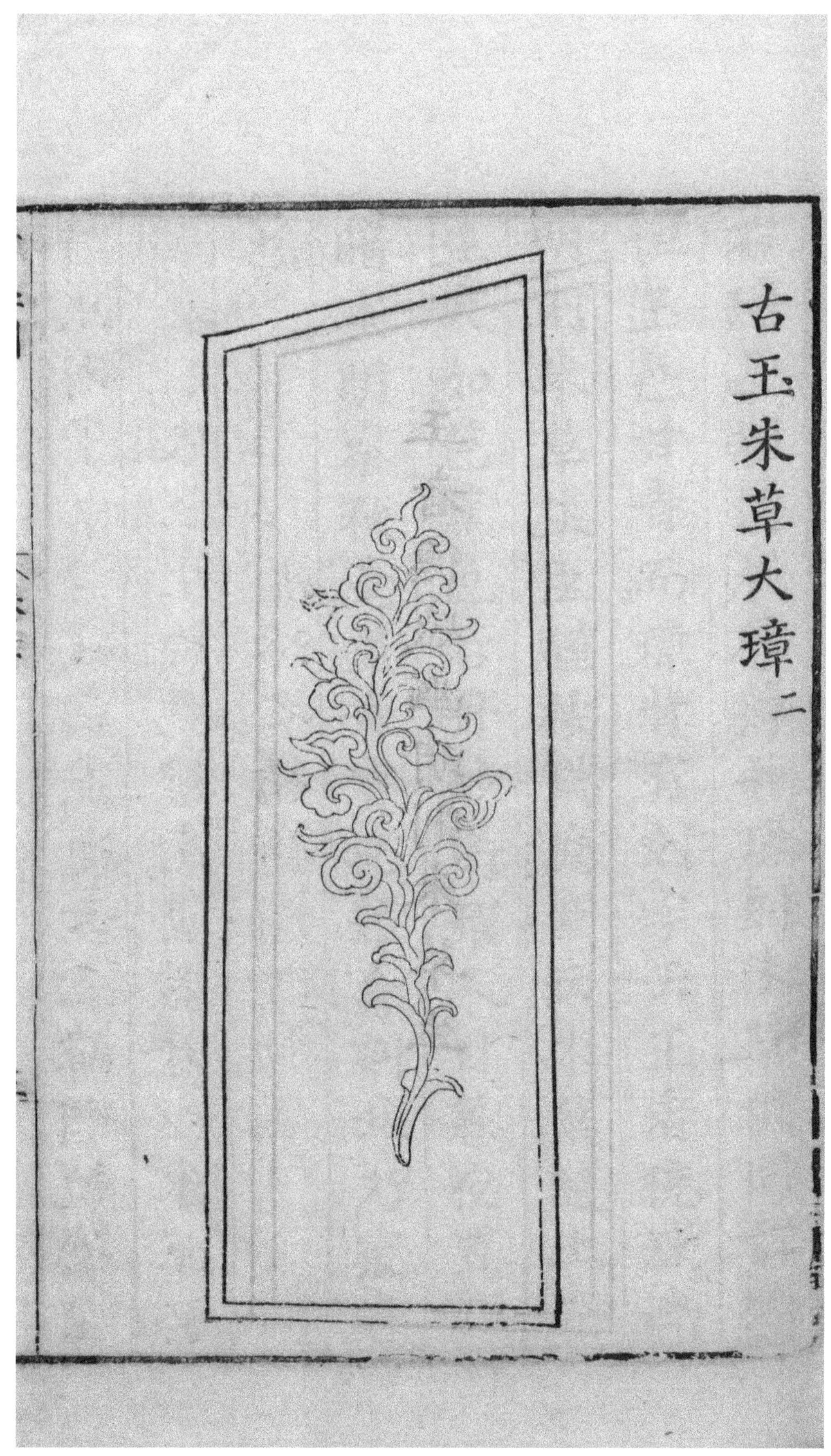
古玉朱草大璋二

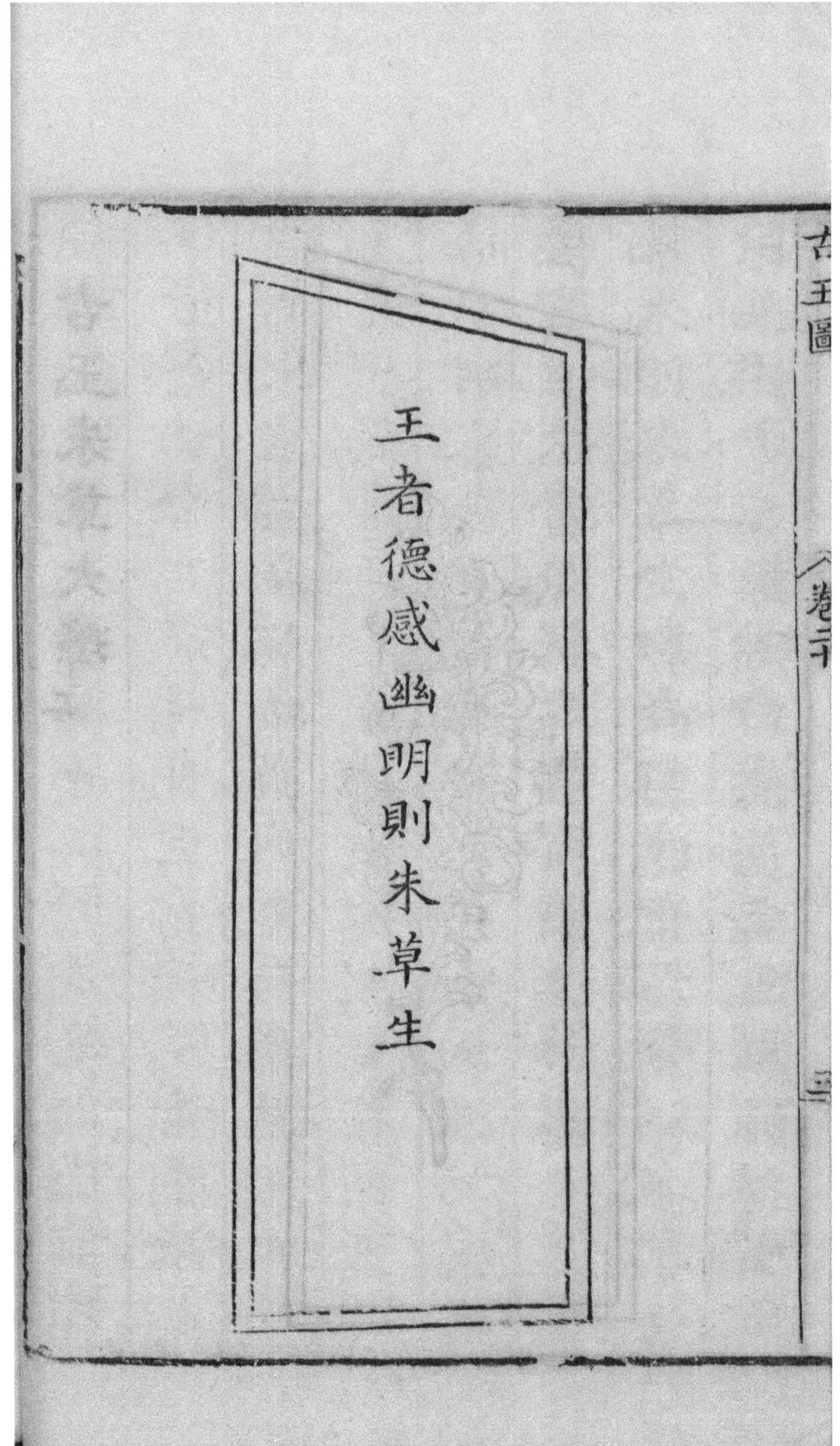

王者德感幽明則朱草生

右璋長短博廣厚薄并瑑刻朱草俱同前璋但玉色甘青而璋背有刻字云王者德感幽明則朱草生臣謹按瑞應圖云朱草隨土而生大如芭蕉色若丹砂衒耀人目暮夜置之暗室明察秋毫盖奇寶也璋身刻此乃寳常也

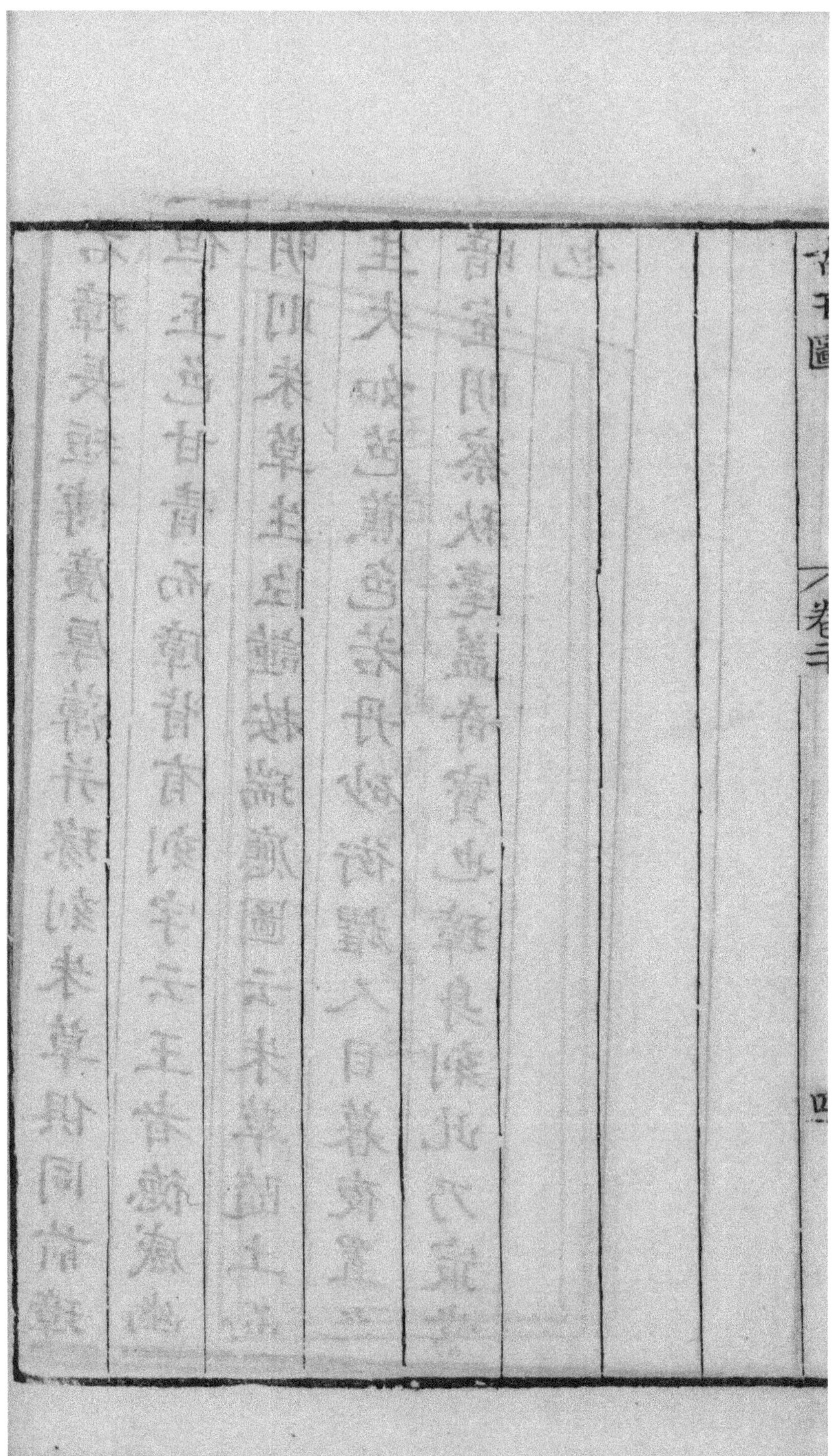

古玉卦象大璋

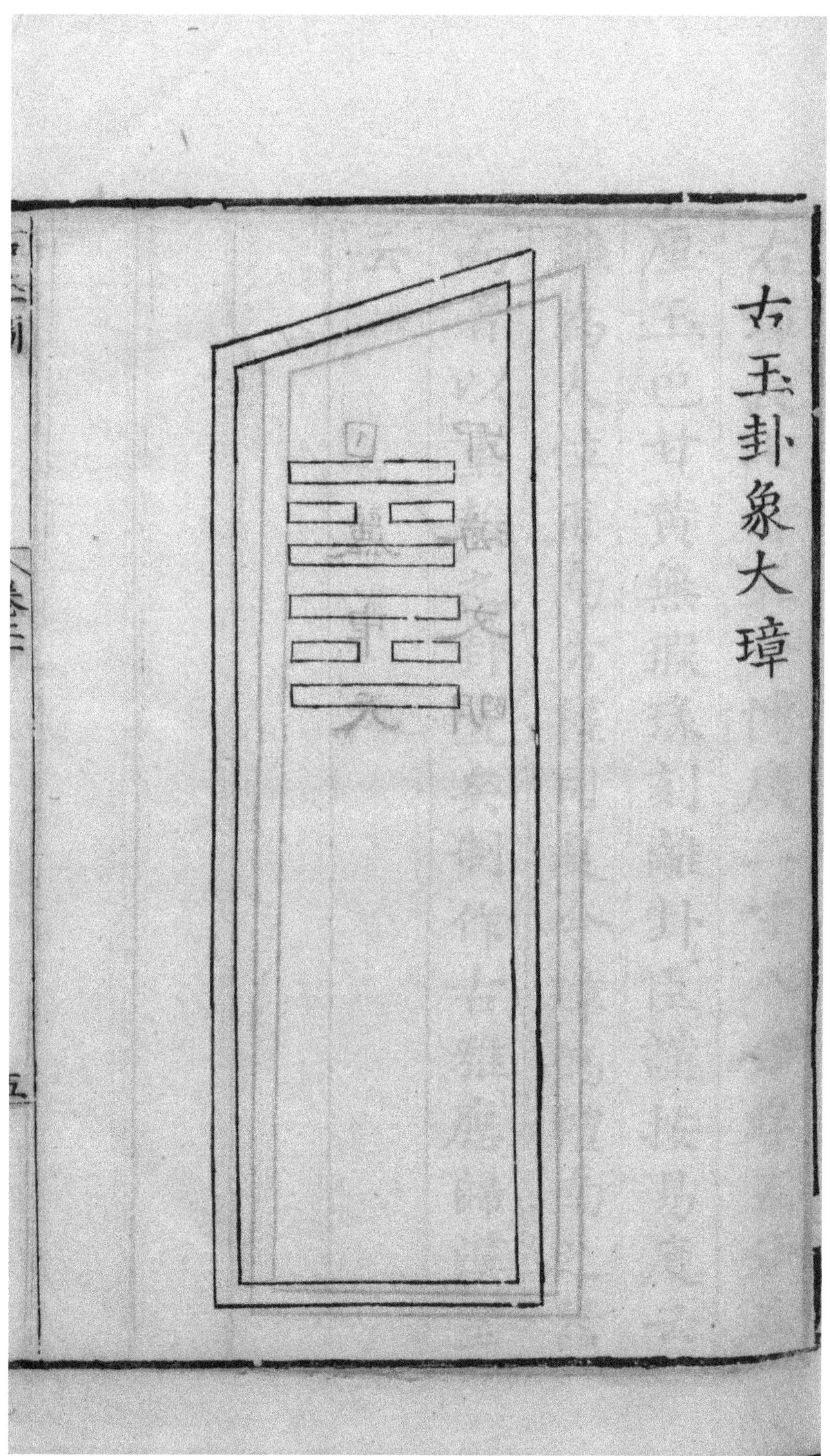

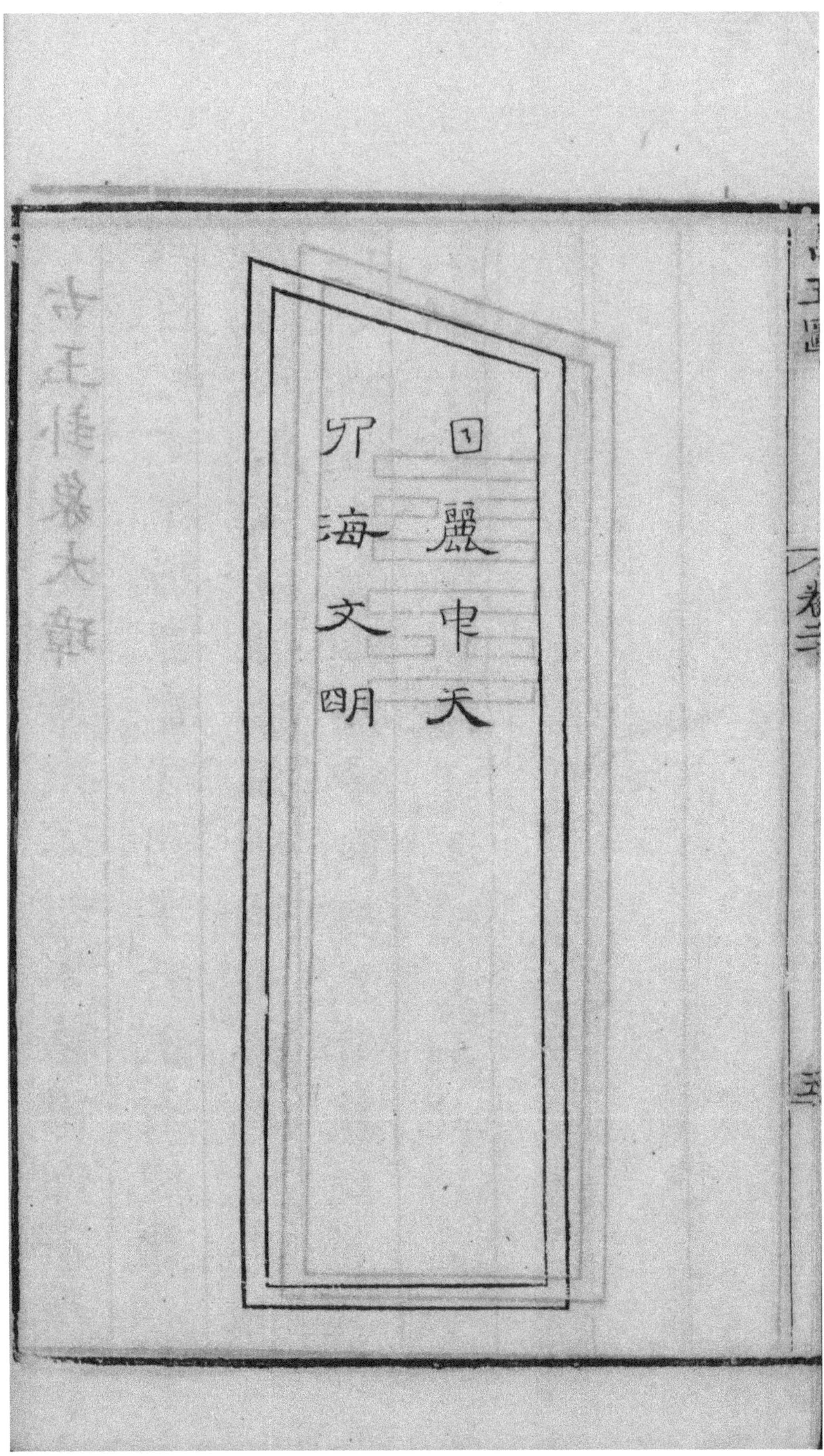
日麗中天
月海文明

右璋長七寸五分博廣二寸八分厚五分五厘玉色甘黃無瑕瑑刻離卦臣謹按易度云離為火位正南方權司夏令璋為禮南之器而著以重離之卦宜矣制作古雅應歸漢室云

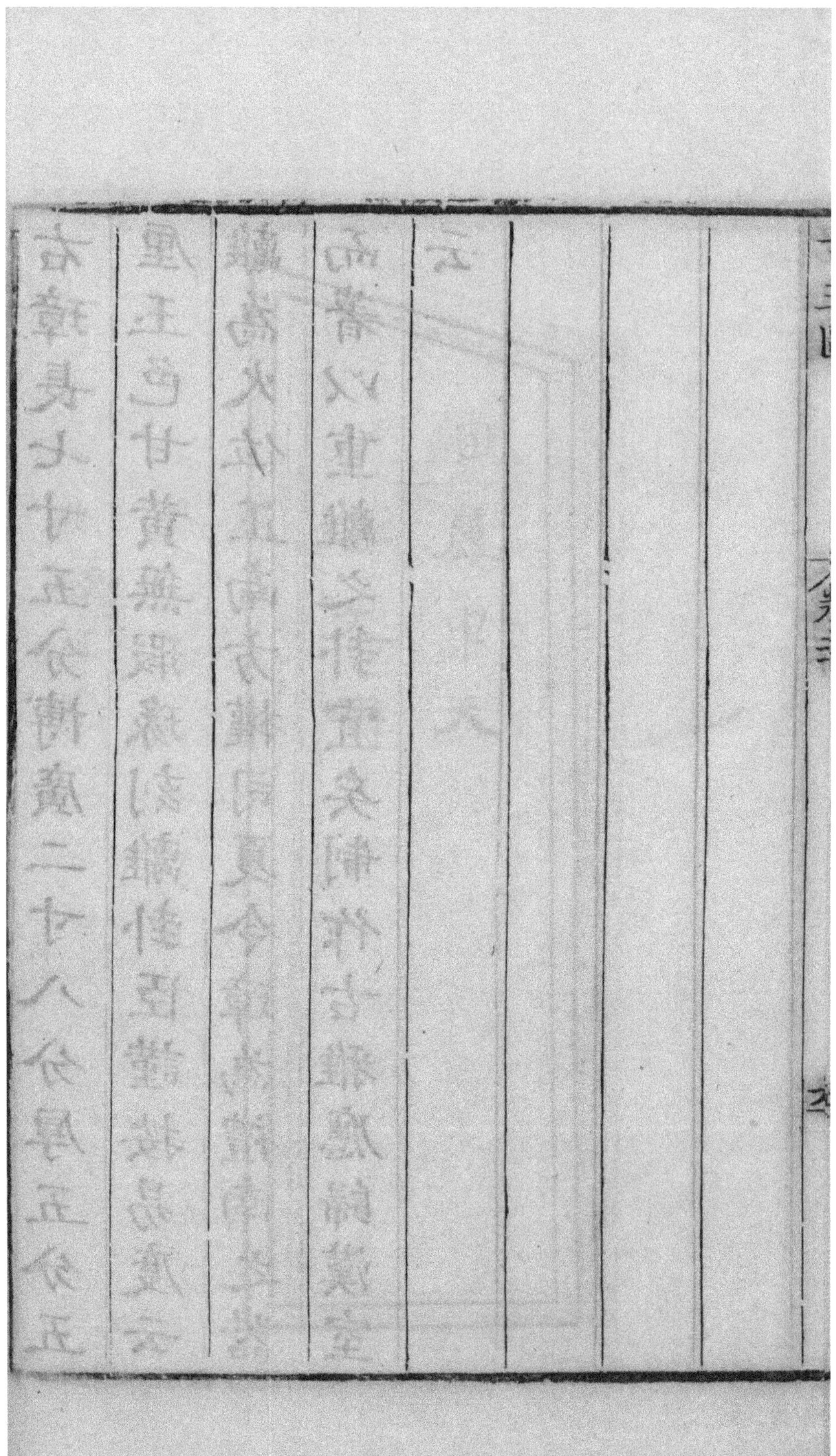

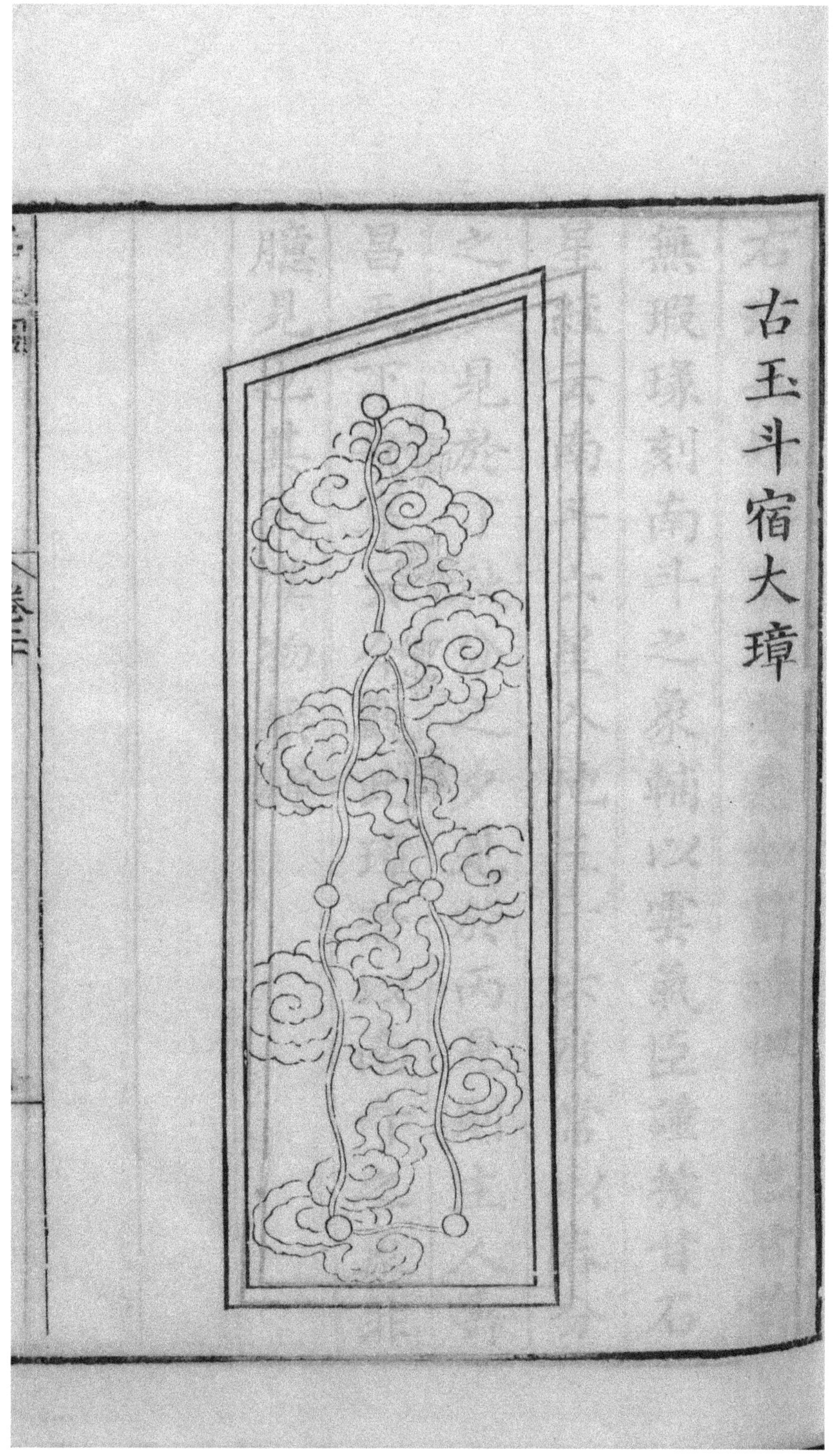

古玉斗宿大璋

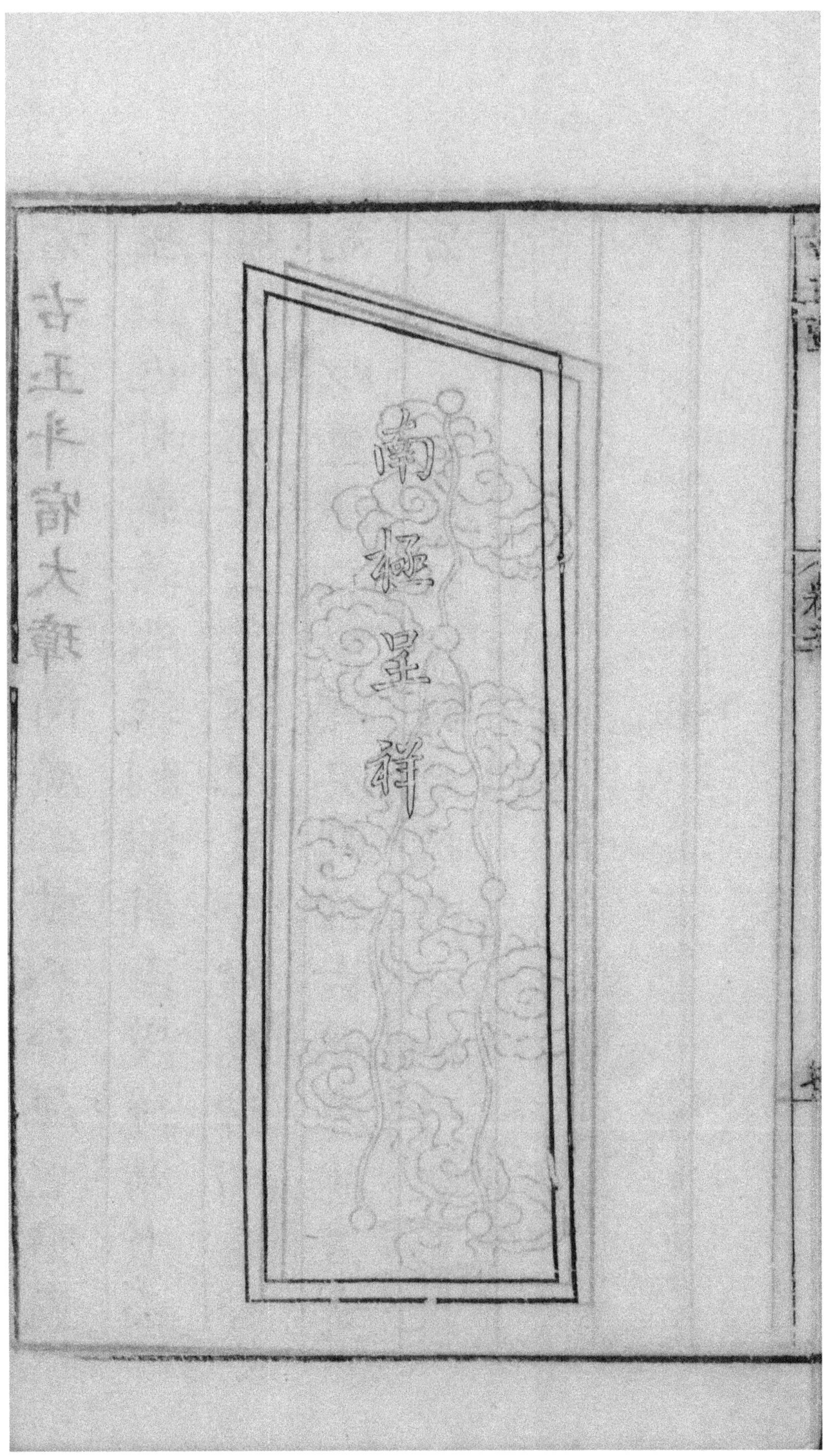
南極呈祥

右璋長短博廣厚薄悉如前璋但玉色甘黄無瑕瑑刻南斗之象輔以雲氣臣謹按甘石星經云南斗六星入地三十六度常以春分之夕見於丁秋分之夕見於丙見則主人壽昌天下安寧云今觀此璋著以南斗之象非臆見也其為漢物無疑

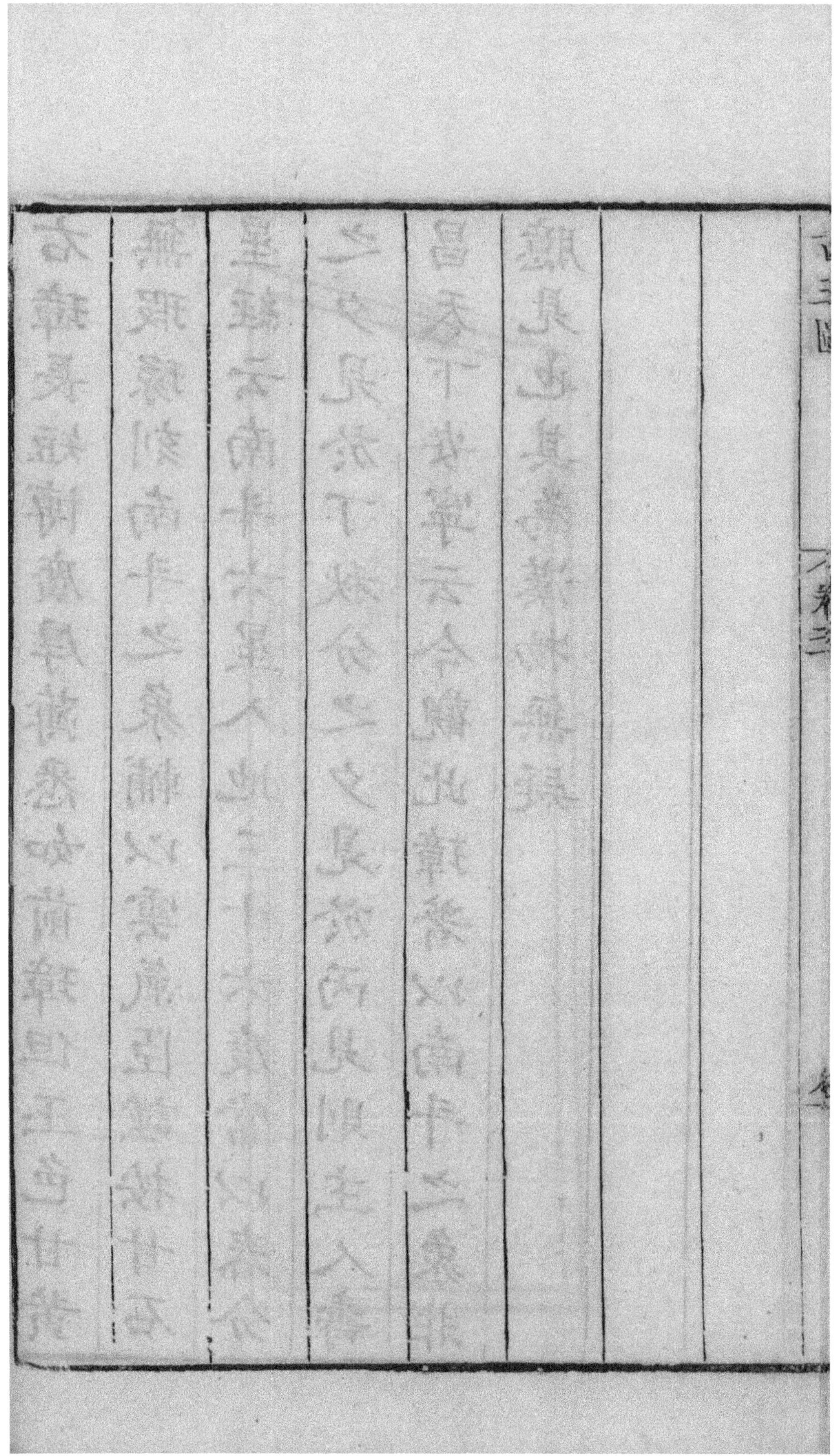

古玉柳宿大璋

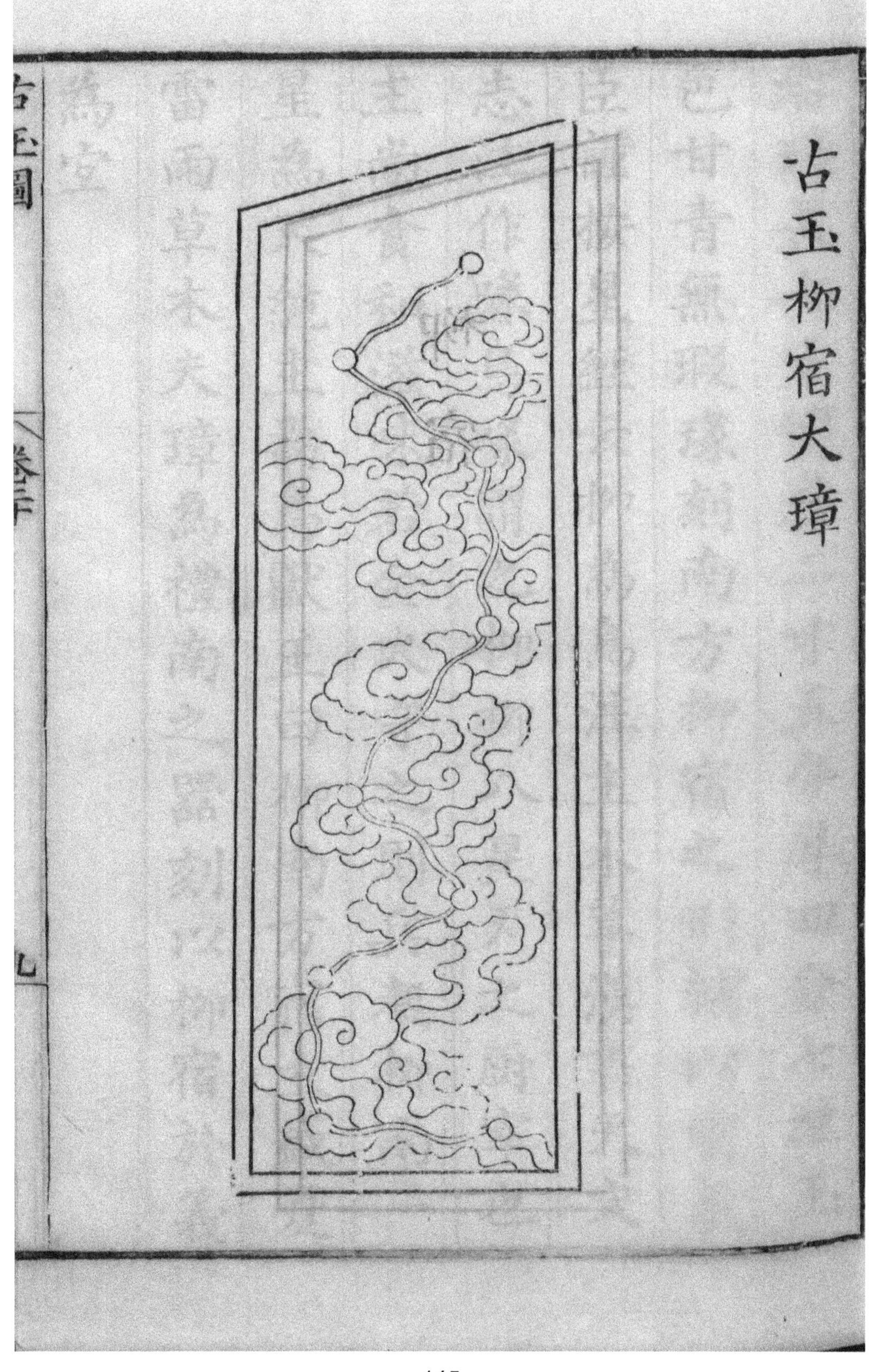

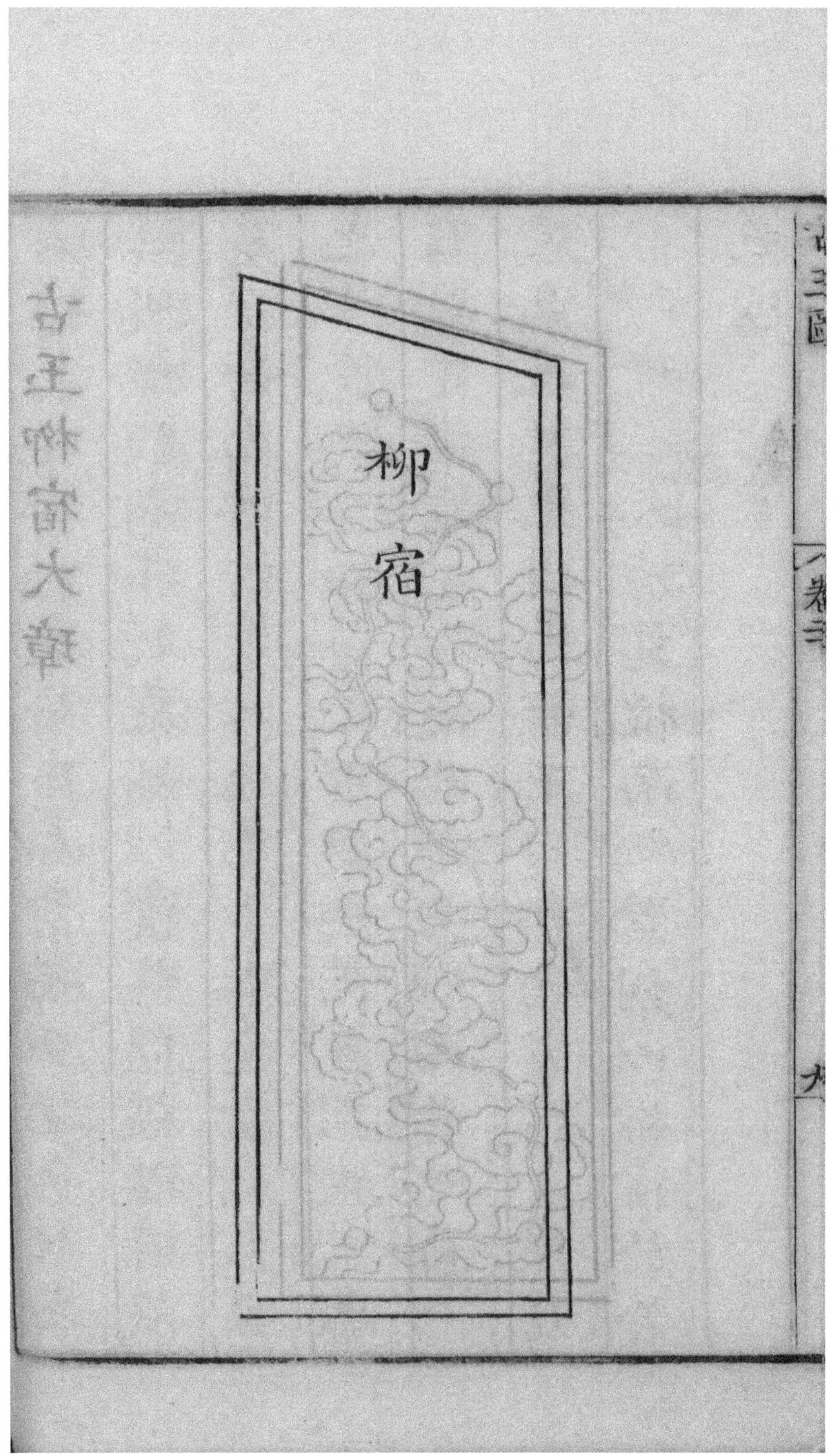
柳宿

右璋長七寸博廣二寸五分厚四分七厘玉色甘青無瑕瑑刻南方柳宿之形輔以雲氣

臣謹按星經云柳為鳥注主木草漢書天文志注作喙鳥喙謂之柳柳八星天之廚宰也主尚食和滋味若金火守之則兵起柳南一星為天純主齒鳥獸王曰柳南方宿主盛夏雷雨草木夫璋為禮南之器刻以柳宿於義為空

爲寶
雷雨草木夫璋爲禮南之器刻以柳宿於璋
皇爲不統之重故爲鳥獸王曰柳南方宿主廚具
主尚食和滋味若金火守之則兵起柳南一
志注作咮鳥咮謂之柳柳八星天之廚宰也
臣謹按星經云柳爲鳥注主木草漢書天文
色甘青無瑕緣刻南方柳宿之形輔以雲氣
右璋長七寸博廣二寸五分厚四分七釐玉

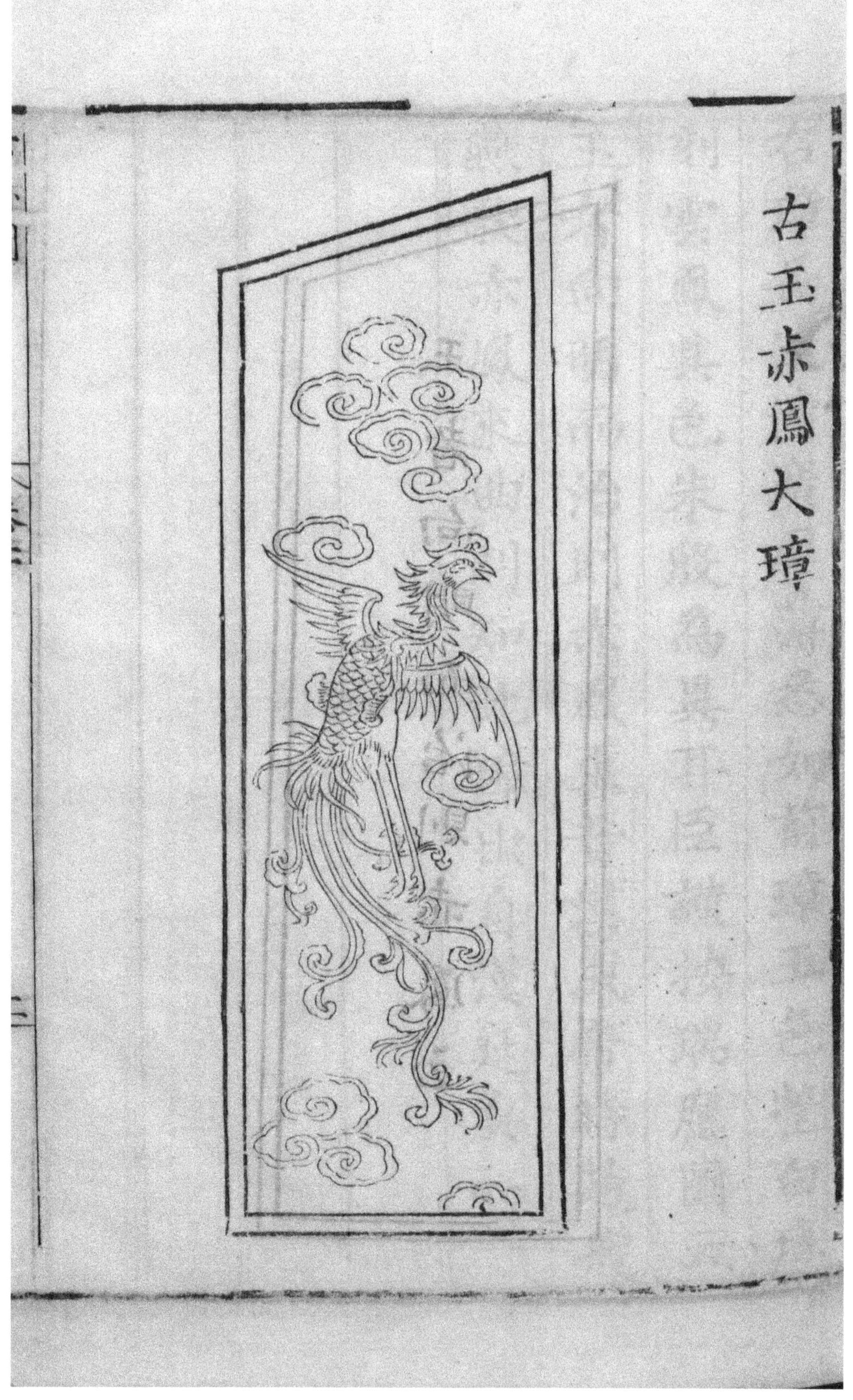
古玉赤鳳大璋

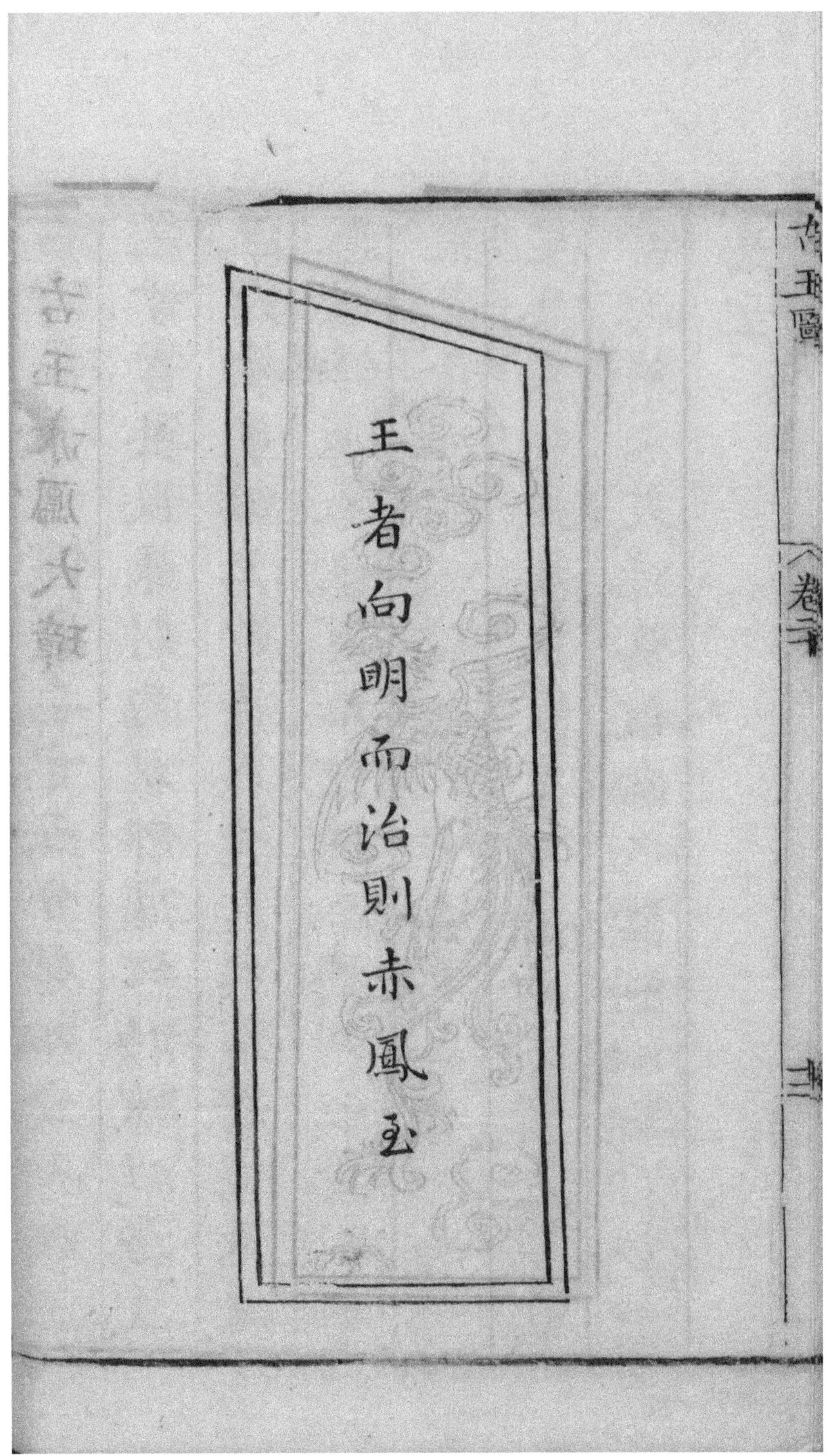

王者向明而治則赤鳳至

右璋長短博廣厚薄悉如前璋玉色瑩白瑑刻雲鳳其色朱殷為異耳臣謹按瑞應圖云玉者向明而治則赤鳳至昔漢成帝時趙飛燕歌赤鳳來曲則知此璋出自漢廷矣

宋淳熙敕編古玉圖譜第二十冊 終

宋淳熙敕編古玉圖譜第二十一冊

古玉朱鳥大璋

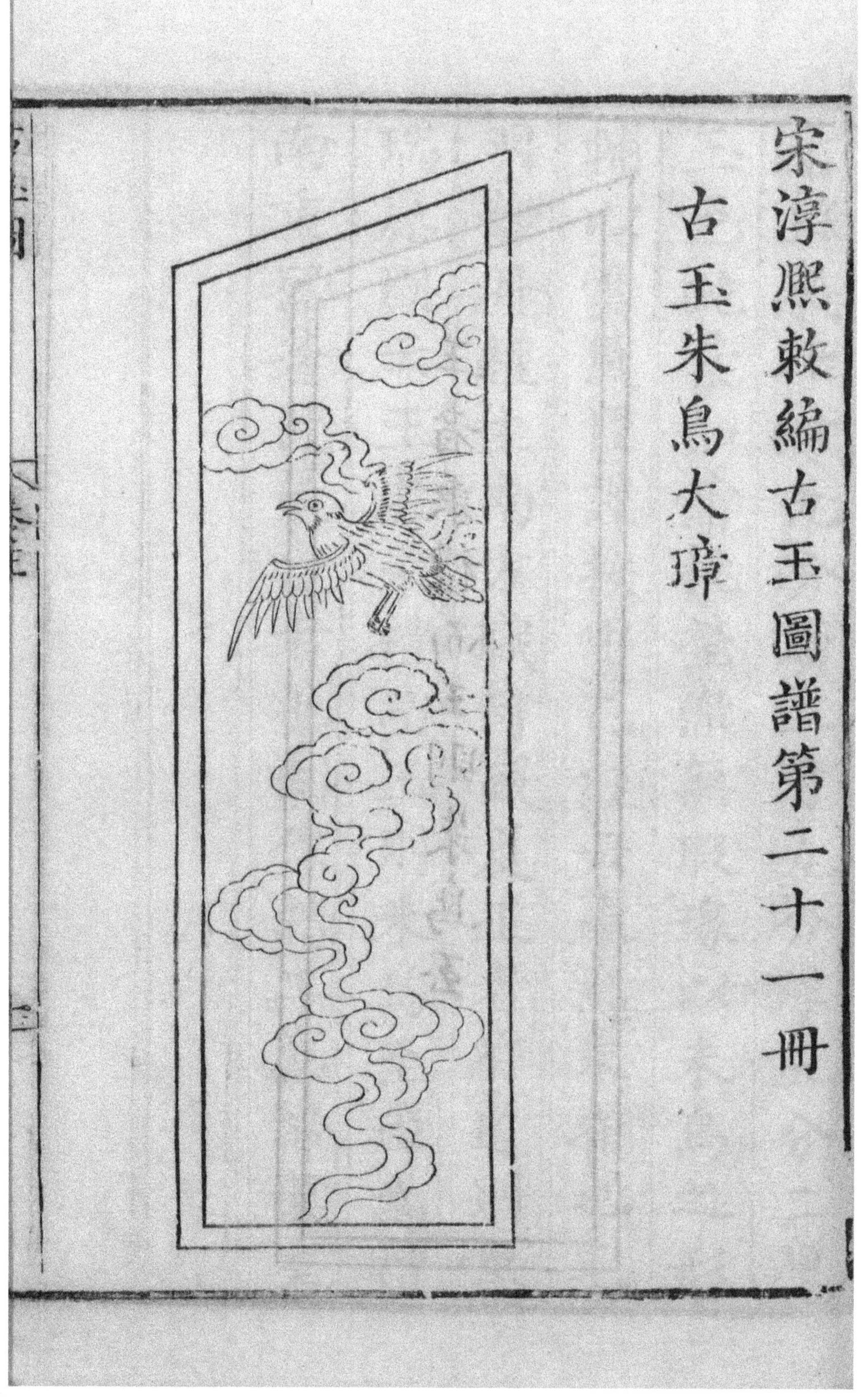

王者秉禮而王則朱鳥至

右璋長七寸九分廣二寸九分厚五分二厘玉色純紫如蒲桃瑩澈無瑕琢以朱鳥之形輔以雲氣臣謹按甲乙經云朱鳥朱雀也毛羽如丹雘主南方職司盛夏王者有道則至瑞應圖云王者秉禮而王則朱鳥至璋為禮南重器著此最當者也制作精工應歸漢室

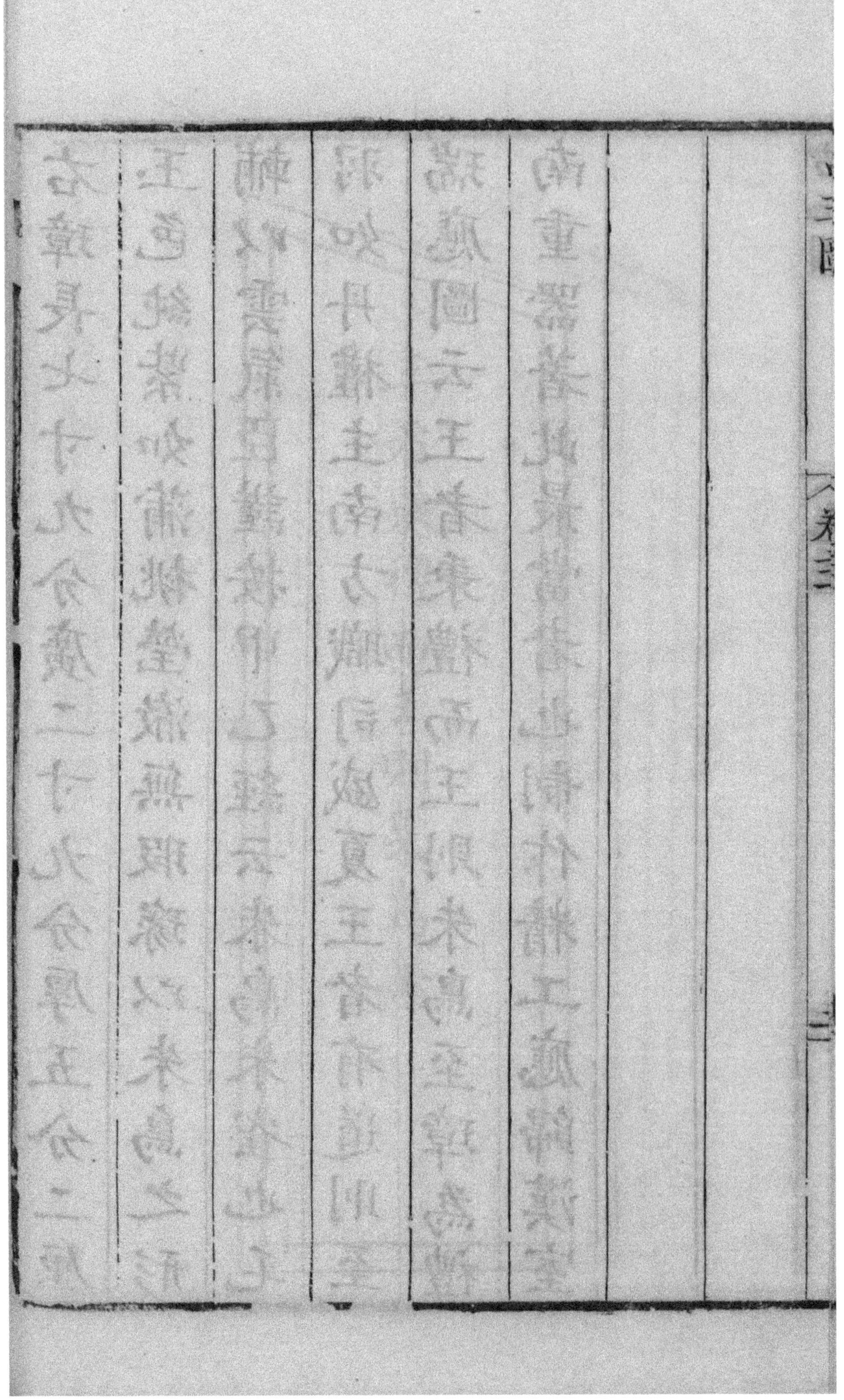

南重器著此異録舊書也制作精工應隋漢室
瑞應圖云王者來禮而王則朱鳥至瑋爲贊
羽知丹權主南方職司啟夏王者有道則至
輔以雲氣四鏤填瑕乙鏤云朱鳥來泛近已
王也純素如蒲桃瑩滌無瑕瑑以朱鳥之形
右璋長六寸九分廣二寸九分厚五分二厘

古玉鶉火大璋一

鶉火

右璋長七寸五分廣二寸七分厚四分九厘
玉色甘黃無瑕瑑刻鶉火之象而色微紅臣
謹按九域志云自鶉首踰河戒東曰鶉火得
重離正位為三河為周軒轅之柢在焉其分
野自河華之交東接祝融之墟北負河南及
漢以為天地之中寒燠所均也今觀此璋以
鶉火飾之亦南離之義制作近古漢器奚疑

聽火節之亦可離之義制作近古漢器與展
演以為天地之中庚與所均也今觀此章以
野自河華之交東接孤瓶之墟北負河南及
重離正位為三河為周軒轅之旗在高其分
墟徐九娵朱至自離言衛河城東曰離火得
王色甘黃無瑕疵刻離火之象其色微紅臣
右璋長七寸五分廣二寸七分厚四分九厘

古玉鶉火大璋 二

離明炳燿

右璋長短博廣厚薄同前璋惟玉色瑩白無瑕瑑刻鷄火丹黄之色為異耳鷄火刻文之說已具於前茲不再述矣

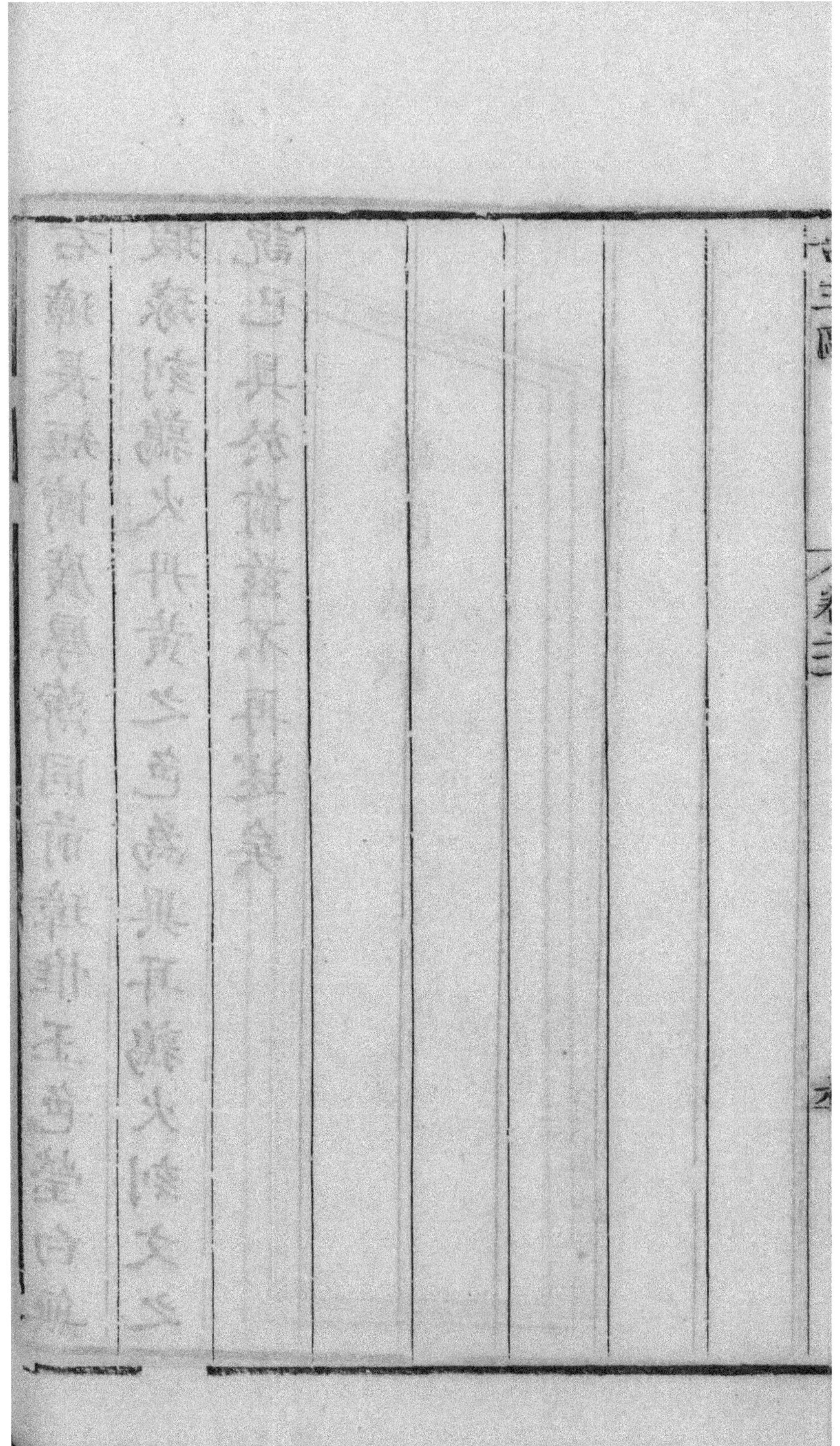

古玉開明大璋

開明神獸
能食火祲

右璋長七寸九分博廣二寸七分厚五分二厘玉色纖碧無瑕瑑刻開明之獸臣謹按瑯環記云黄帝時開明國獻開明之獸能食火炭糞地成金後人圖其形以辟火祲云云今此璋刻之亦有所取云或以此璋爲壓勝禳火之器歟

火之器燧

此璋刻文亦有所取示致以此璋爲厭勝禳

疑養地成金後人圖其形以辟火攘云云今

瓊龍云黃帝時開明圖瀛閒明之徽龍食火

廑王已藏詔無雨瑞刻開明火徽臣謹按瑯

右璋長七寸九分博廣三寸七分厚五分二

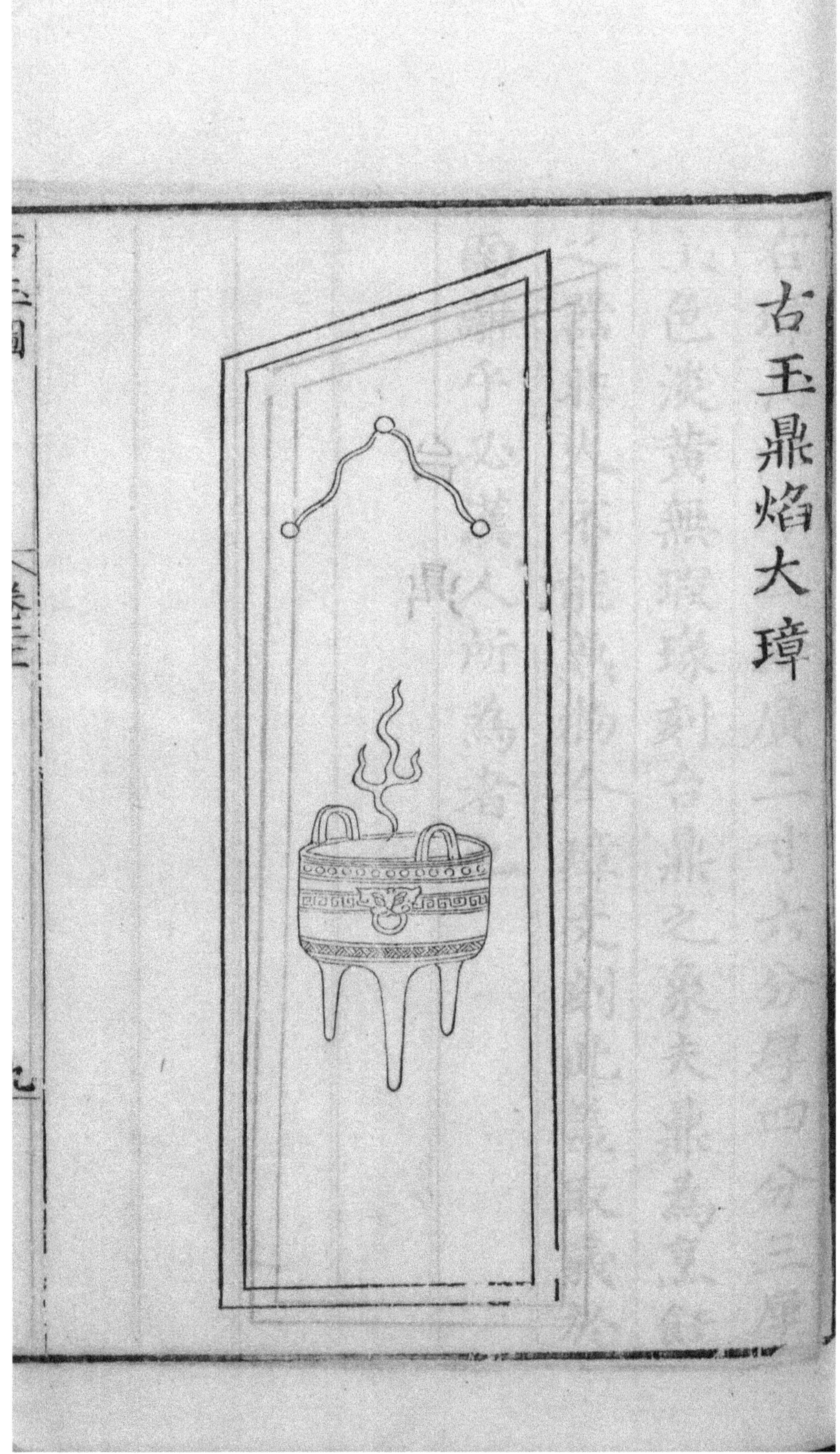

古玉鼎焰大璋

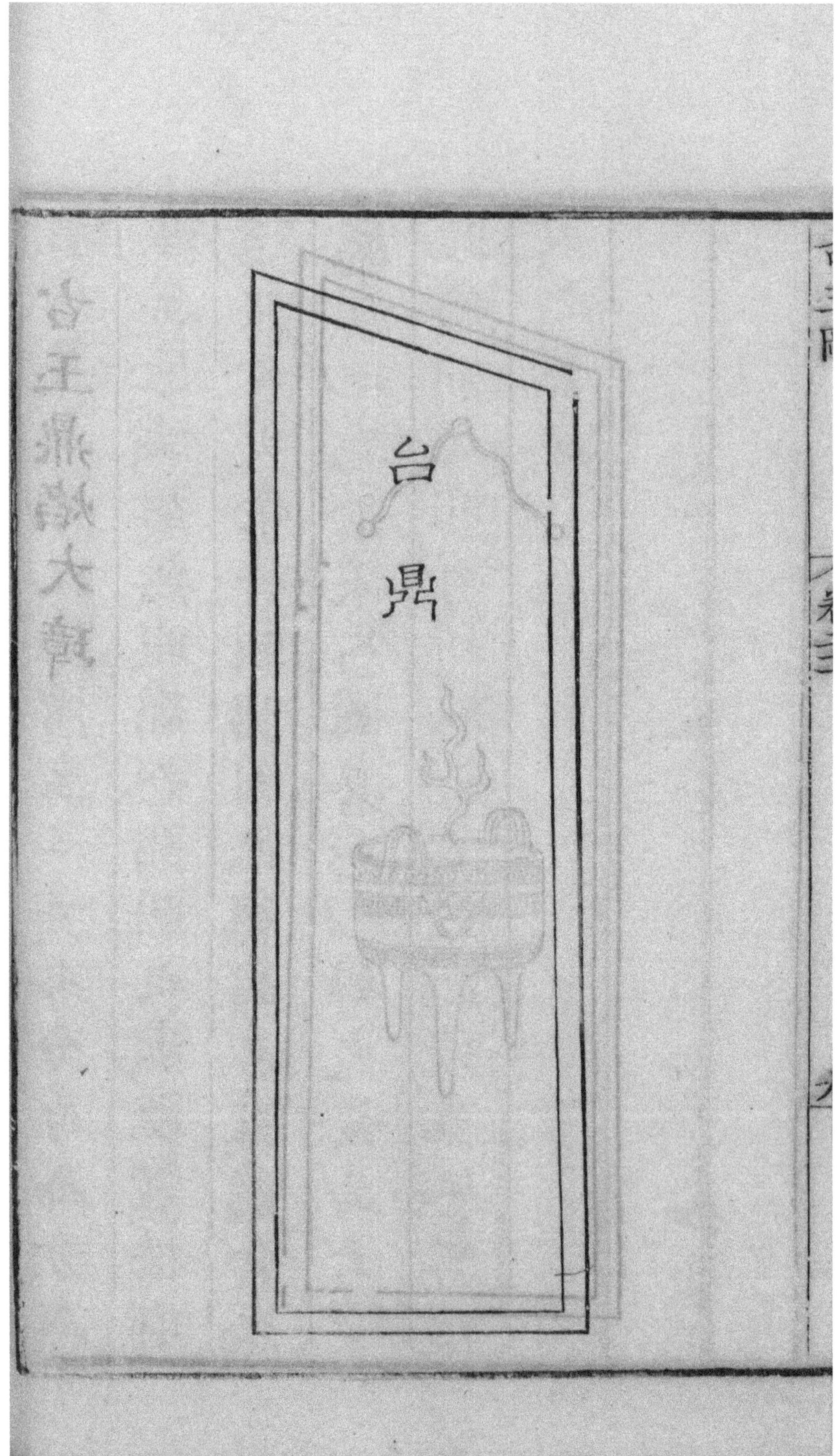
台鼎

右璋長七寸二分廣二寸六分厚四分三厘
玉色淡黃無瑕瑑刻台鼎之象夫鼎為烹飪
之器非火不能熟物今璋文刻此蓋取義於
南離乎必漢人所為者也

古玉陽燧大璋

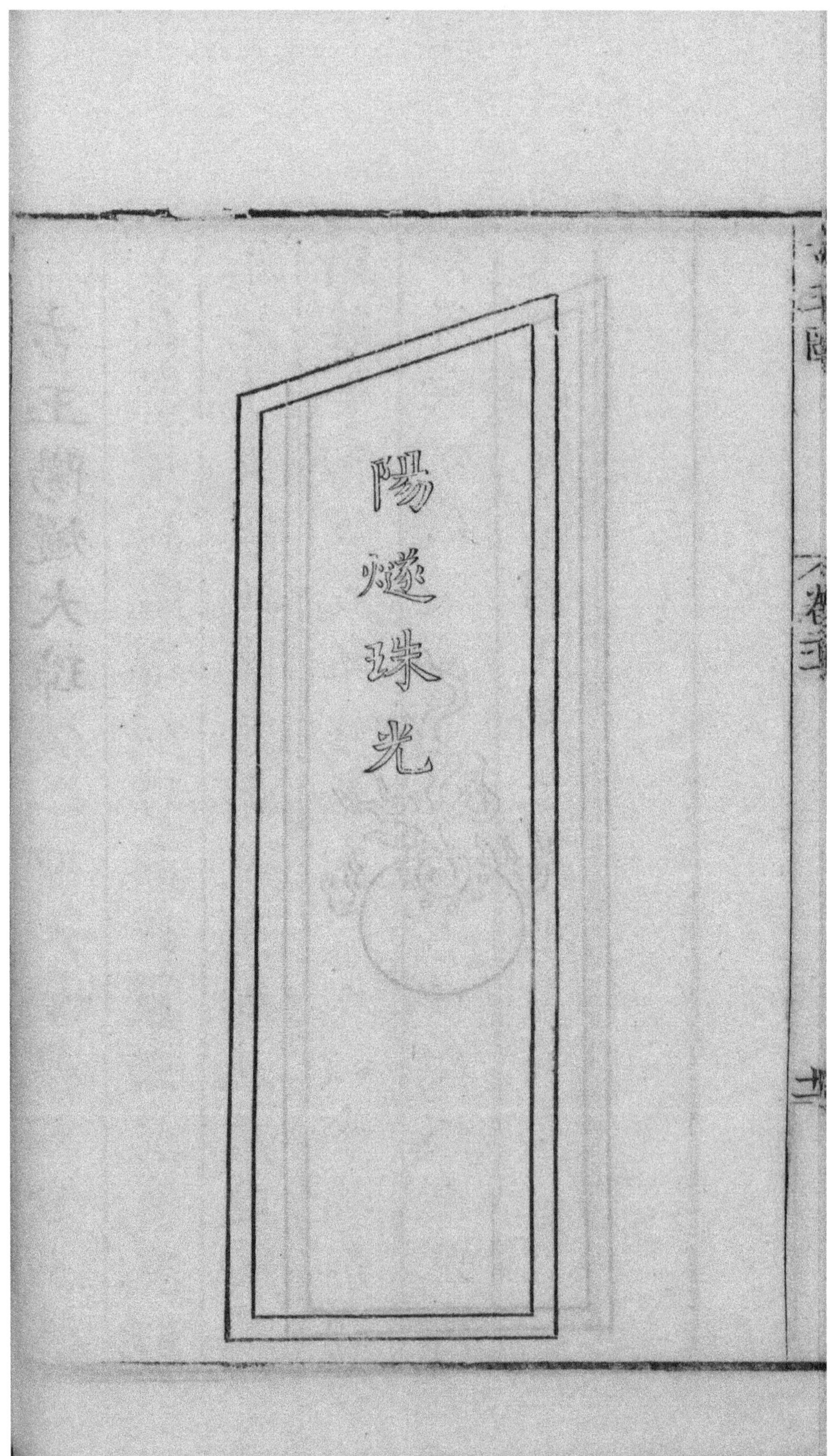
陽燧珠光

右璋長七寸六分廣二寸七分厚五分玉色瑩白無瑕瑑刻陽燧珠形臣謹按三秦記秦始皇十年龍伯國来朝獻朝陽大火珠以艾藉其下向日照之則火生後人以水晶削圓如珠向日藉艾亦能得火名曰陽燧之珠璋文刻此亦南離生火之義也

宋淳熙敕編古玉圖譜第三十一冊

宋淳熙敕編古玉圖譜第二十二冊

古玉雷文白琥

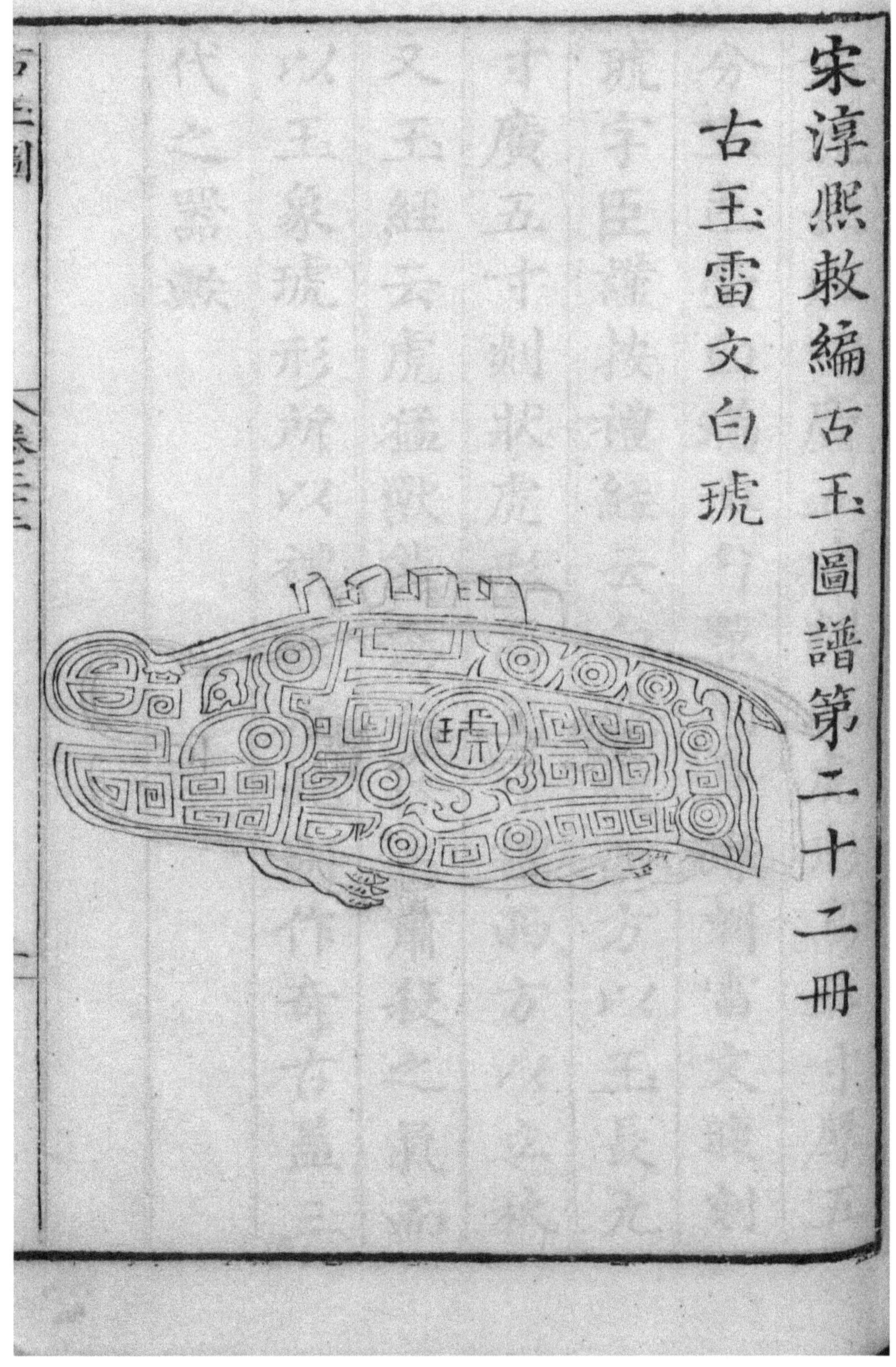

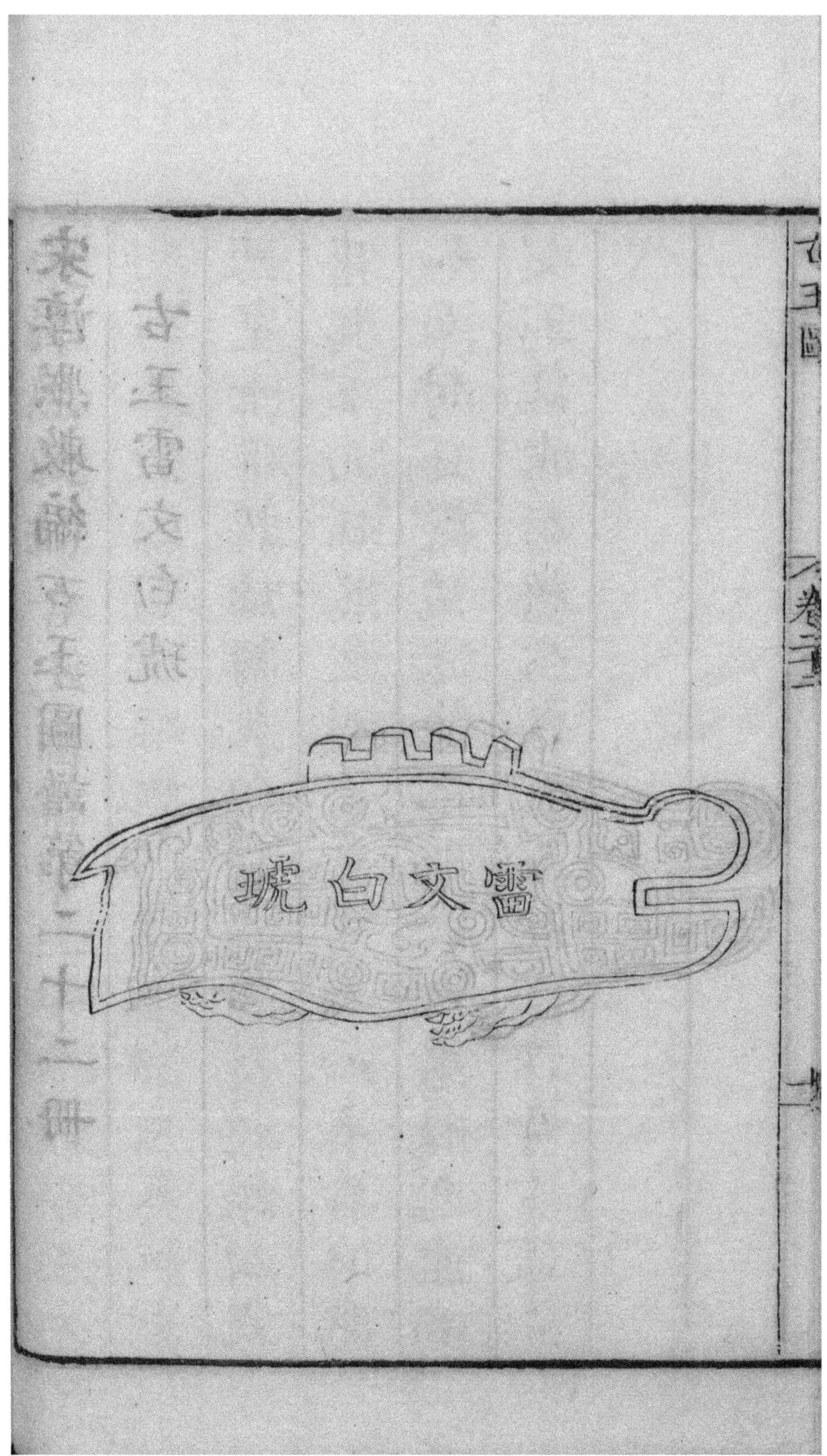
古玉雷文白琥
雷文白琥

右琥長九寸廣五寸剡狀虎形高三寸厚五分玉色瑩白璊斑勻點周身瑑刻雷文腹刻琥字臣謹按禮經云白琥禮西方以玉長九寸廣五寸剡狀虎形高三寸禮西方以立秋又玉經云虎猛獸能傷人秋主肅殺之氣而以玉象琥形所以禮器也此制作奇古蓋三代之器歟

代之器歟

以玉象琥形所以禮器是此制作肯古蓋三

又玉經云虎猛戰能信入秋主肅殺之氣而

寸廣五寸制狀虎形高三寸禮西方以立秋

琥字臣謹按禮經云白琥禮西方以玉長九

分玉色瑩白瑞斑勺點兩身琢刻雷文與刻

右琥長九寸廣五寸制狀虎形高三寸厚五

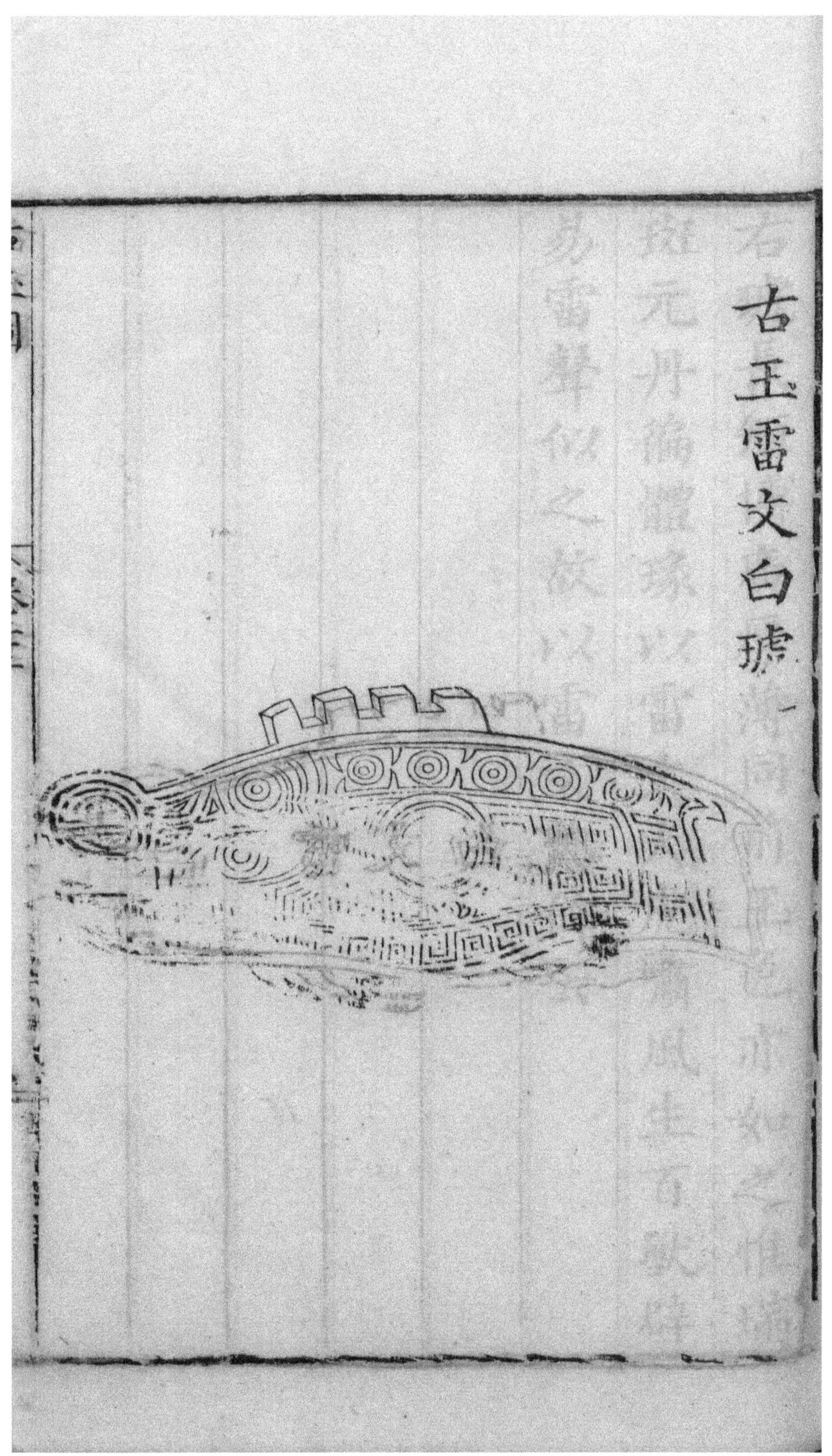

古玉雷文白琥

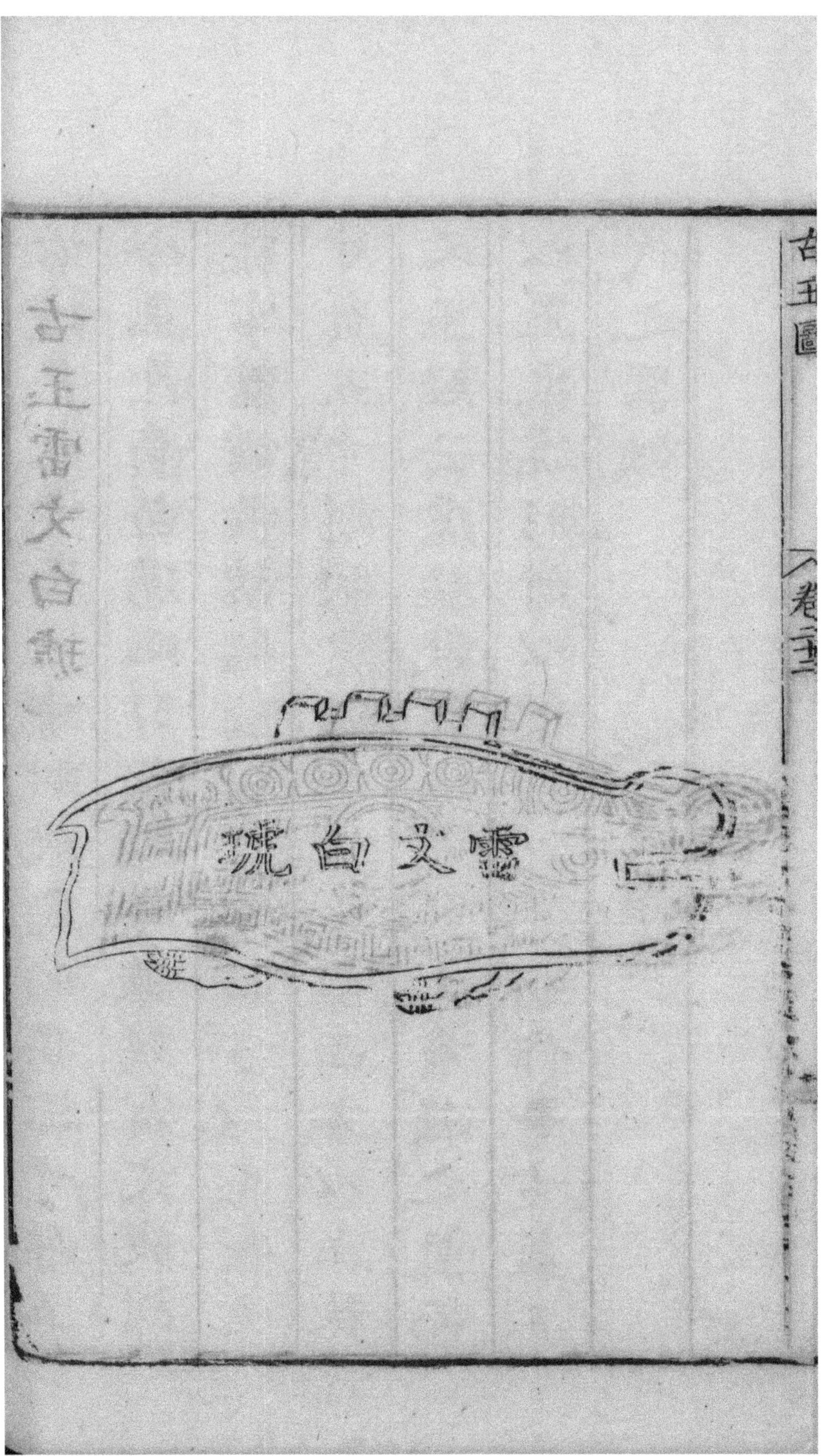
雷文白琥

右琥長短博廣厚薄同前玉色亦如之惟瑞
斑元丹徧體瑑以雷文夫虎嘯風生百獸辟
易雷聲似之故以雷文為飾云

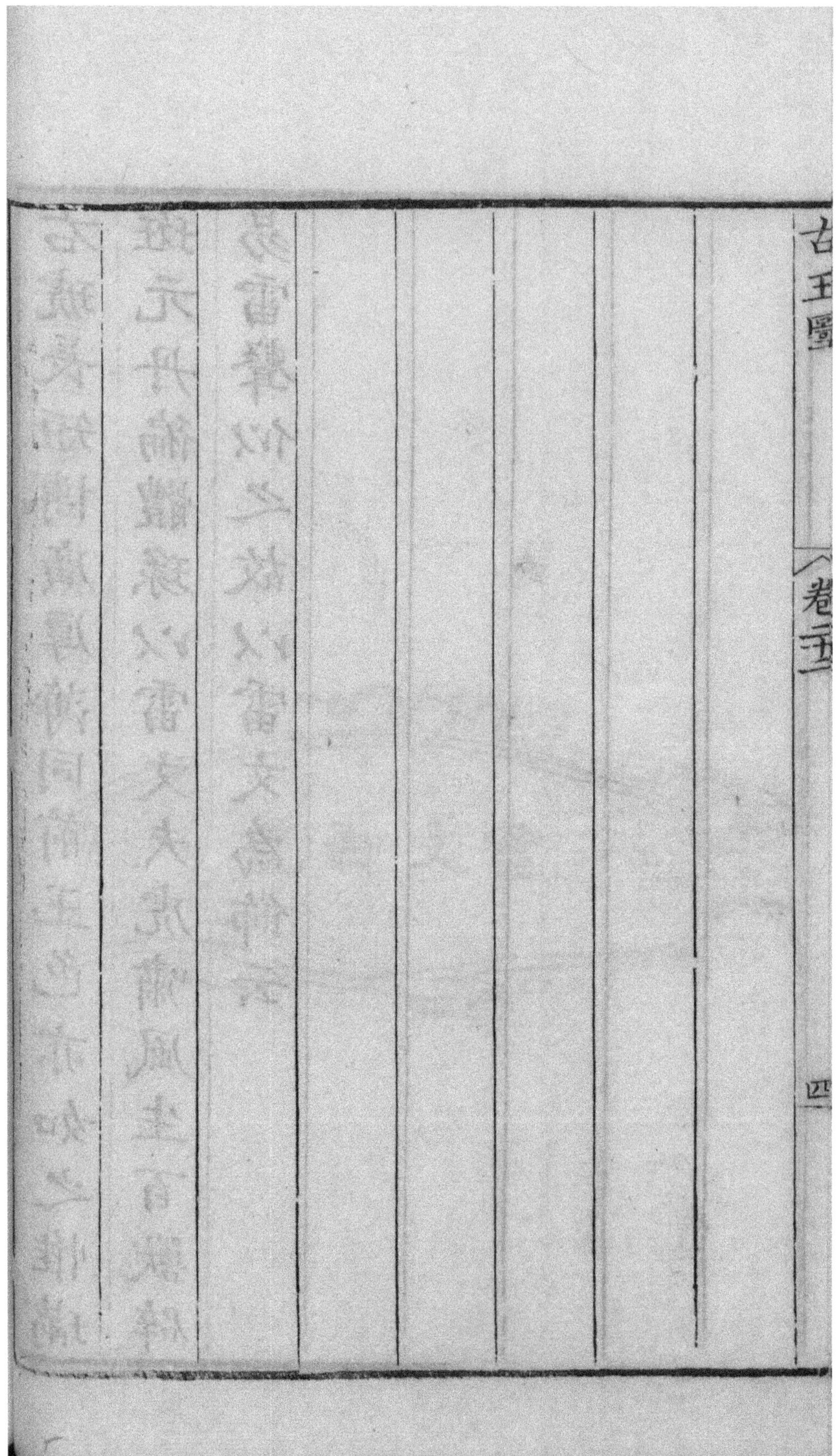

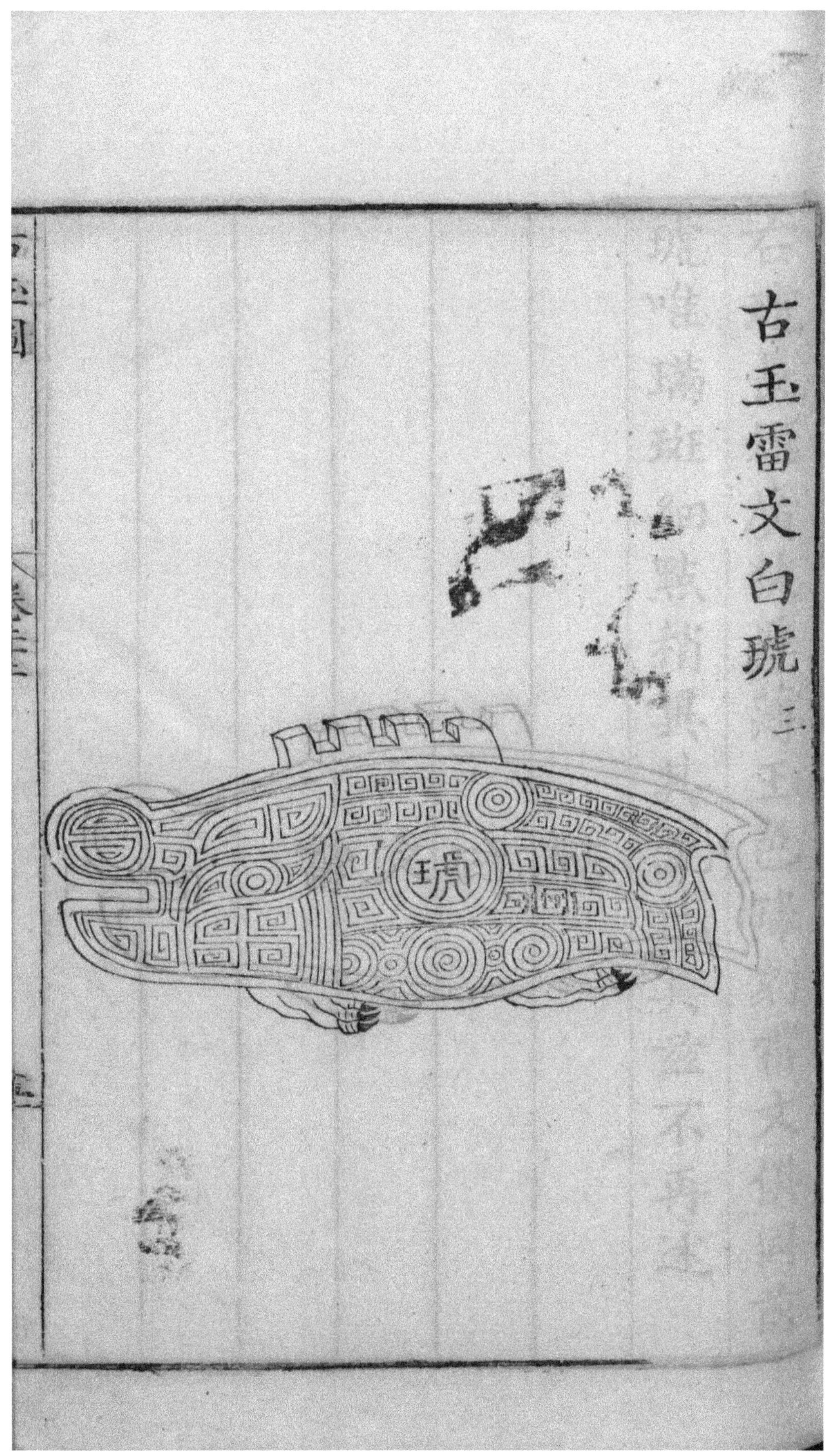

古玉雷文白琥 三

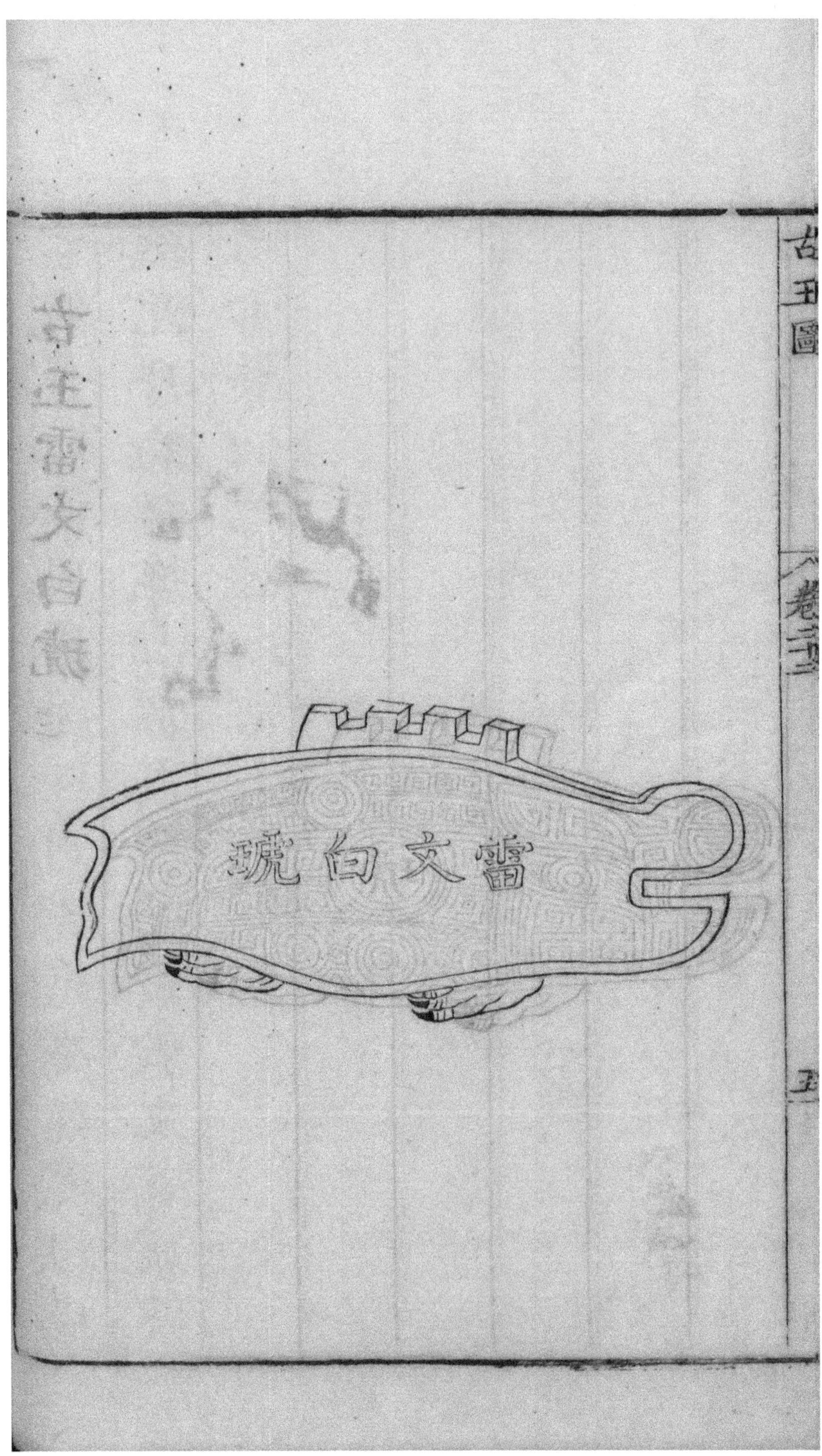
雷文白琥

右琥長短廣狹厚薄玉色瑑刻雷文俱同前

琥唯璊斑細點稍異其說已具兹不再述

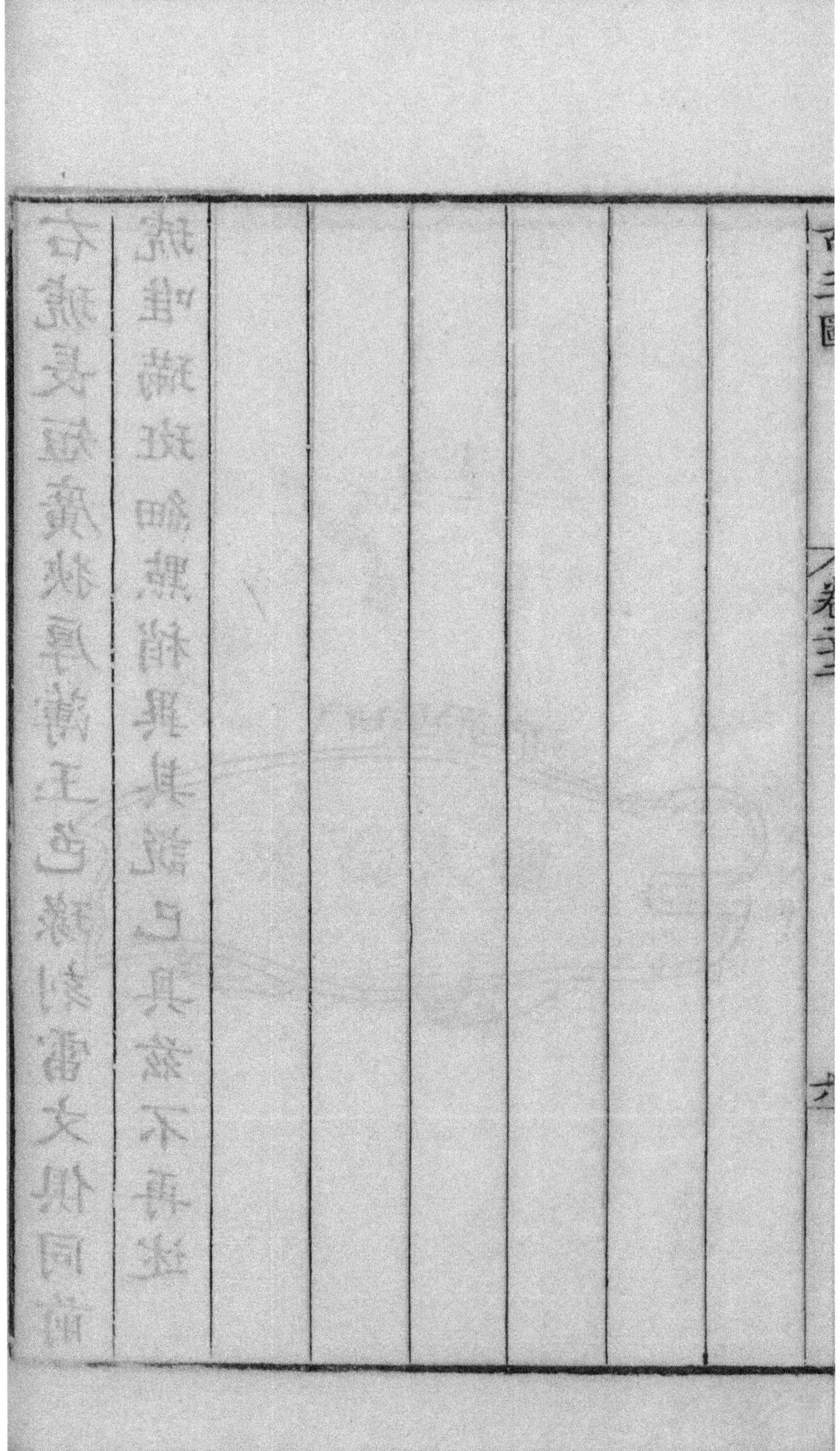

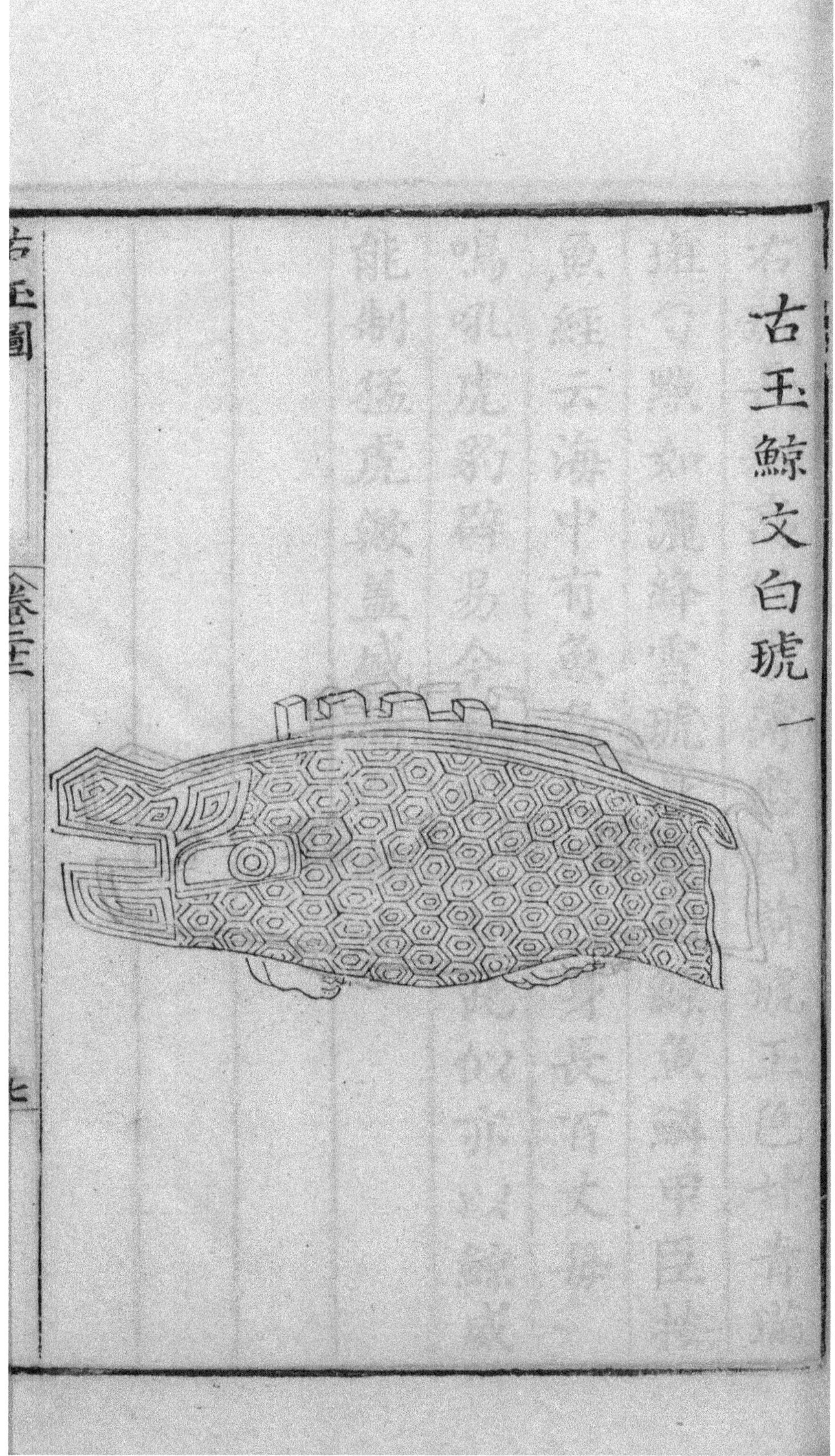
古玉鯨文白琥一
古玉圖 卷三 七

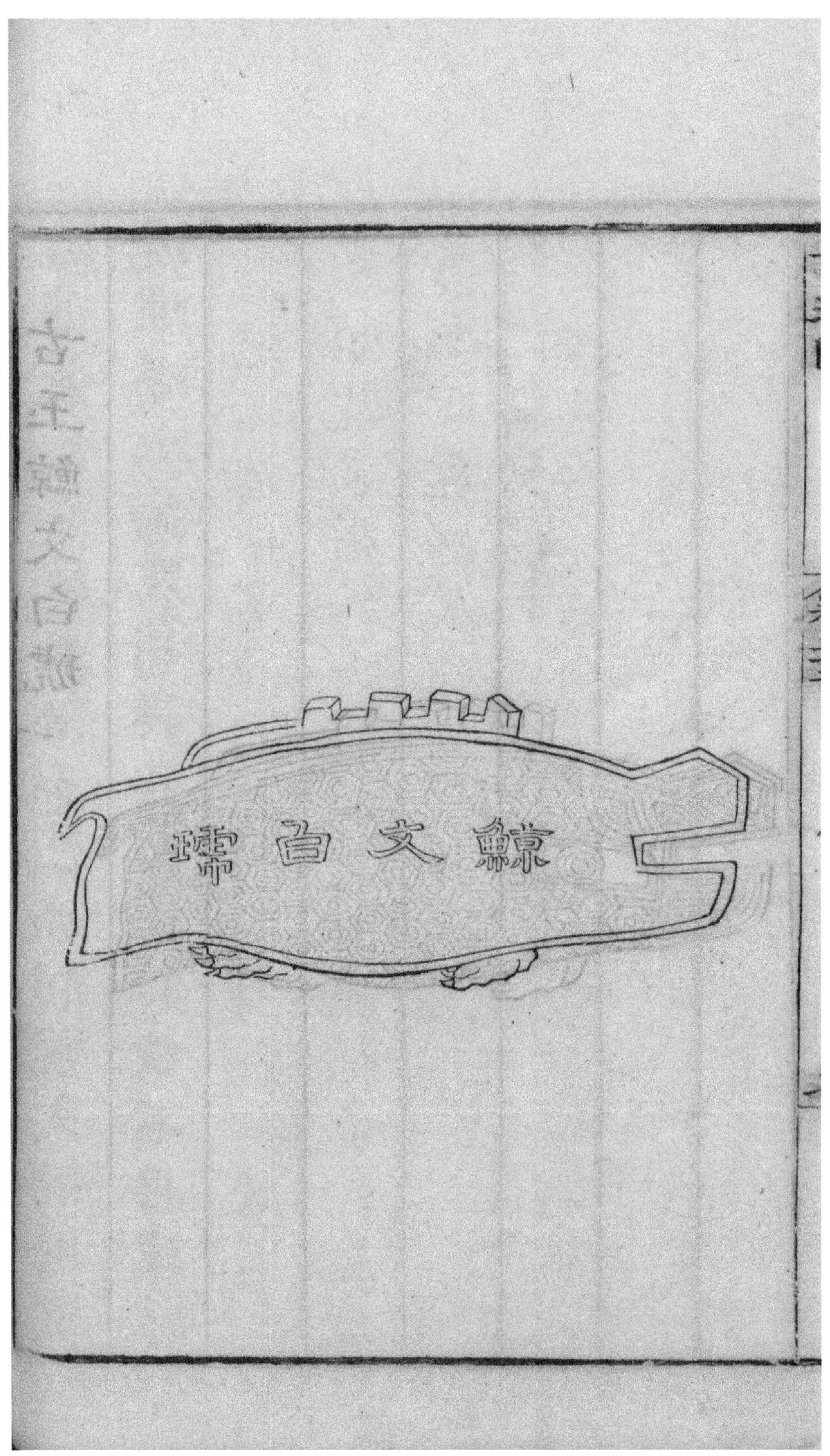
古玉鯨文白璫
鯨文白璫

右琥長短高低厚薄悉同前琥玉色甘青瑞斑勻點如灑絳雪琥身遍列鯨魚鱗甲臣按魚經云海中有魚名之曰鯨身長百丈每一鳴吼虎豹辟易今觀琥文刻此似亦以鯨威能制猛虎歟蓋盛周之物也

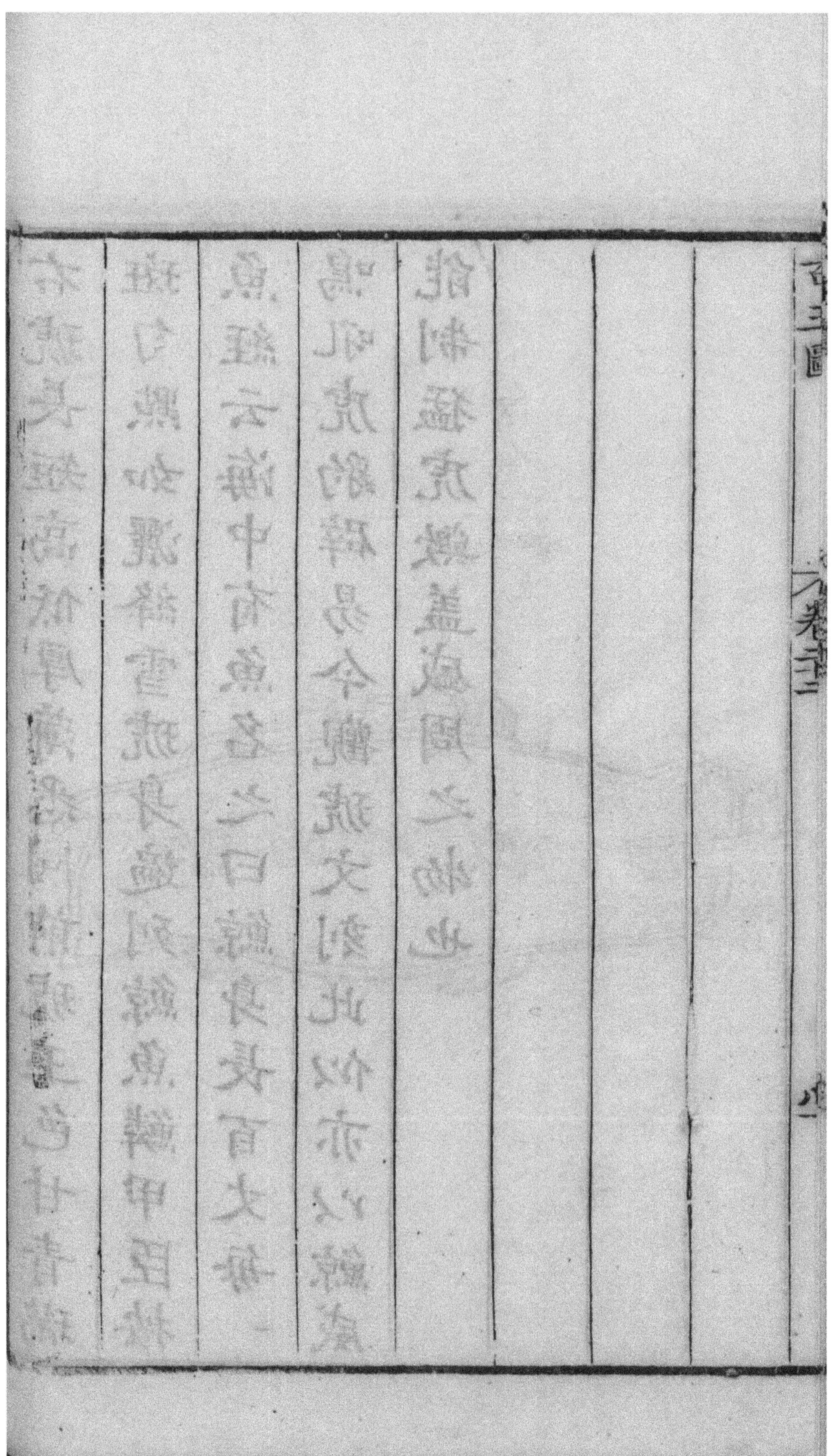

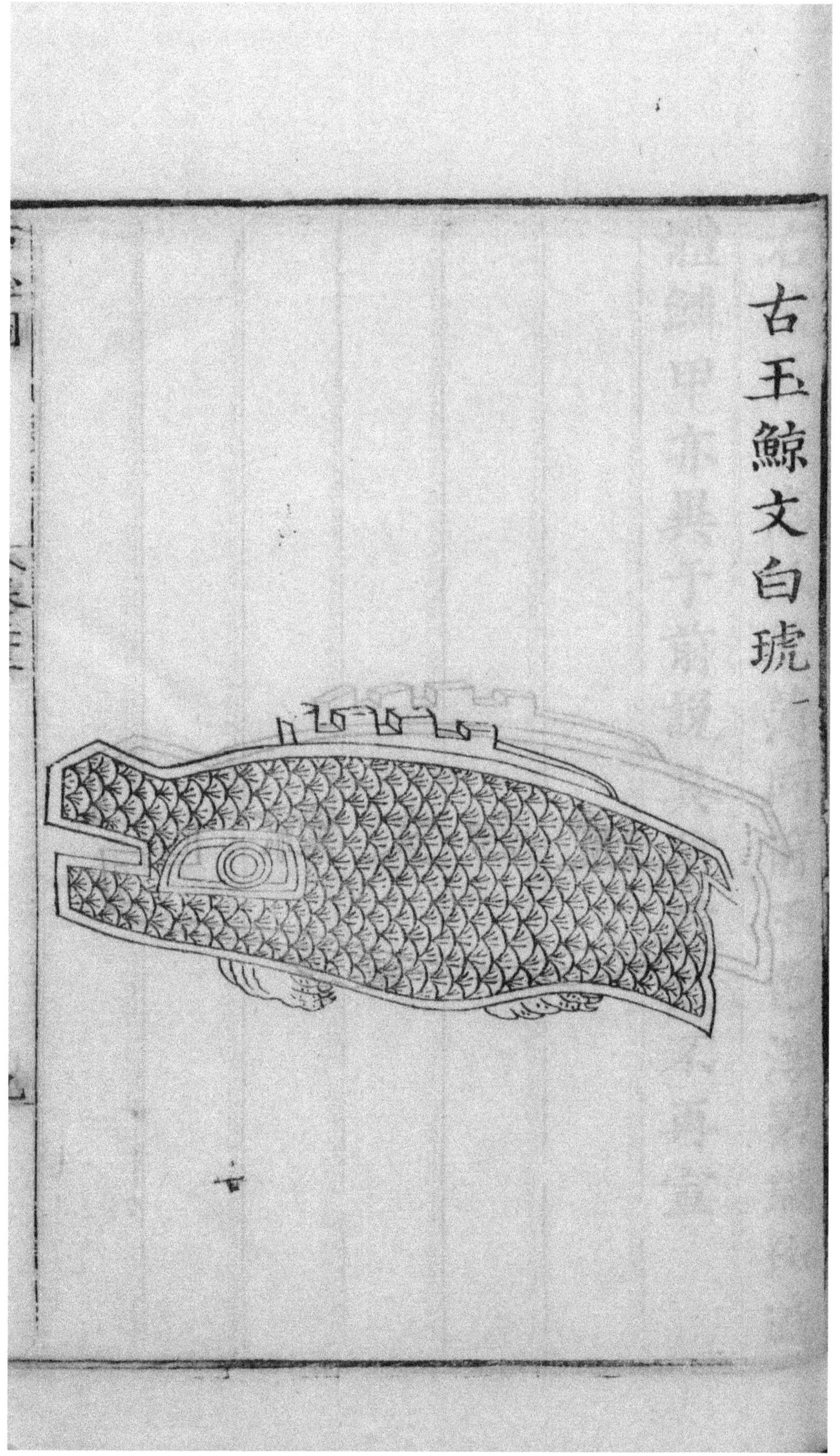
古玉鯨文白琥一

古玉鯨文白琥

右琥長短髙低厚薄同前玉色深碧璊斑遍
體鱗甲亦異于前說具前琥茲不再宣

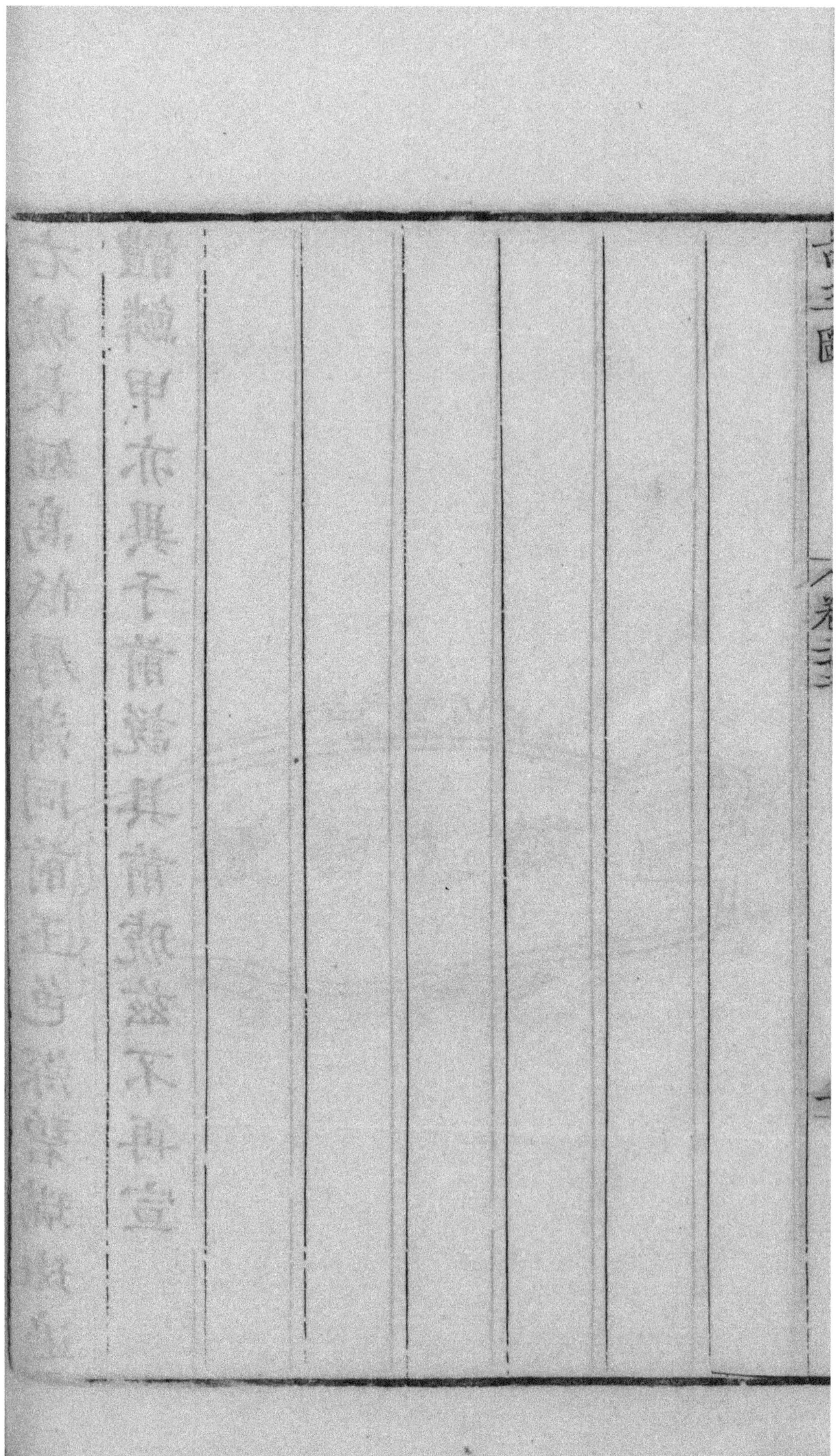

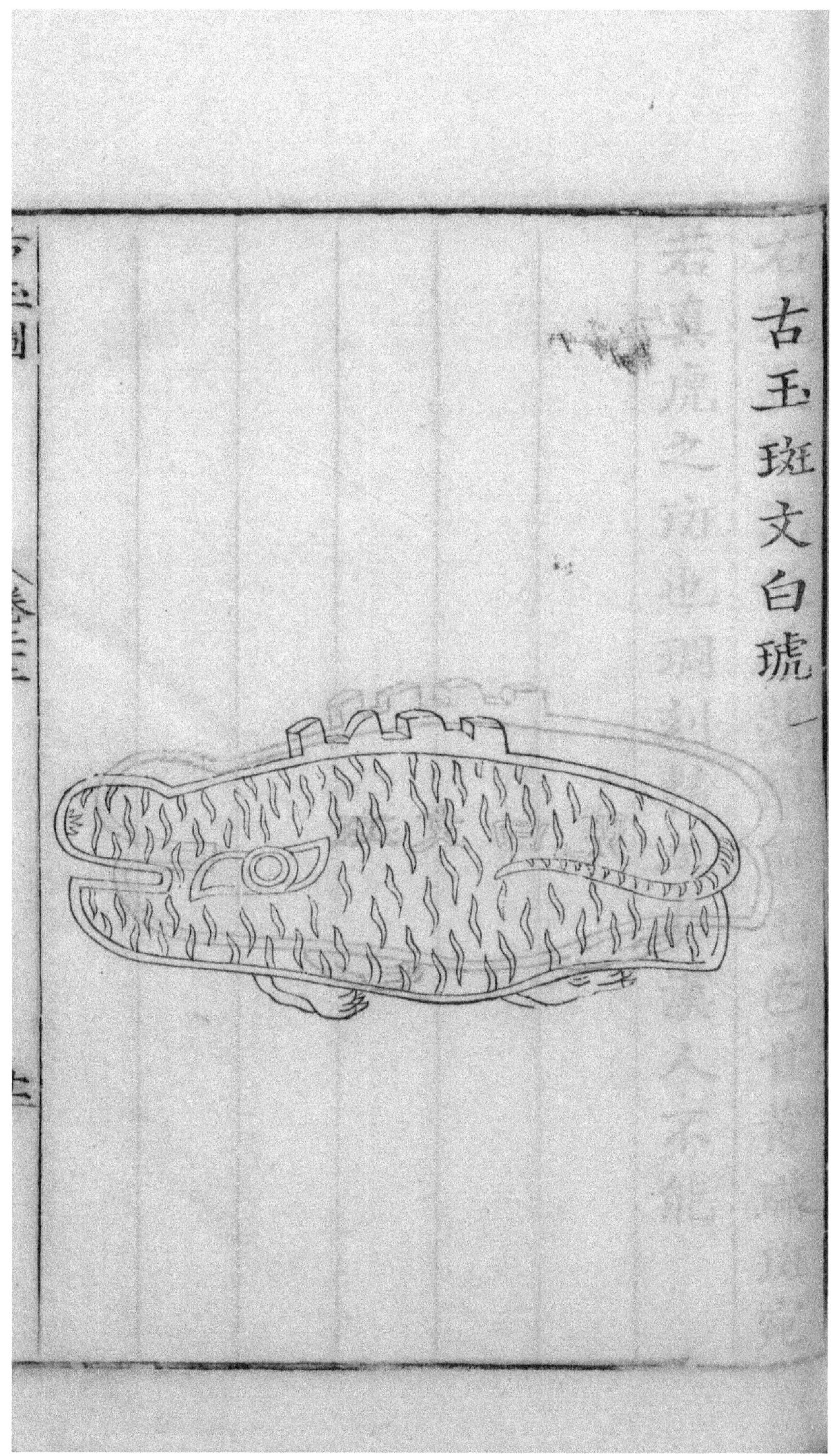

古玉斑文白琥

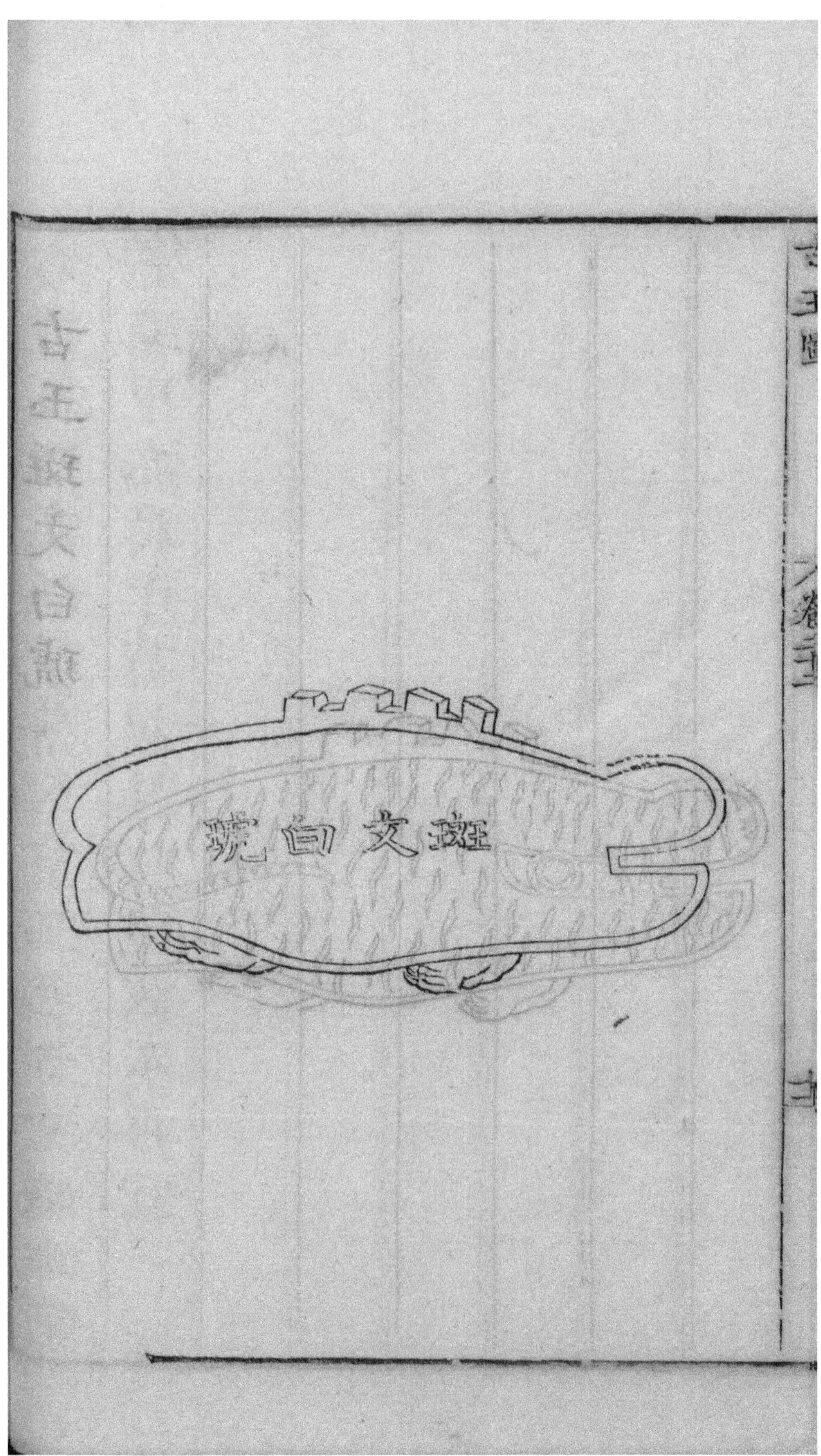
斑文白琥

右琥長短高低厚薄同前玉色甘黄璊斑宛若真虎之斑也琱刻精工非漢人不能

宋淳熙敕編古玉圖譜第二十三冊終

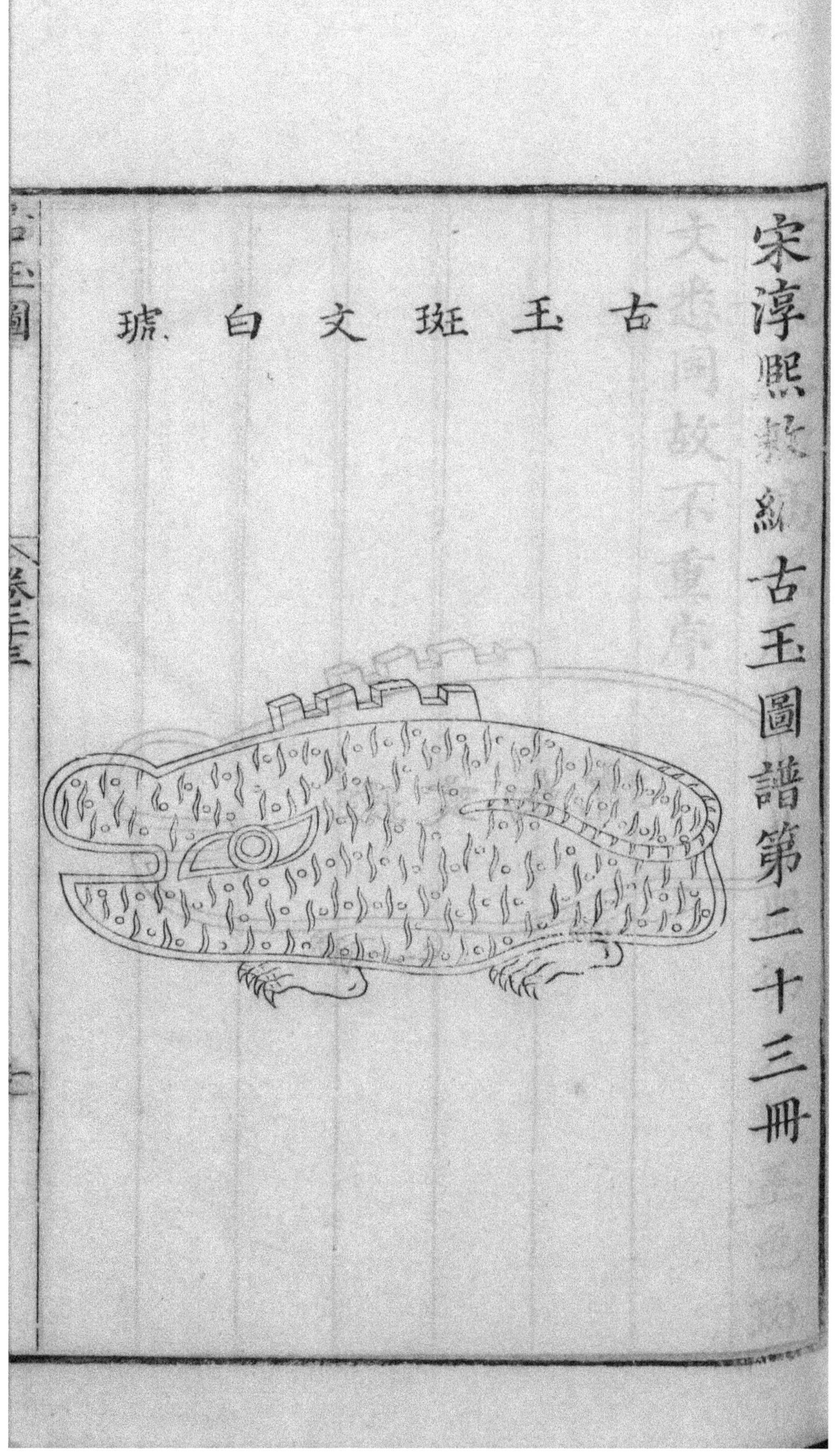
宋淳熙敕編古玉圖譜第二十三册
古玉斑文白琥
古玉圖　卷二十三

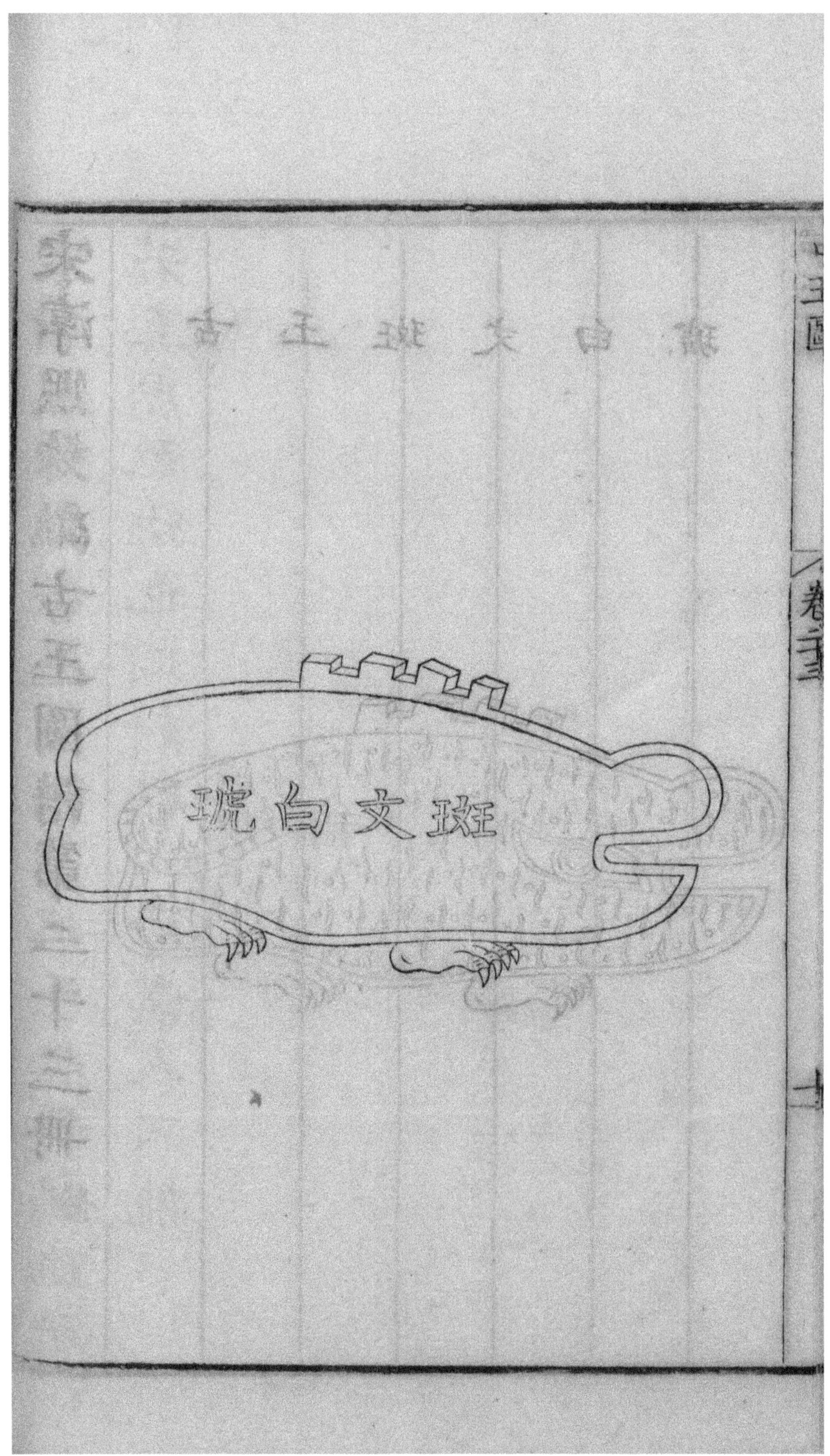
斑文白琥

右琥長短高低厚薄與前冊第六琥玉色斑
文悉同故不重序

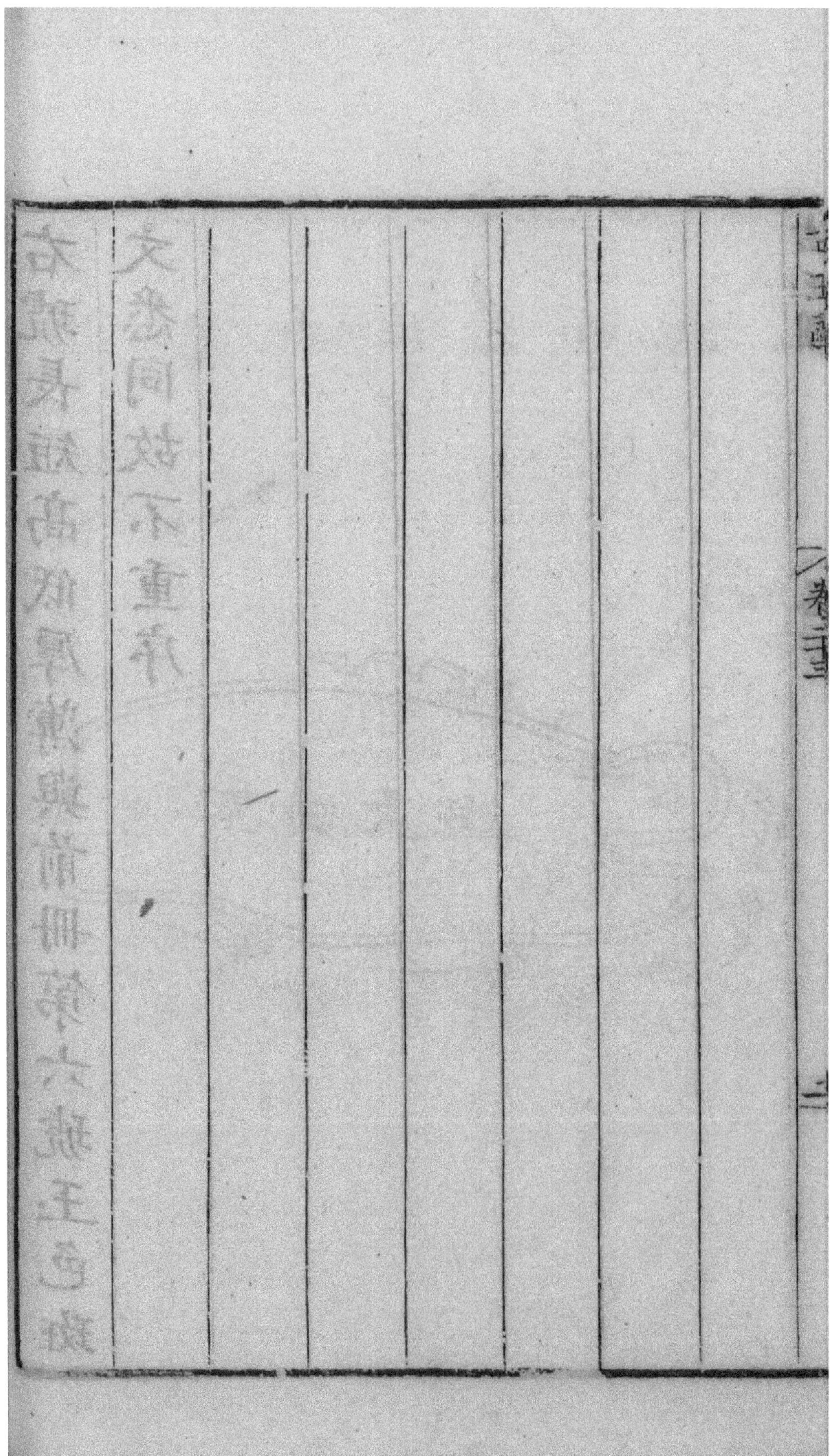

文忠同歿不重存

右詞長短句依厚薄與前冊第六號王印班

古玉卦象白琥

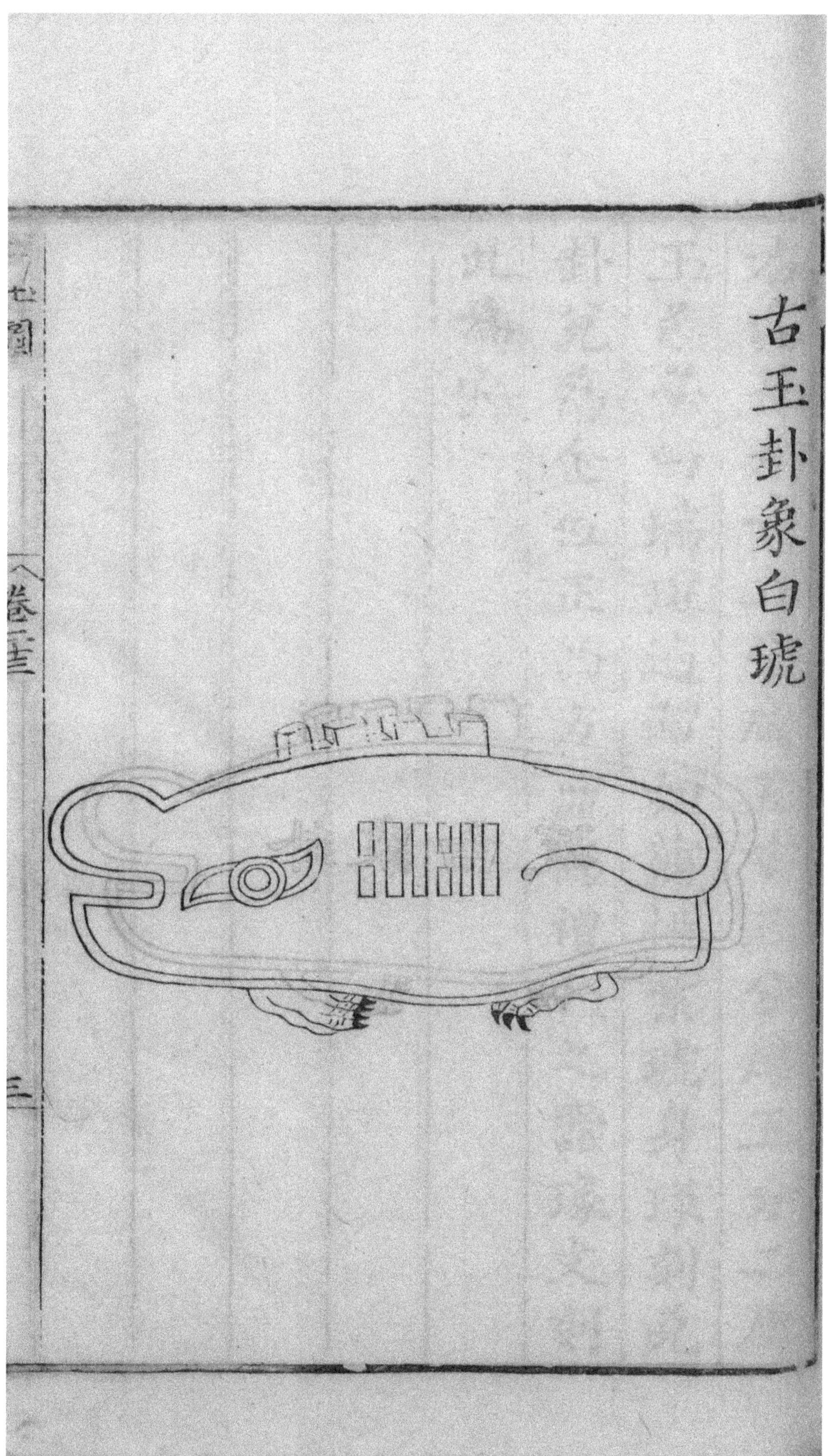

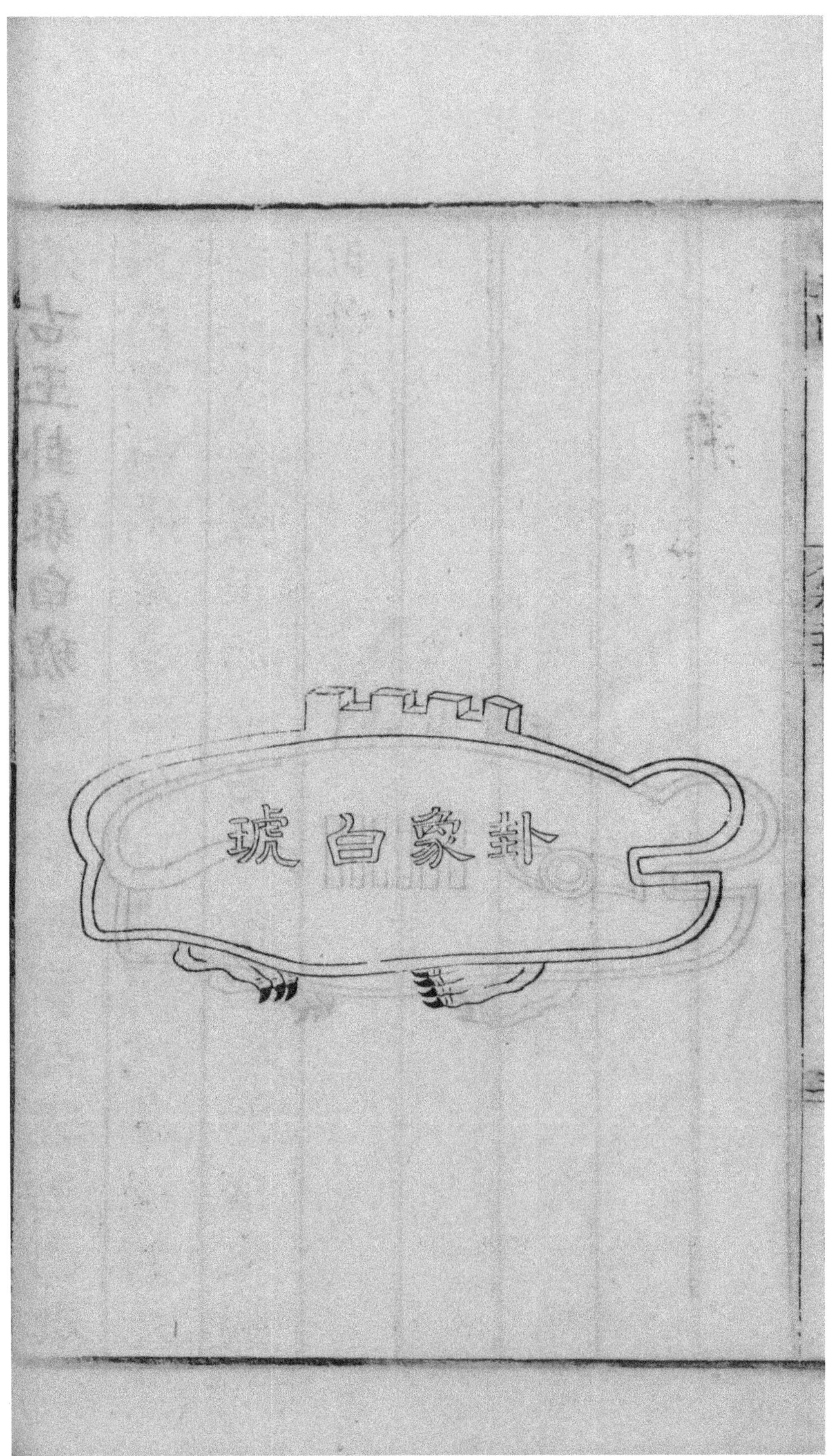
卦象白琥

右璇長九寸二分廣五寸三分厚五分二厘玉色紫白瑞斑遍體如蒲桃紫琥身瑑刻兌卦兌爲金位正西方璇爲禮西之器瑑文刻此爲宜

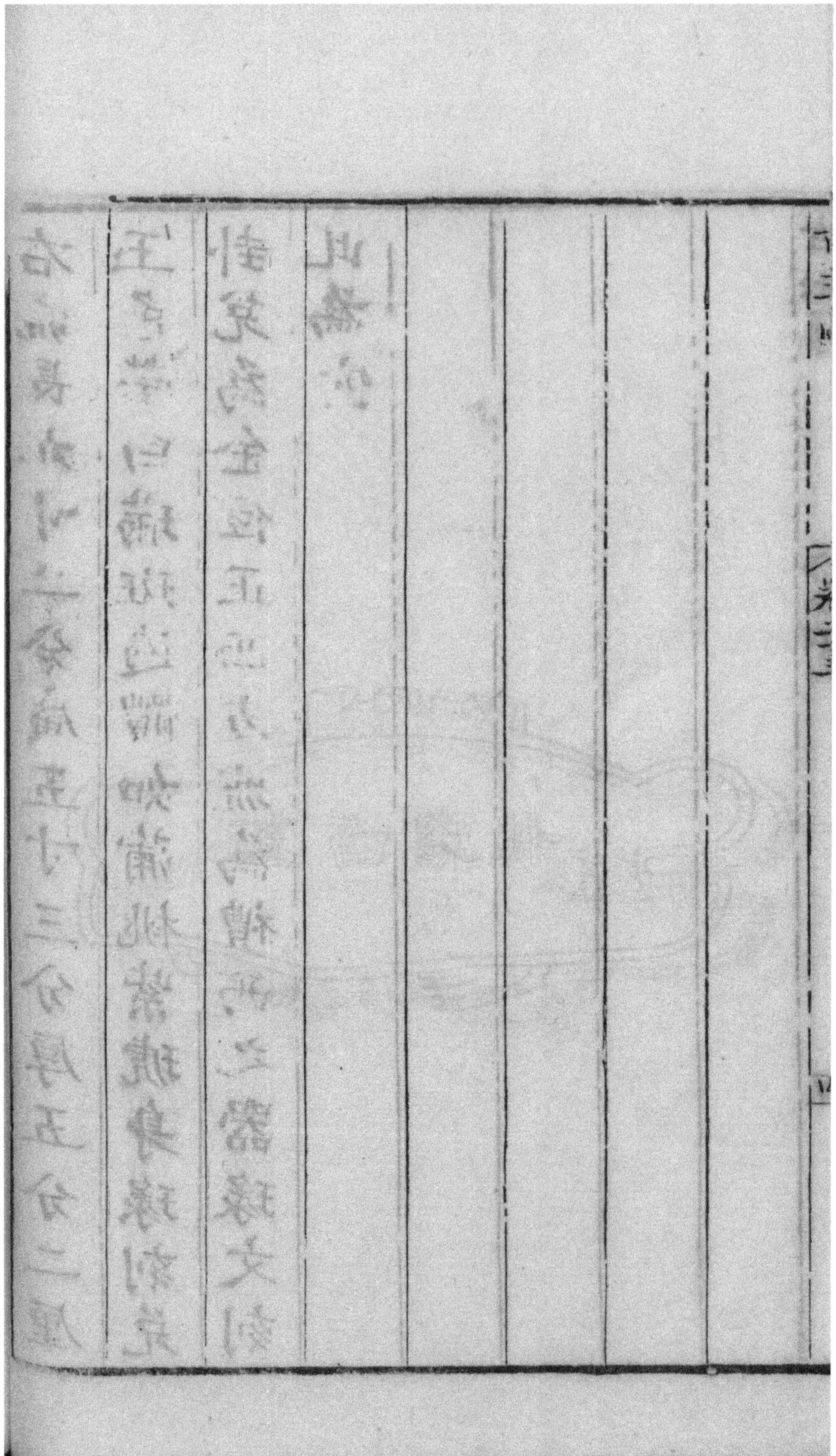

古玉篆文白琥一　銘二字

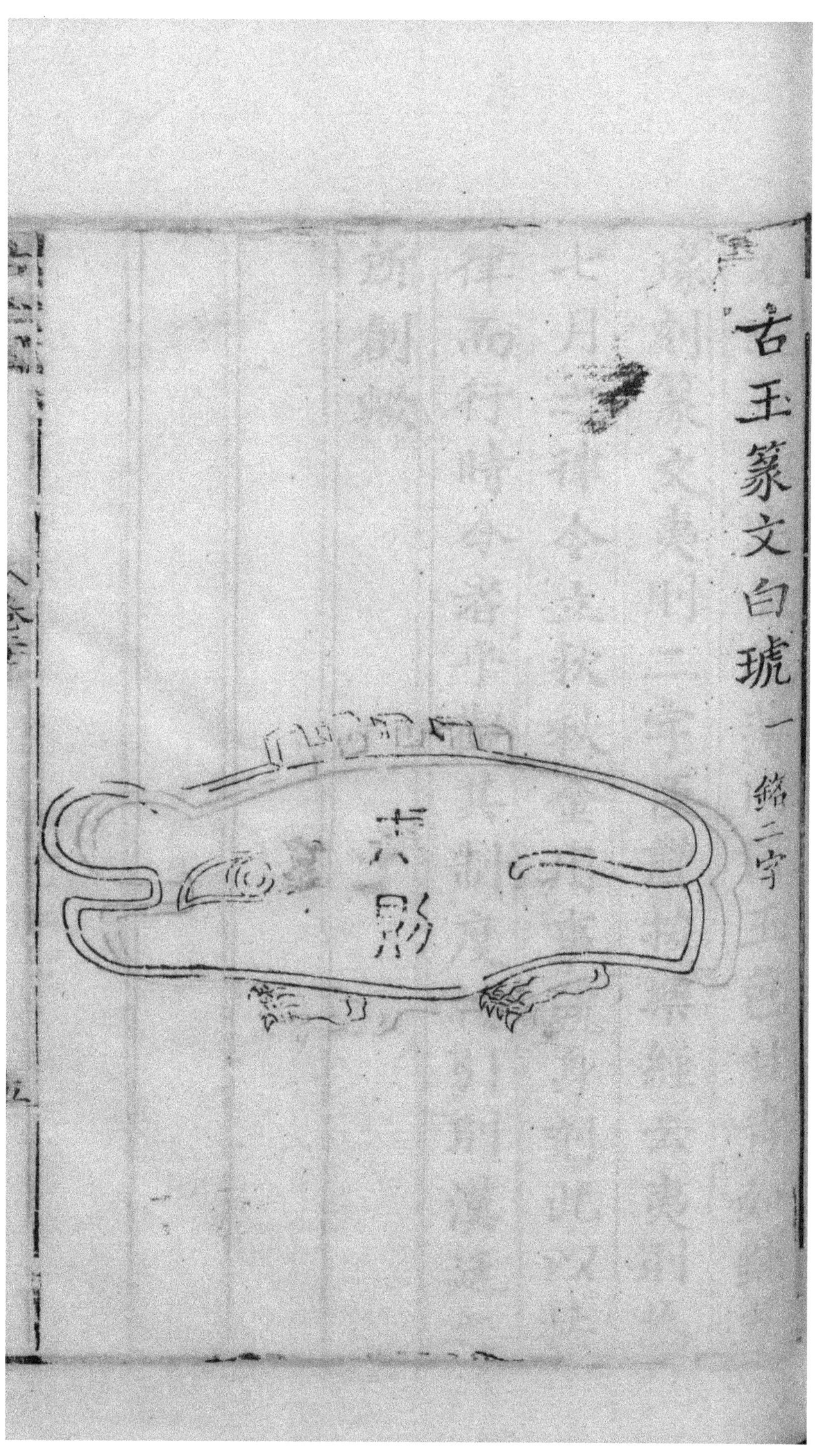

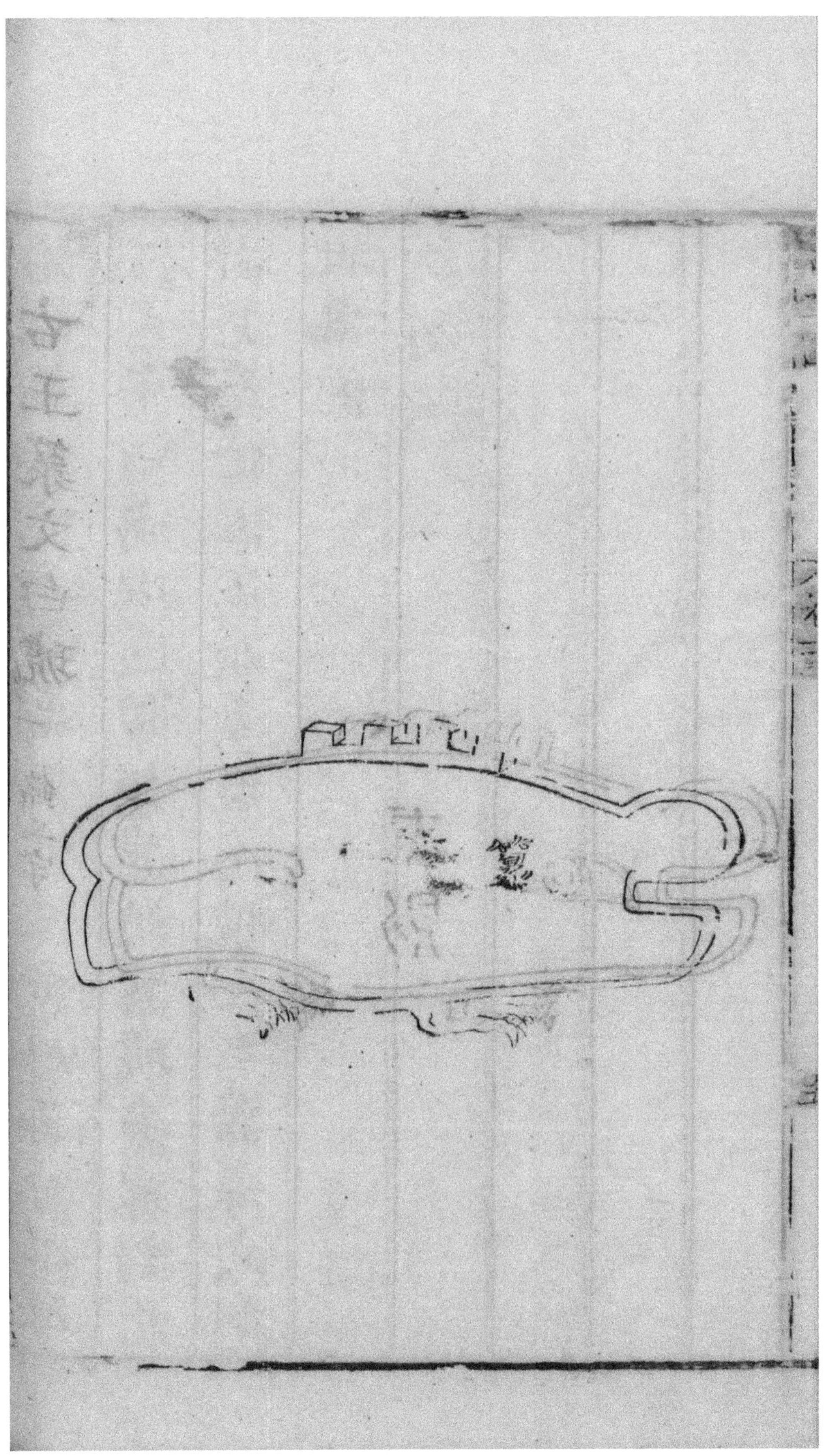

石琥長短高低厚薄同前玉色甘青如鋪翠琢刻篆文夷則二字臣謹按樂經云夷則為七月之律令立秋秋金用事琥身刻此以按律而行時令者乎觀其制度援引則漢廷之所創歟

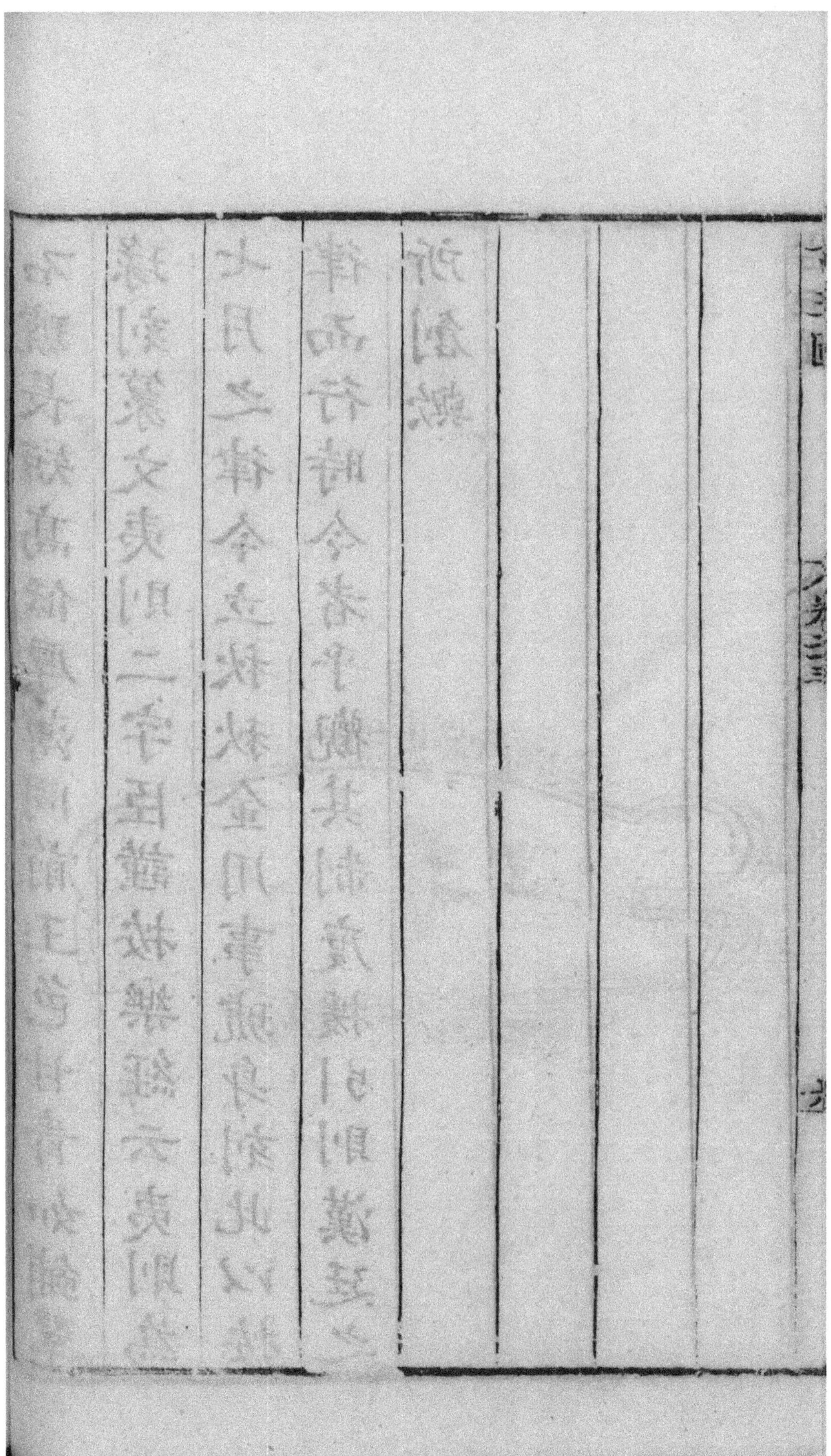

古玉篆文白琥 二銘二字

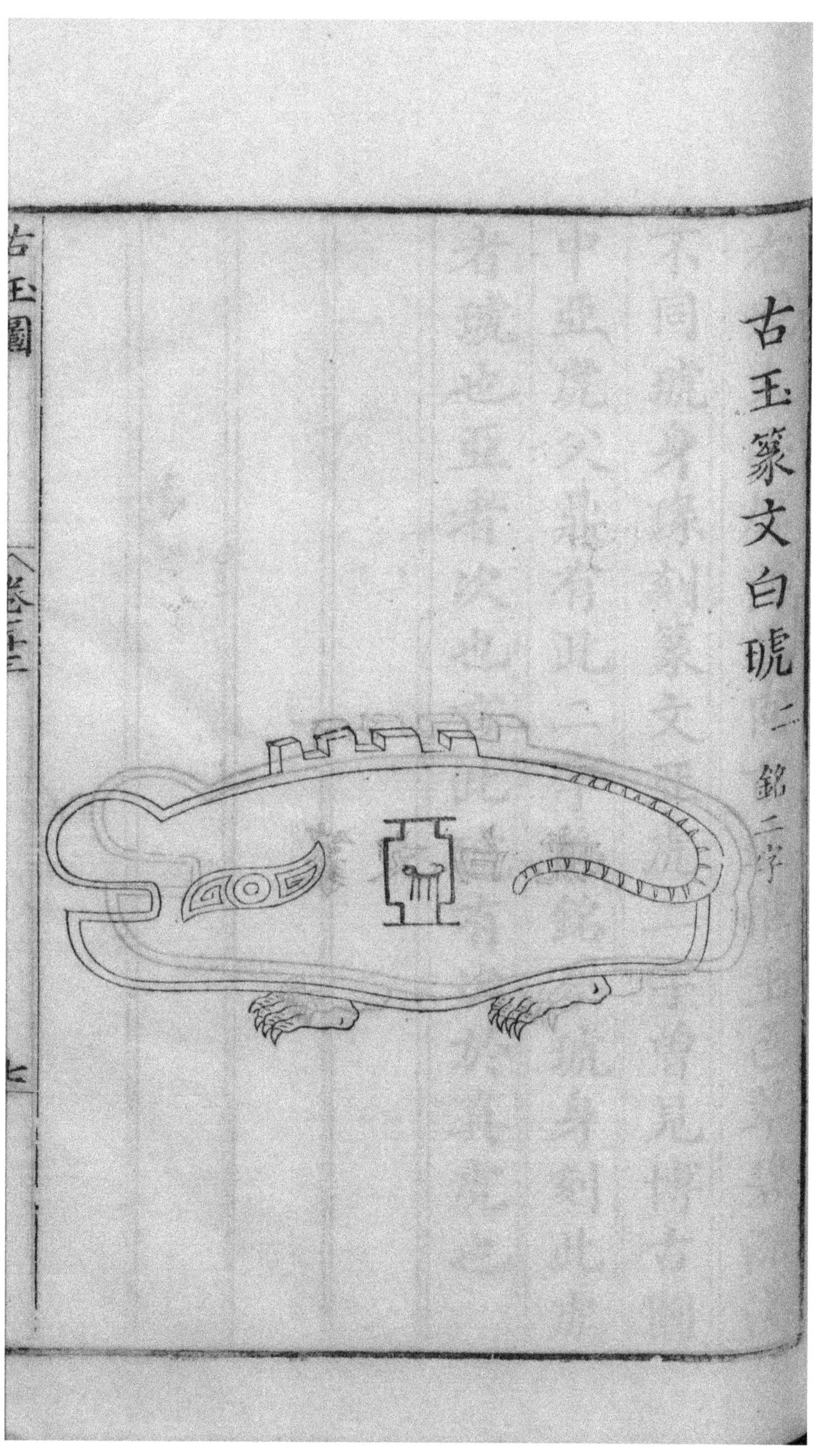

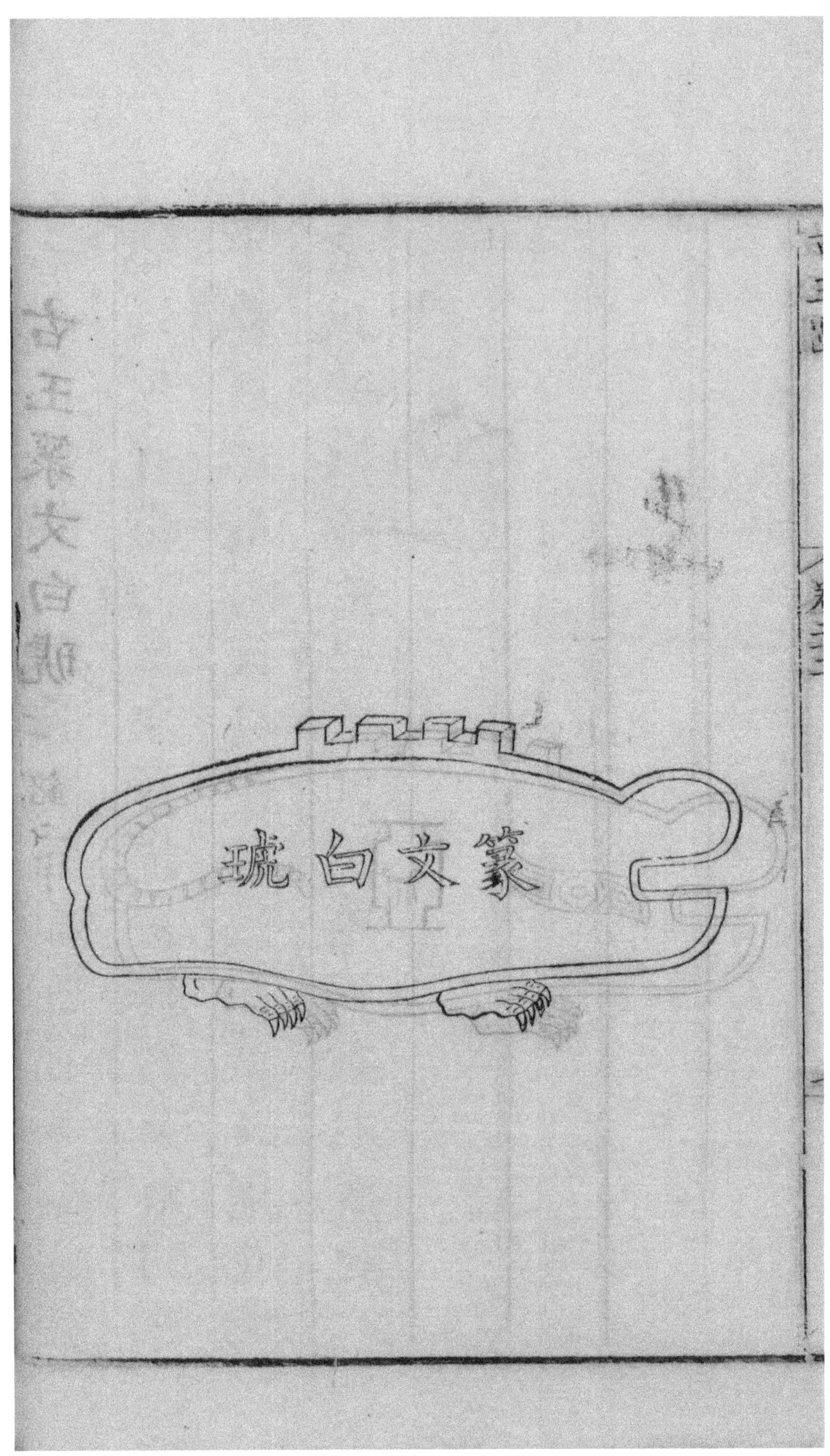
篆文白琥

右琥大小厚薄畧同前琥惟玉色翠碧深淺不同琥身琢刻篆文亞虎二字曾見博古圖中亞虎父鼎有此二字為銘今琥身刻此虎者琥也亞者次也言此琥有次於真虎也

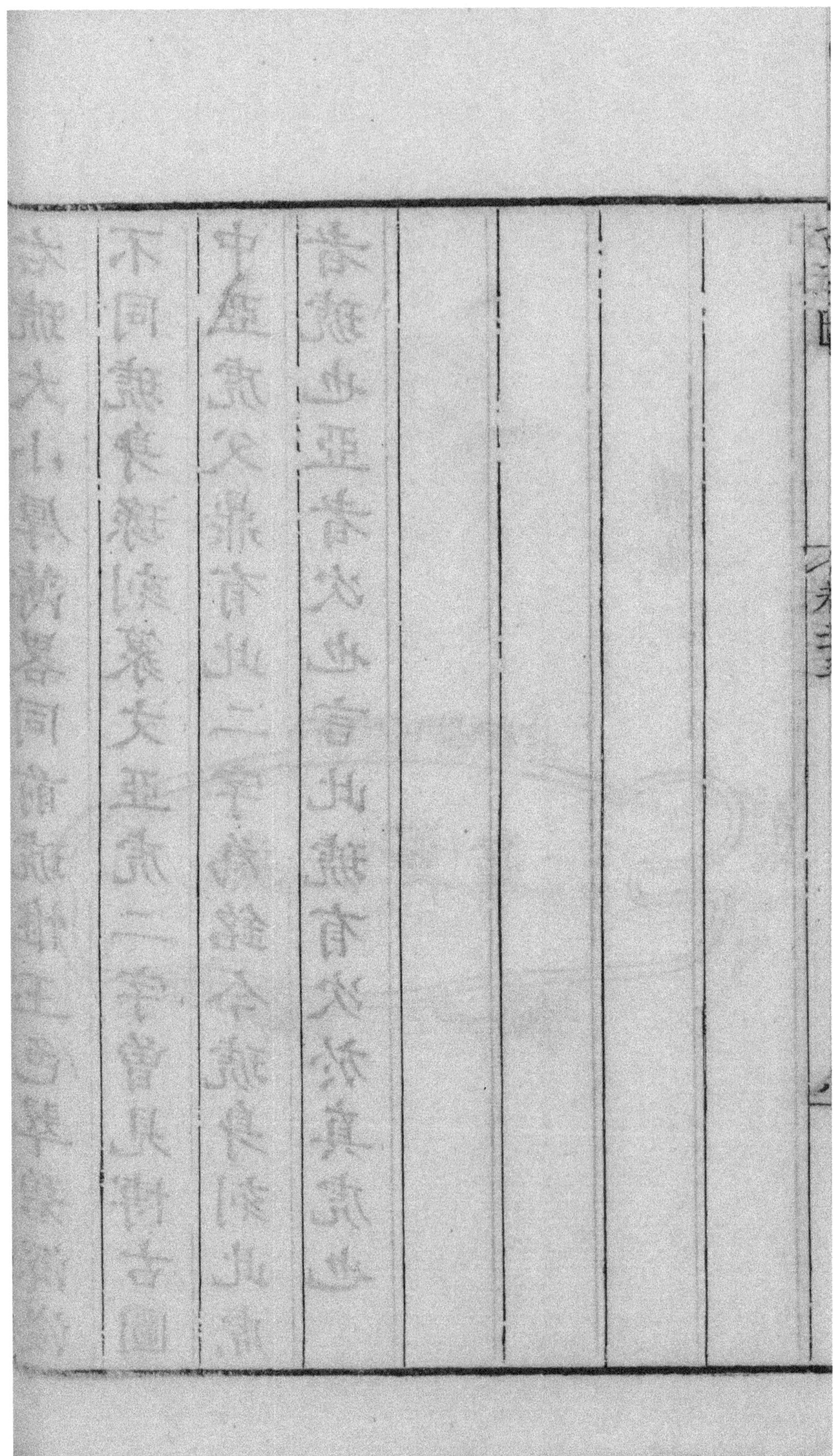

古玉篆文白琥 三

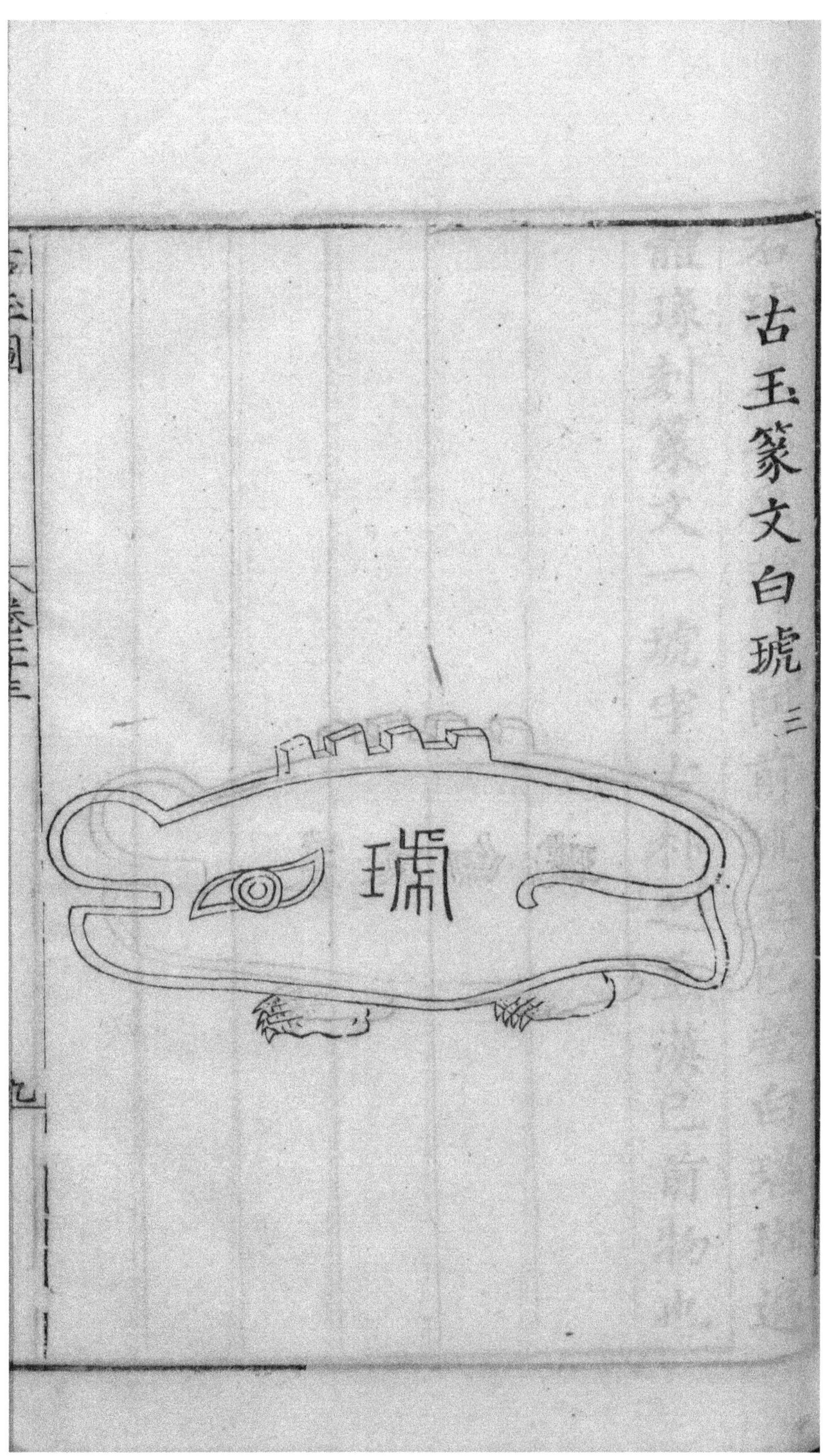

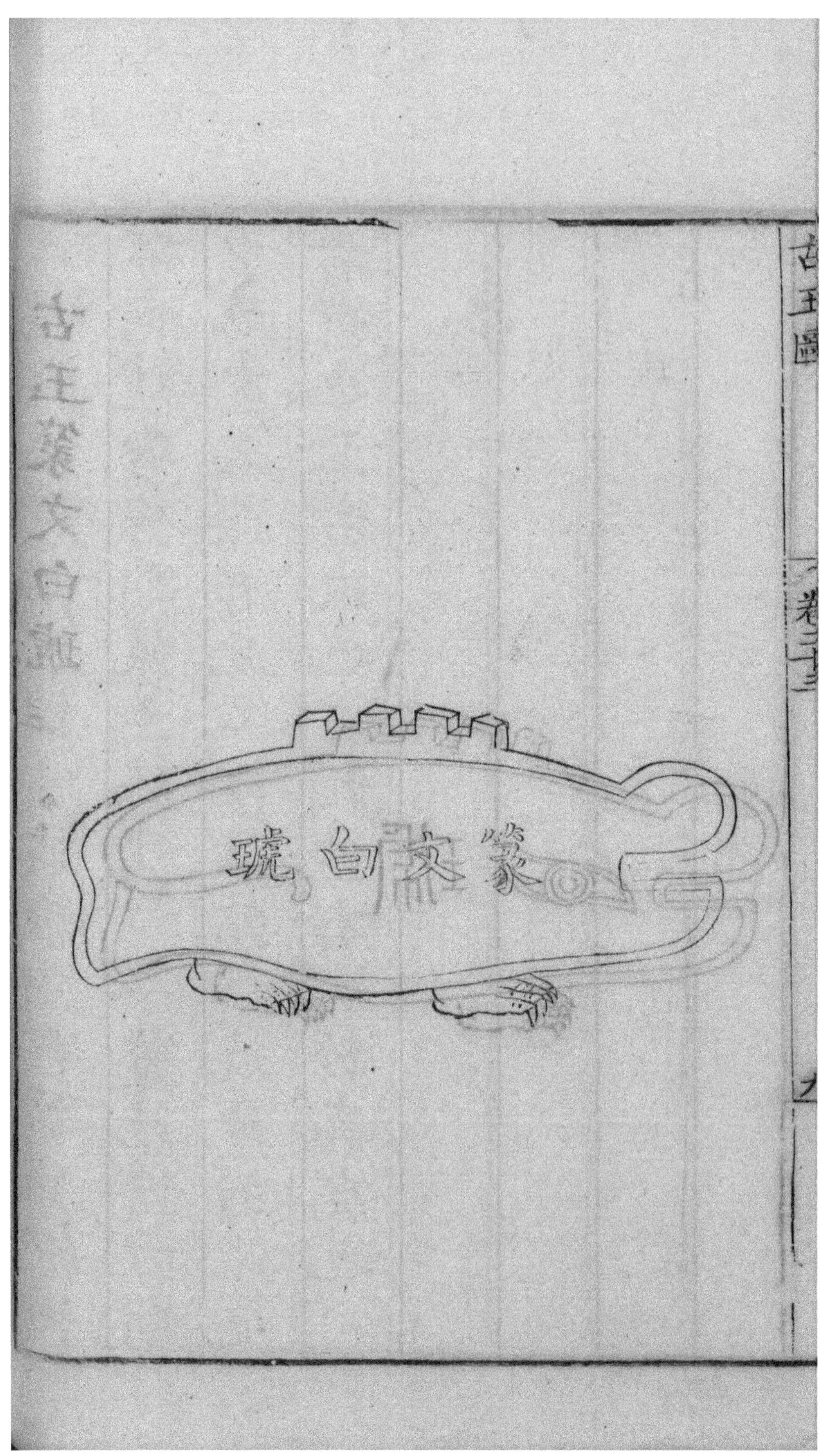
篆文白琥

右琥大小厚薄一同前琥玉色瑩白璊斑遍
體瑑刻篆文一琥字古朴之至漢已前物也

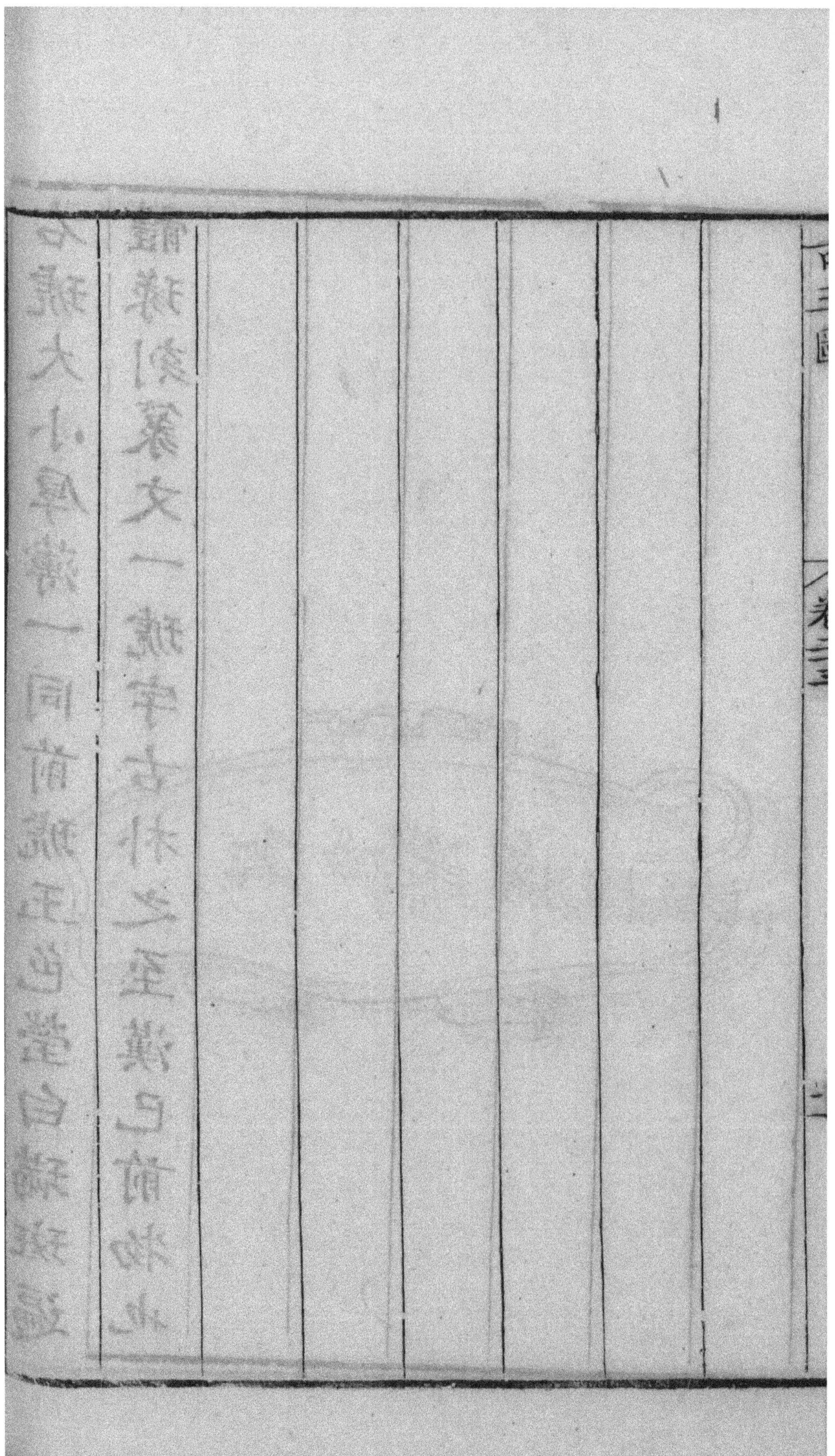

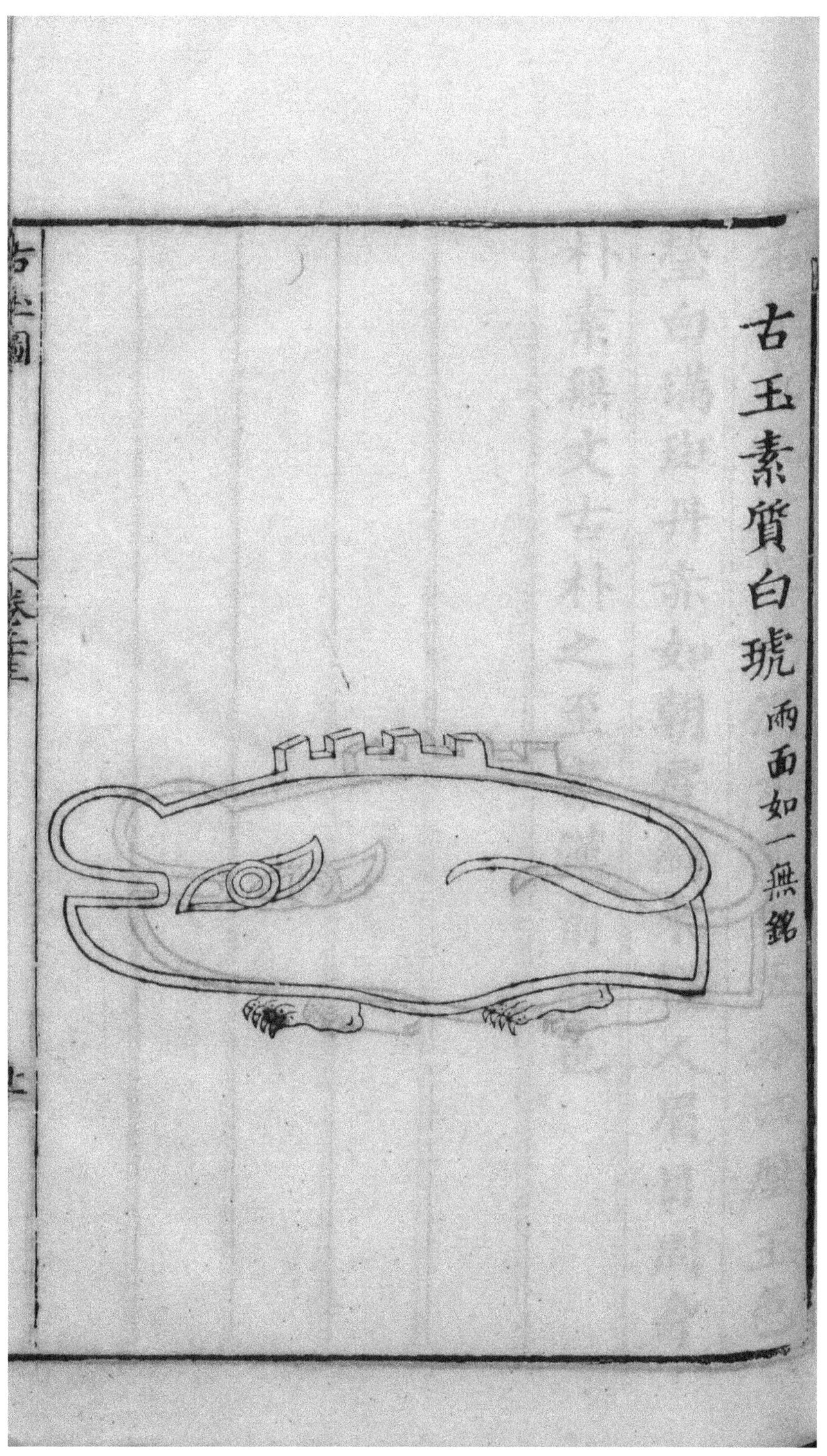

古玉素質白琥　兩面如一無銘

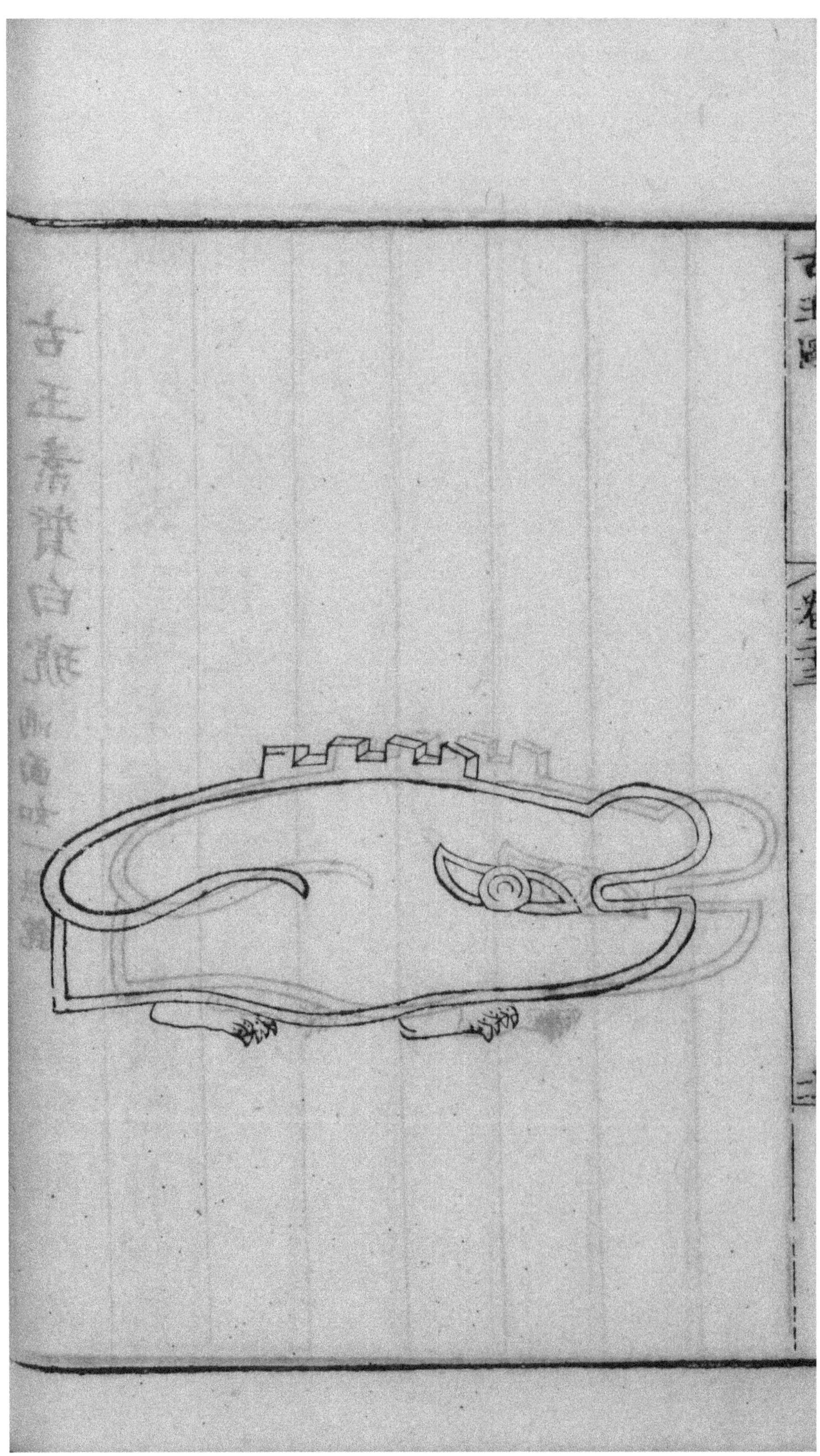

右琥長九寸五分濶六寸厚五分四厘玉色瑩白璊斑丹赤如朝霞絢采耀人眉目周身朴素無文古朴之至秦漢前物也

宋淳熙敕編古玉圖譜第二十三冊　終

宋淳熙敕編古玉圖譜第二十四冊

三代周玉元璜 銘九字

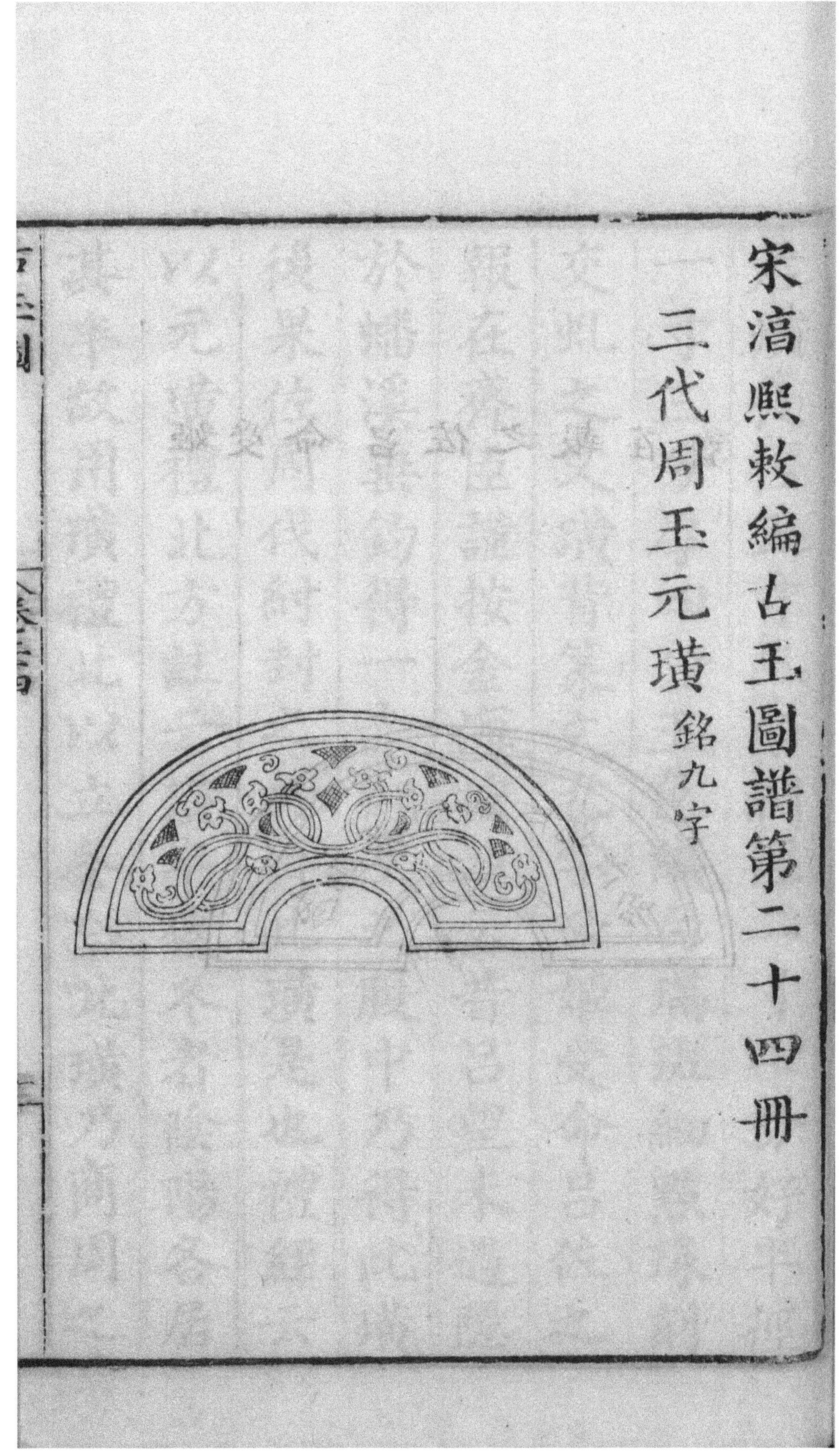

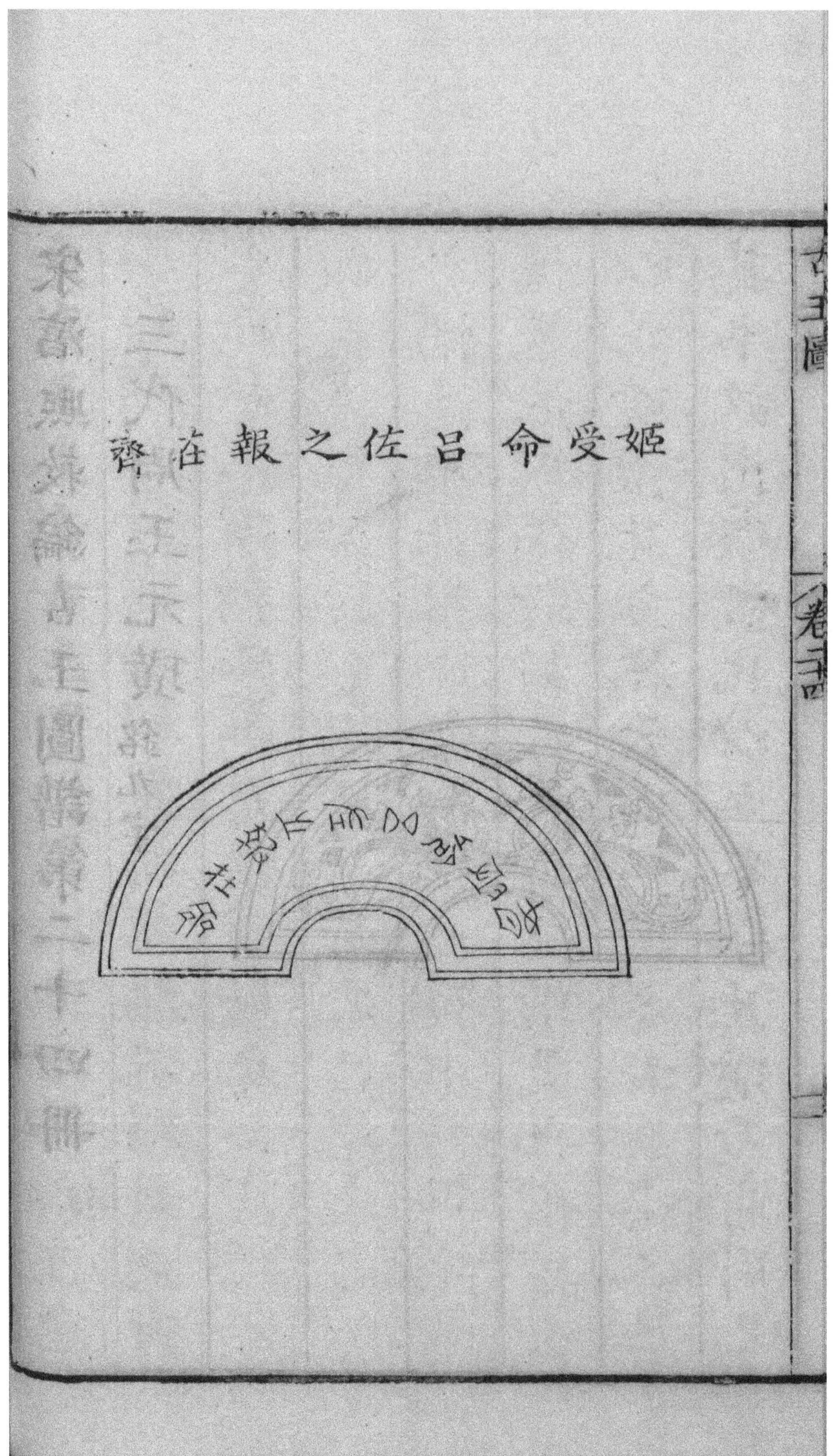
姬受命呂佐之報在齊

右璜長徑五寸三分濶徑二寸七分好半徑一寸三分厚四分玉色纖白璊斑細點瑑刻交虬之文璜背篆文九字云姬受命呂佐之報在齊臣謹按金海披沙云昔呂望未遇隱於蟠溪垂釣得一赤鯉烹之腹中乃得此璜後果佐周伐紂封之於齊此璜是也禮經云以元璜禮北方註云璜半璧冬者陰陽各居其半故用璜禮北以立冬今此璜乃商周之

器也故用黃禮北以立冬合祀黃乃南用之以元黃禮北方註云黃半璧今者僅隱分居後果佐周伐紂封之於齊此璜是也禮經云於磻溪垂釣得一赤鯉魚之腹中乃得此璜藏在齊臣謹按金滿攷沙云昔呂望未遇隱交此之文璜背篆文凡字云姬受命呂佐之一寸三分厚四分玉色纖白瑞斑細點環刻右璜長徑五寸三分濶徑三寸七分好半徑

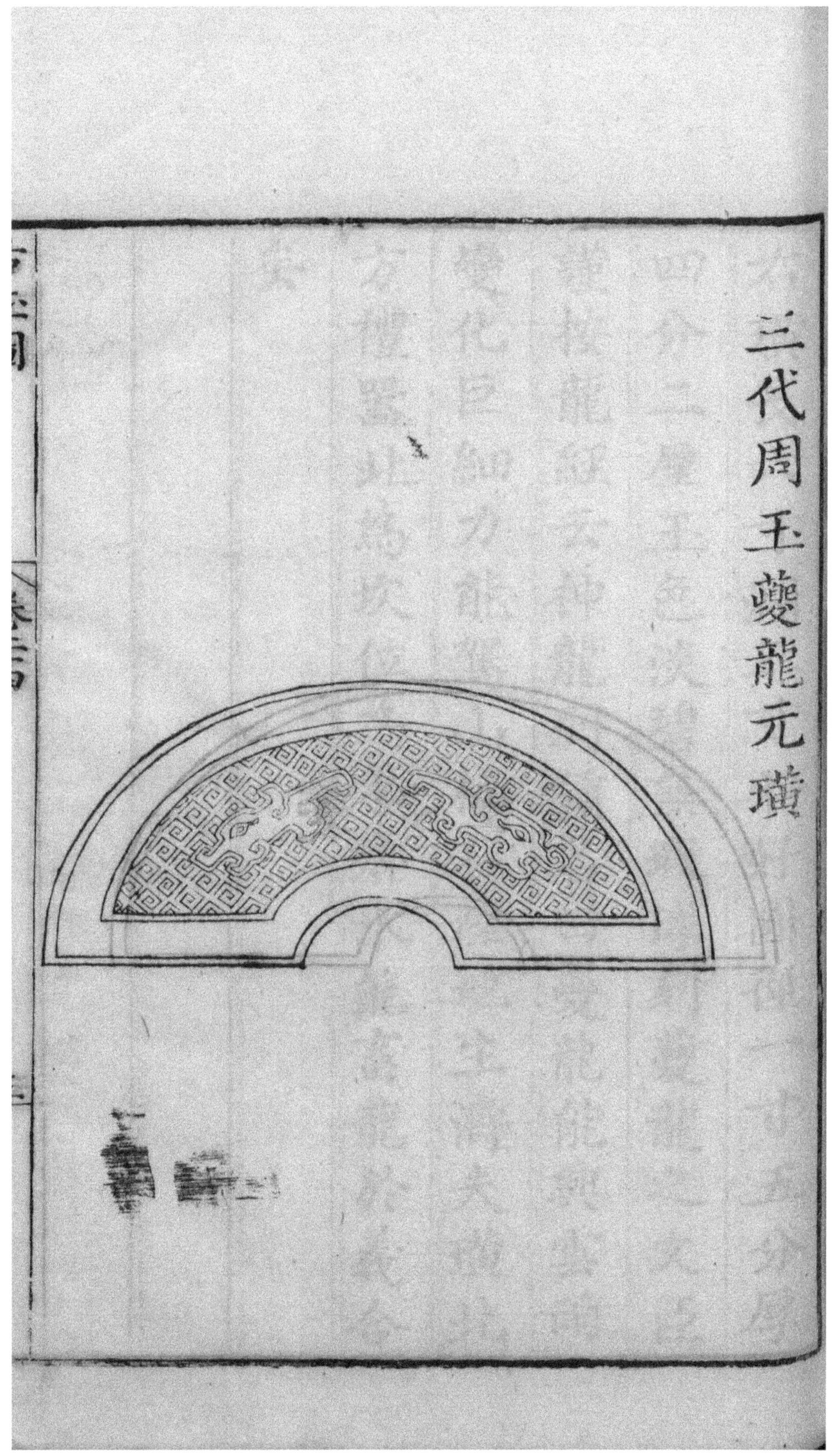

三代周玉夔龍元璜

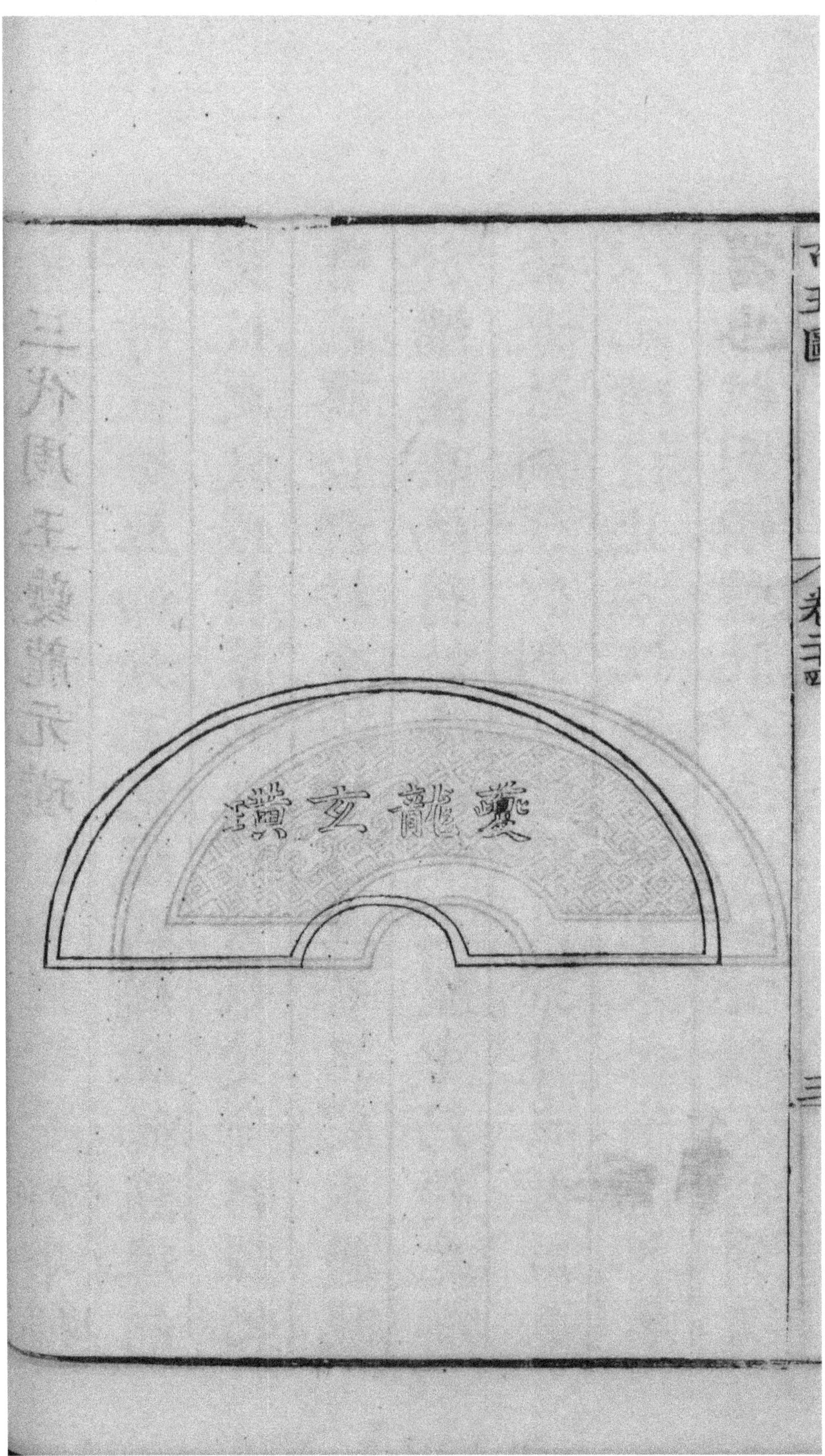
夔龍玄璜

右璜長六寸濶三寸半好圓徑一寸五分厚四分二厘玉色淡碧無瑕瑑刻夔龍之文臣謹按龍經云神龍别種名曰夔龍能興雲雨變化巨細力能駕山拔石陸地生濤夫璜北方禮器北為坎位為水鄉水能畜龍於義合矣

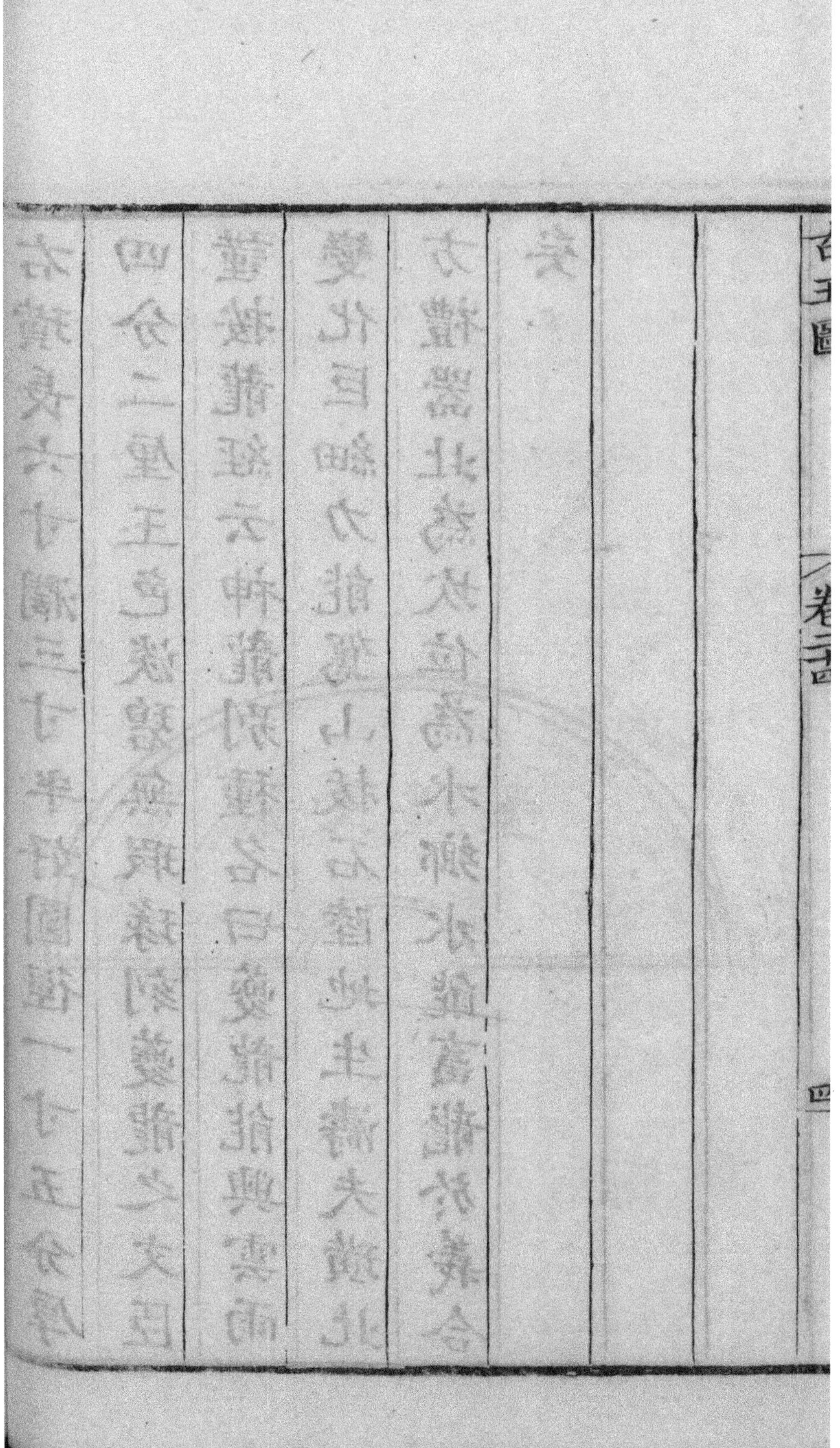

古玉斗宿元璜

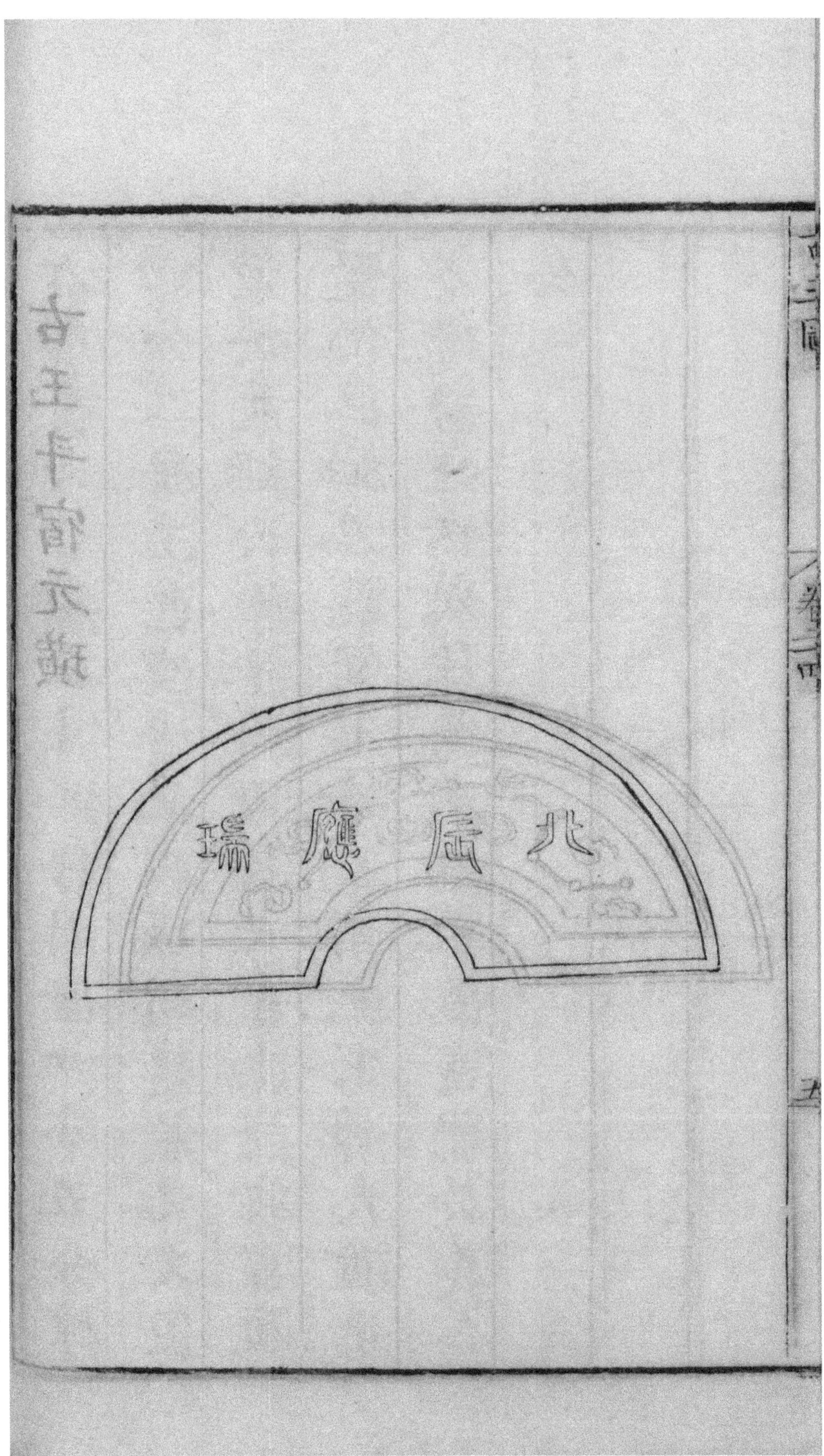
北辰應瑞

右璜長五寸五分濶二寸八分半好圓一寸四分厚四分二厘玉色甘黄璊斑殷赤瑑北斗之形輔以雲氣臣謹按星經北斗七星枕壬履丙為天之樞極今以瑑刻於璜以禮北方合空極矣漢室已前物也

古玉卦象元璜 銘二字

習 坎

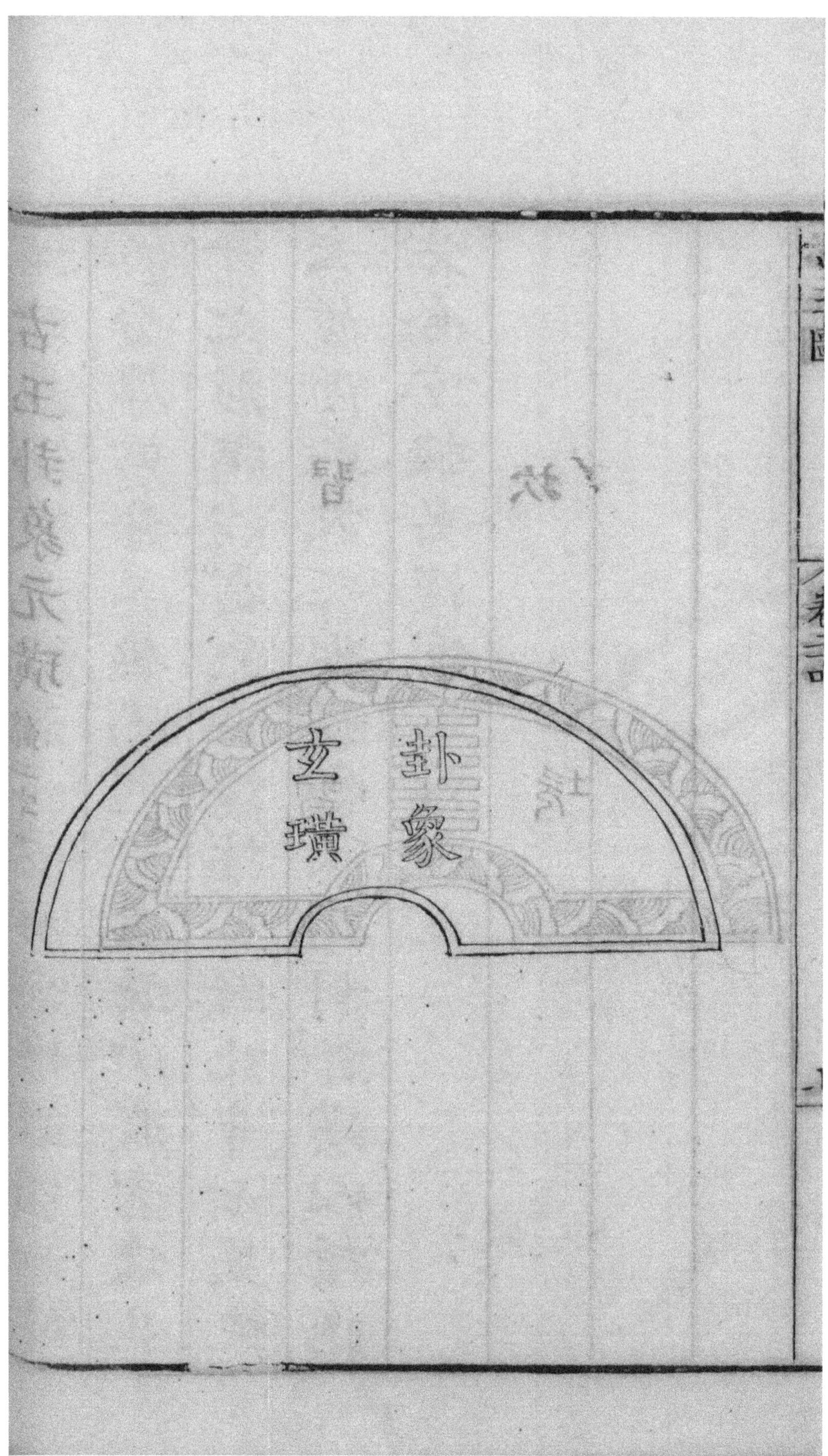
卦象
玄璜

右璜長短大小厚薄一同前璜惟玉色純緇苔花暈碧為異耳瑑刻重坎卦旁有習坎二篆字臣謹按易經云坎為水位北方璜為北方禮器坎卦著象最當觀其制作漢人所為者也

古玉天雞元璜

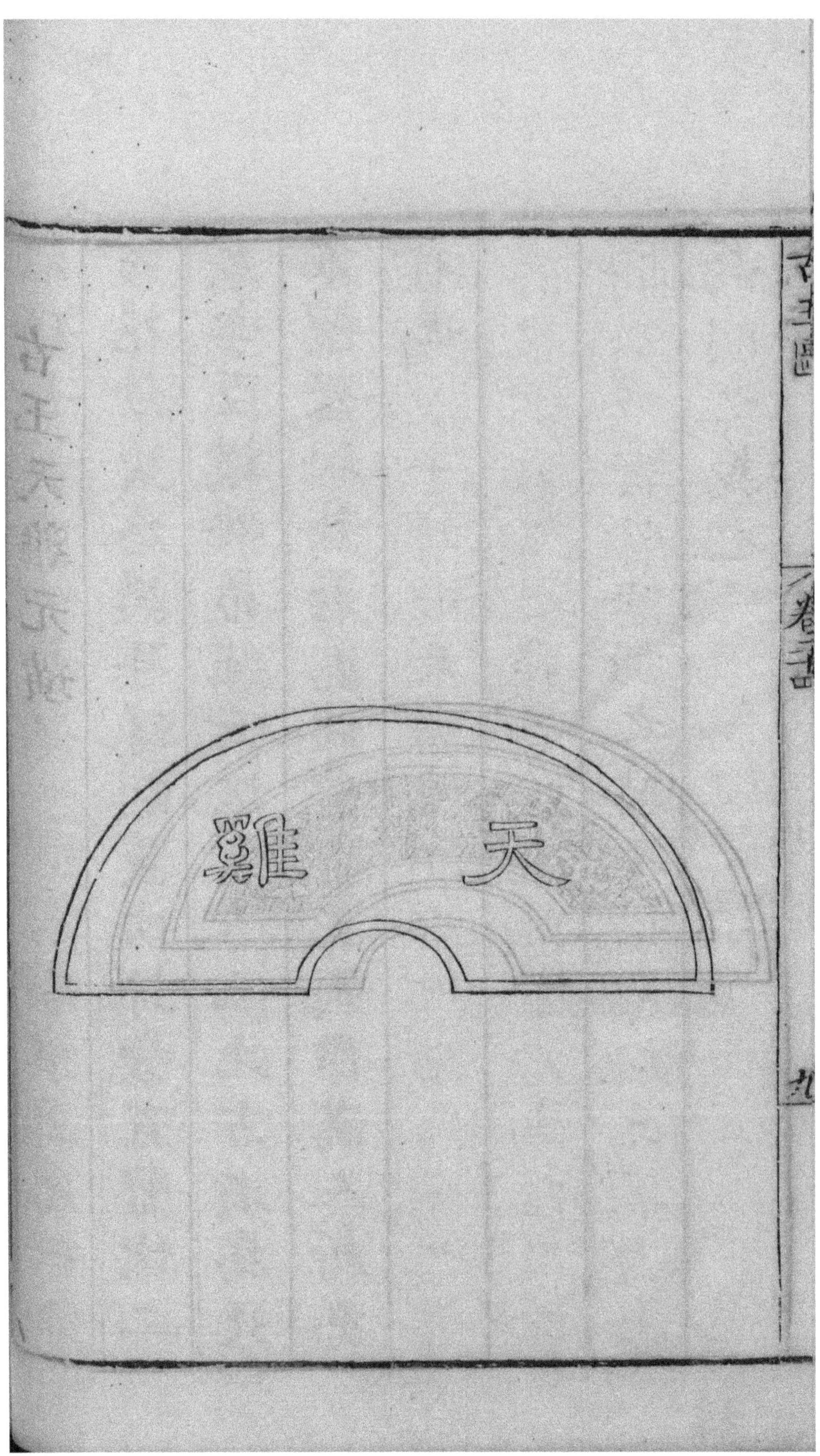
天雞

右璜長六寸四分濶三寸二分半好圓一寸八分厚五分玉色深碧無瑕瑑刻天雞之文

臣謹按元中記蓬萊之東岱輿之山上有扶桑之樹樹高萬丈樹巔常有天雞為巢於上每夜至子時則天雞鳴而日中陽烏應之陽烏鳴則天下之雞皆鳴夫北方乃幽陰之地時居戌亥當陰極之時今璜身刻此欲去幽向明之義也

向明之義也

時居戌亥當陰極之時今璜身到此欲去幽

息鳴則天下之雞皆鳴夫北方乃幽陰之地

每夜至子時則天雞鳴而日中陽氣應之陽

桑之樹樹高萬丈樹顛常有天雞為巢於上

臣謹按元中記蓬萊之東岱輿之山上有扶

人分厚五分玉色潔瑩無瑕琢刻天雞之文

右璜長六寸四分闊三寸二分半好圓一寸

古玉元武元璜

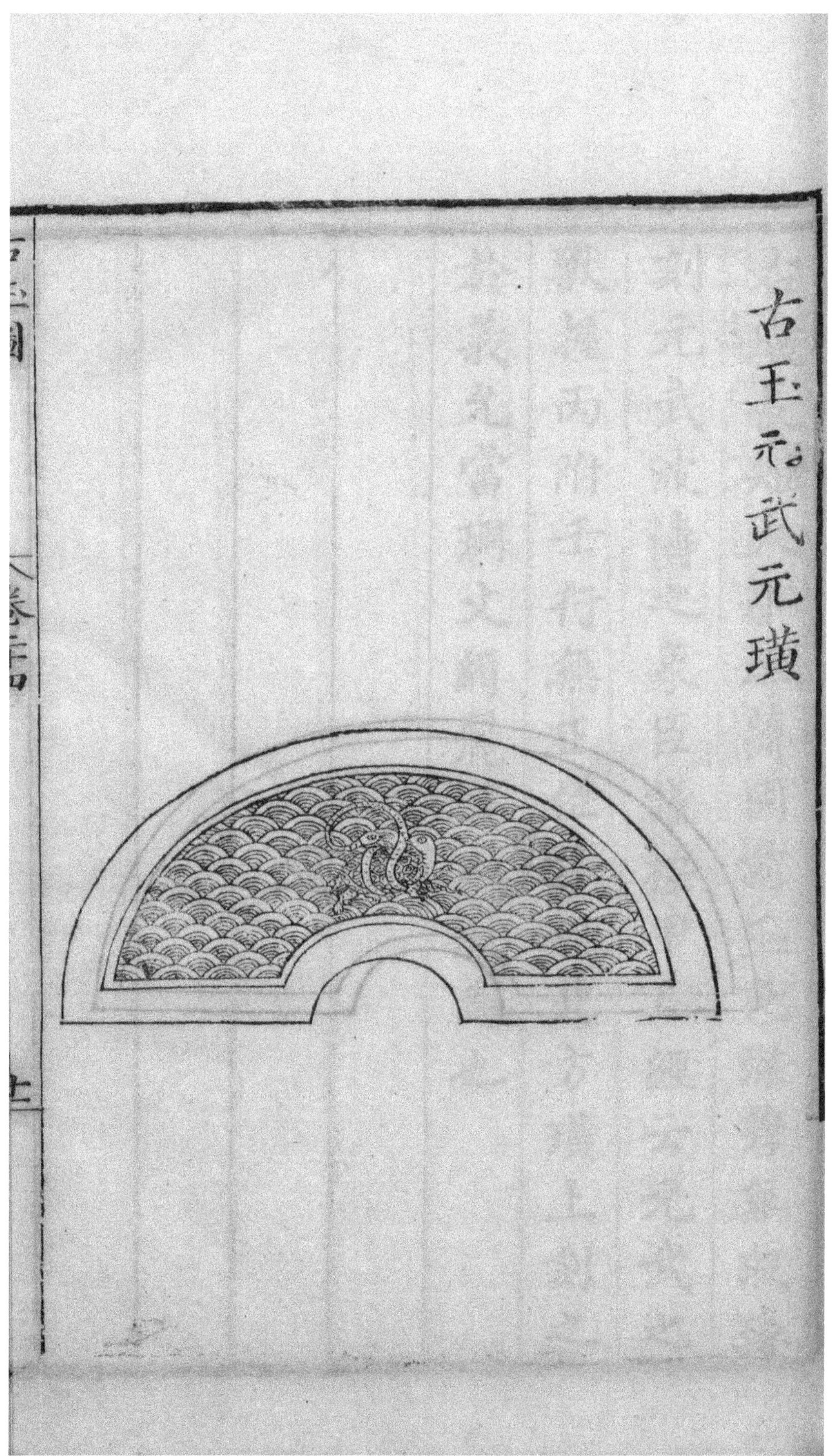

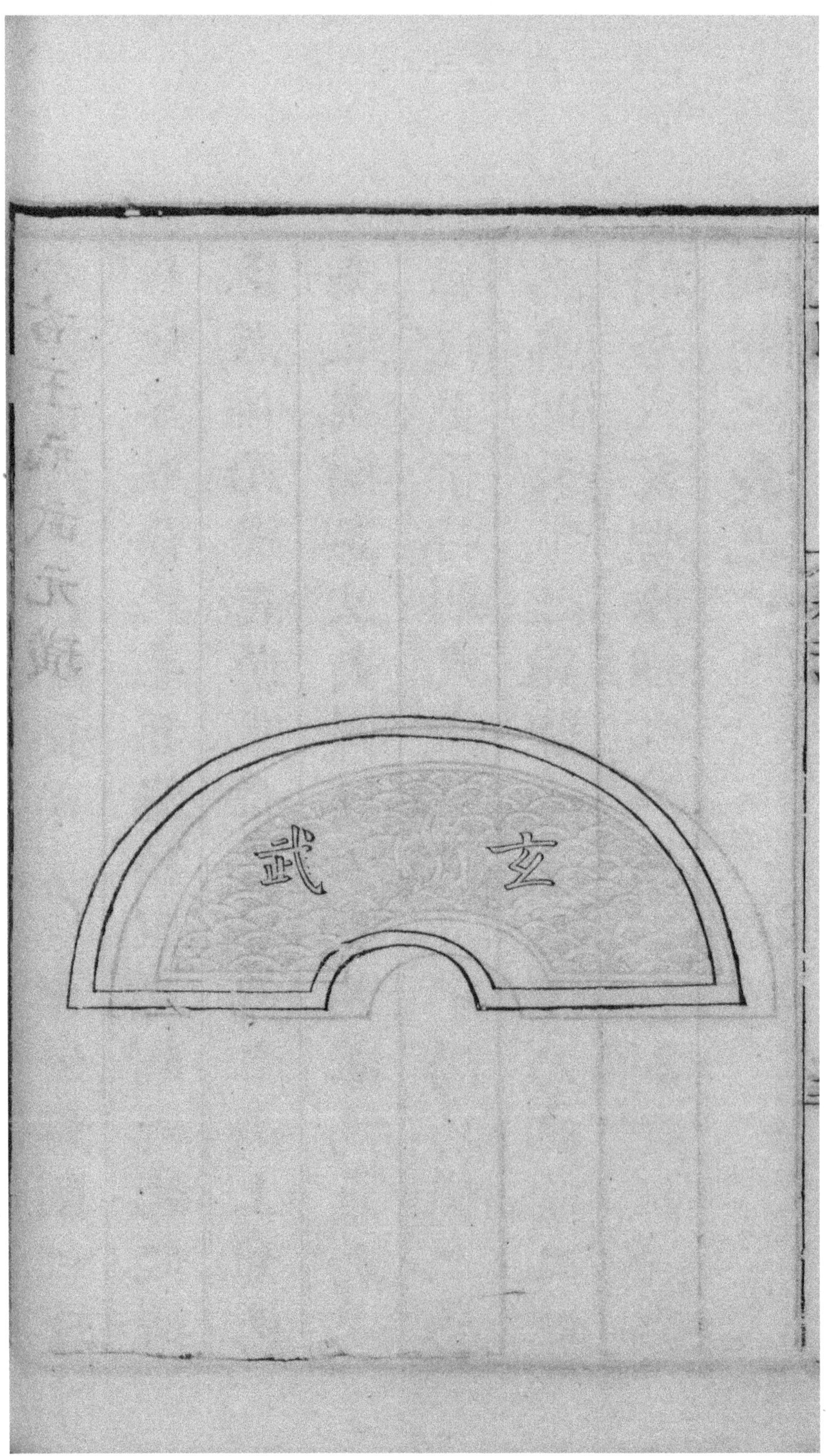
玄武

右璜長短大小厚薄同前玉色深碧無瑕瑑刻元武波濤之象臣謹按甲乙經云元武之獸握丙附壬行無正位位鎮北方璜上刻之於義允當琱文縟麗漢人所為也

宋淳熙敕編古玉圖譜第二十四冊 終

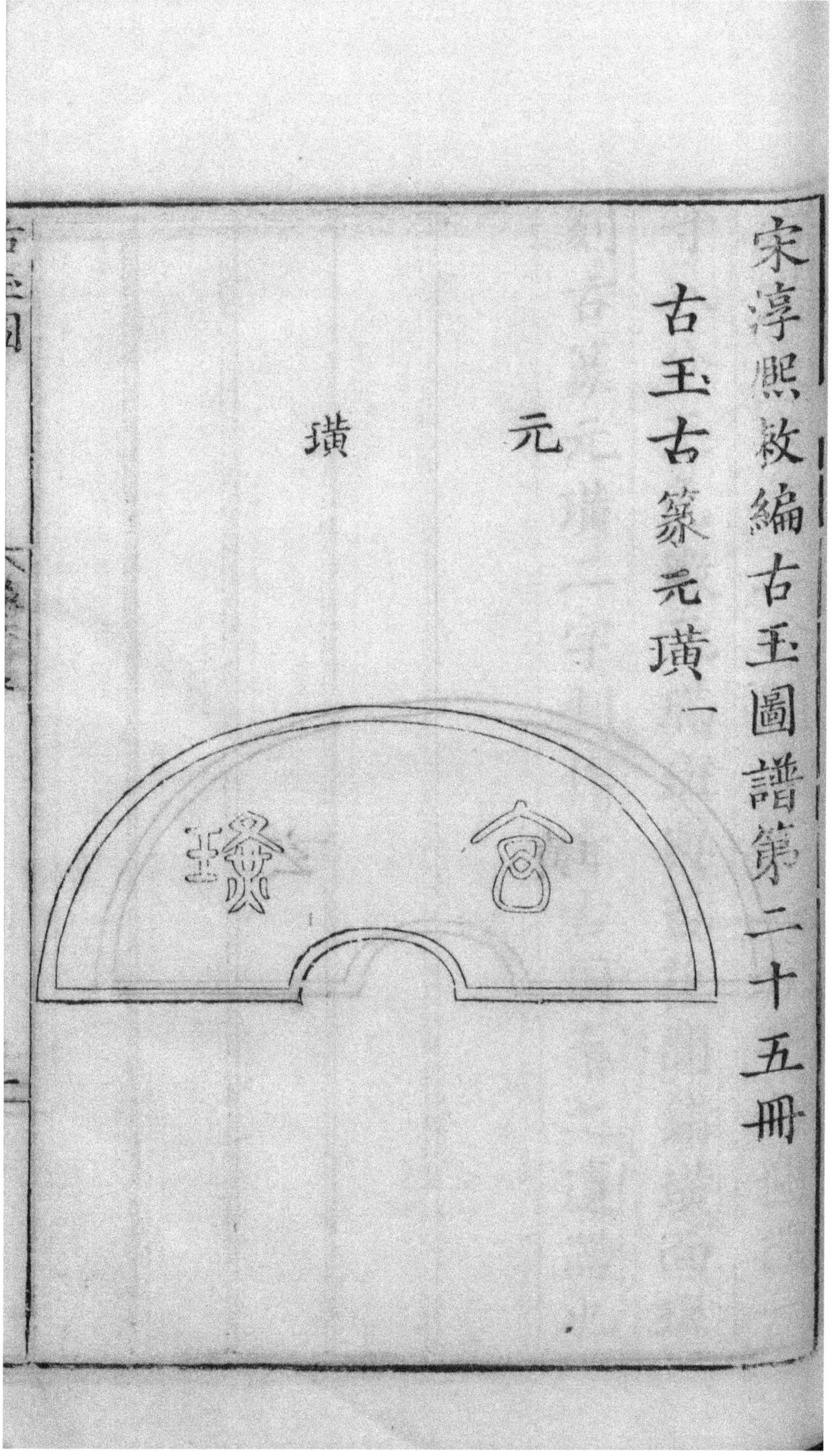

宋淳熙敕編古玉圖譜第二十五冊

古玉古篆元璜一

元

璜

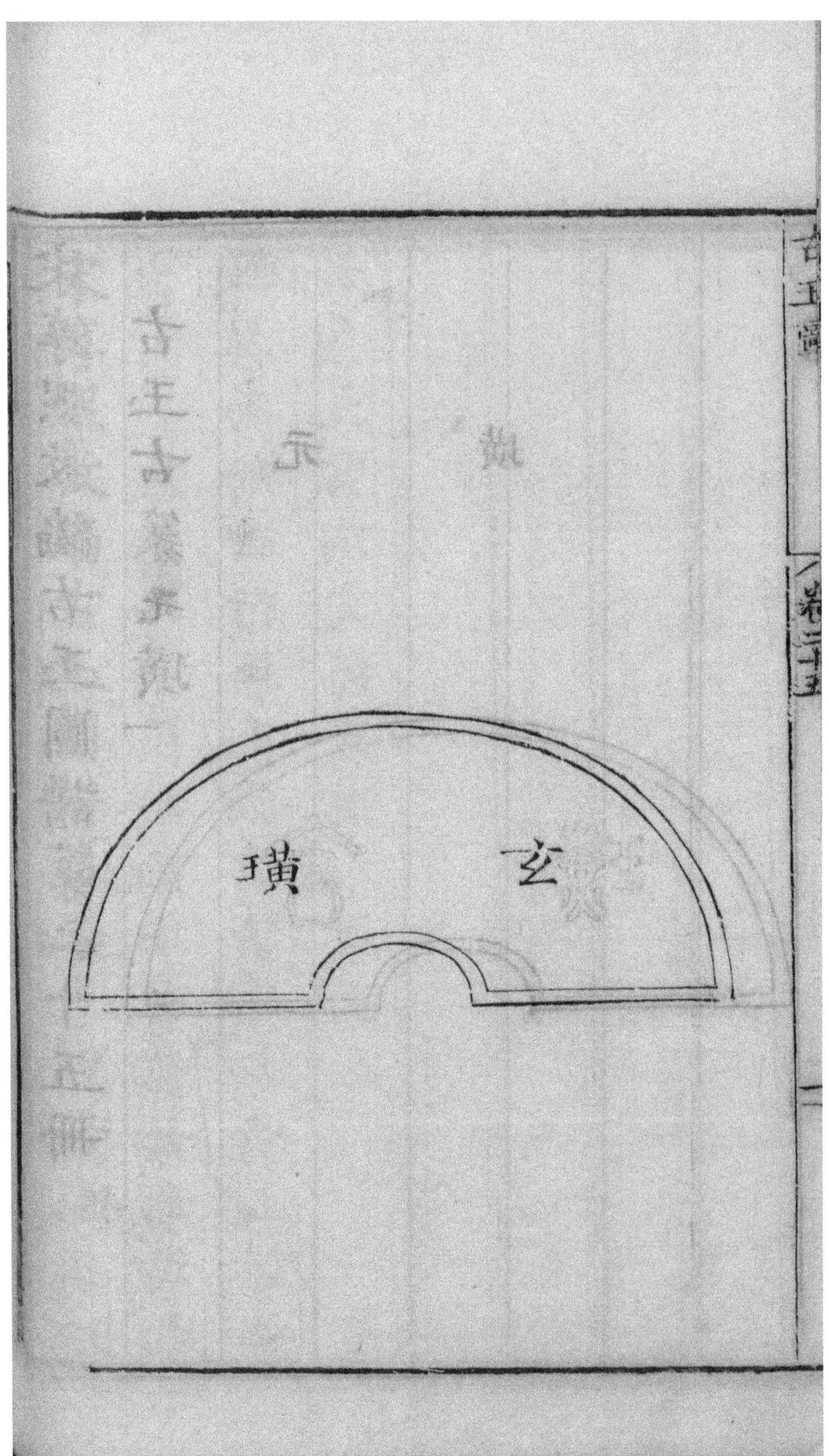
玄璜

右璜長六寸三分濶三寸二分半好圓徑一寸八分玉色微元璊斑與菩花間錯璜面琢刻古篆元璜二字制作奇古周秦之遺器也

古玉古篆元璜 二銘二字

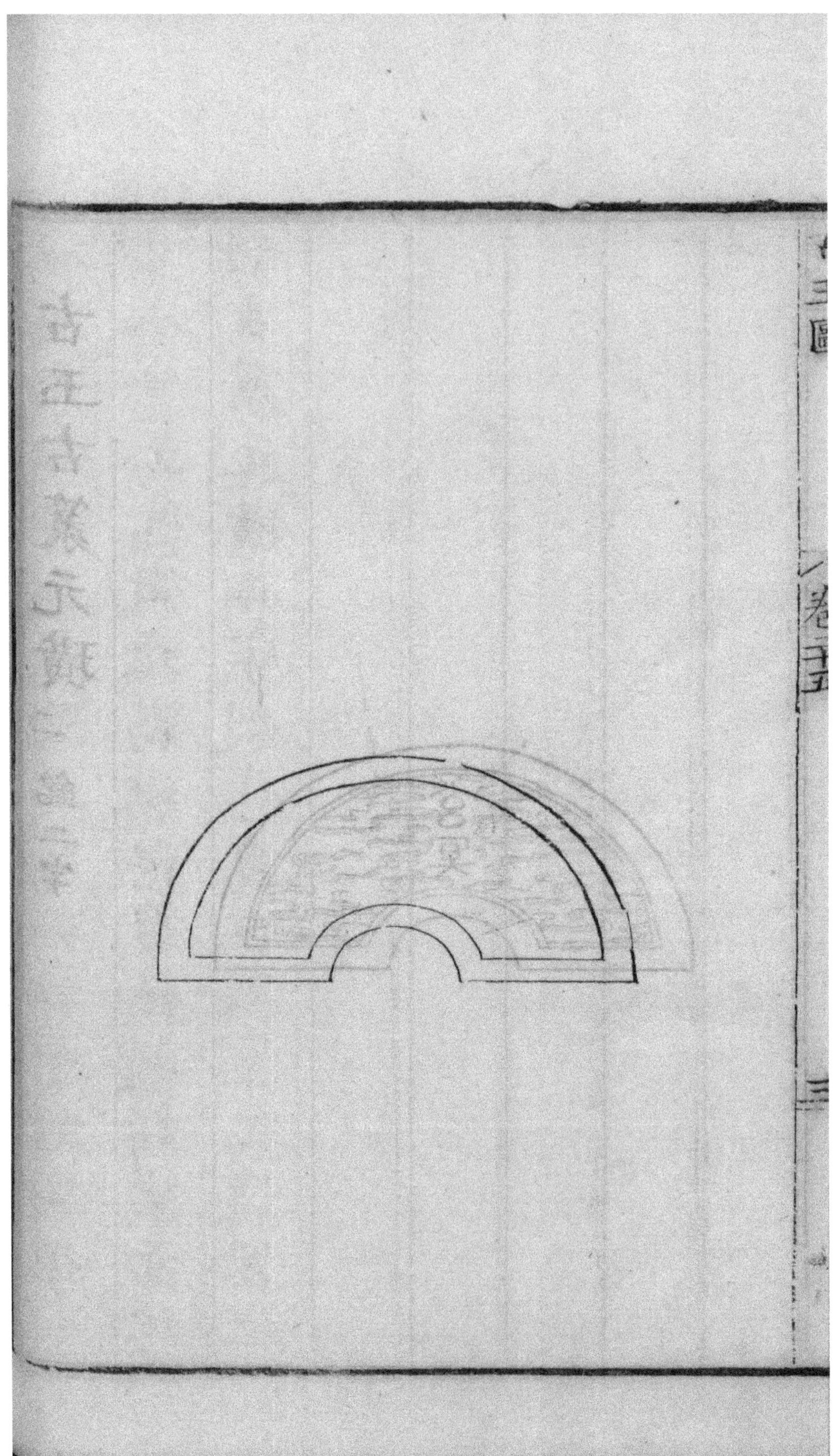

右璜長五寸濶二寸七分半好圓徑一寸二分厚五分玉色纖白璊斑勻點瑑刻元冥二字制作之工周人之所為也

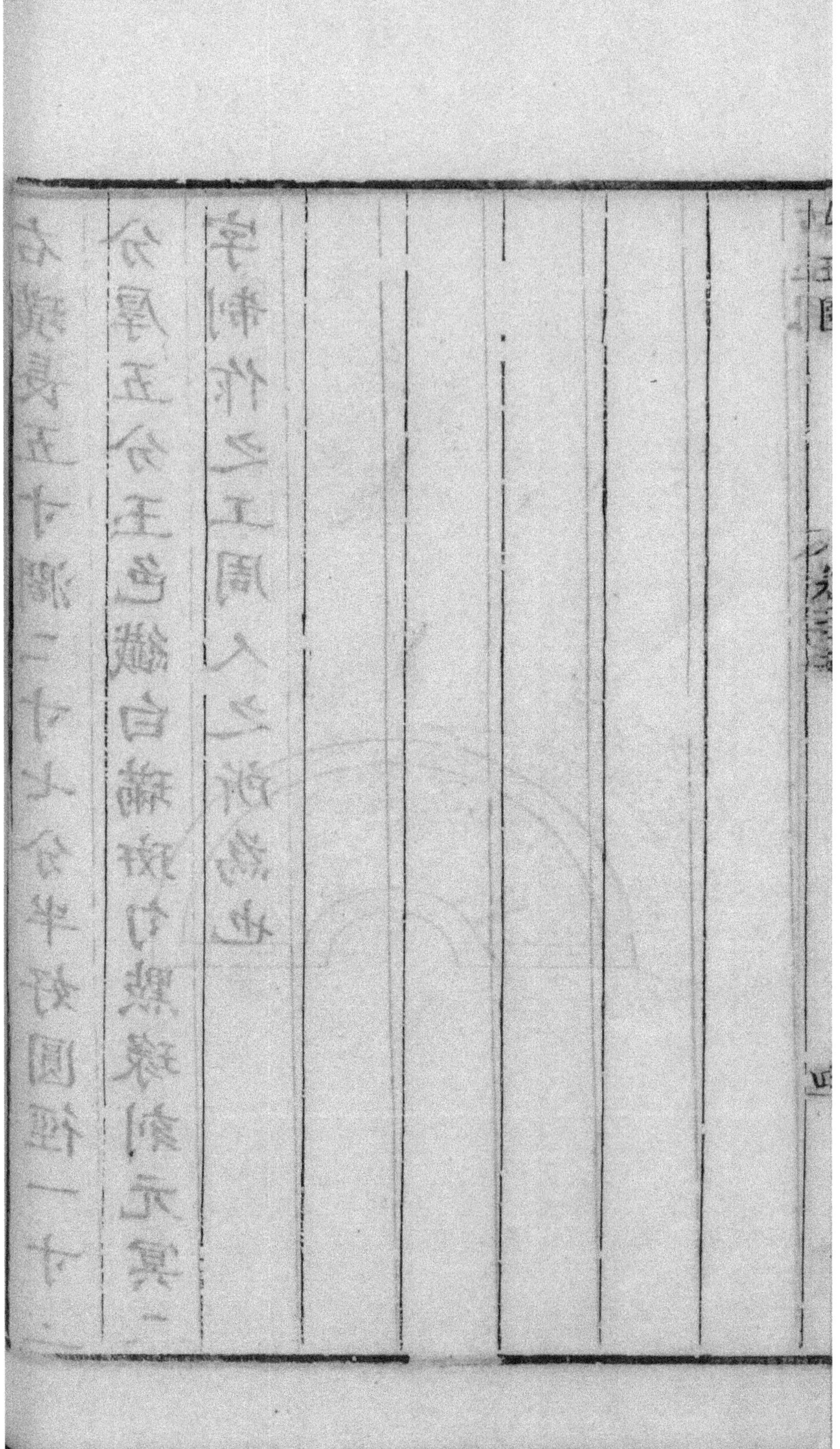

寡制作以工周人以所爲也

分厚五分王色纖白瑞斑白點緑劉元賓一

右琰長五寸濶二寸大分半好圓徑一寸

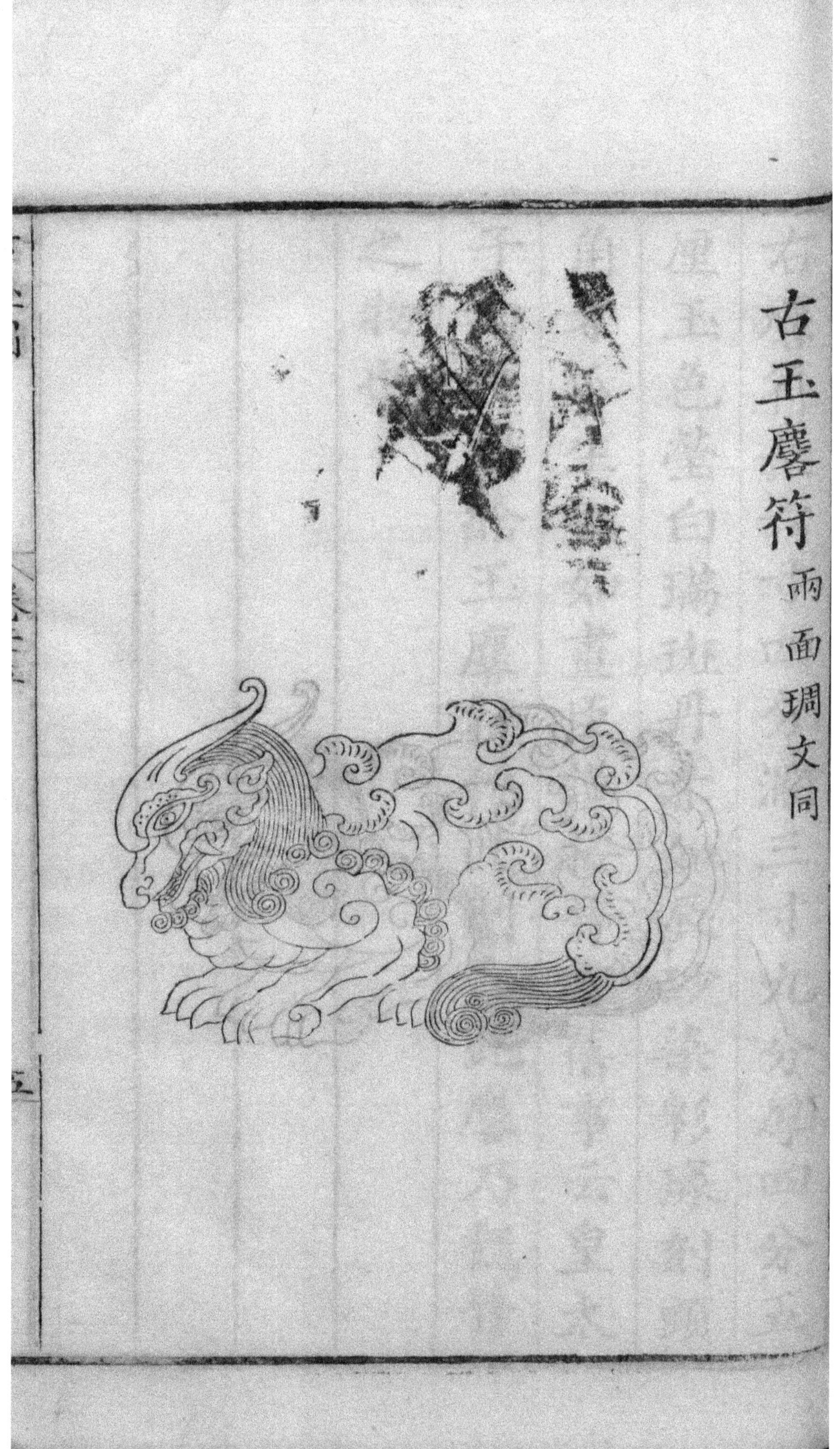

古玉麐符 兩面琱文同

右麐符長六寸四分濶三寸九分厚四分五厘玉色瑩白璊斑丹赤如辰砂染彩瑑刻頭角牙爪生動如畫臣謹按晉書舊事云皇太子初拜賜給玉麐符按此則知此麐乃魏晉之物也

漢玉虎符一 銘六字

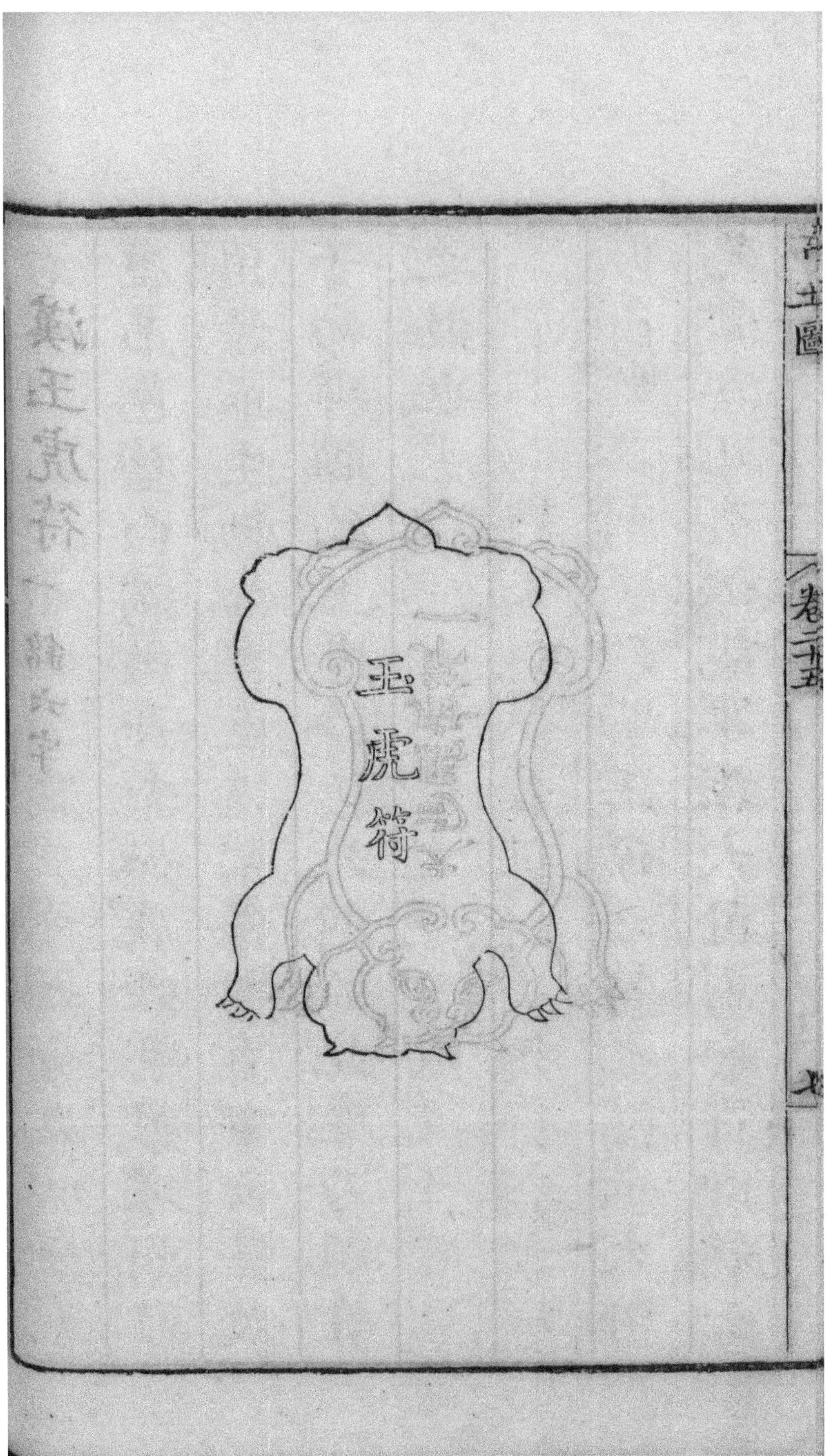
玉虎符

石符長七寸廣三寸一分厚五分二釐玉色甘黄璊斑細點瑑刻作伏虎之形虎符背上刻漢隸六字云大司馬府第一臣謹按漢雋云武帝元狩元年八月敕命尚方制發兵虎符王侯用玉郡國用銅自甲至癸凡十左留京師右以與之如欲發征討必須符合方行此符觀其刻字乃賜王侯之符也漢世大司馬掌兵凡有徵調軍旅大司馬發符即起云

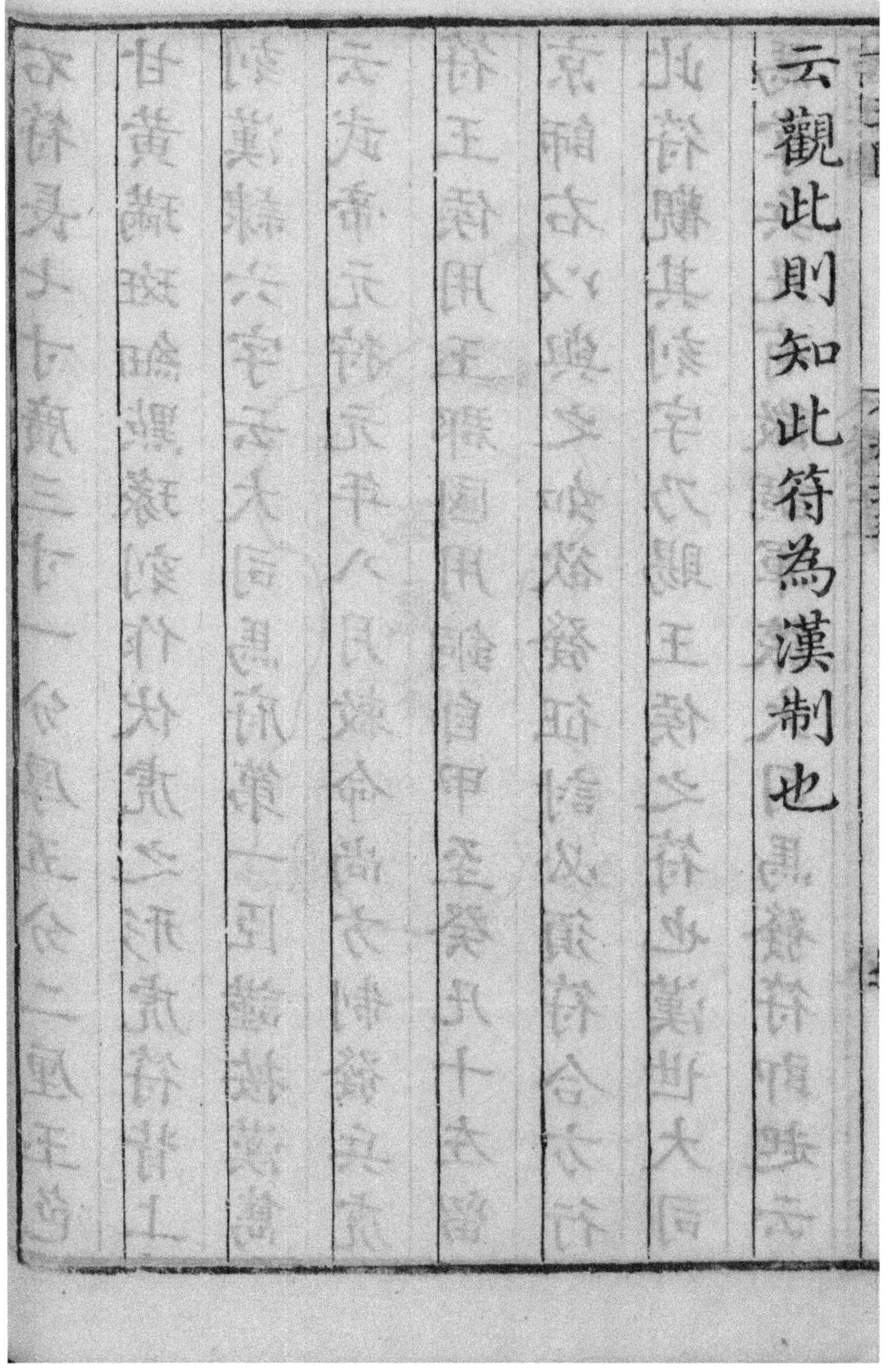

云觀此則知此符為漢制也

漢玉虎符二 銘六字

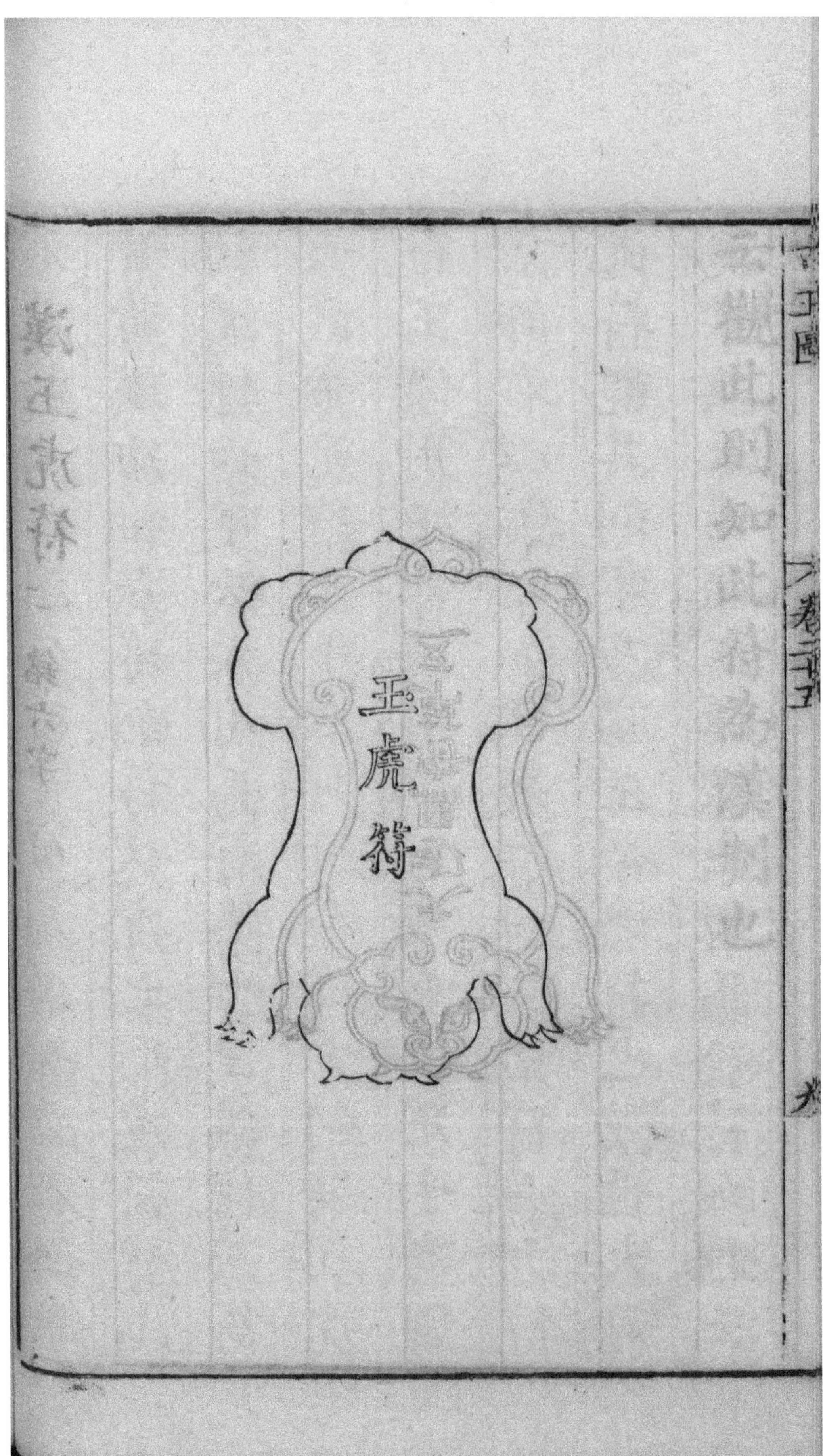
玉虎符

右符長短大小厚薄玉色璊斑瑑刻皆同前
虎唯虎背篆刻六字云大司馬府第五徵有
不同耳觀其制作與前符同皆漢器也

不同耳襯其制作與前符同皆漢器也

虎堆虎背篆刻六字云大司馬府第五藏有

右符長短大小厚薄玉色瑞斑篆刻皆同前

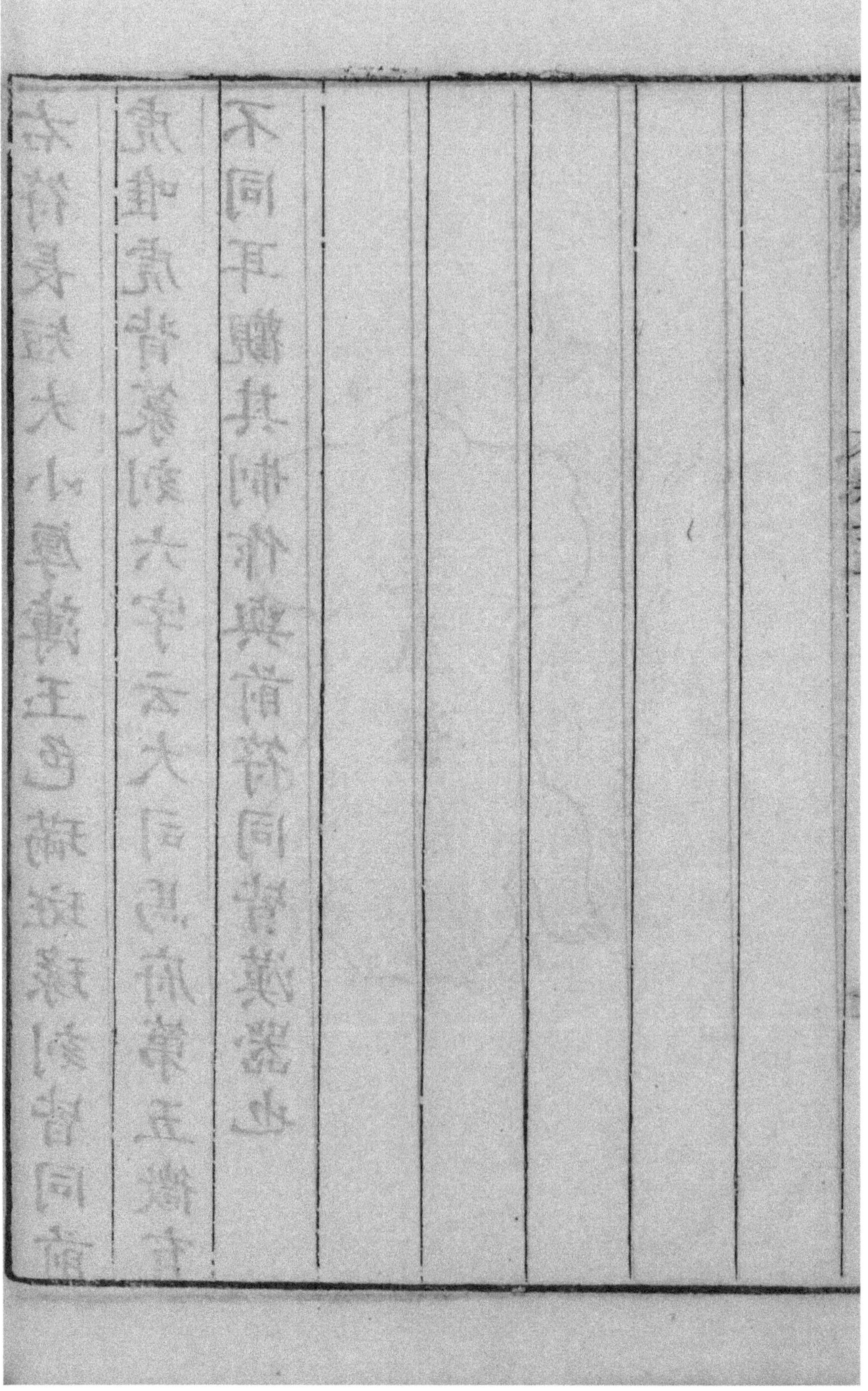

漢玉虎符 三 銘五字

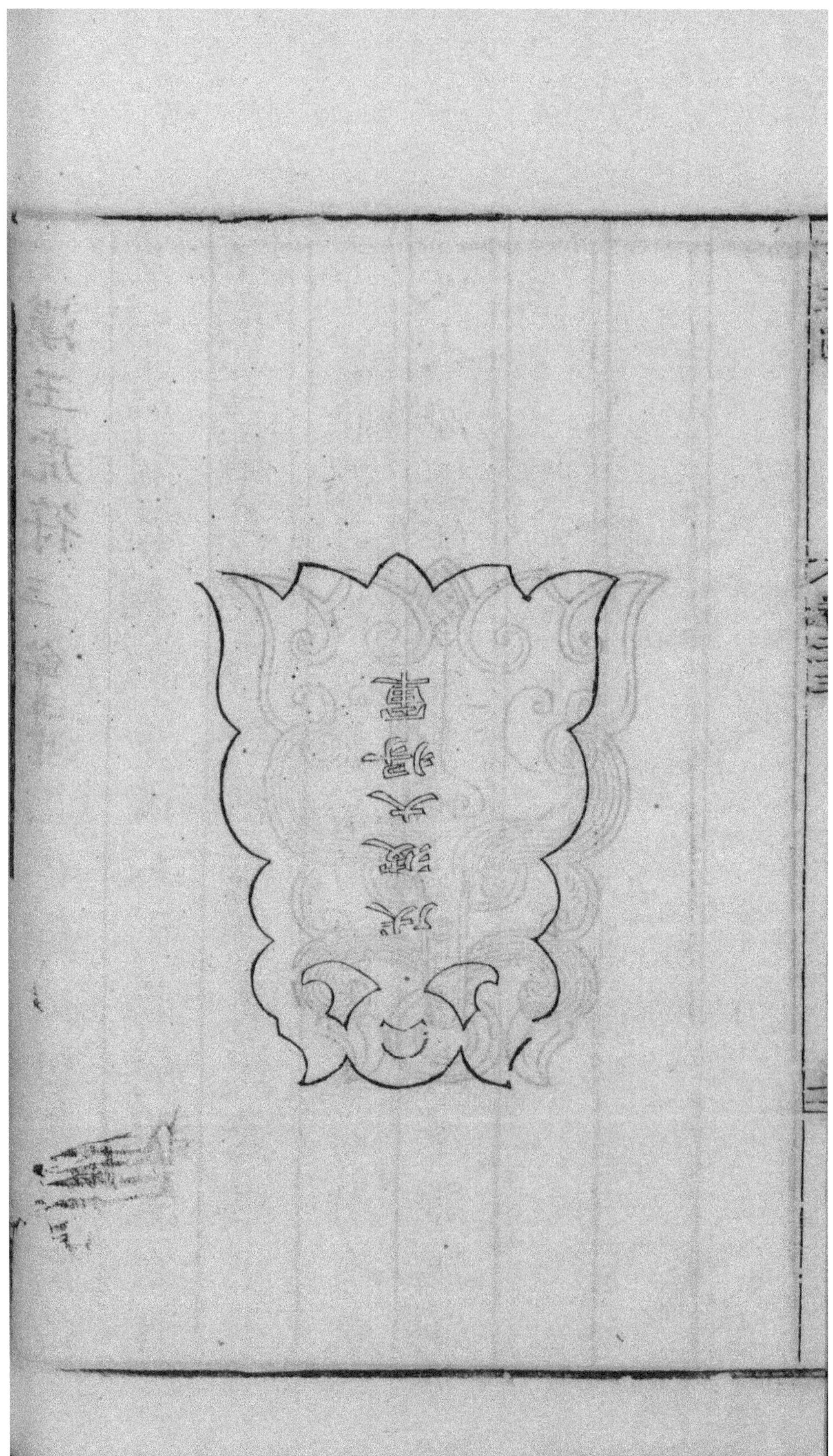

右符長六寸六分濶三寸厚五分玉色瑩白而微紅瑑刻虎形牙爪如生背刻伏波大將軍五隷字臣謹按漢書百官志伏波將軍不常置惟路博德馬援曾為之此虎符背有伏波大將軍號不知當時給與誰者漢器無疑矣

宋淳熙敕編古玉圖譜第二十五冊 終

宋湻熙敕編古玉圖譜第二十六冊

漢玉人節一

大鴻臚府右二

右節長一尺一寸濶三寸二分厚五分二厘玉色瑩白無瑕琢刻人形持節而右行臣謹按禮經云掌節掌守邦節而辨其用以輔王命守邦國（五等諸侯之國）者用玉節山國用虎節土國用人節澤國用龍節云云今此節背刻隸書六字曰大鴻臚府右二漢書百官志武帝改大行令為大鴻臚掌蠻夷閩洛之國使弁蠻夷歸降者其節人形分左右之行必有左

右券合之制也歟漢人所為者也

漢玉人節二
古玉圖
卷三十六
三

大鴻臚府尤三

右節長短大小厚薄玉色瑑刻人形俱同前節惟人形持節左行背刻云大鴻臚府左三為異人節諸說已具見於前茲不再述

漢玉龍節一
龍節第一
水衡都尉

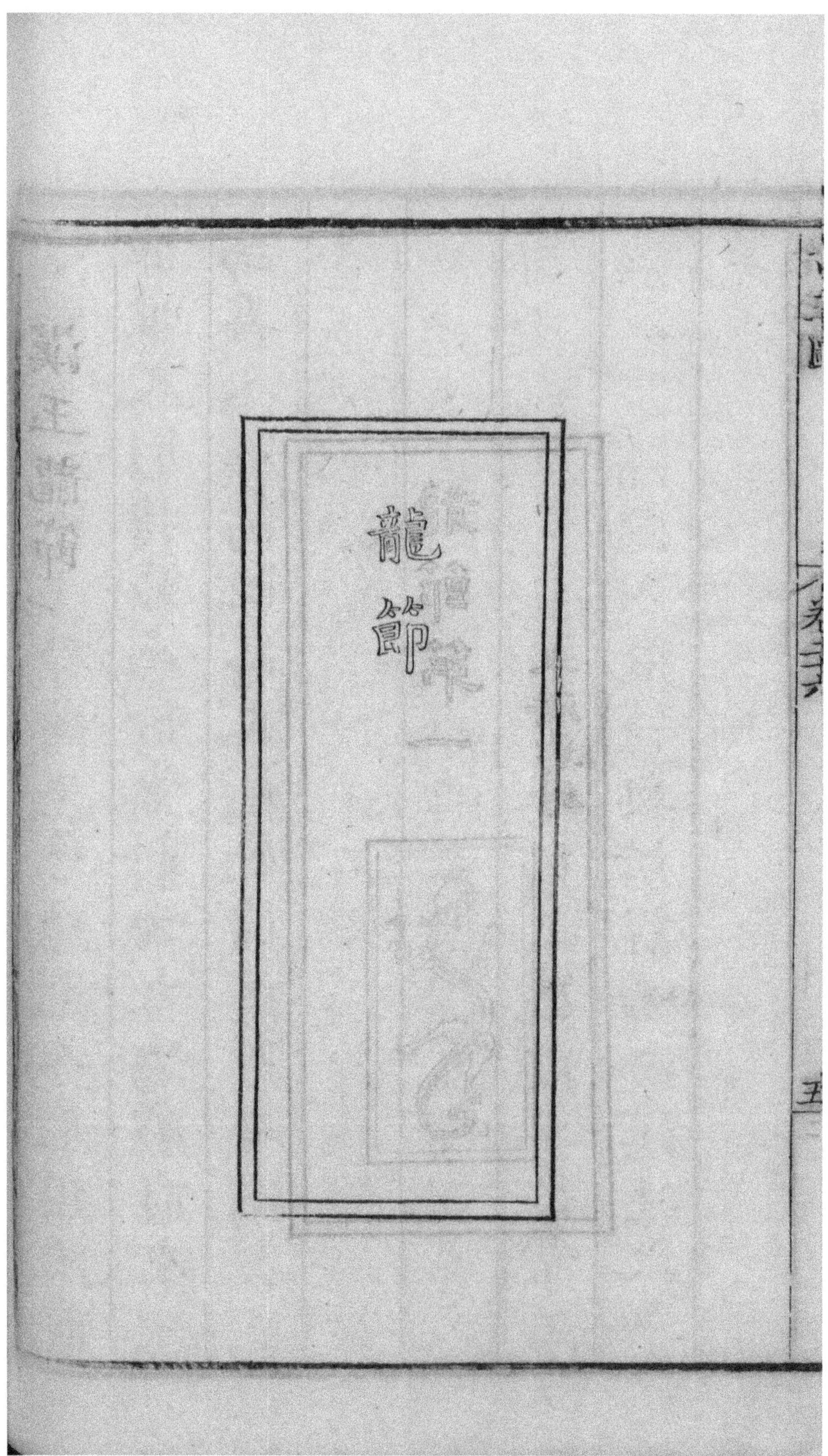
龍節

右節長一尺二寸濶三寸厚五分三厘玉色甘青無瑕瑑刻龍形上刻隸書云龍節第一旁刻小隸四字云水衡都尉臣謹按漢書百官志云水衡都尉秩千石掌山澤採捕厲禁陶治及道路橋梁車舟織造器券衡量屬大司徒府今觀此符有水衡之號況水衡掌山澤之事澤國用龍符與所說吻合漢廷之卓見也

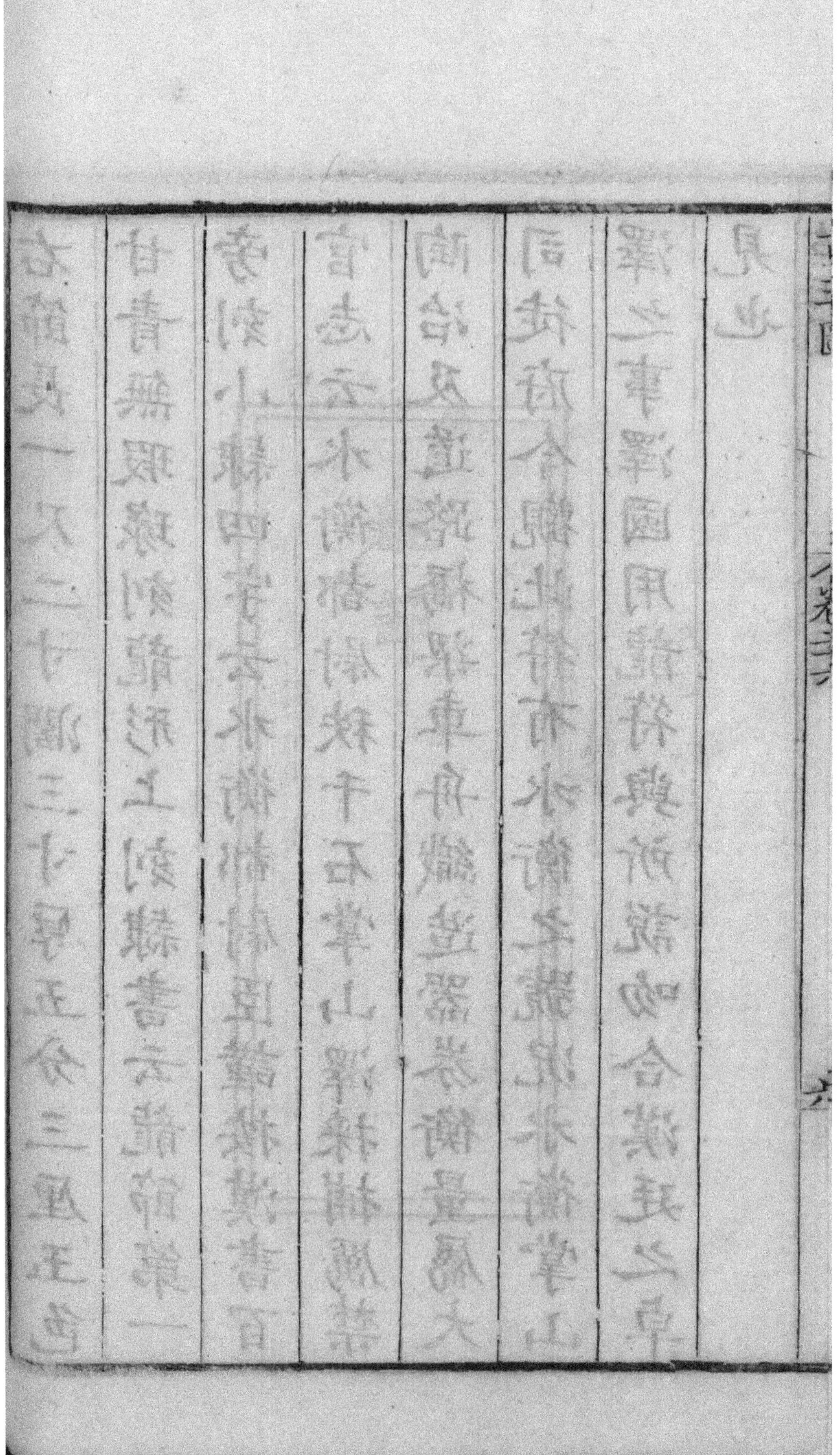

漢玉龍節二

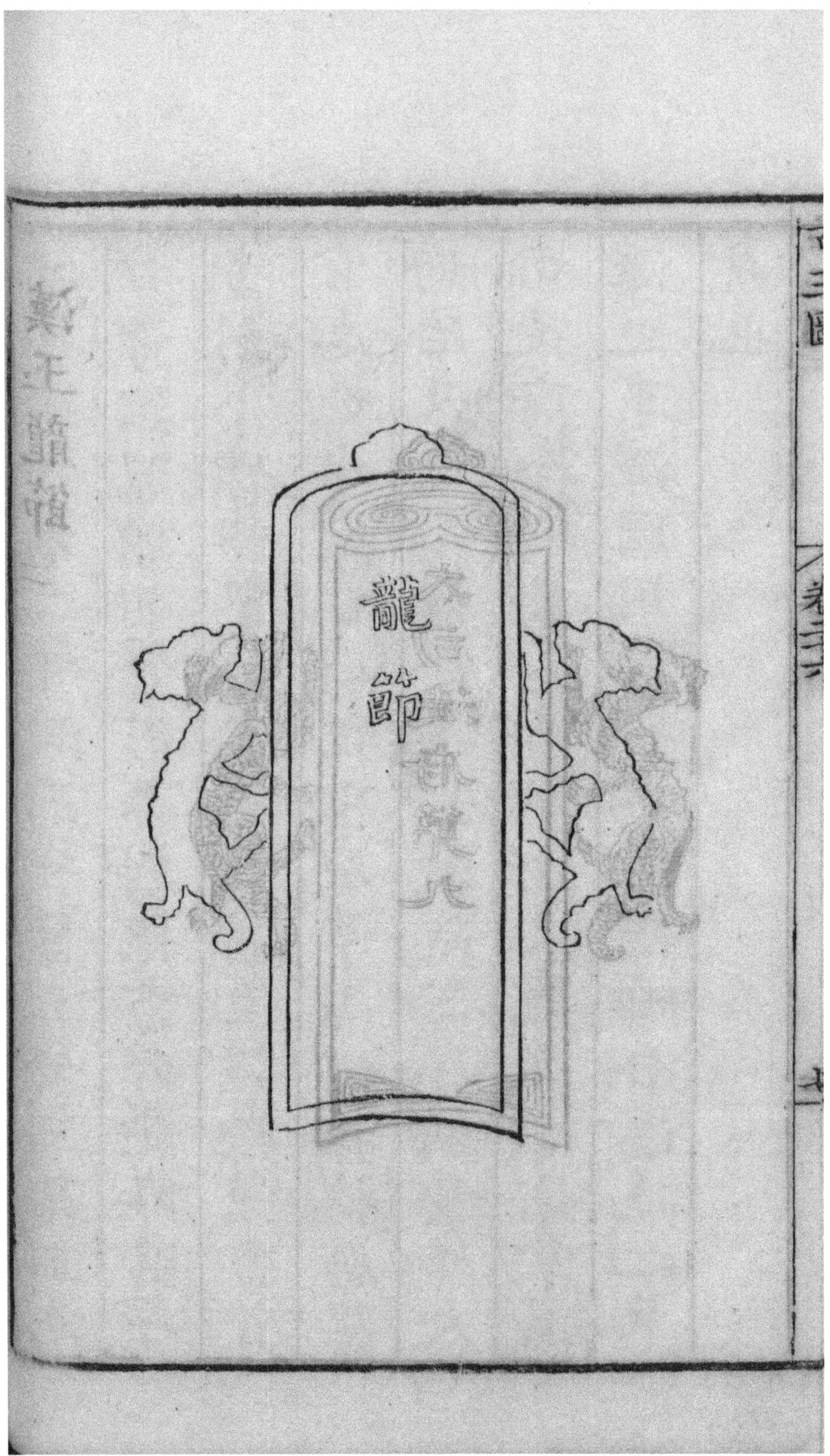
龍節

右節長短大小厚薄玉色相同唯龍形兩翼輔之瑑刻隸書六字云大司徒府第九為稍異耳諸說具前茲不更述

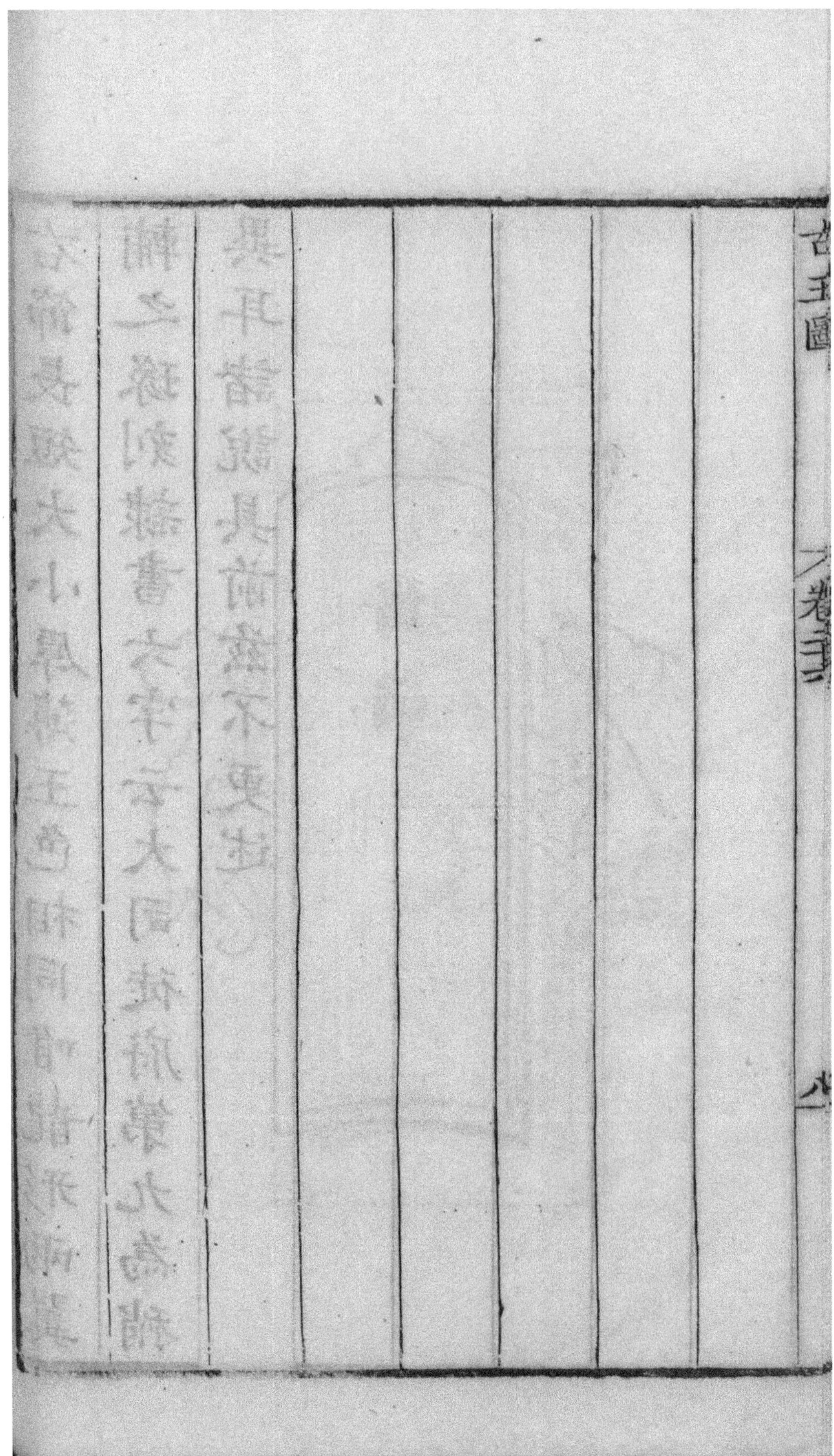

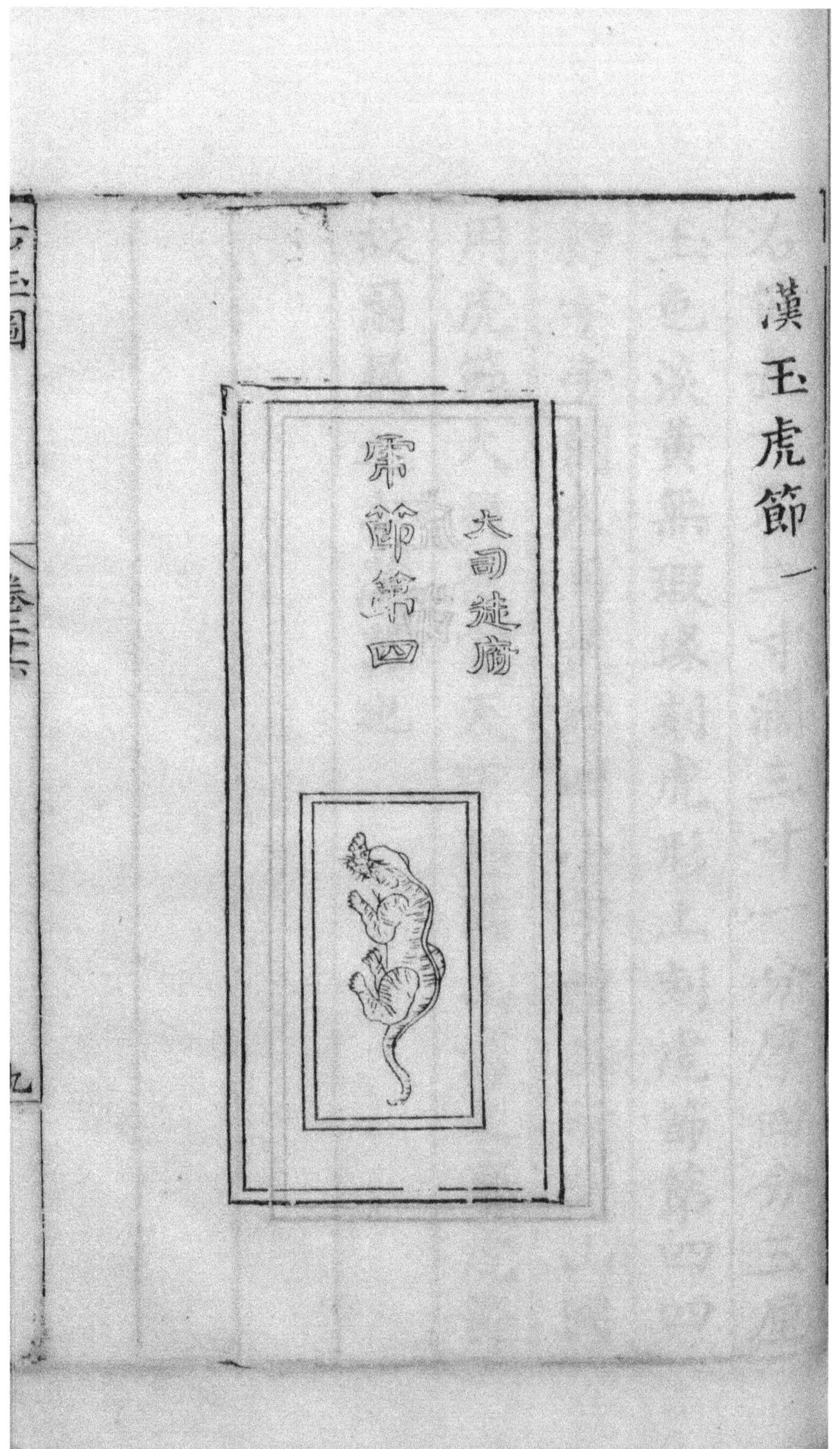
漢玉虎節一
大司徒府
虎節第四

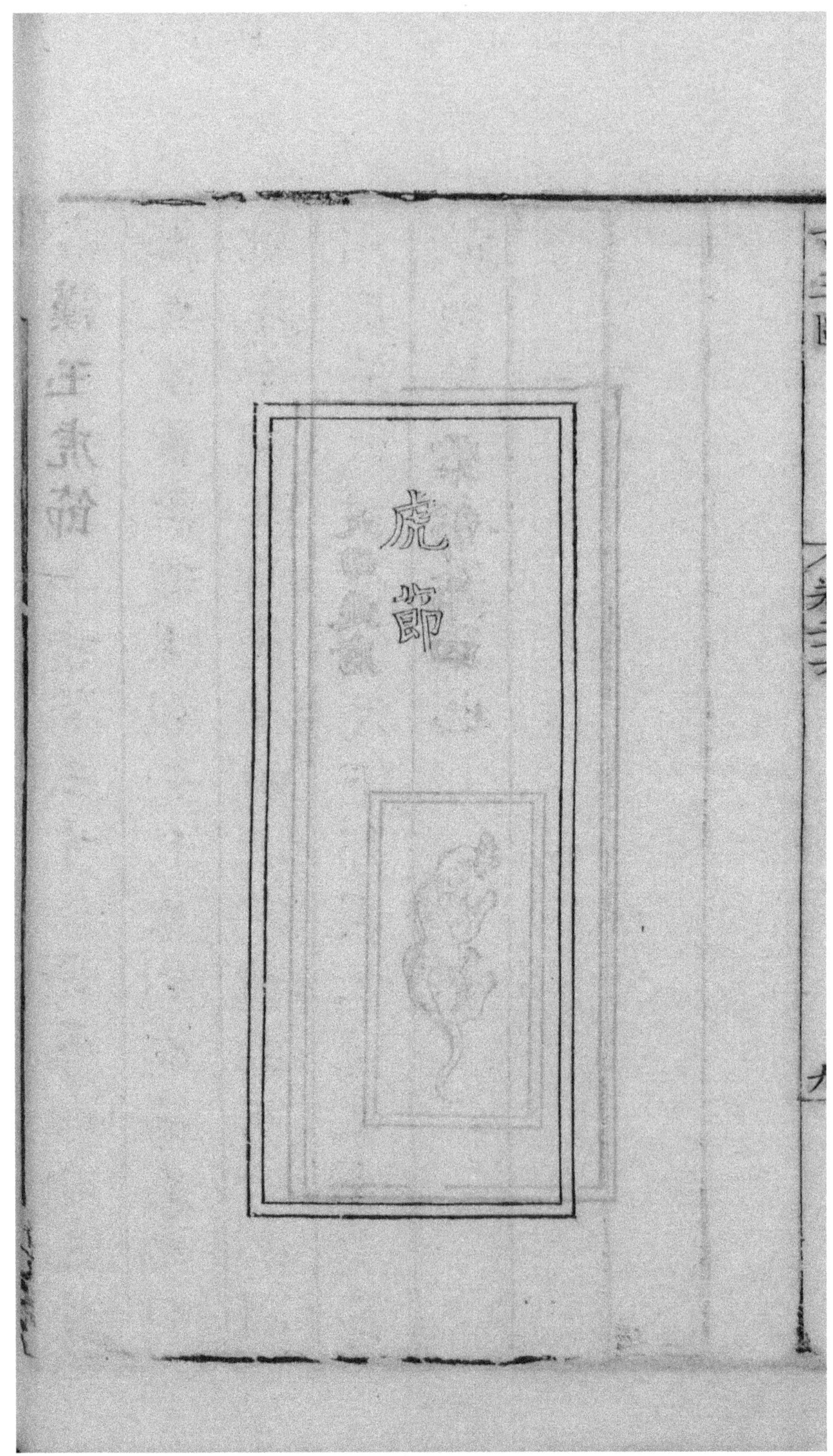
虎節

右節長一尺二寸濶三寸一分厚四分三厘玉色淡黃無瑕瑑刻虎形上刻虎節第四四隸字旁刻大司徒府四小字禮經所云山國用虎節大司徒掌天下邦國山澤之事虎節故爾屬之亦漢器也

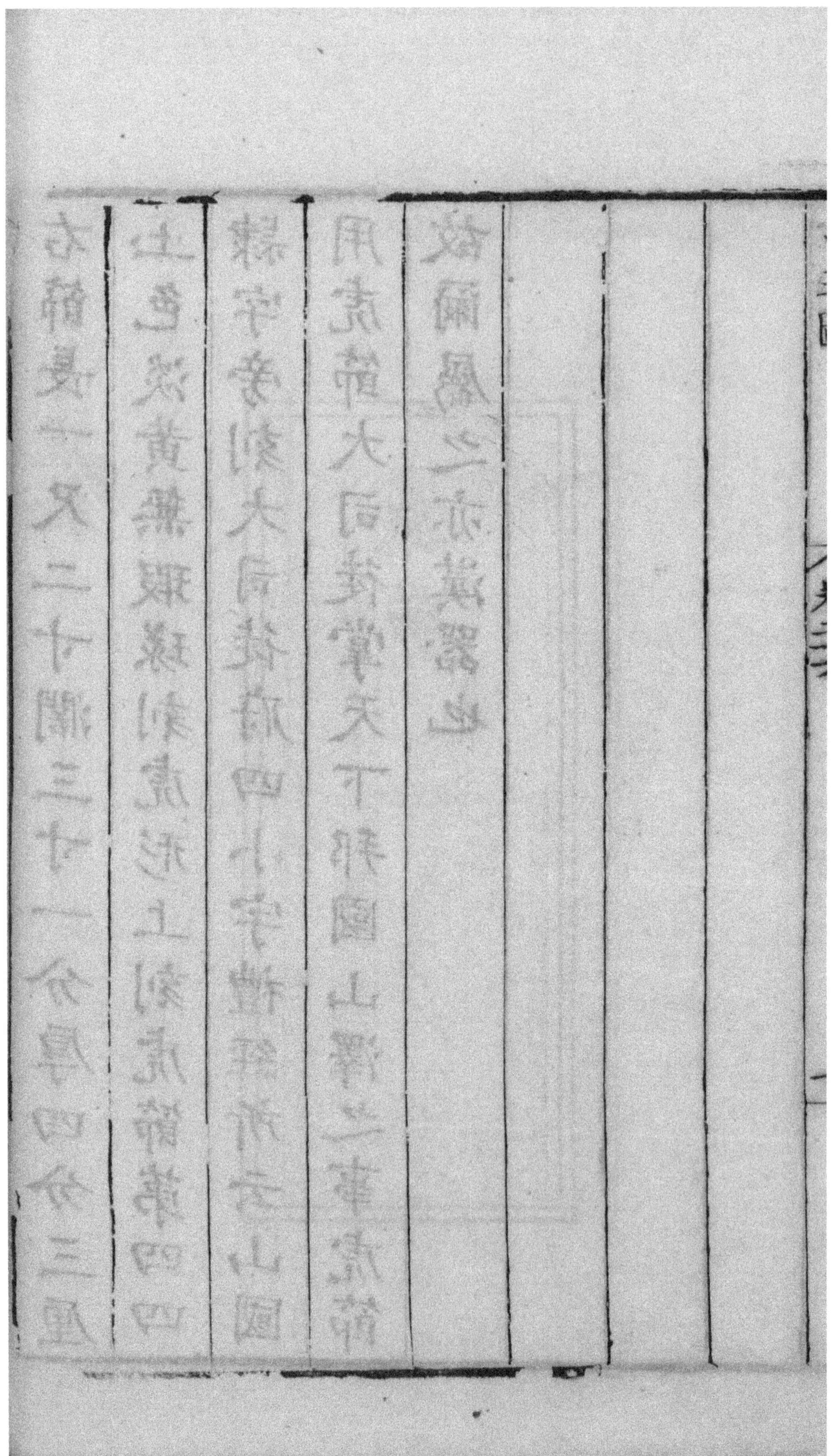

敘爾爲之亦漢器也

用虎節大司徒掌天下邦國山澤之事虎節

隸字參刻大司徒符四小字體勢亦方山圓

土色淡黃無瑕疵刻虎形上刻虎節第四四

右節長一尺二寸闊三寸一分厚四分三厘

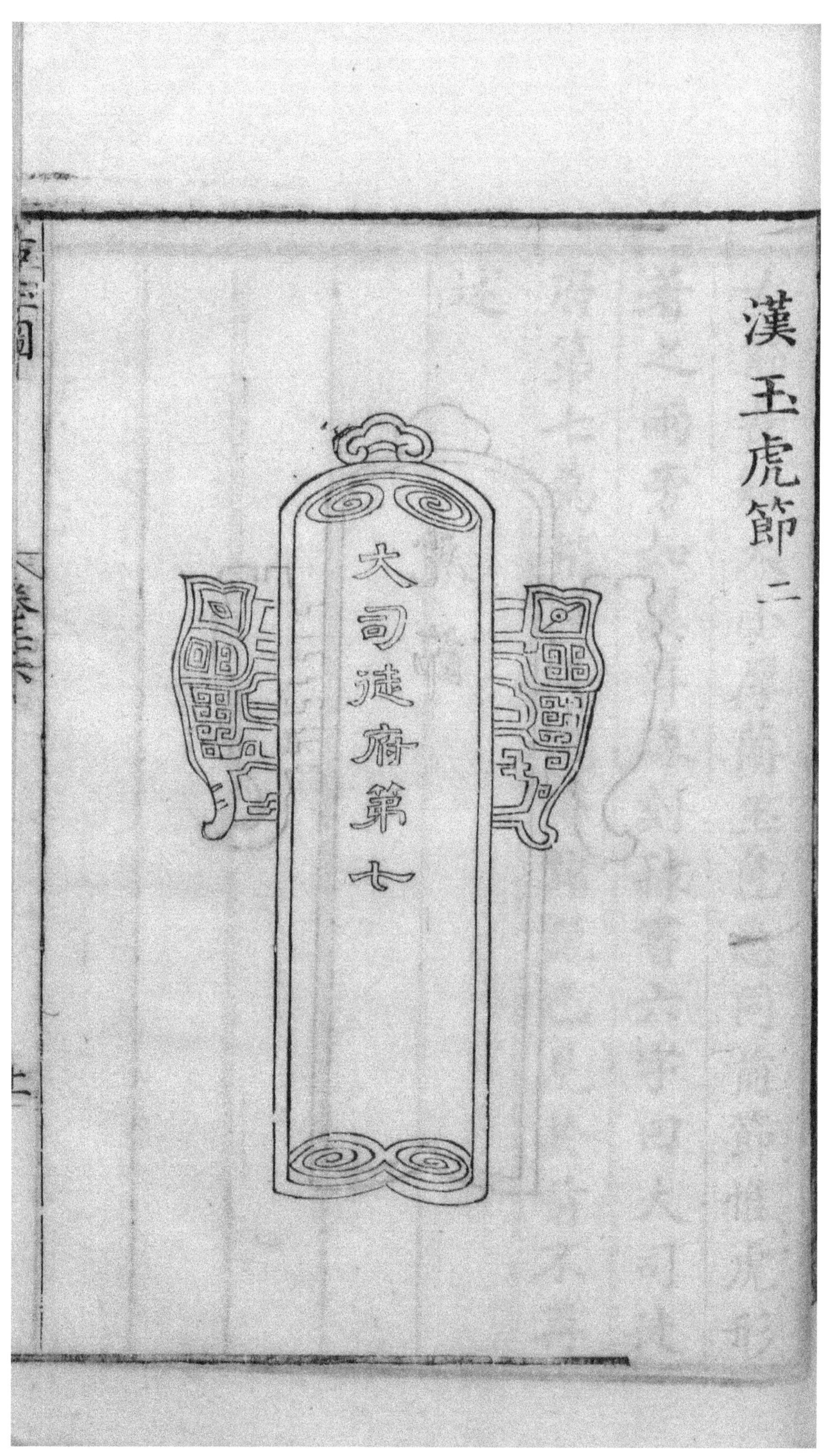
漢玉虎節 二
大司徒府第七

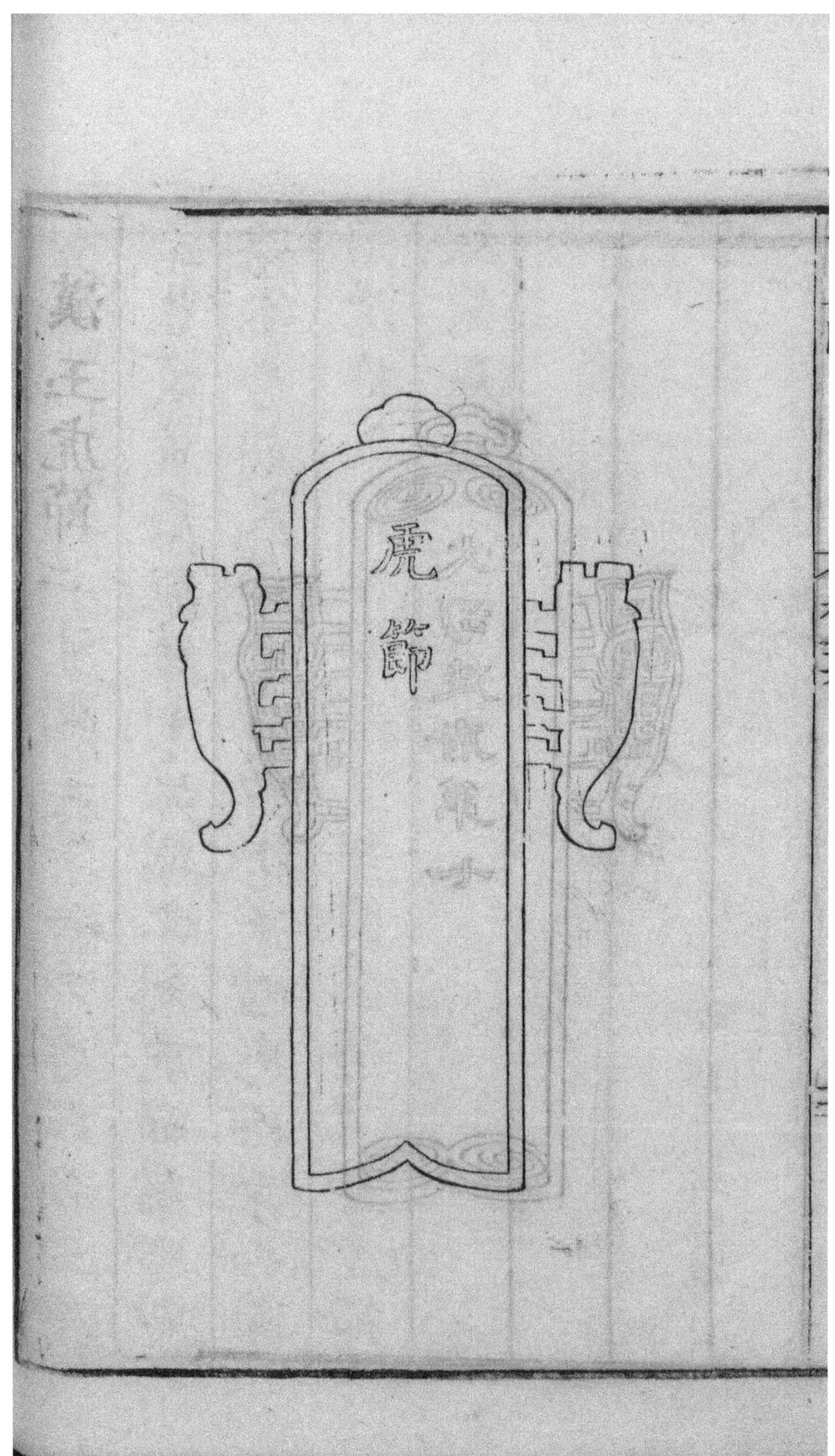
虎節

右節長短大小厚薄玉色悉同前節惟虎形著之兩旁如翼耳瑑刻隸書六字曰大司徒府第七為稍異耳虎節諸說已見於前不再述

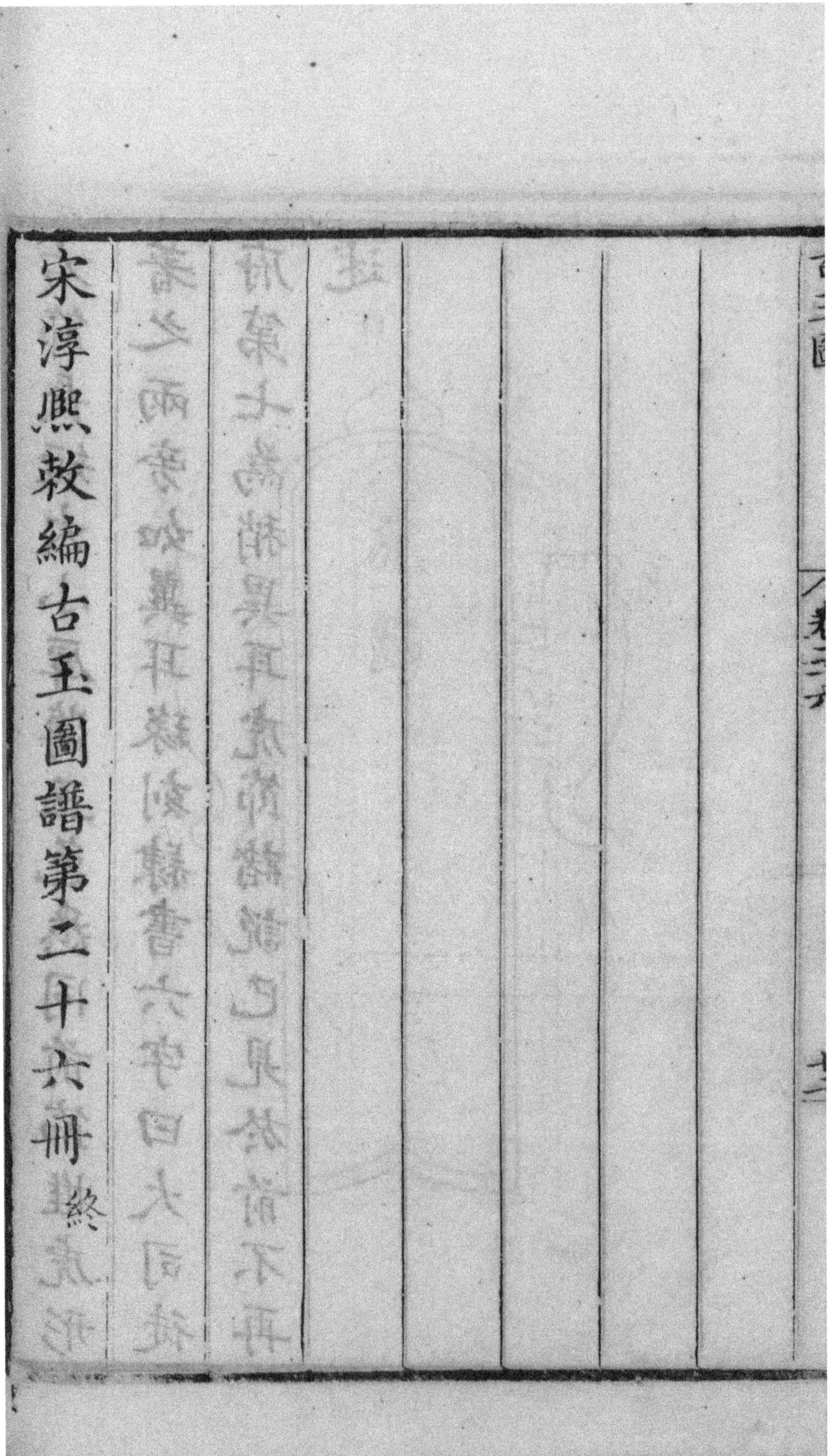

宋淳熙敕編古玉圖譜第二十六冊終

宋淳熙敕編古玉圖譜第二十七冊

三代周玉圭瓚一

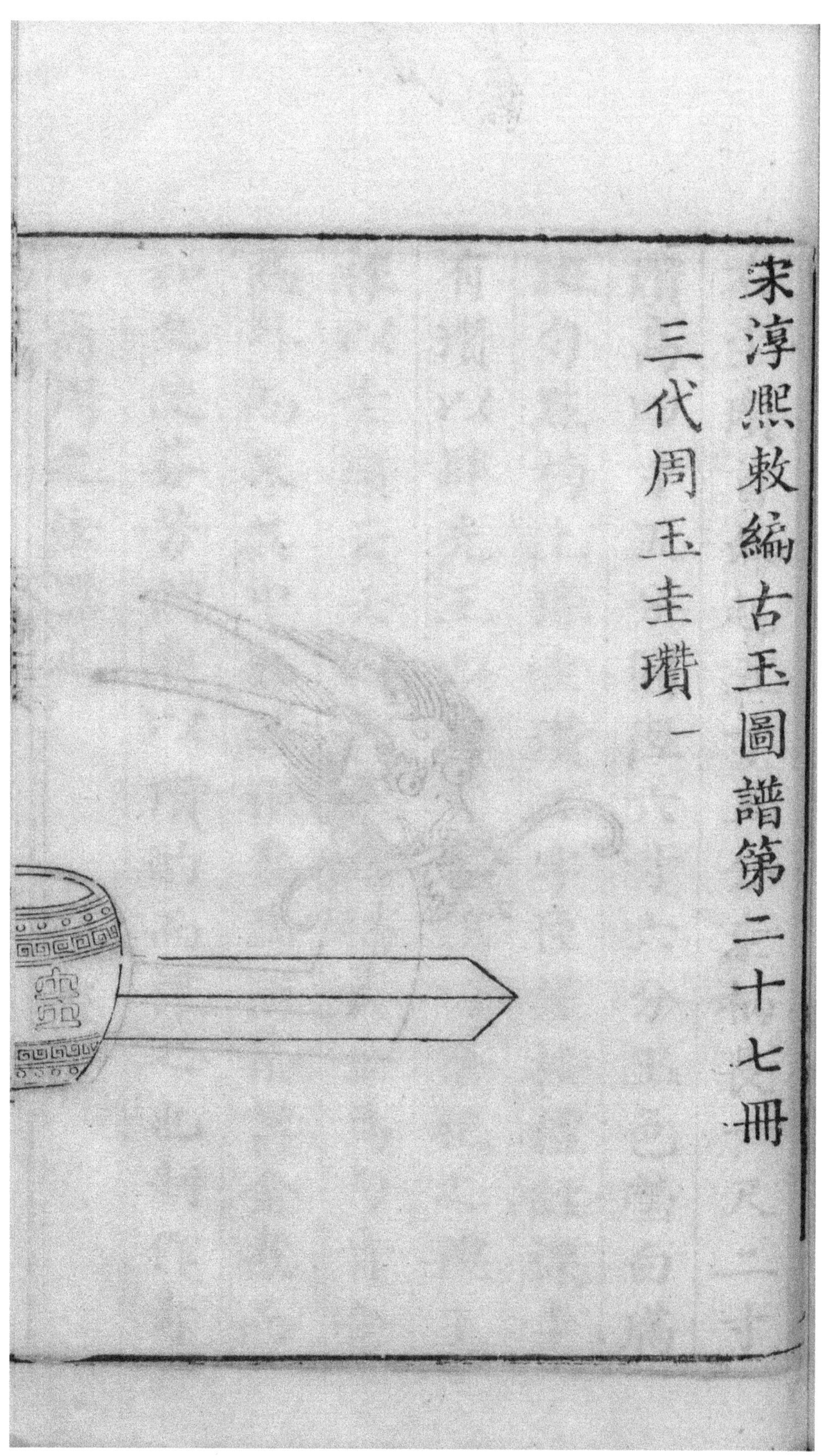

右圭瓚首昂起五寸五分圭柄長一尺二寸瓚高四寸五分圓徑六寸六分玉色瑩白璊斑勻點杓上琢圭瓚二字臣謹按禮經祼圭有瓚以肆先王以祼賓客註曰祭祀之禮王祼以圭瓚云云以大圭為柄黃金為勺青金為外而朱其中也釀秬黍為酒築鬱金煮而和之使芬芳調鬯以瓚酌而祼之也制作奇古商周之法器也

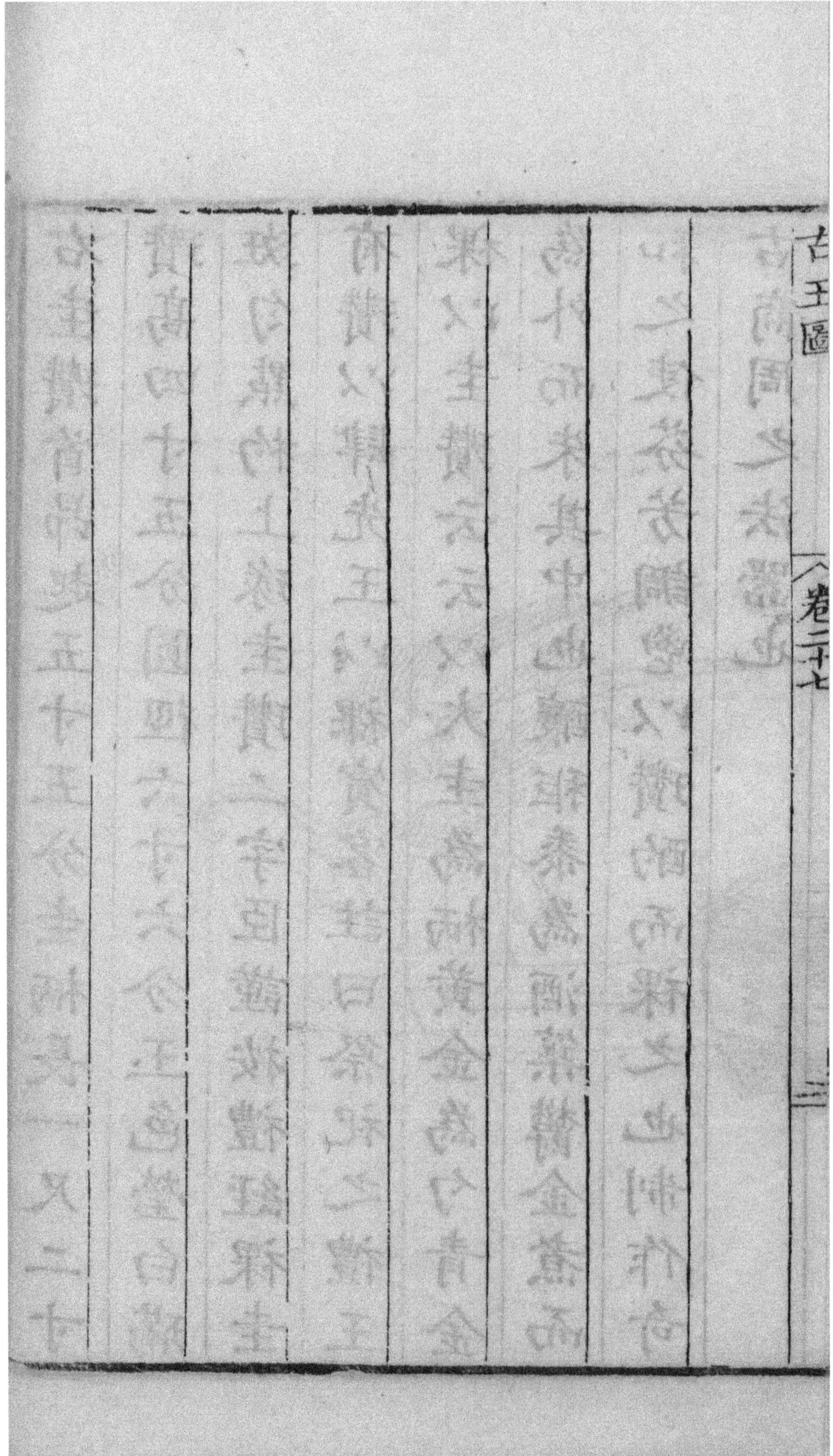
古玉圖
卷二十七

古玉圭瓚二　卷二十七　三

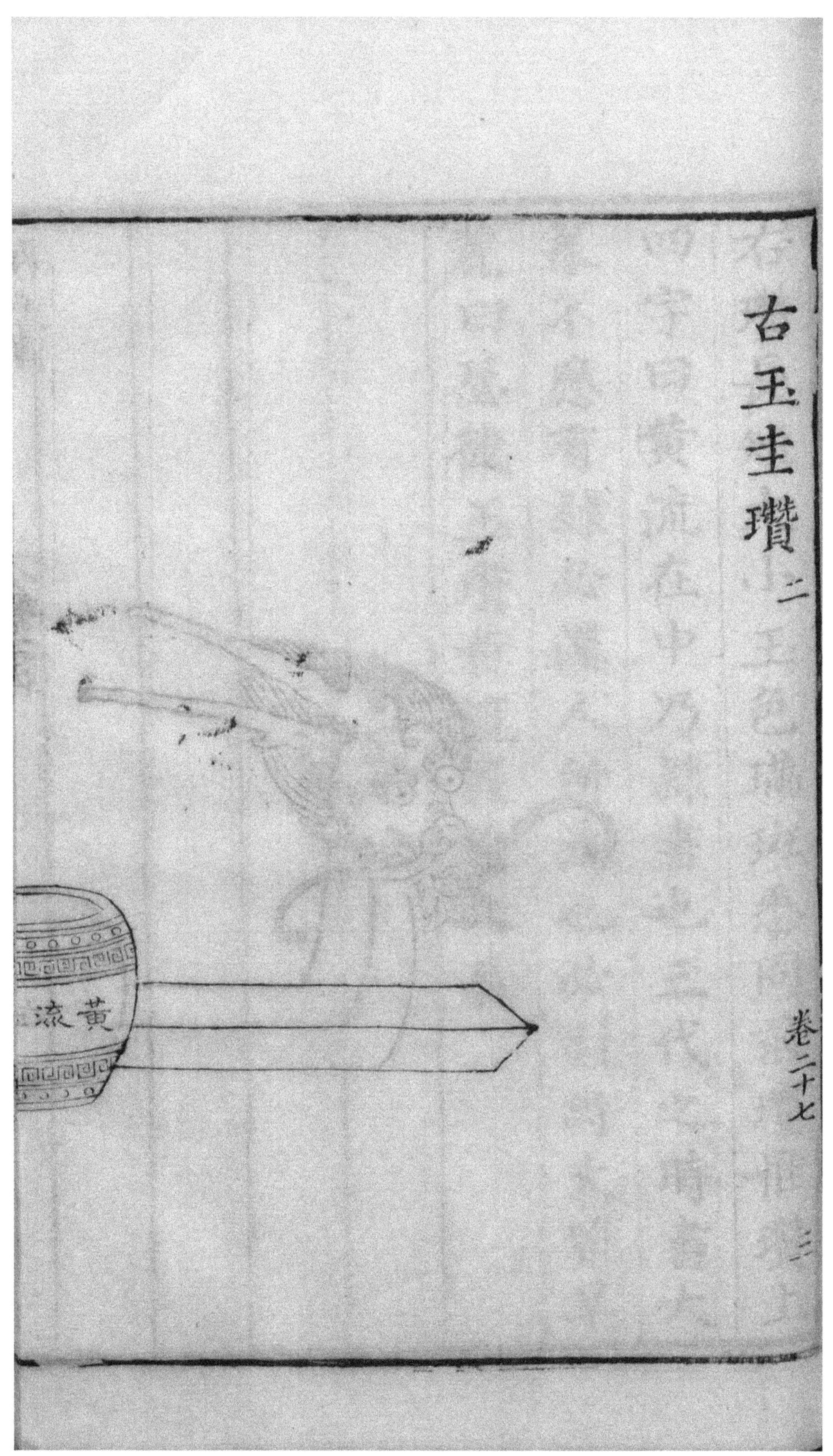

在中

右瓚長短大小玉色璊斑悉同前瓚惟瓚上四字曰黃流在中乃隸書也三代之時書大篆不應有隸必漢人所爲也必引詩大雅旱麓曰瑟彼玉瓚黃流在中之義

麗曰瑟彼玉瓚黃流在中之義

篆不應有隸必漢人所為也必引詩大雅旱

四字曰黃流在中乃隸書也三代之時書大

古備長短大小玉色璊斑然同前瓚揾璊上

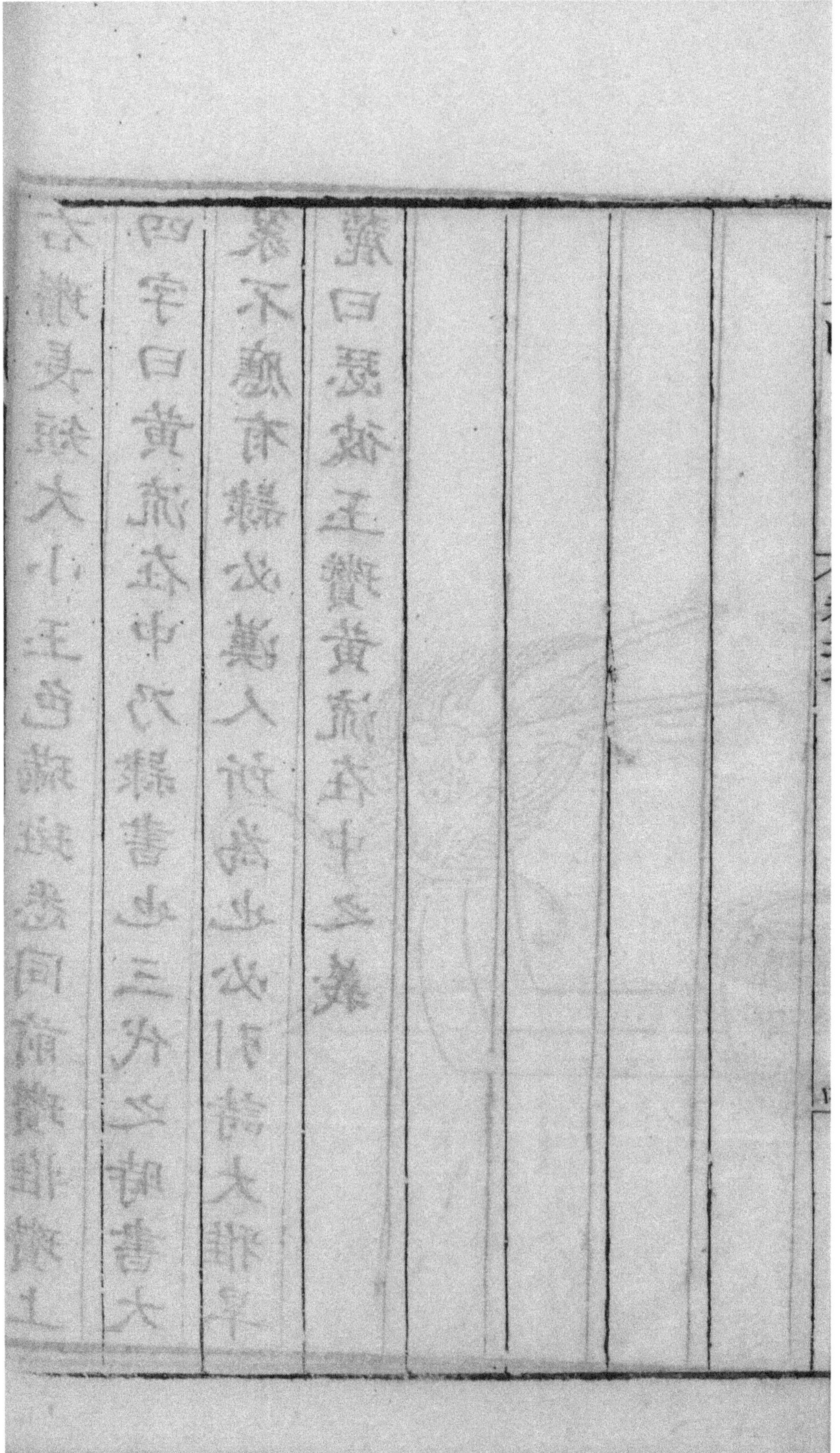

古玉璋瓚一

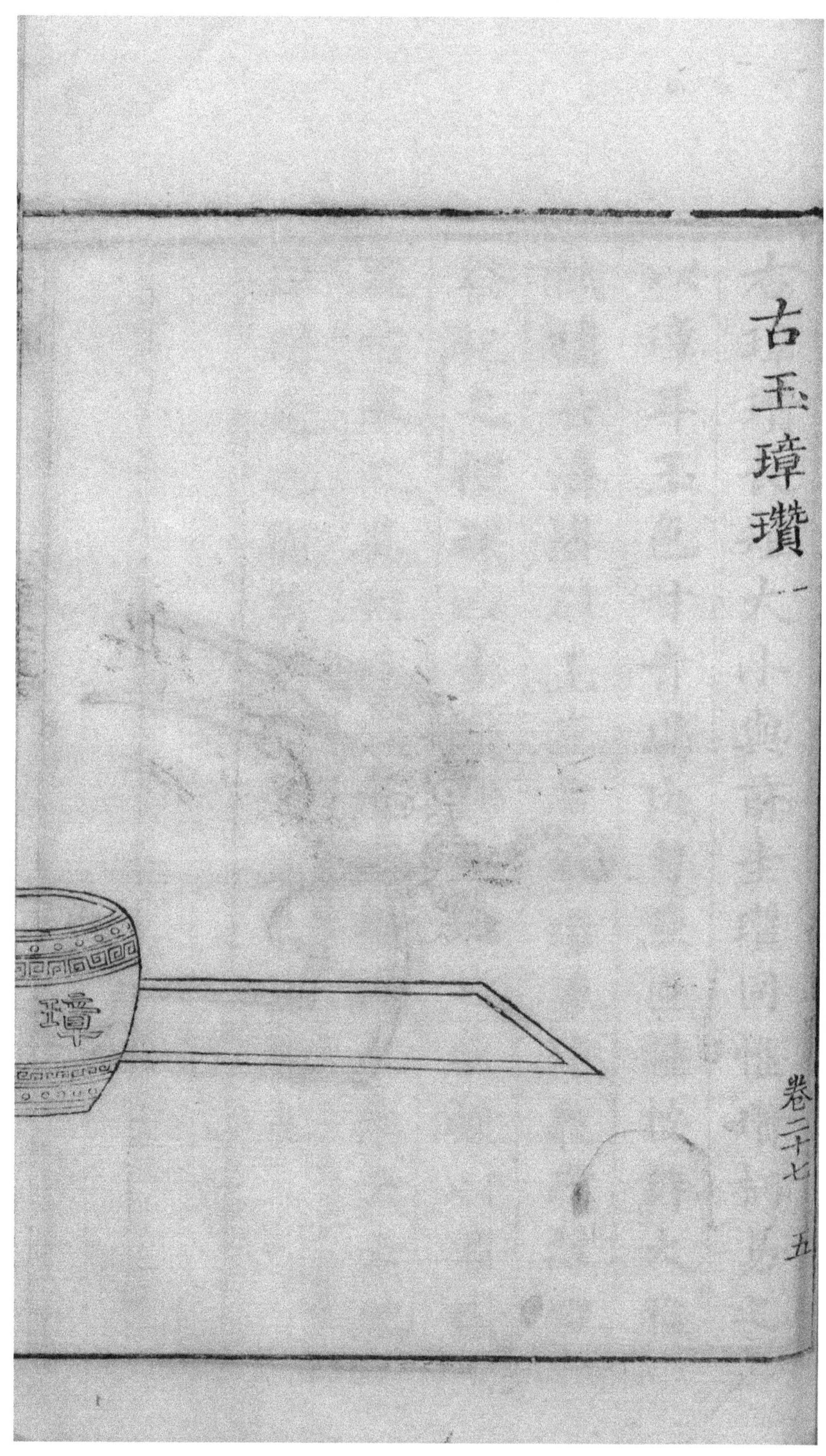

右璋瓚長短大小與前圭瓚同惟瓚柄易之以璋耳玉色甘青璊斑匀點臣謹按詩大雅棫樸云濟濟辟王左右奉璋奉璋峩峩註曰祭祀之禮祼以圭瓚諸臣助之亞祼以璋瓚左右奉之其判在内亦有趨向之意云云此璋瓚是也觀其制作漢廷之祼器也

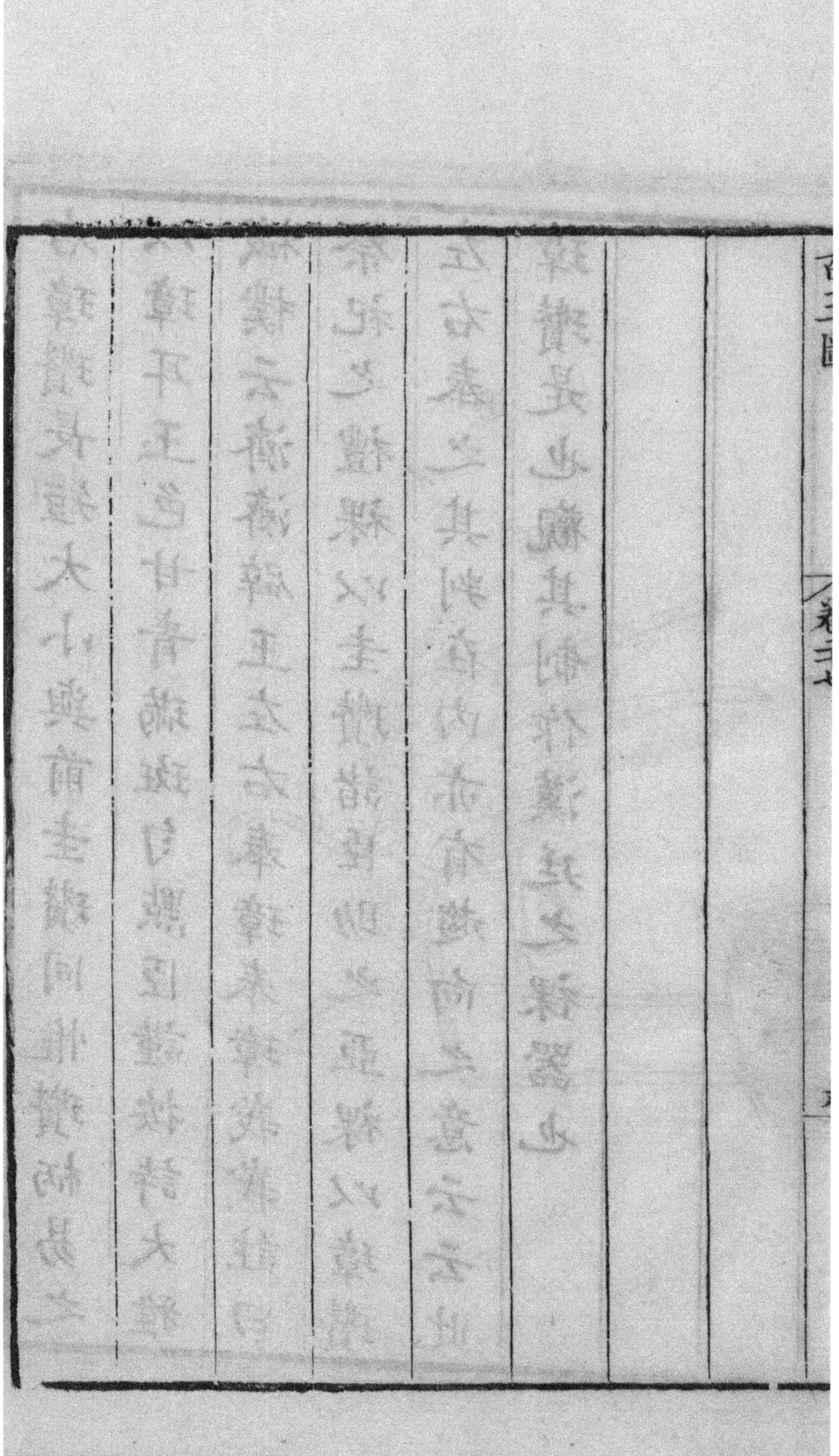

瑑瓚是也觀其制作漢是之禮器也

右奉之其判存内亦有邪向之意云耳

祭祀之禮祼以圭瓚諸侯助之亞祼以璋瓚

棫樸云濟濟辟王左右奉璋奉璋峩峩髦士

[illegible]璋干王[illegible]甘青瑞[illegible]勺[illegible]臣[illegible][illegible]詩大雅

[illegible]璋瓚長[illegible]二大小與前圭瓚同惟[illegible][illegible]昌之

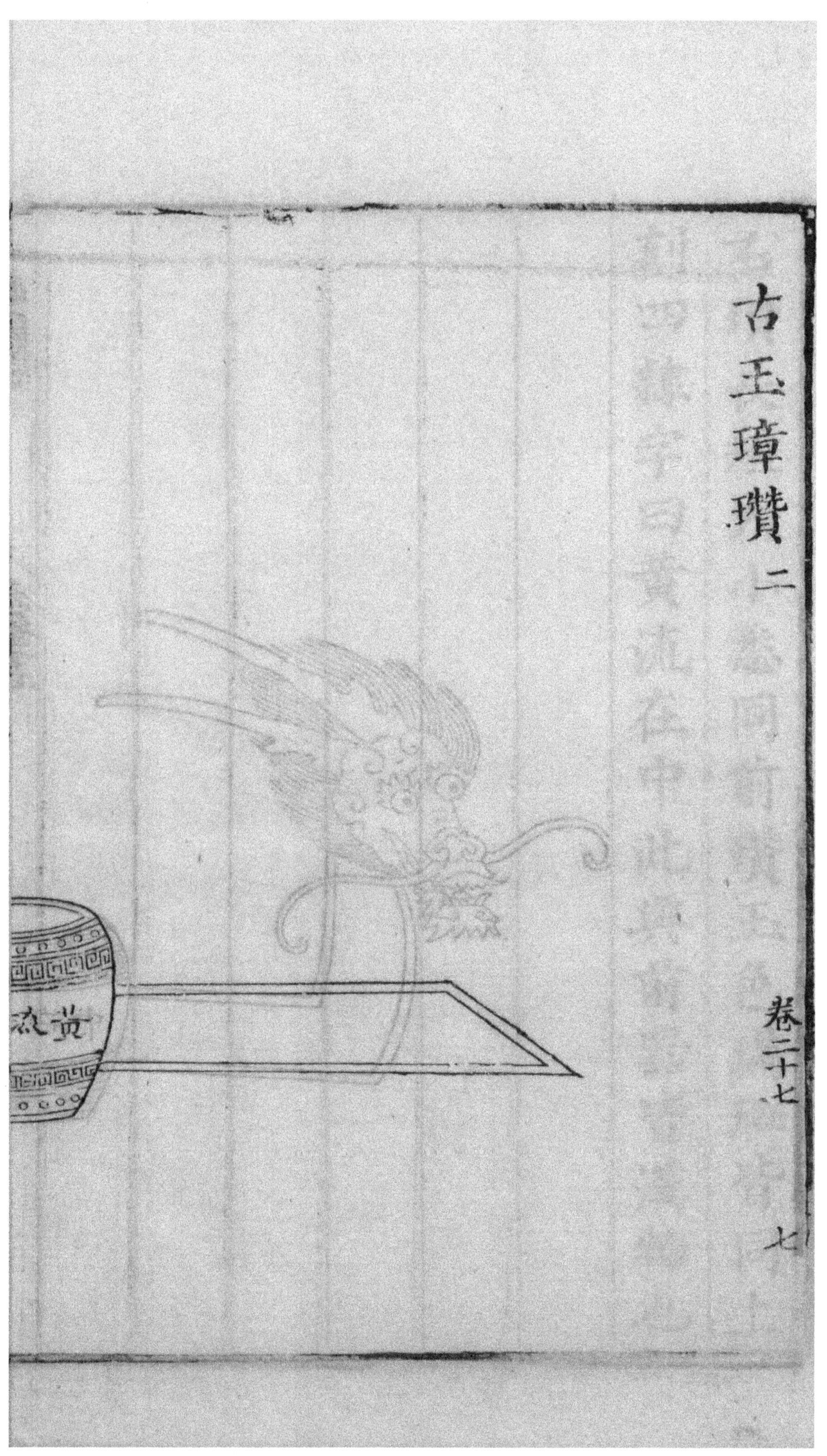
古玉璋瓚二
黄流
卷二十七
七

在中

石瓚長短大小悉同前瓚玉色璊斑皆同上

刻四隸字曰黄流在中此與前器皆漢物也

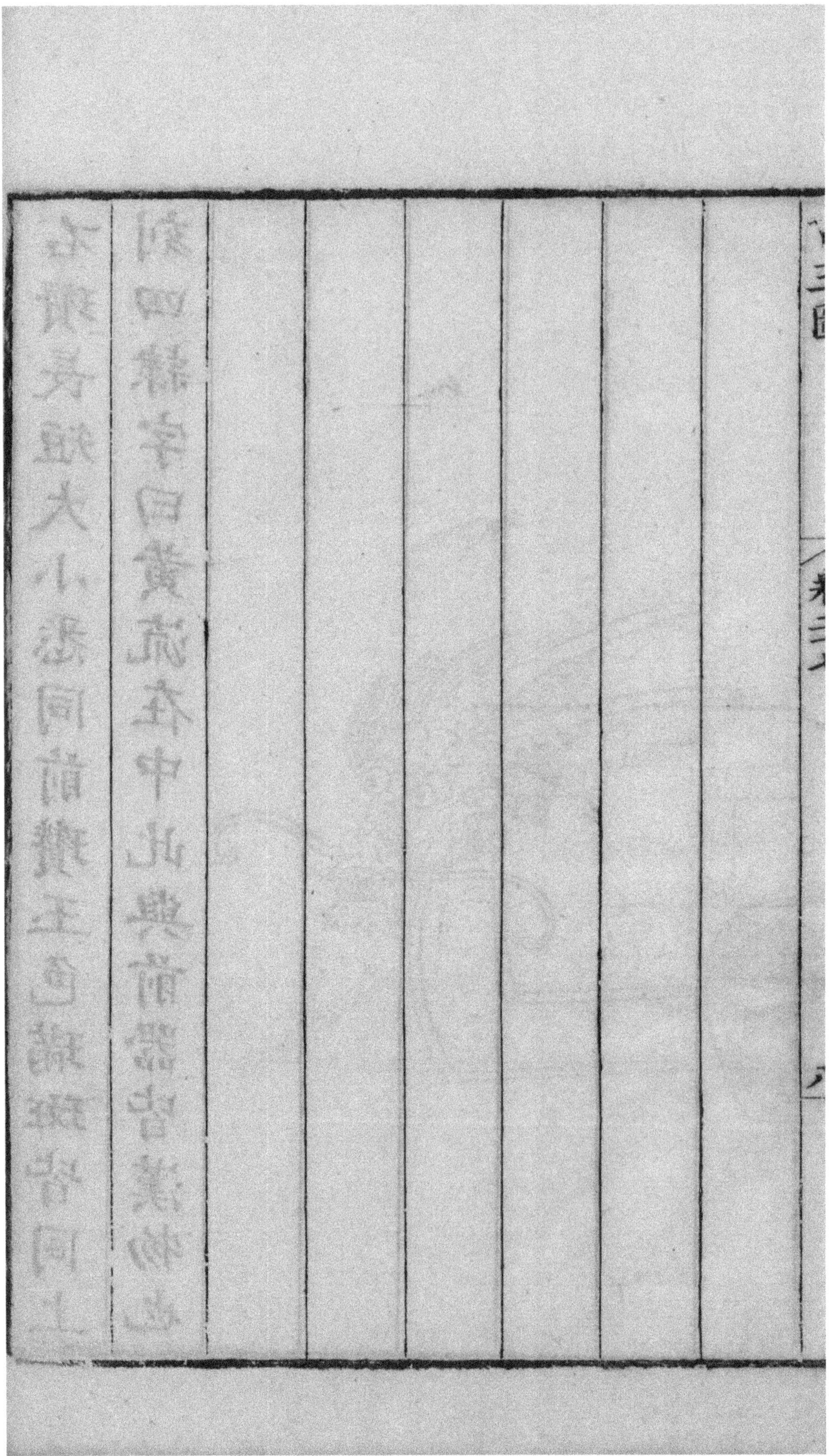

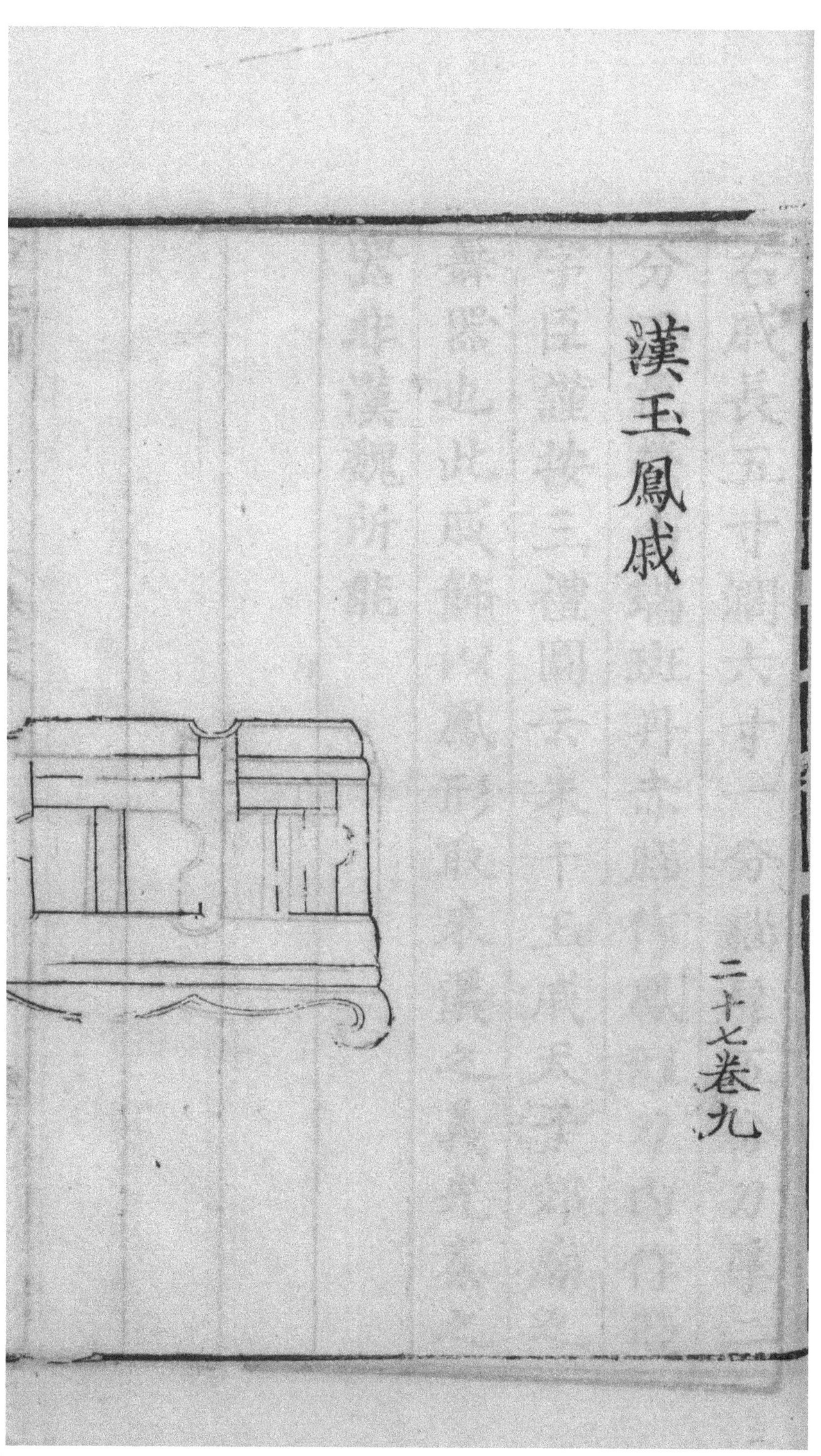

漢玉鳳戚

右戚長五寸濶六寸一分腦厚五分刃厚二分玉色瑩白璊斑丹赤腦作鳳形刃内作弫字臣謹按三禮圖云朱干玉戚天子郊廟之舞器也此戚飾以鳳形取來儀之義先秦之器非漢魏所能

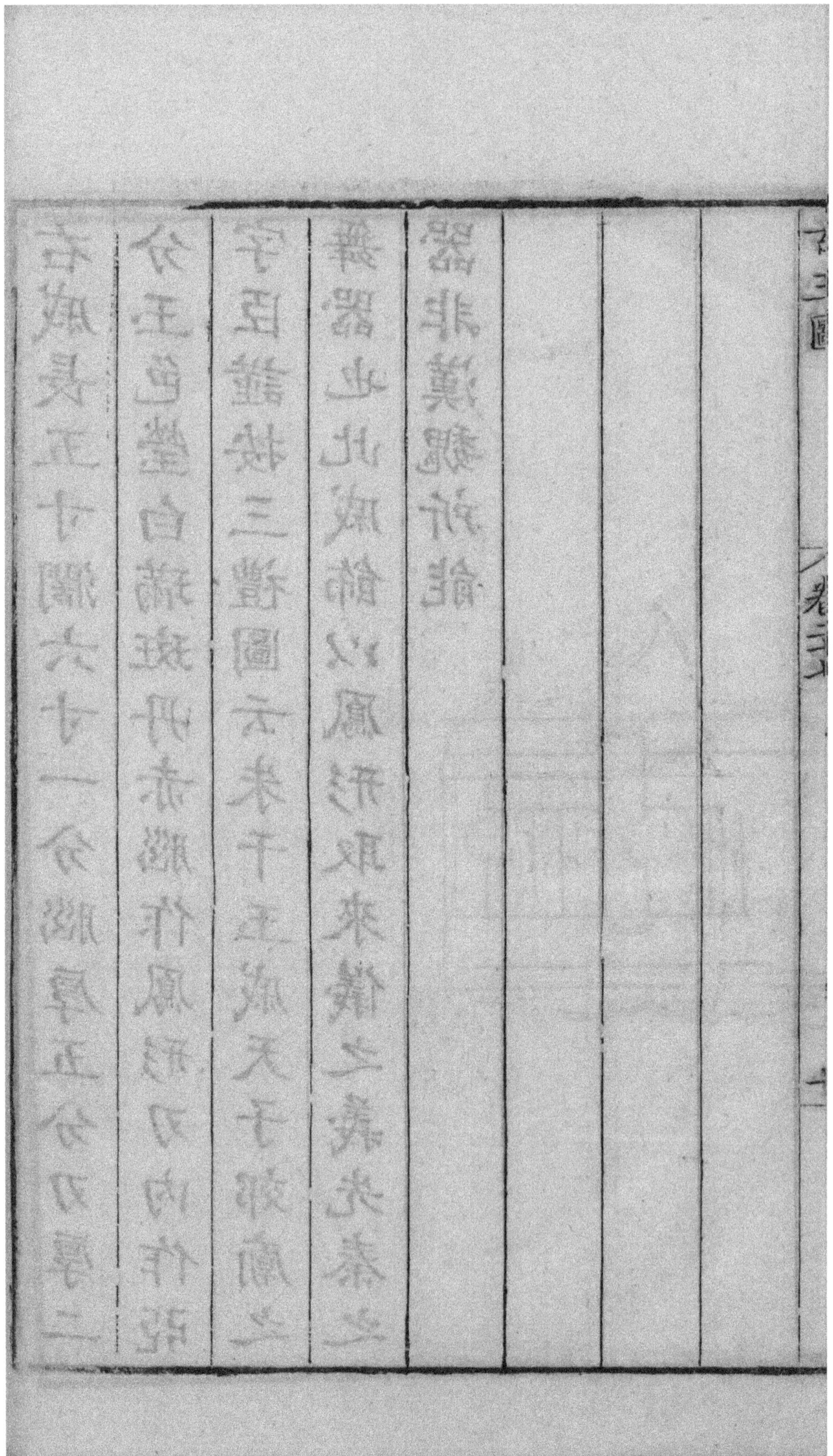

器非漢魏所能
舞器也比戚飾以鳳形取來儀之義先秦之
字臣謹按三禮圖云朱干玉戚天子郊廟之
分玉色瑩白璊斑丹赤脇作鳳形刃內作琥
右戚長五寸闊六寸一分脇厚五分刃厚三

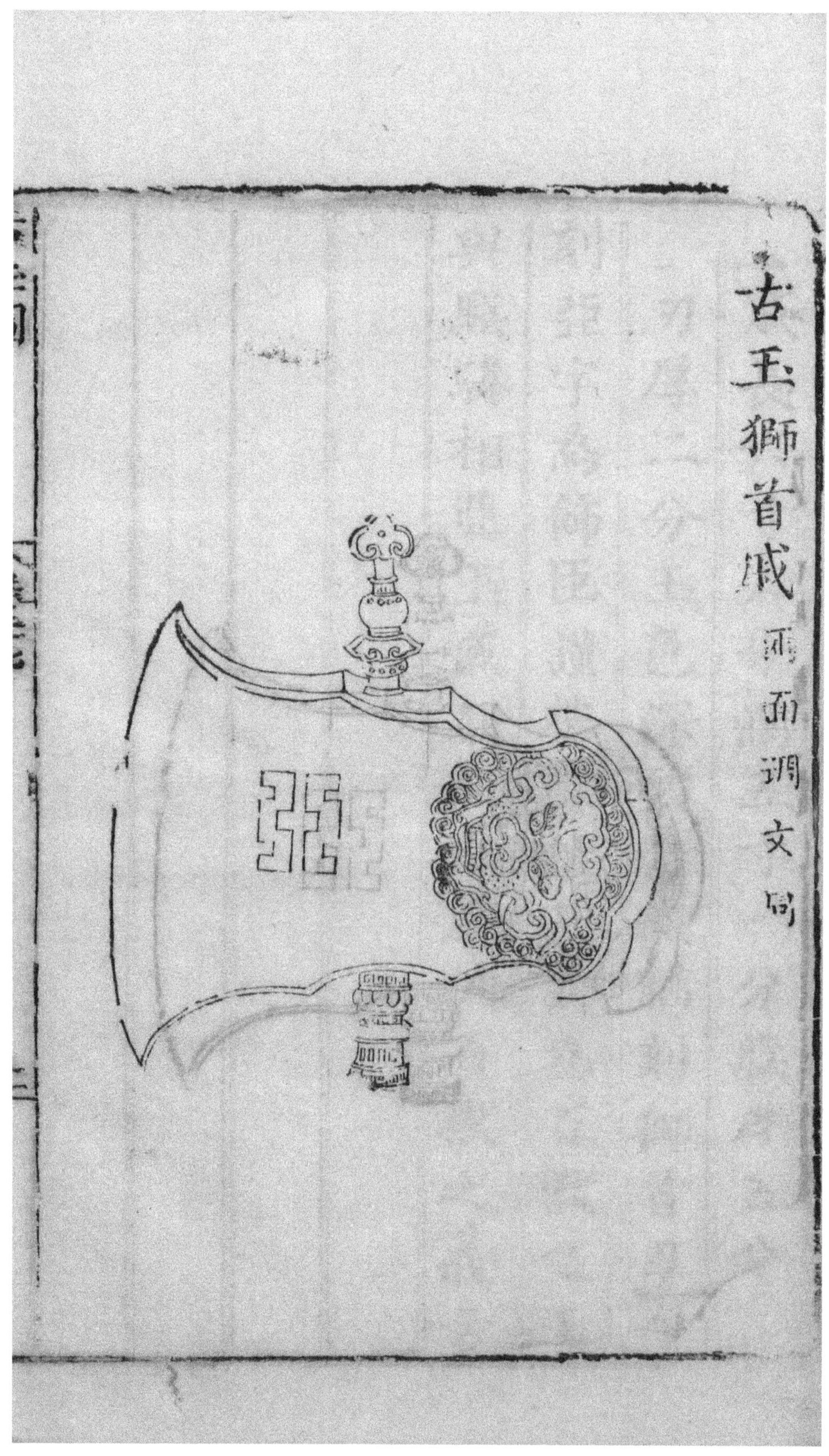

古玉獅首戚 兩面琱文同

戚長六寸六分濶五寸一分腦厚五分

刃厚二分玉色深碧無瑕腦刻獅首刃勾

刻卍字為飾臣謹按獸經云獅為百獸之王

與騏驎相亞玉戚刻此取威加百獸之義云

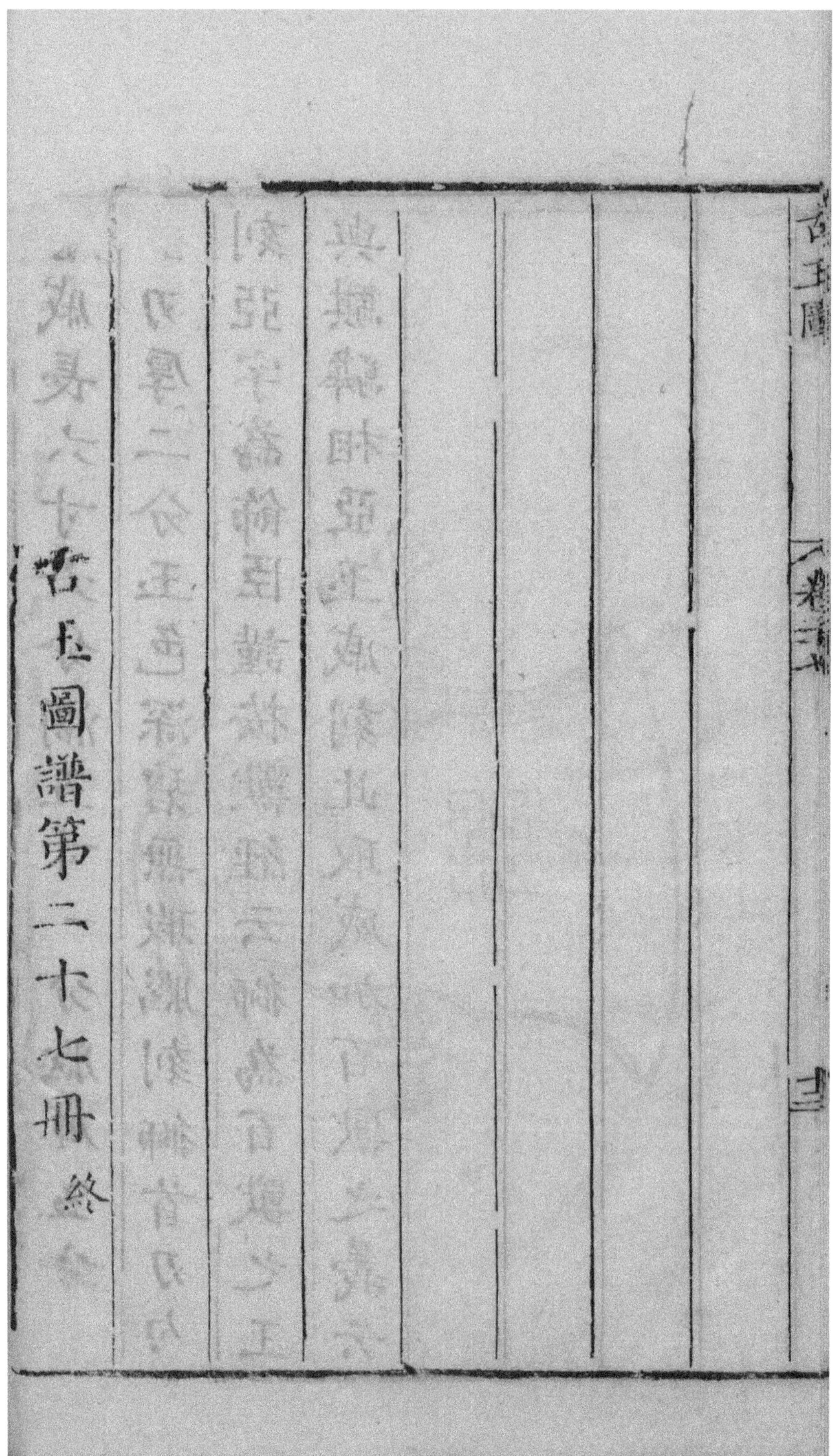

古玉圖譜第二十七冊　終

古玉圖譜
六

宋淳熙敕編古玉圖譜第二十八冊

古玉舞戚 兩面琱文同

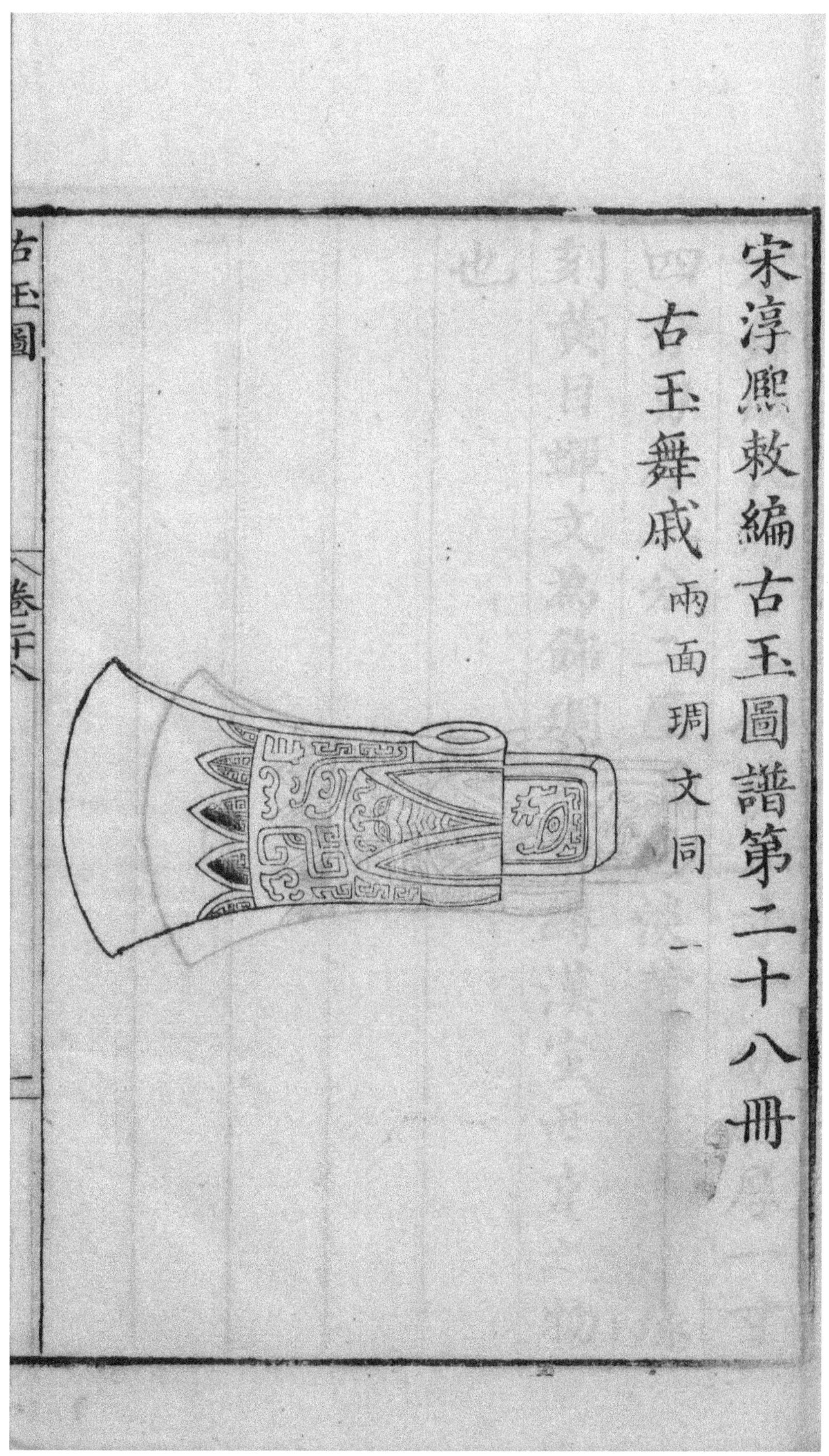

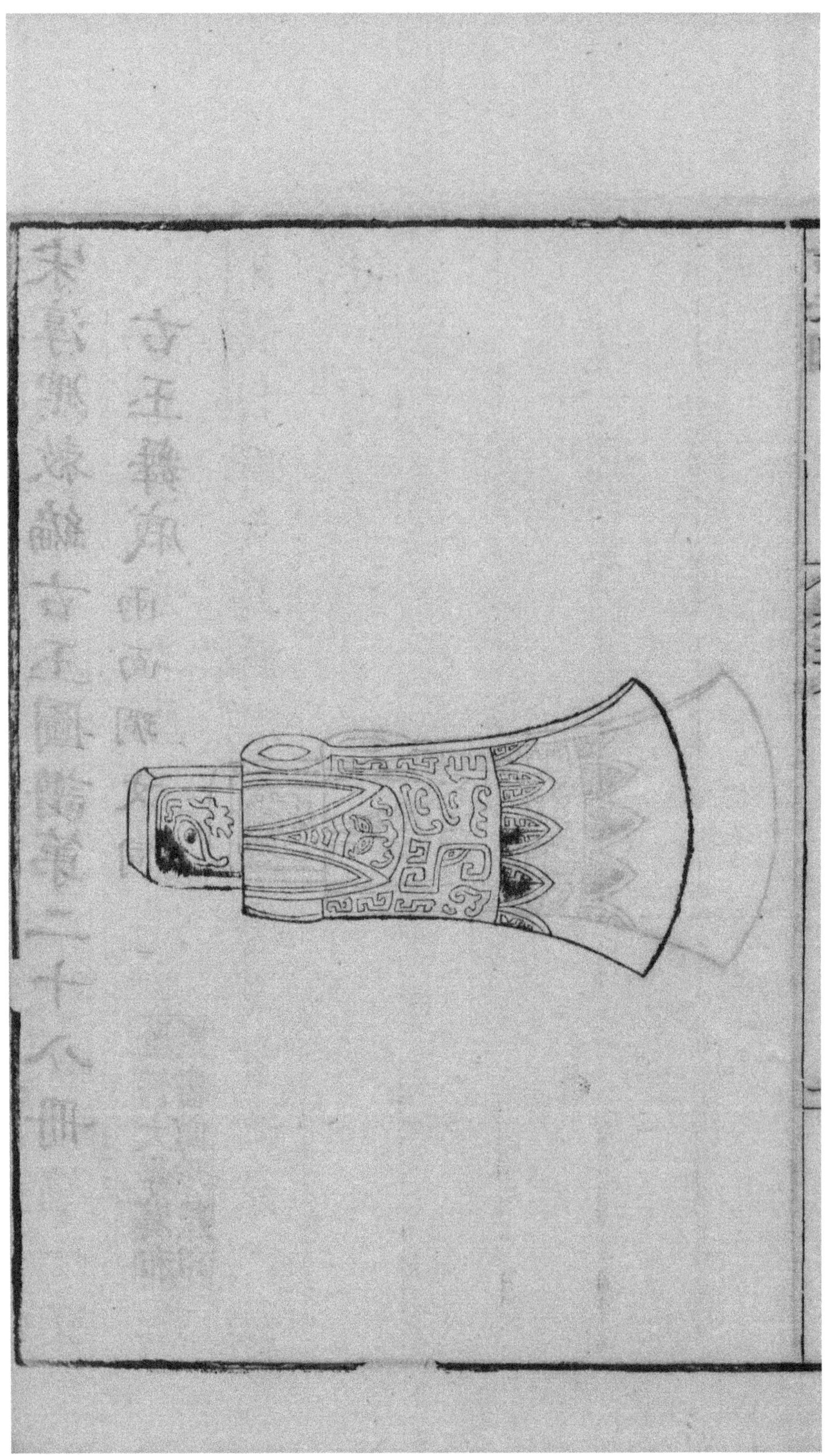

右舞戚長六寸二分濶五寸一分腦厚一寸四分刃厚二分二厘玉色淡黄瑩白無瑕璪刻黄目蟬文為飾琱文華縟漢室西京之物也

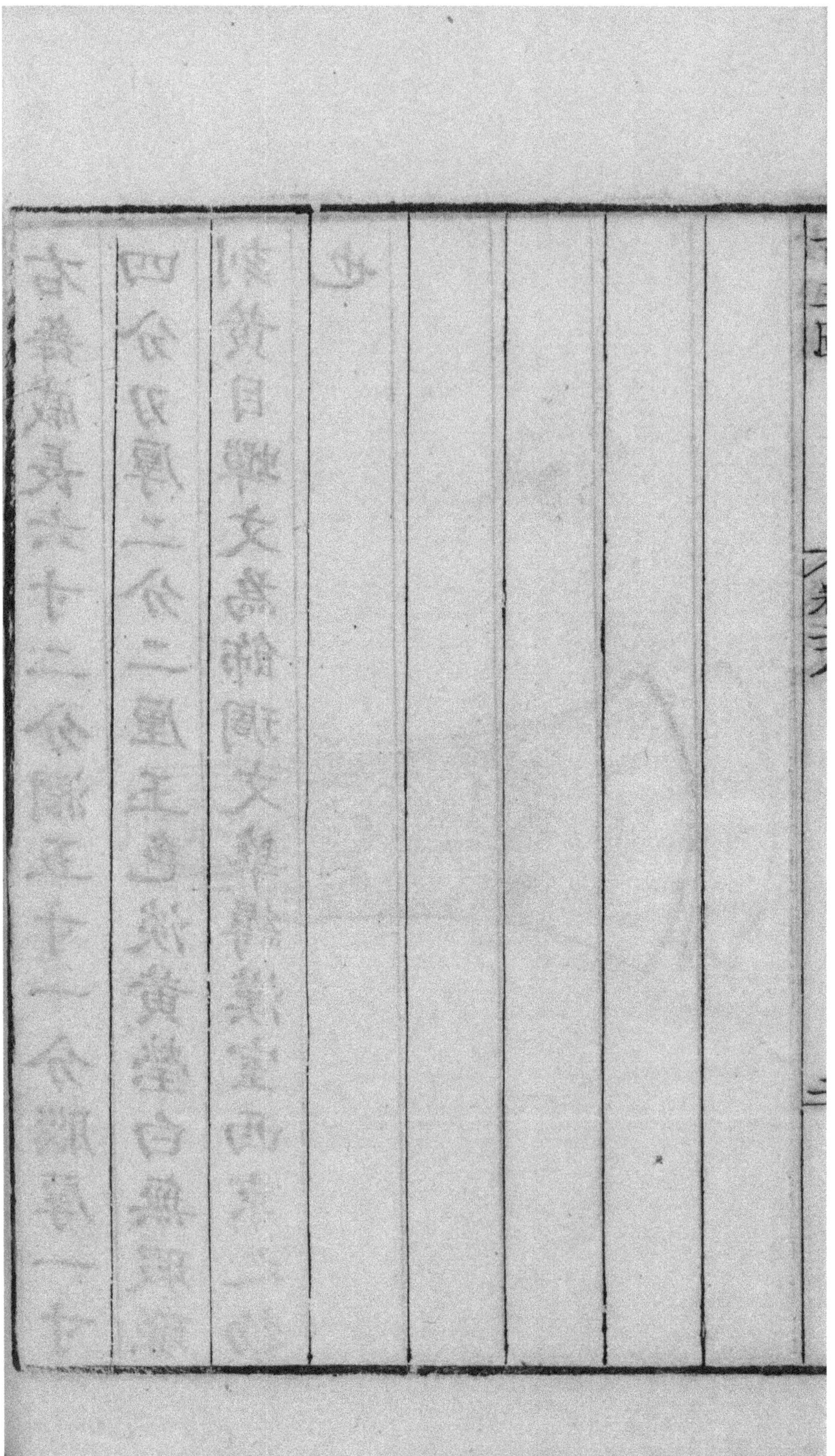

也

古玉舞戚 兩面琱文同 二

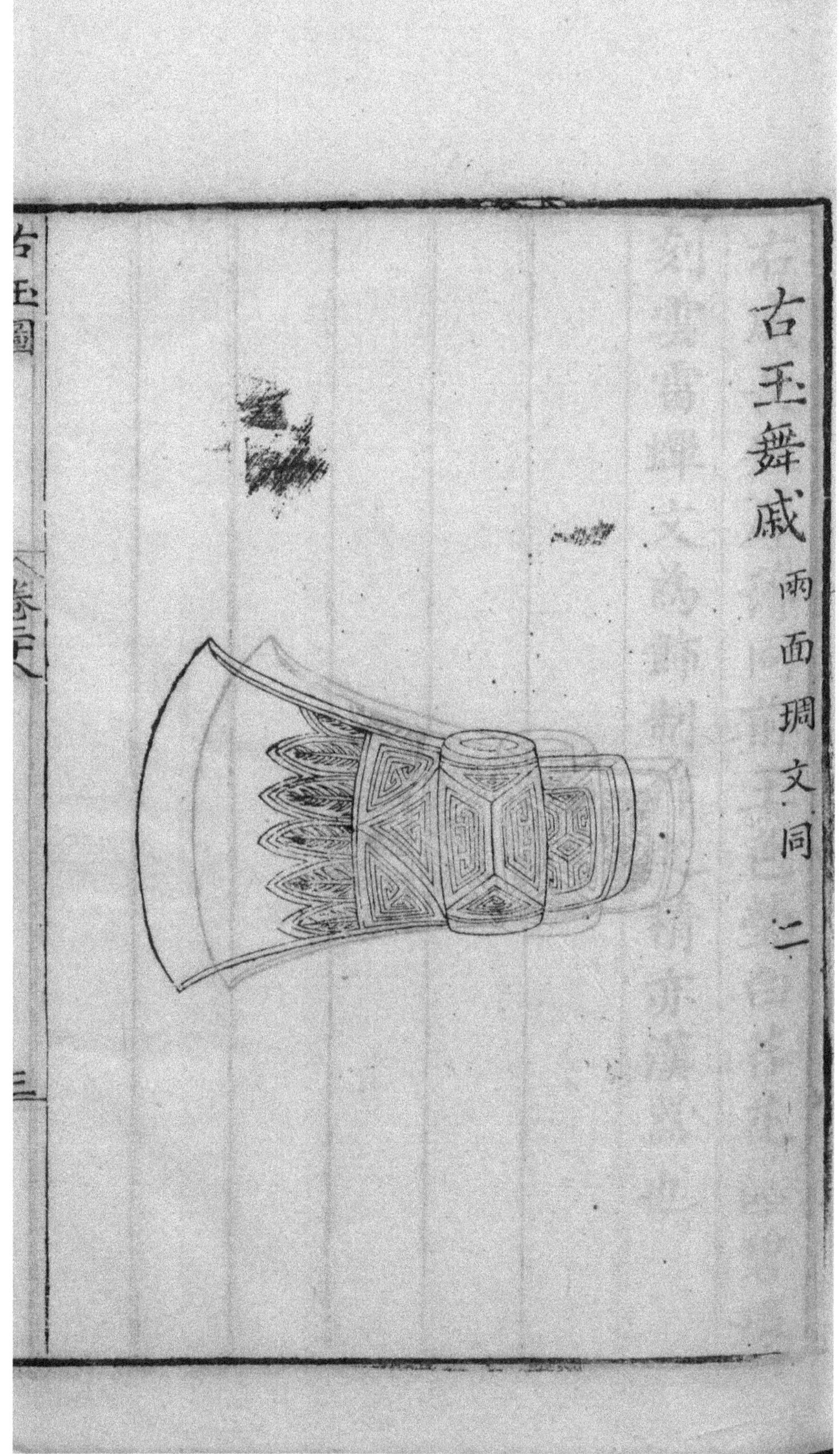

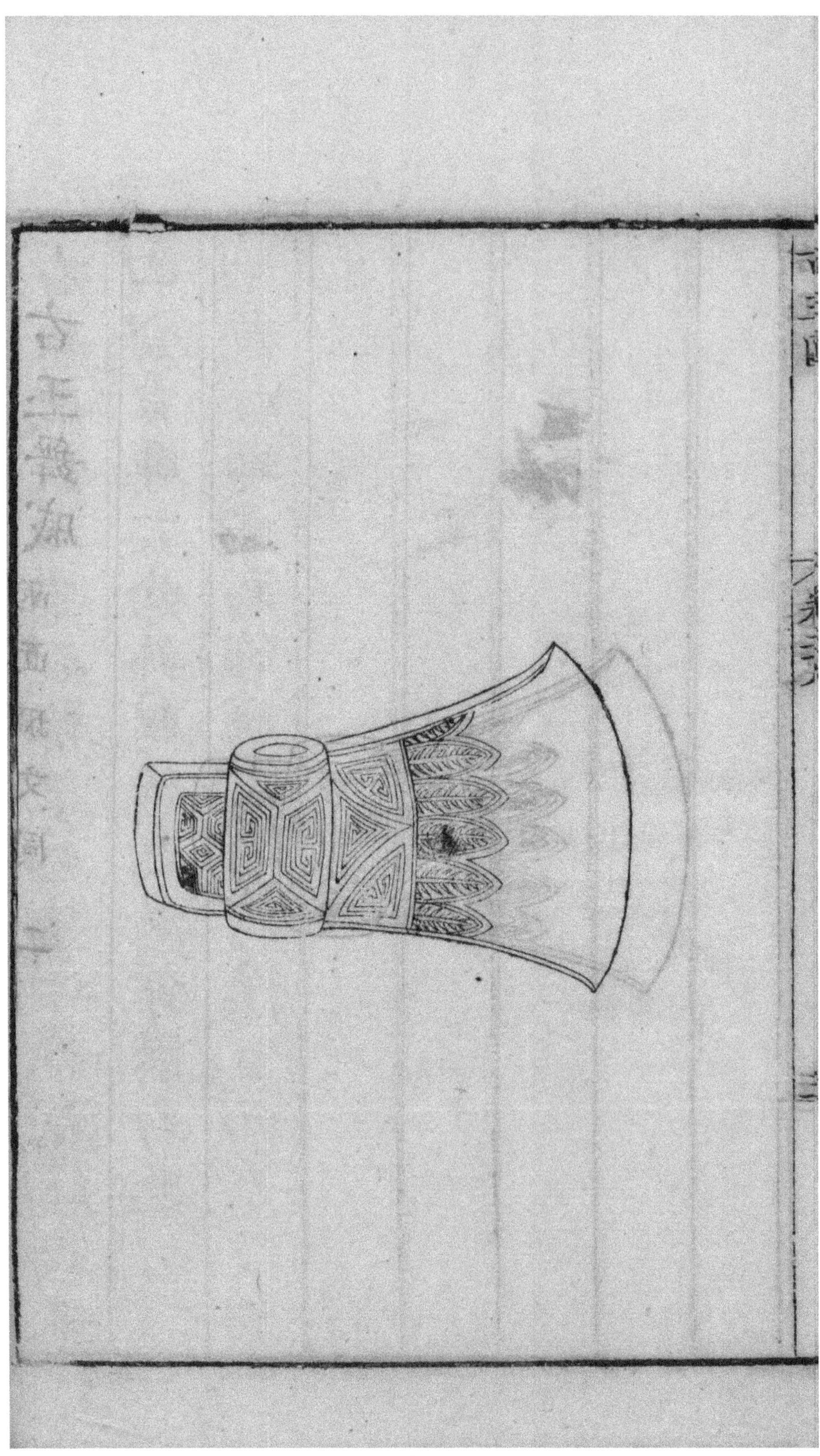

右戚長短厚薄同前玉色瑩白莟花沁碧瑑
刻雲雷蟬文為飾制作之精亦漢器也

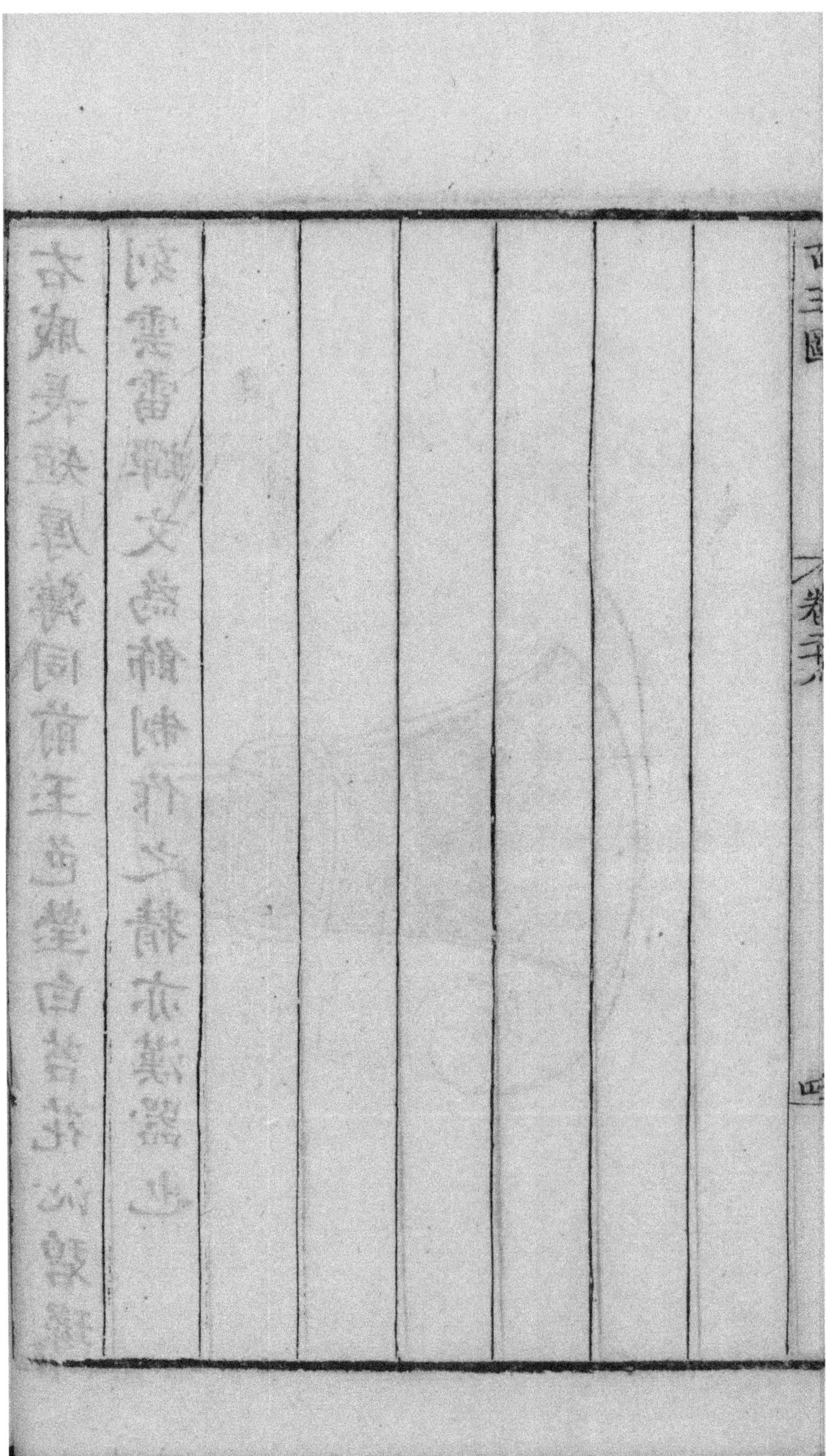

古玉片雲戚 兩面琱文同 一

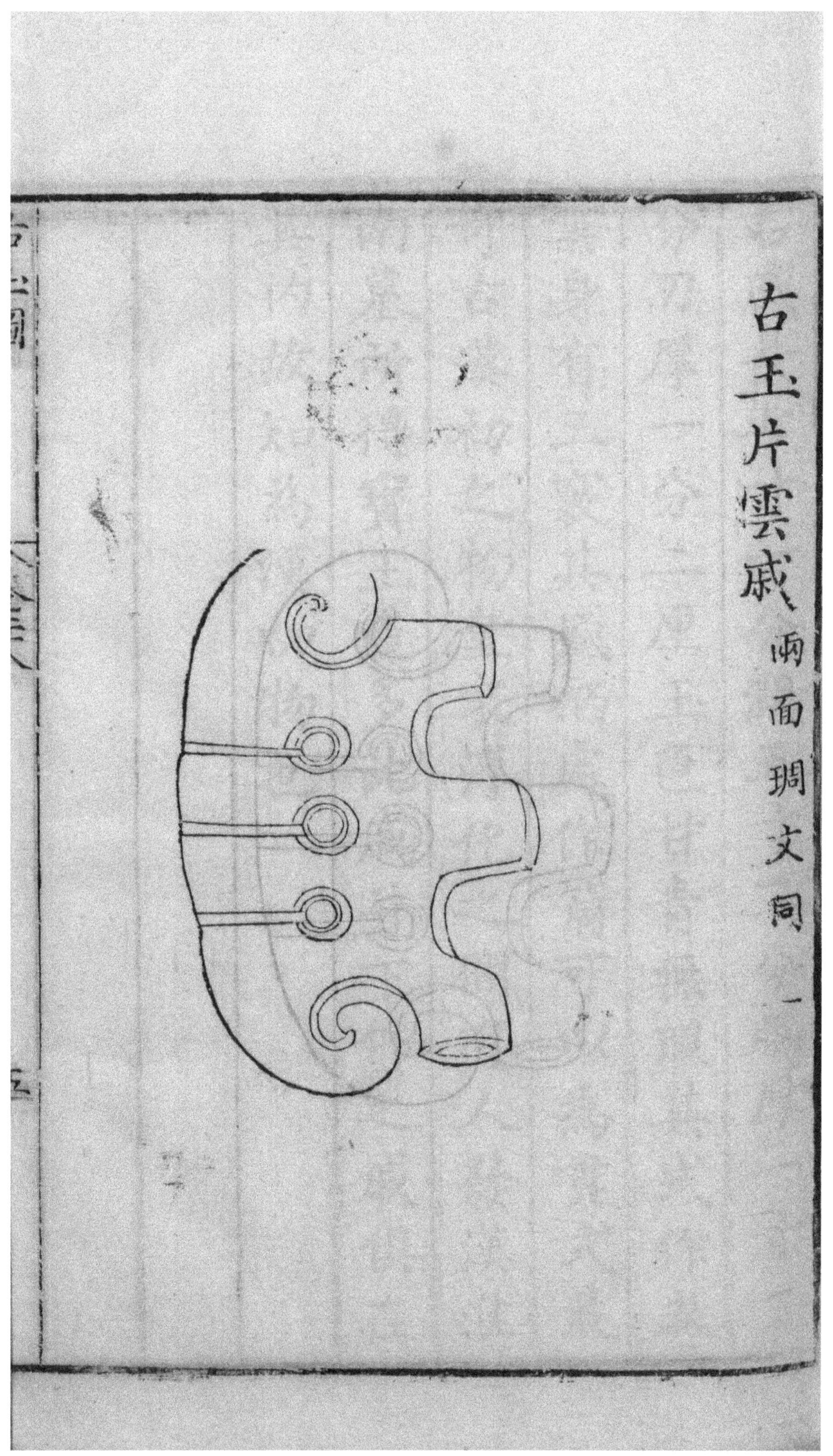

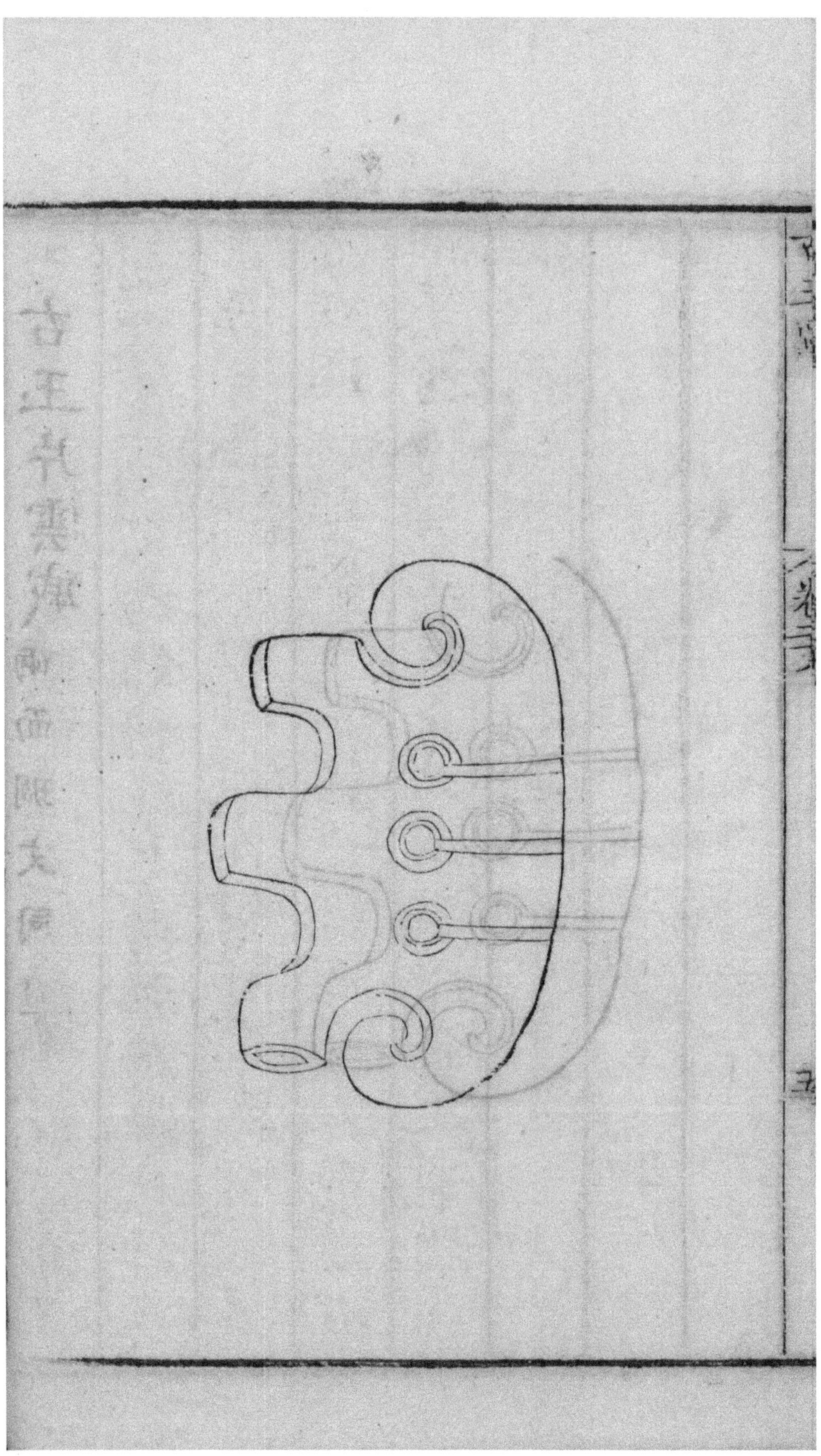

右戚長七寸一分濶五寸二分腦厚一寸三分刃厚一分二厘玉色甘青無瑕其式作卷雲身有三竅其戚柄處作筒可以為貫式最奇古漢初之物皇宋淳化之間有人發漢淮南墓所得寶玉最多此戚并下件之戚俱在其内故知為漢初物也

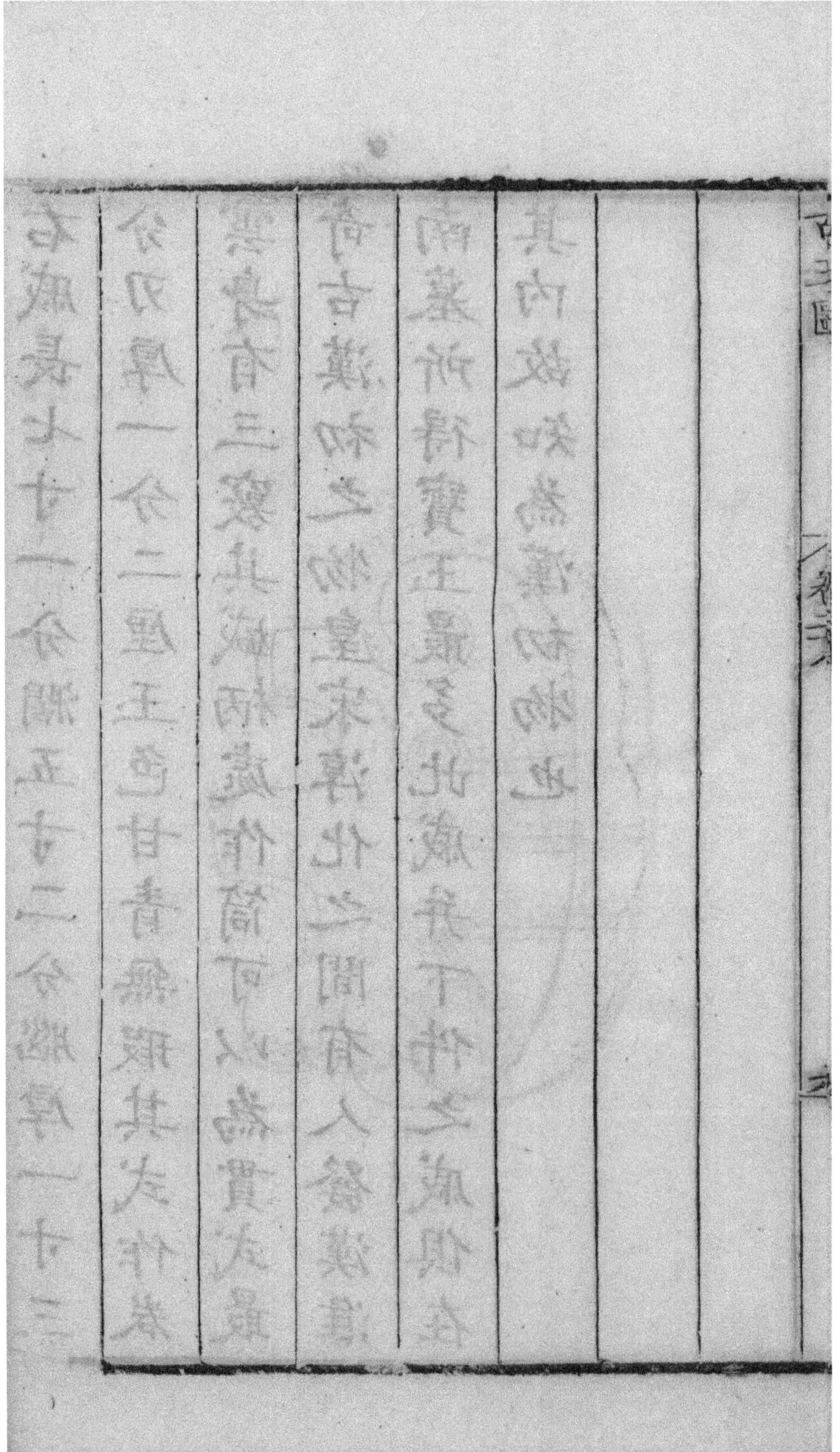

其內故知為漢物也
內蹇所得寶玉最多比歲并下作之成值在
前古漢物之物皇宋渾化之間有人發漢遺
冢專有三叢其械柄處作筒可以為貫大最
分刃厚一分二厘玉色甘青無瑕其大作共
右瑕長七寸一分闊五寸二分脇厚一寸三

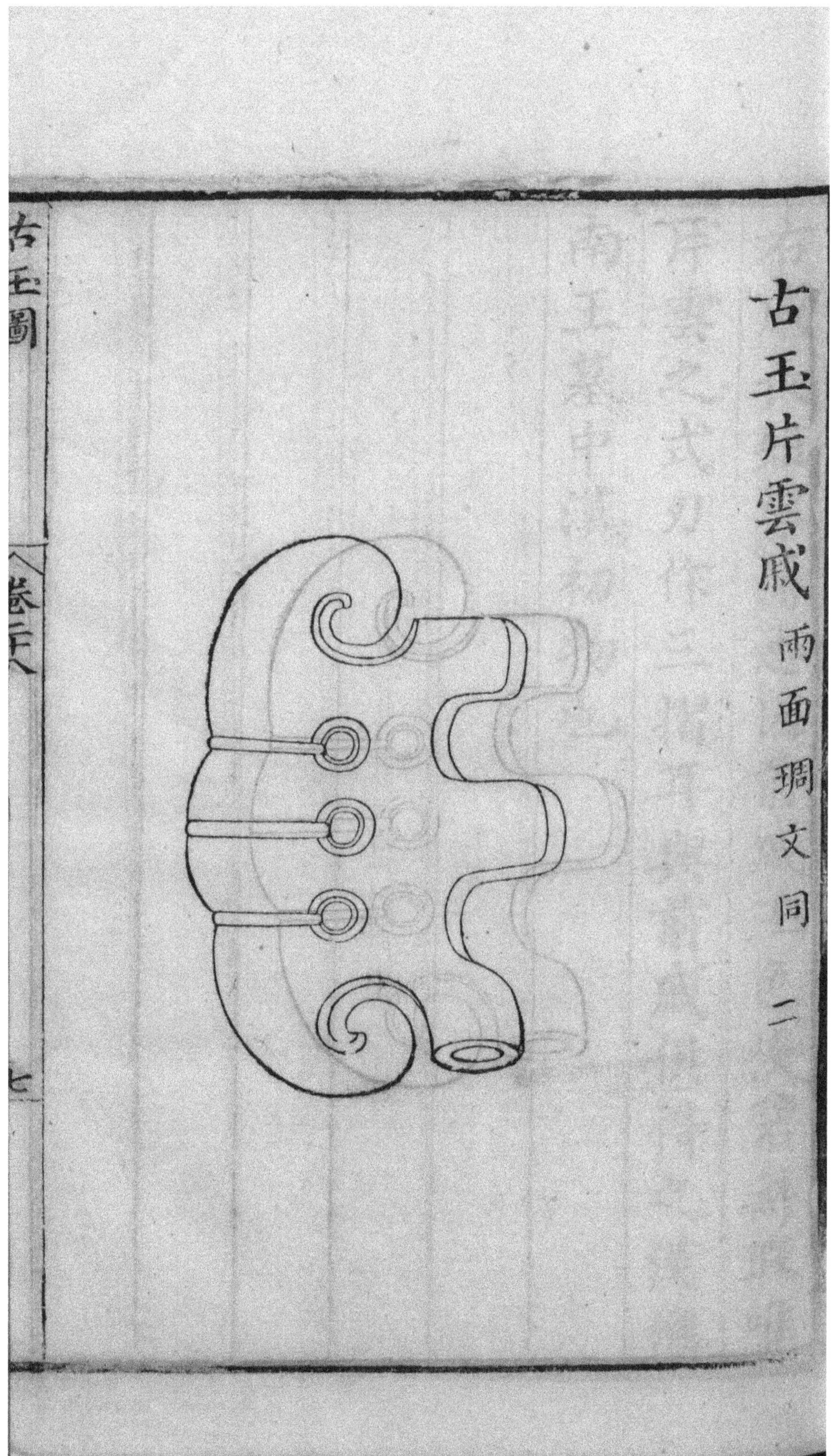
古玉片雲戚
兩面琱文同
二

右戚長短厚薄悉同前戚玉色淡碧無瑕唯片雲之式刃作三摺耳與前戚俱得之漢淮南王墓中漢初物也

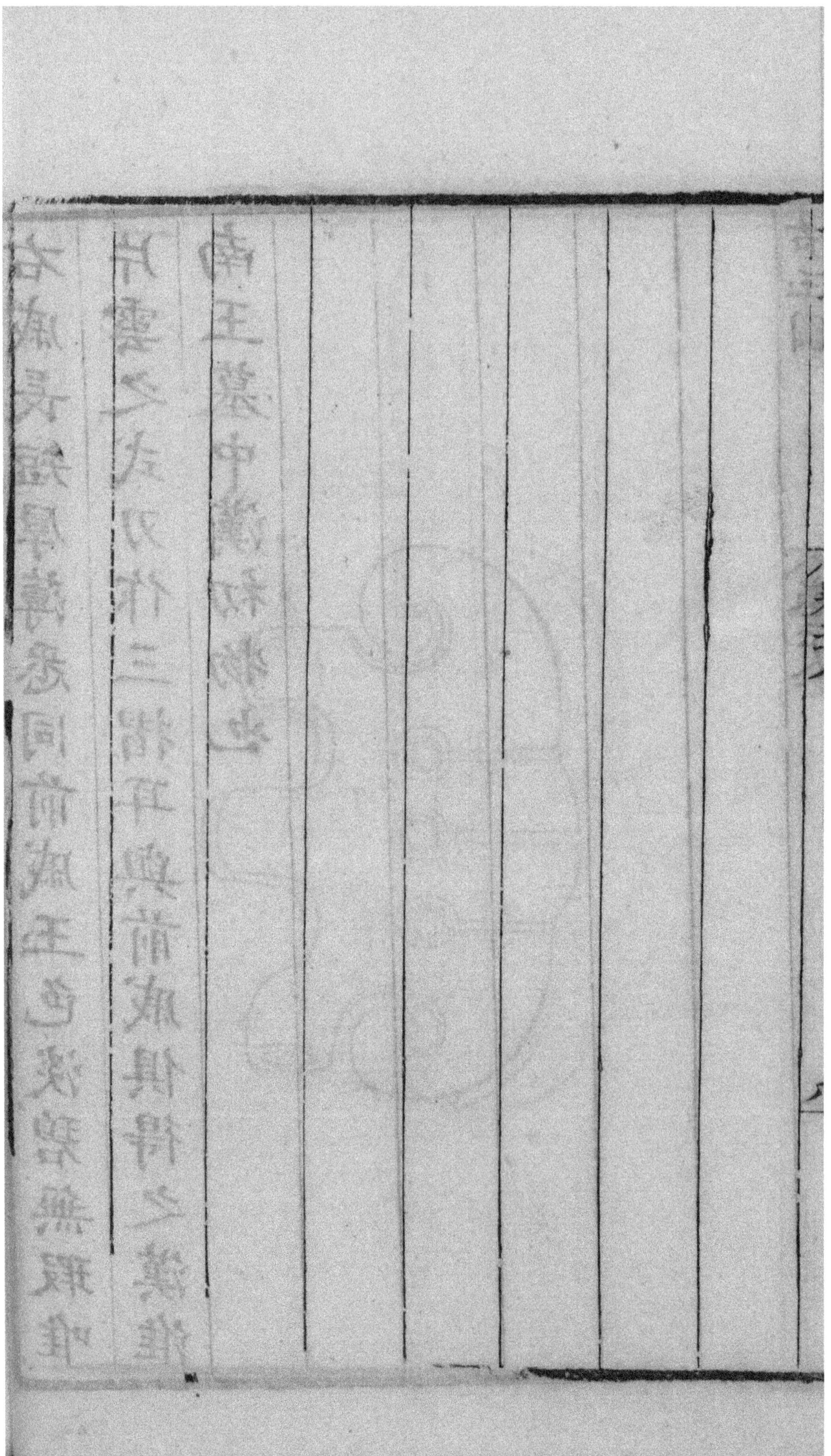

古玉轆轤劍一

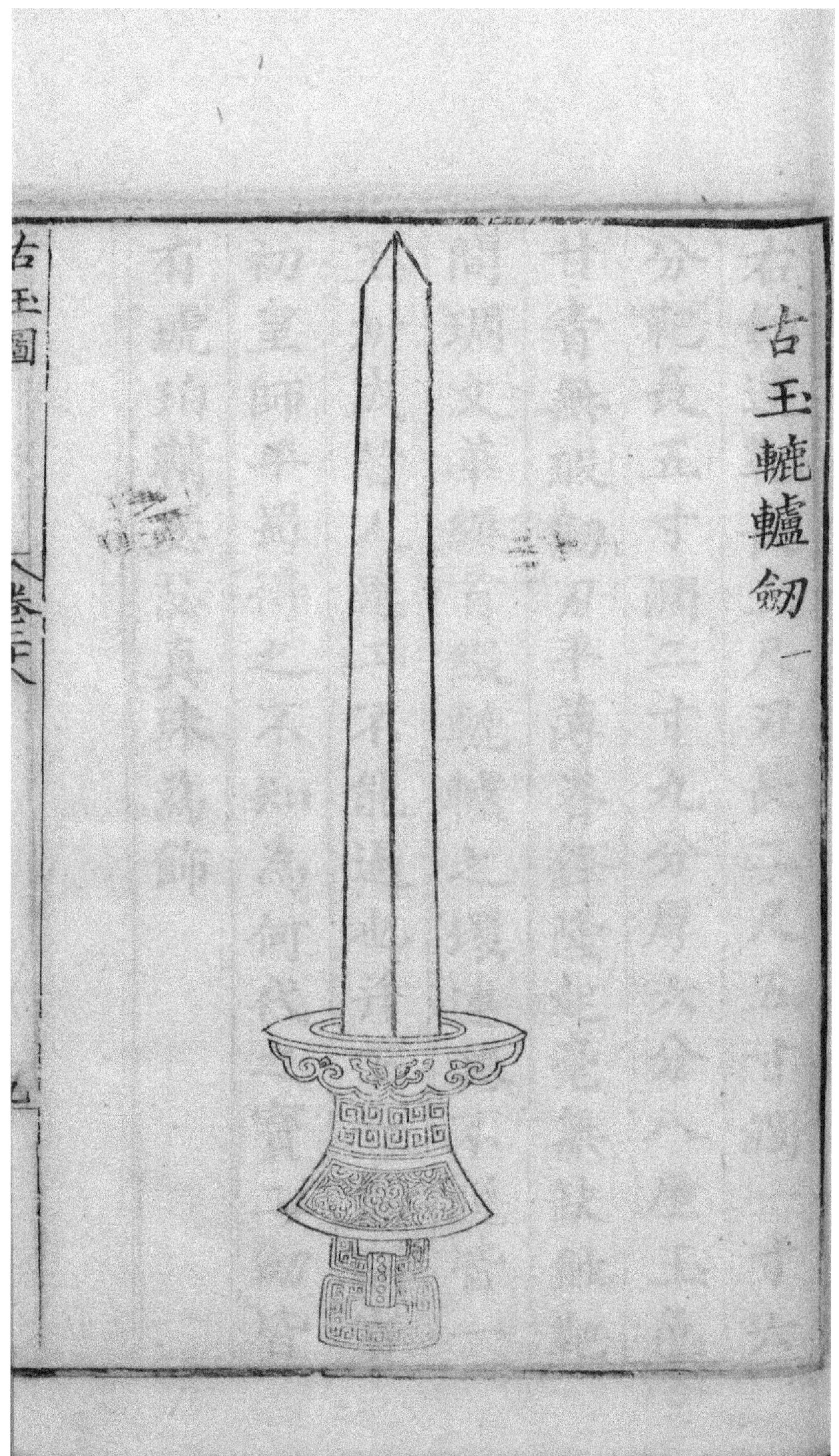

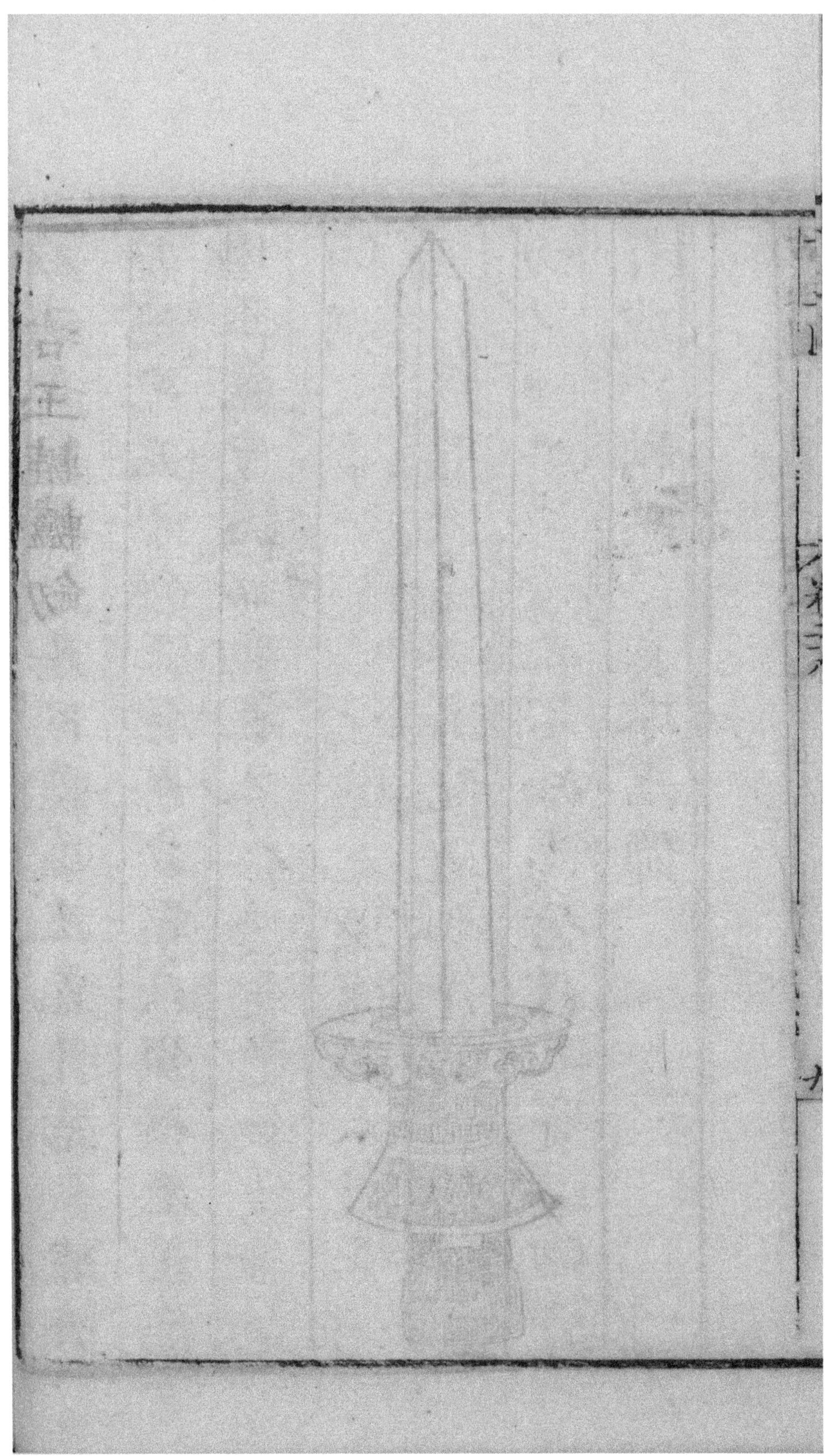

右劒連靶長三尺刃長二尺五寸濶一寸六分靶長五寸濶二寸九分厚六分八厘玉色甘青無瑕劒刃平薄脊鋒隆起毫無鈌蝕靶間琱文華縟首綴轆轤之環連蜷不脱皆一玉所成昔人鬼工不能過也并下一劒開寳初皇師平蜀得之不知為何代之寳二劒皆有琥珀鞘瑟瑟真珠為飾

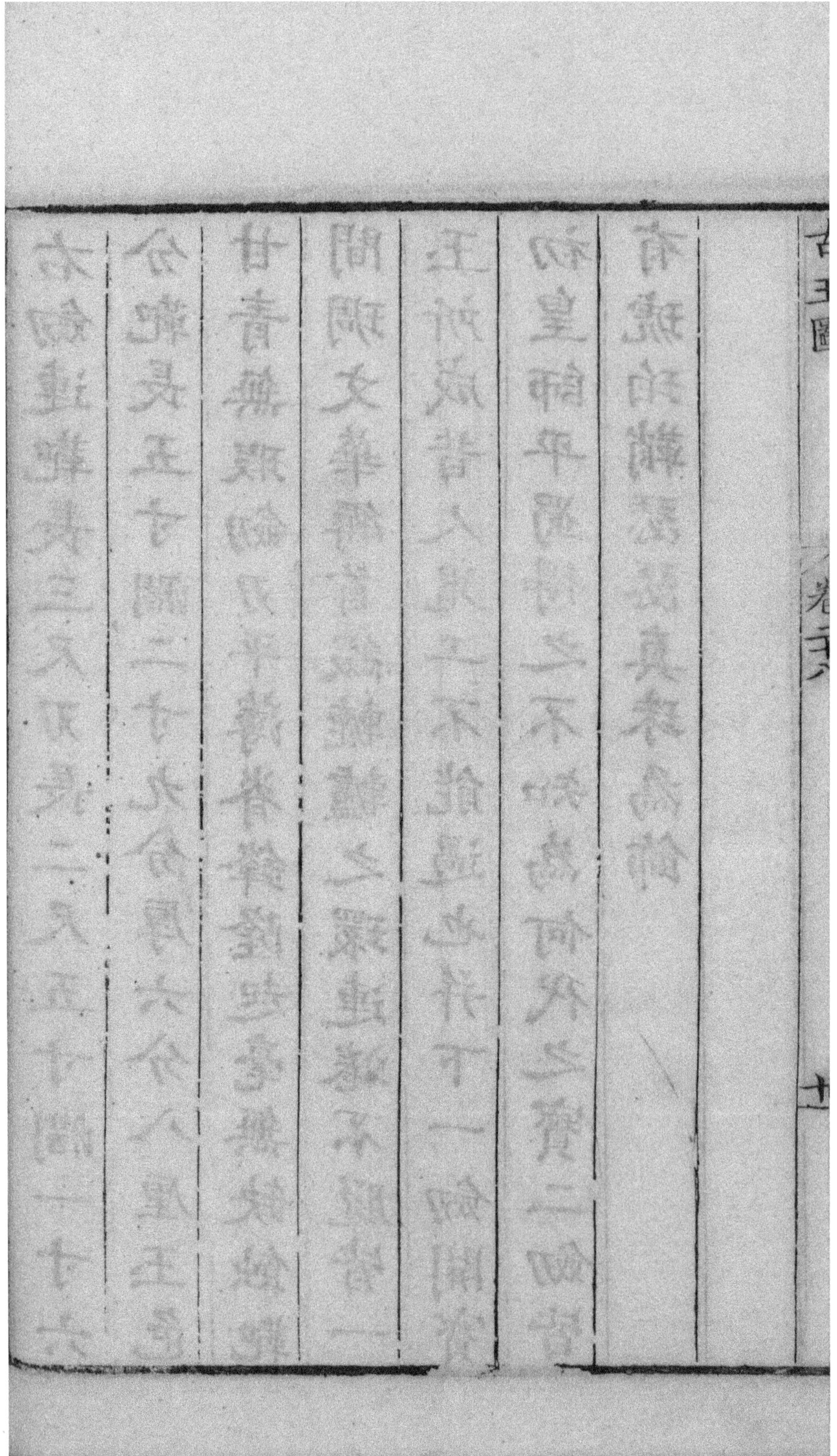

有琥珀鞨瑟瑟真珠為飾

初皇帝平西得之不知為何代之寶二匈許

玉所成昔人謂主不能過也并下一匈闊寸

間瑚文華麗皆瑞龍鱗之環連綴不斷皆一

甘青無瑕飾乃千淨券鋒隱垣毫無缺纖毫

分說長五寸闊三寸九分厚六分八厘五毫

右鈎連鞓長三尺可寸二尺五寸闊一寸六

古玉轆轤劍 二

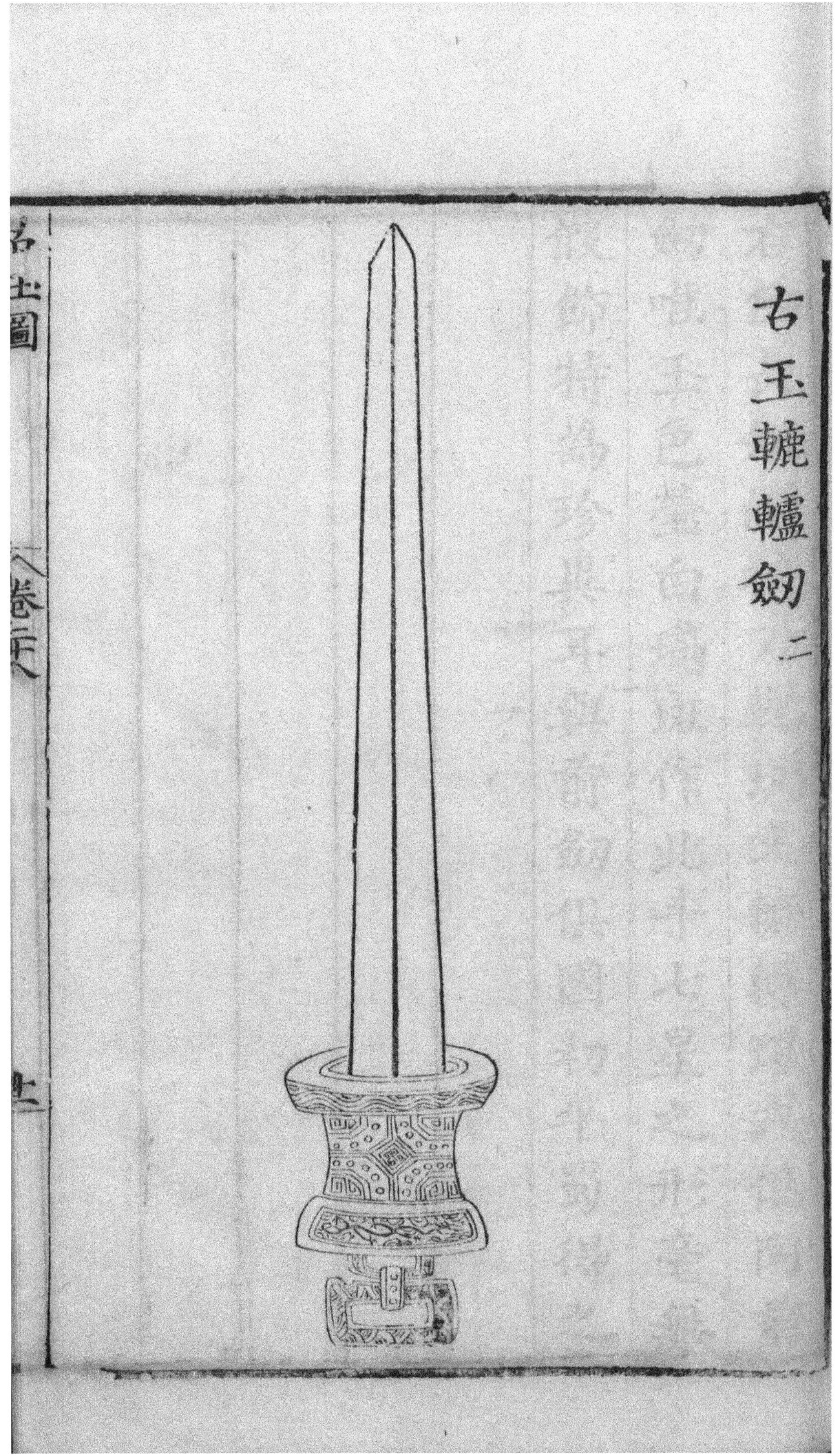

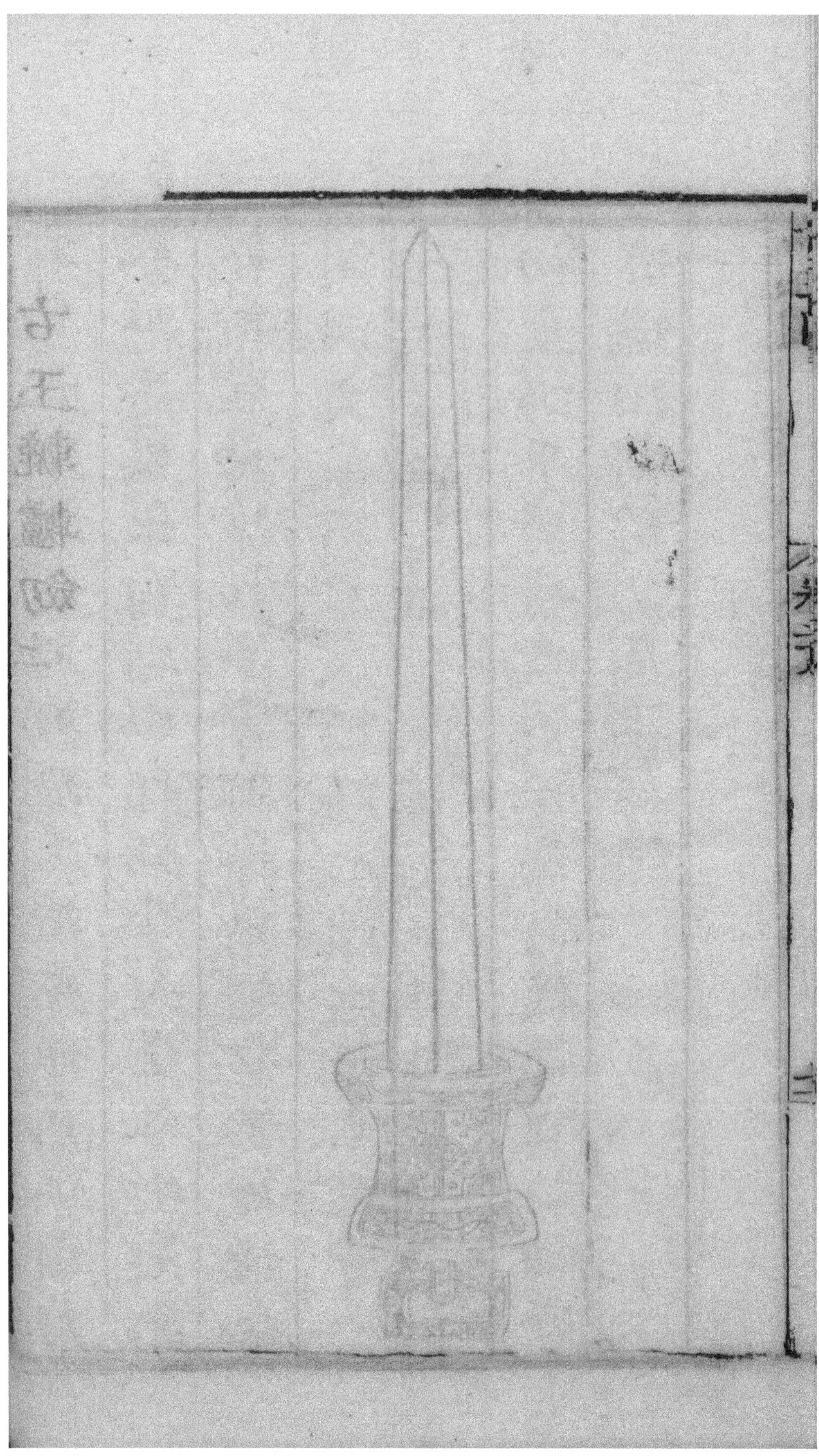

右劒長短濶狹刃範琱文轆轤環式俱同前劒唯玉色瑩白璊斑作北斗七星之形毫無假飾特為珍異耳與前劒俱國初平蜀得之

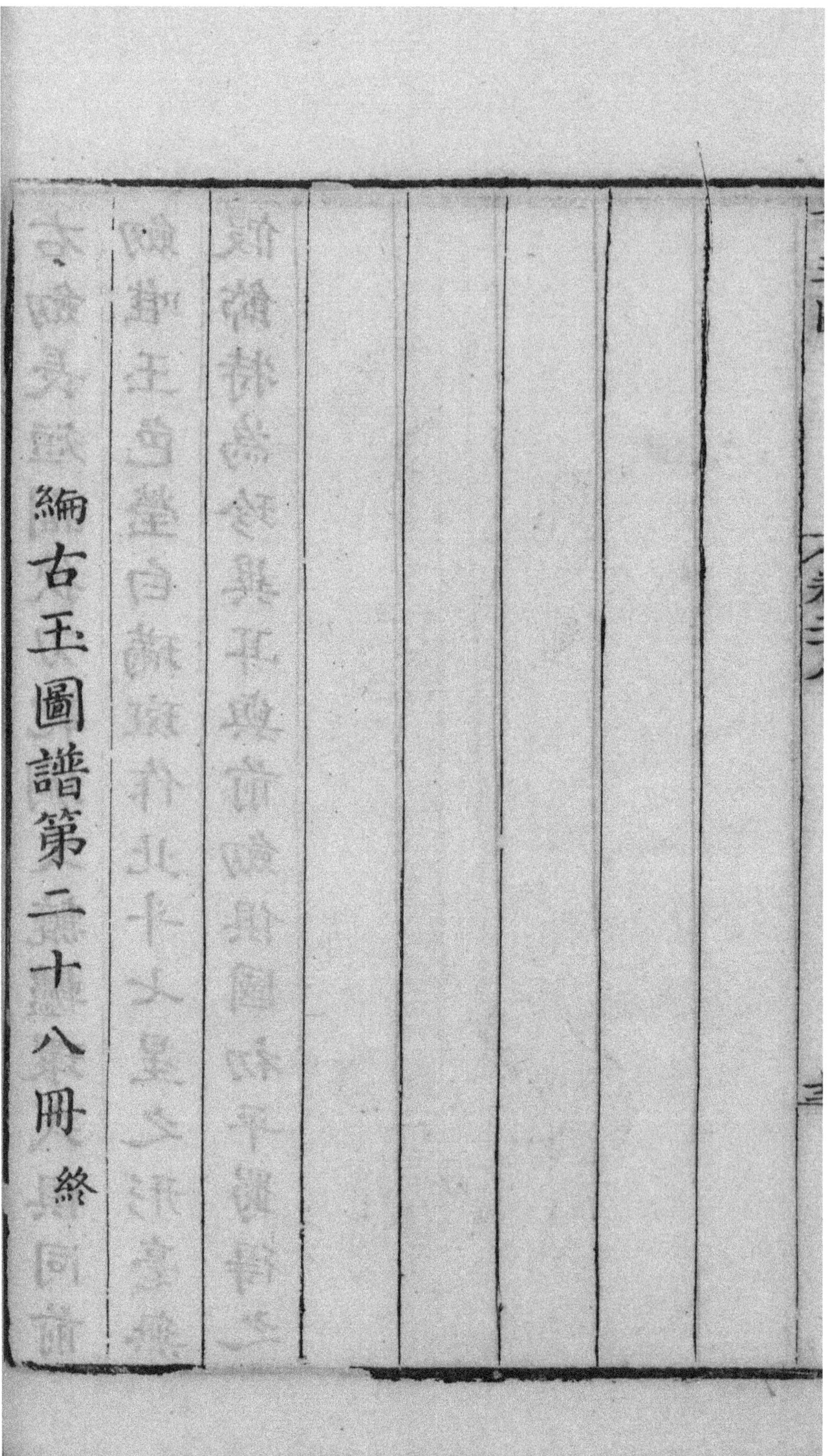

編古玉圖譜第二十八冊 終

宋淳熙敕編古玉圖譜第二十九冊

古玉提梁劍璏

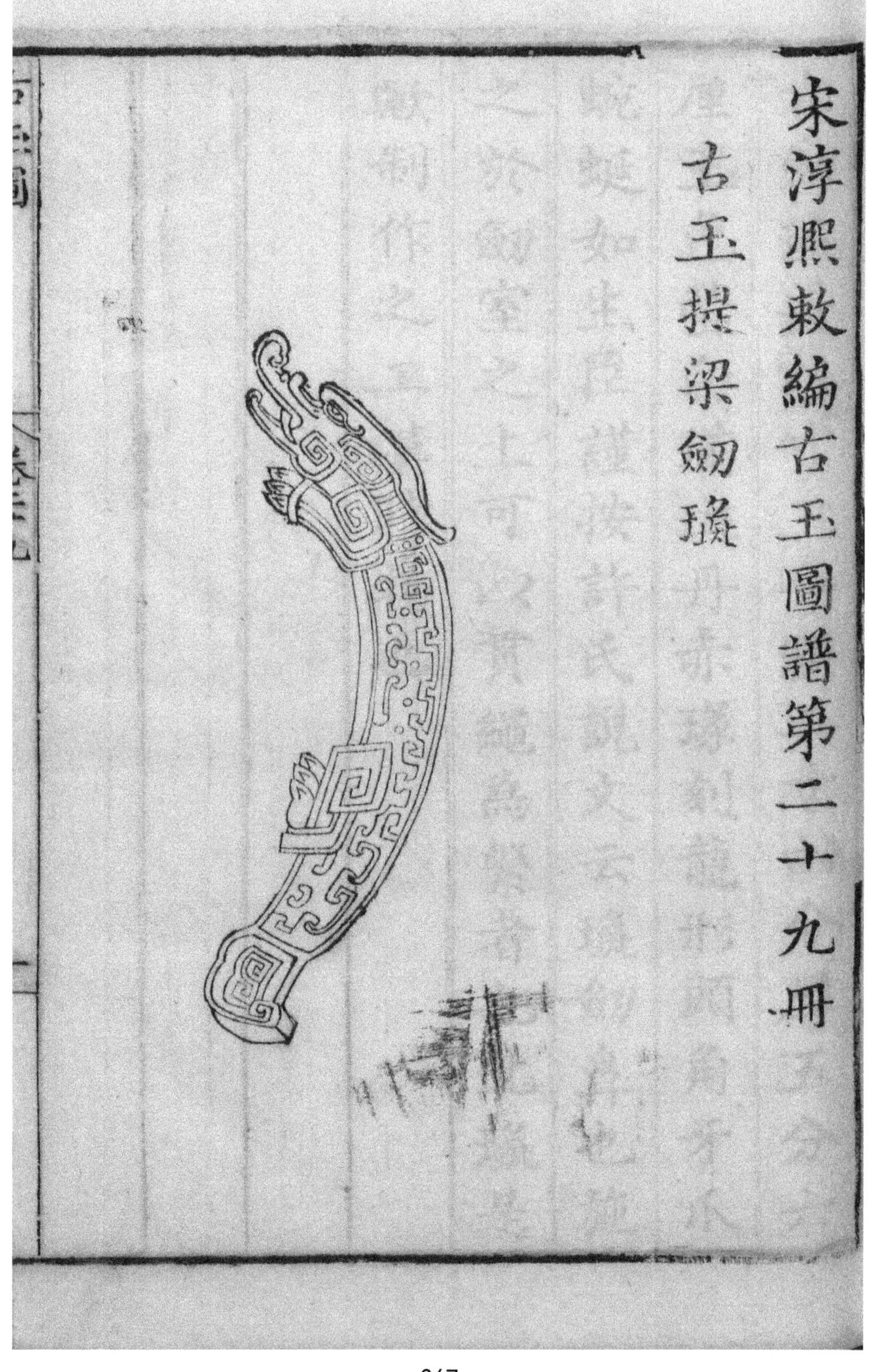

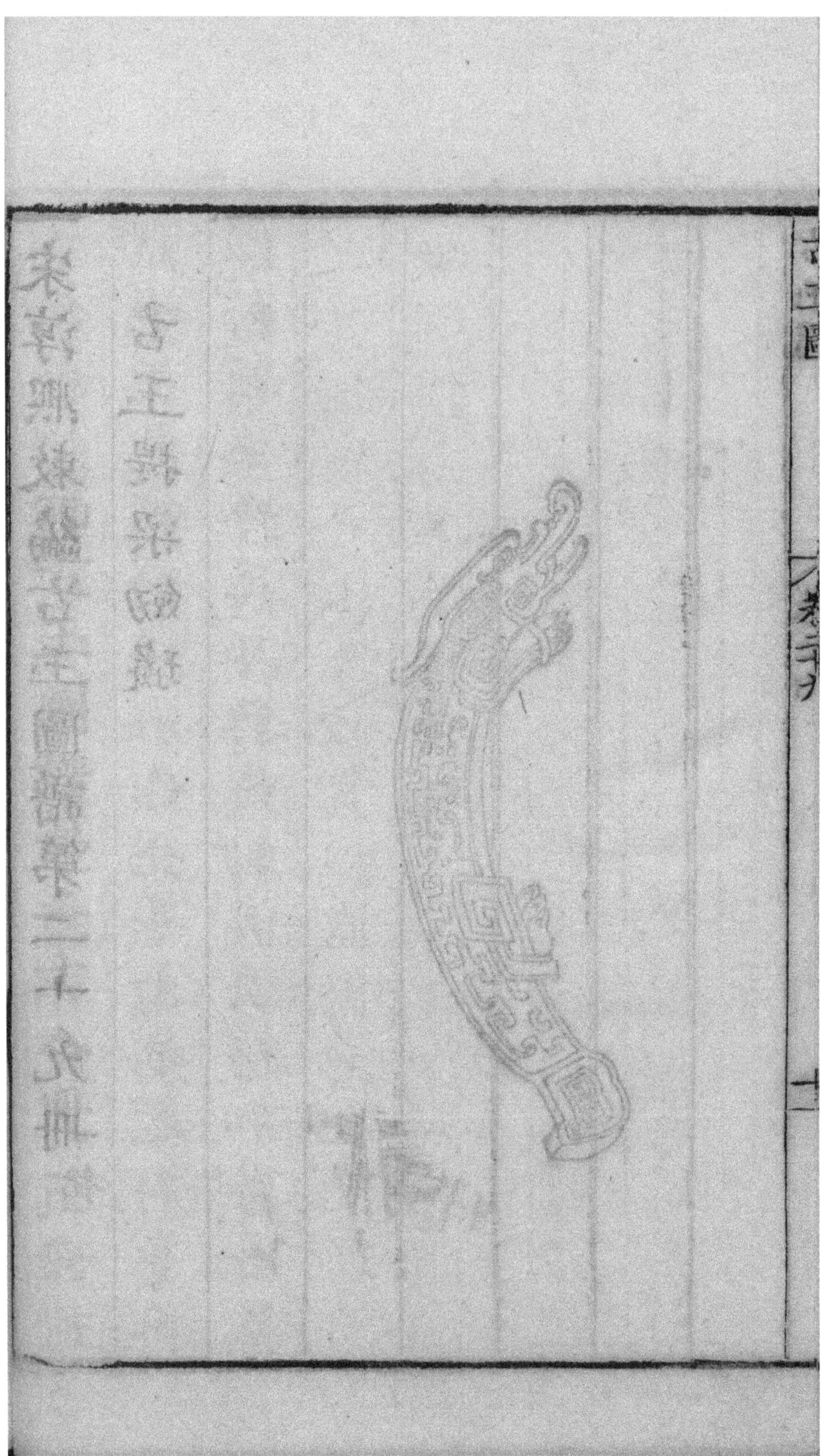

右劒璏長八寸三分濶二寸四分厚五分六厘玉色瑩白璊斑丹赤瑑刻龍形頭角牙爪蜿蜒如生臣謹按許氏說文云璏劒鼻也施之於劒室之上可以貫繩為繫者也此璏是歟制作之工漢時物也

古玉轆轤環

右環上環長一寸四分濶二寸二分下環長二寸四分濶二寸四分厚五分二厘玉色淡黃瓃斑勾點瑑刻上環作臥蠶之文下環作升降螭龍文細入絲髮二環之間中作樞紐兩環可以旋轉四面皆通乃一玉所成不知作者何以施其技術蓋三代之鬼工也

作者何以施其技術蓋三代之鬼工也

兩璏可以旋轉四面皆通乃一玉所成不知

升降蟠龍文細人然雙文二璏之間中作樞紐

黃璘斑白點條刻上璏作臥蠶之文下璏作

二寸四分闊二寸四分厚五分三厘玉色璘

右璏上璏長一寸四分闊二寸二分下璏長

古玉轆轤環 二

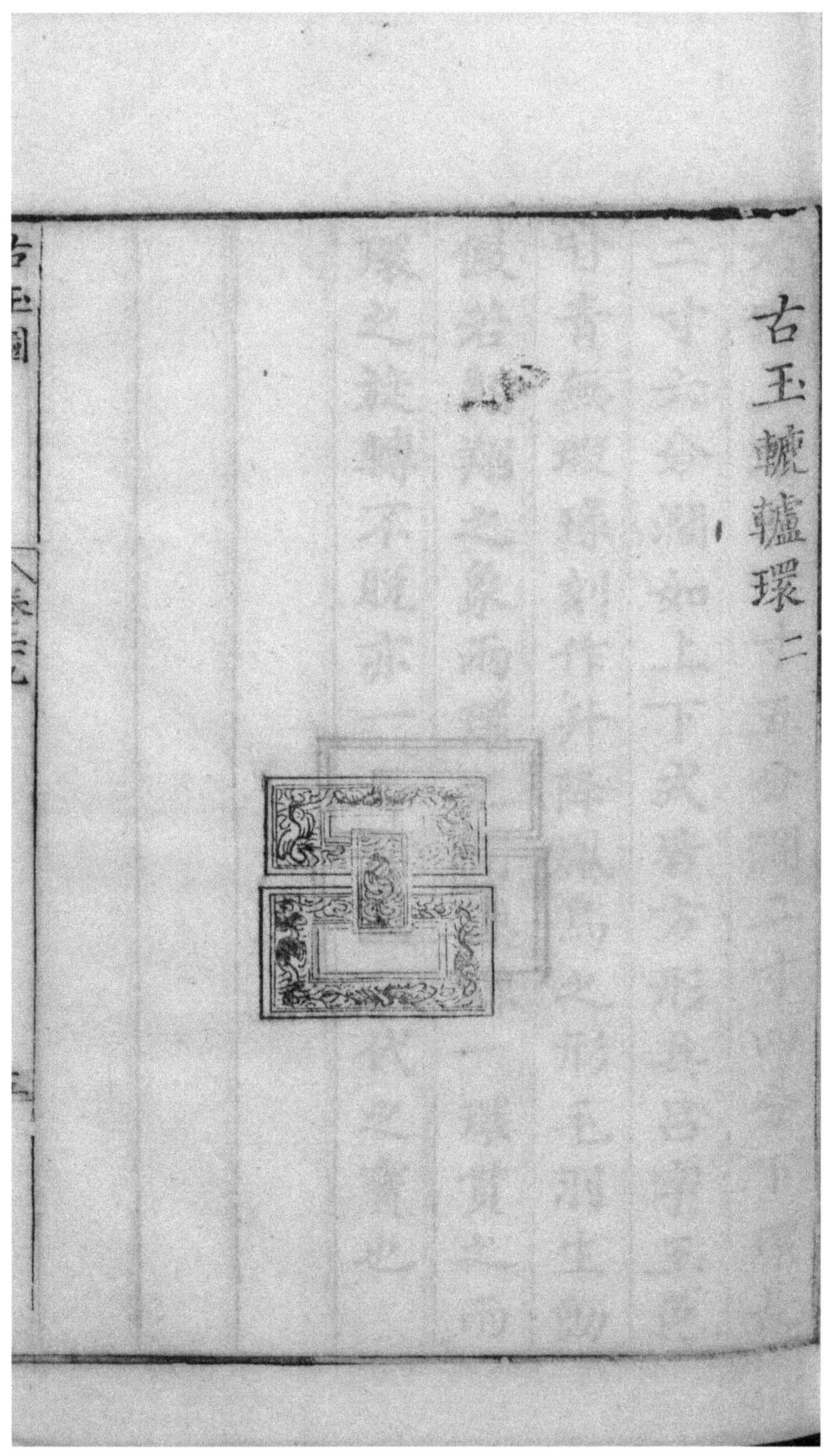

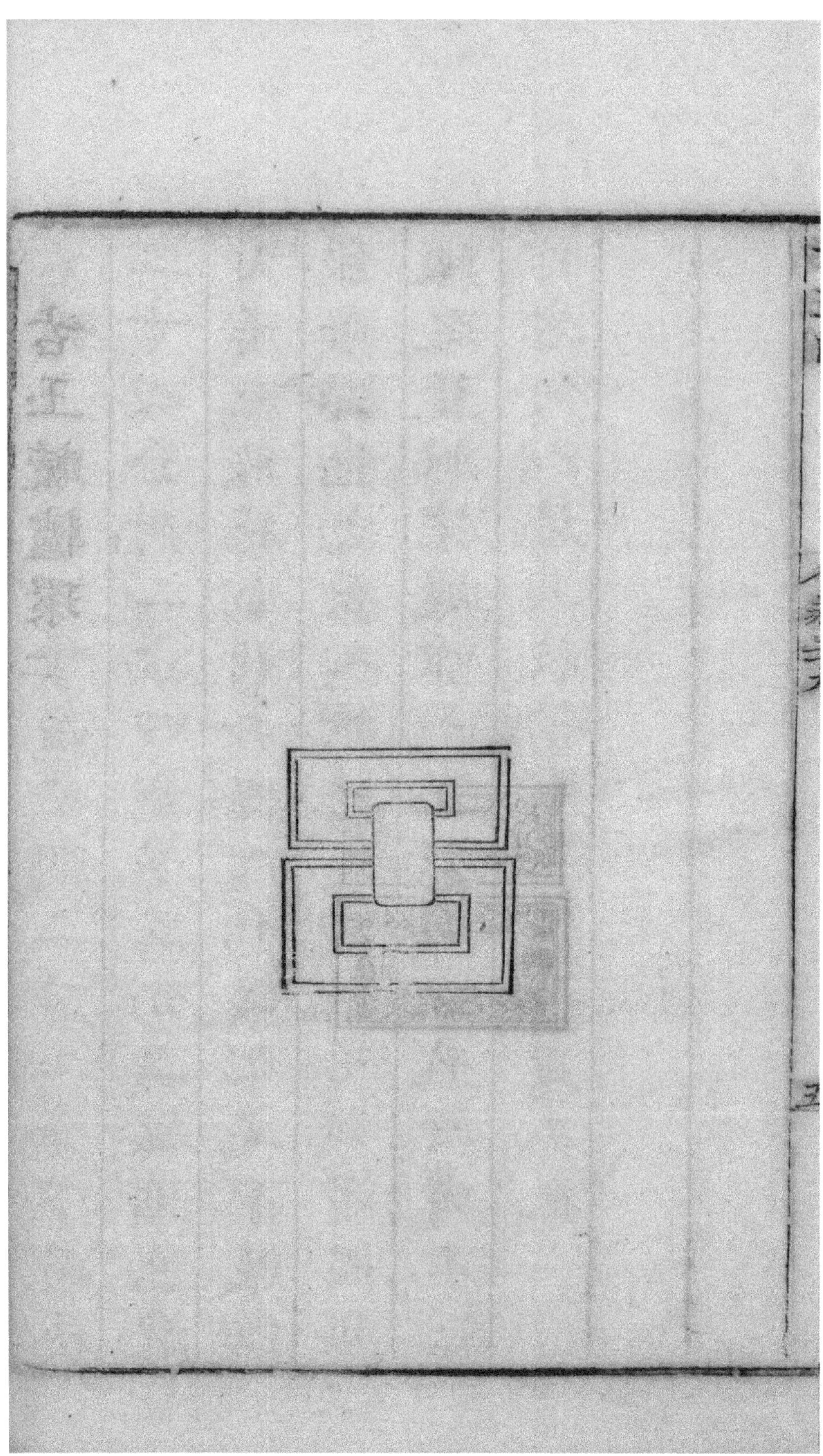

右環上環長一寸五分濶二寸四分下環長二寸六分濶如上下式皆方形具呂字玉色甘青無瑕瑑刻作升降鳳鳥之形毛羽生動儼若翺翔之象兩環之間總聯一環貫之兩環之旋轉不脫亦一玉所成三代之寳也

環之旋轉不脫亦一玉所成三代之寳也
儀若鶴翔之象兩環之間總聯一環貫之兩
甘青無瑕琢刻作升降鳳鳥之形毛羽生動
三寸六分濶如上式背方形具呂字玉色
右環上環長一寸五分濶二寸四分下環長

古玉夔龍環

玉色瑩白攤斑與著花開辦琢刻作雙鈕金
西之形律律可愛此環與前二鈕姐環皆
翎之異也周秦間物

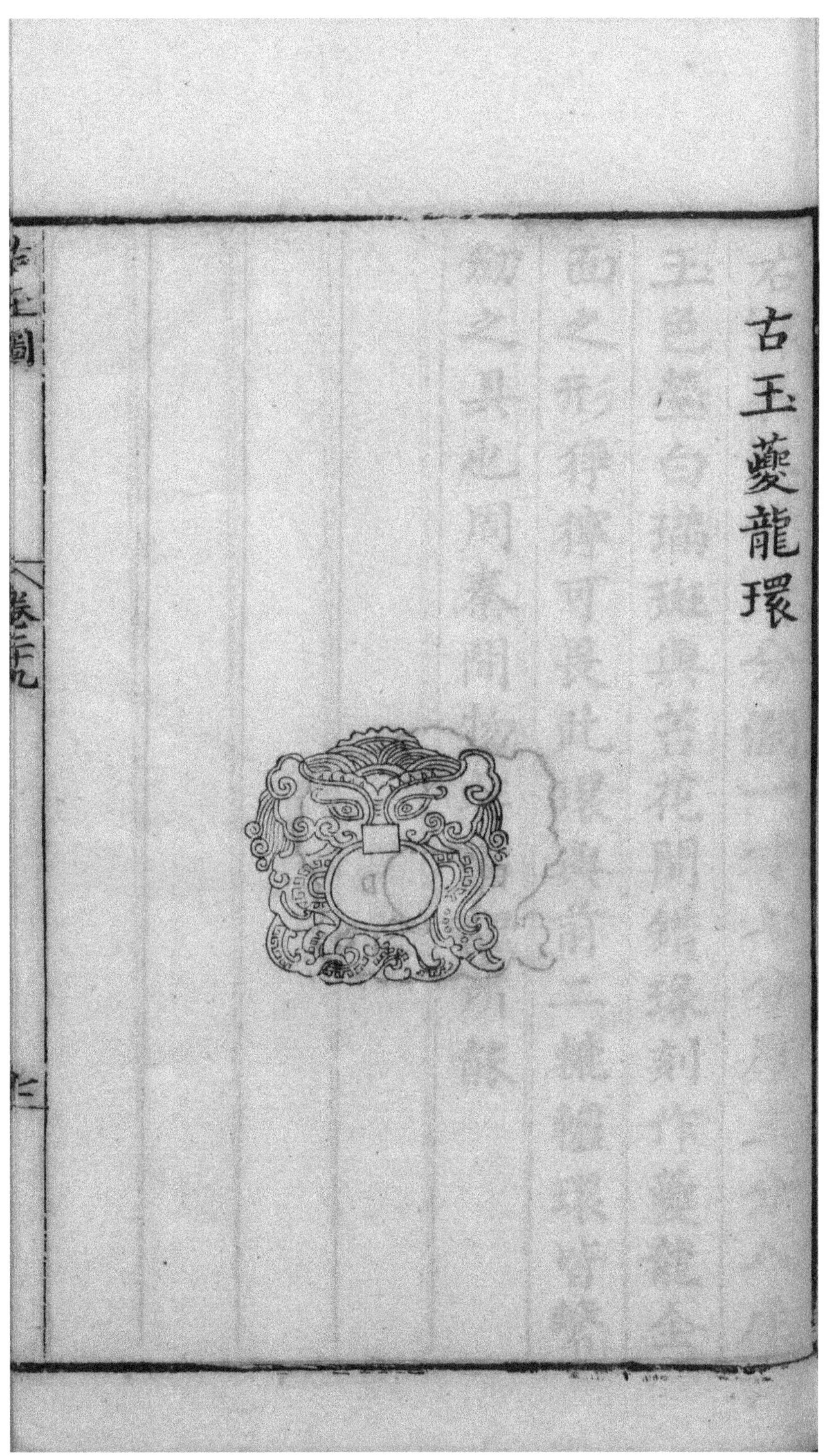

右環長二寸一分濶一寸七分厚三分八厘
玉色瑩白璊斑與菩花間錯瑑刻作夔龍全
面之形猙獰可畏此環與前二轆轤環皆繫
劍之具也周秦間物非漢魏所能

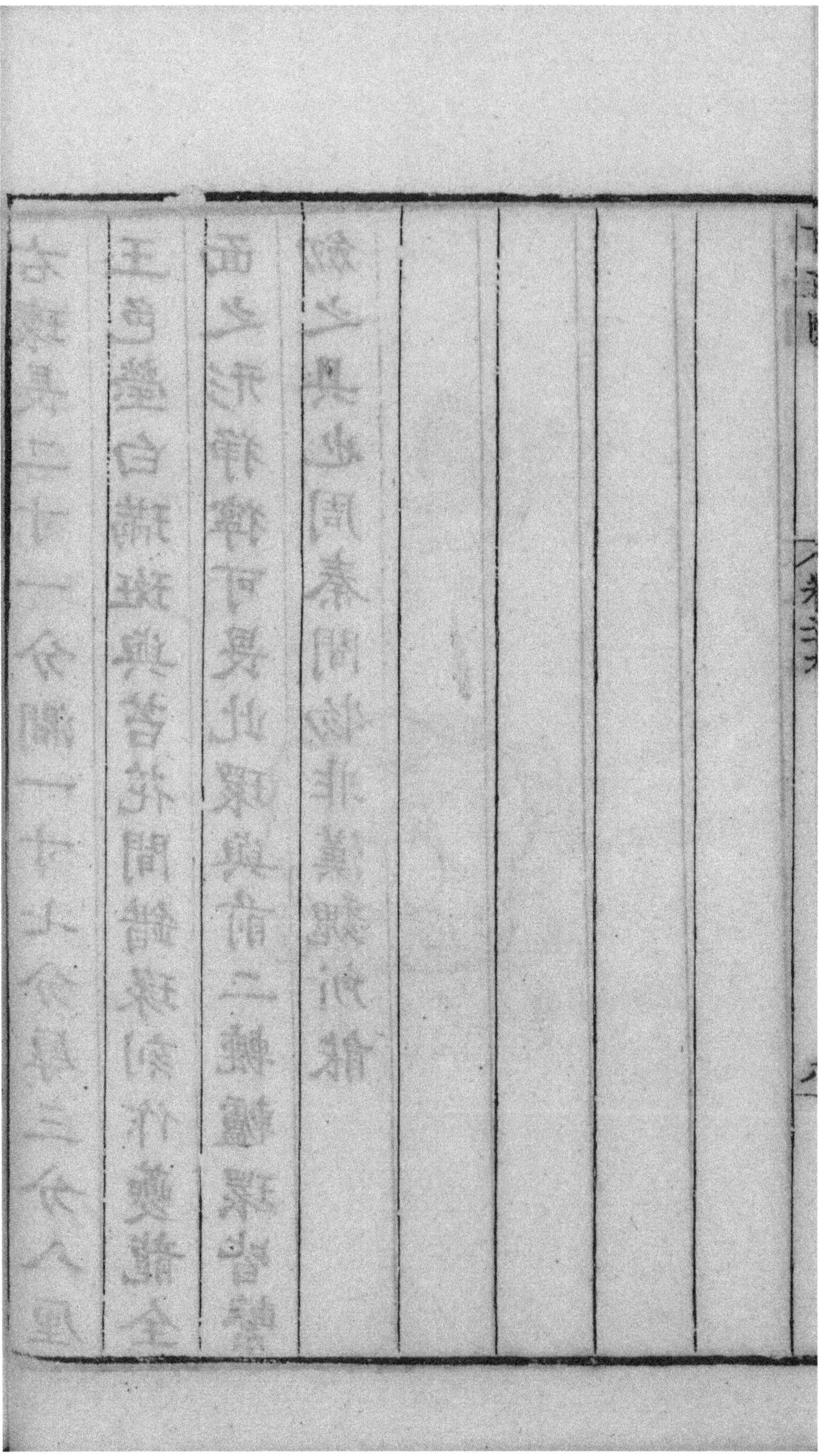

古玉雲螭琫
古玉雲螭珌

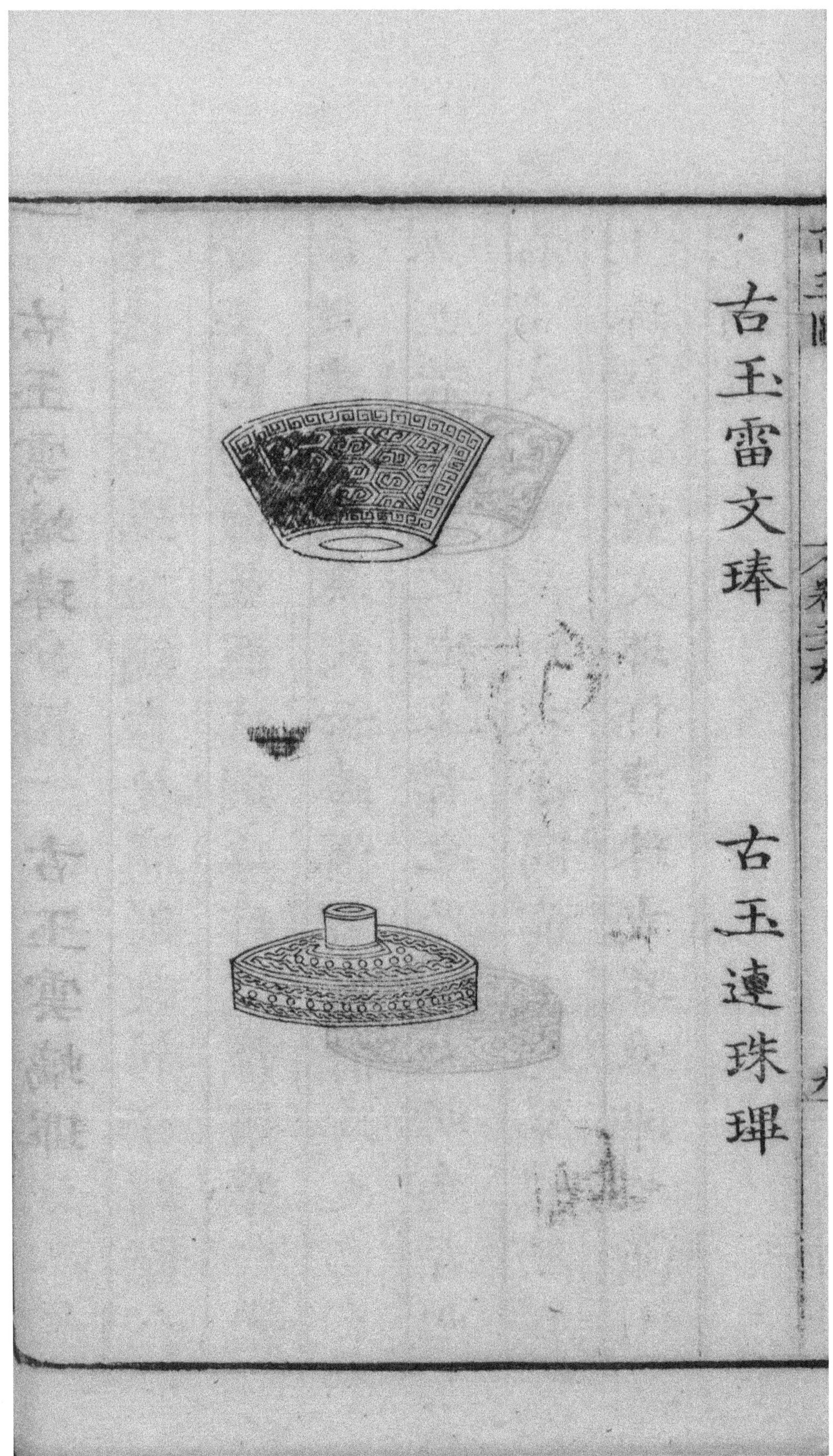
古玉雷文琫

古玉連珠琕

右琫長一寸六分濶一寸一分厚四分三厘
琿長一寸五分濶六分容削長五分圓徑八
分玉色瑩白無瑕瑑刻琫琿俱作雲螭之文
臣謹按許慎說文云琫佩刀上飾琫之為言
捧也若捧持之也上首也乃漢人所為者也
右雷文連珠長短大小同前玉色翠碧無瑕
上琫刻作雷文琿作連珠文耳琫琿之飾已
見前說

見圖說

上衮初作雷文黻亦作連珠文其中率畫之黼文

右雷文連珠長短大小同前五色翬翟無別

韍也蓋韍韠之也上古也乃蔽人所以蔽前

臣謹按前說文云韠韍乃上韍韠之分言

分五色繡白與黑象刻兩己作雲濟之文

韠長一寸五分闊六分合各制長五分圓徑入

右韍長一寸六分闊一寸一分厚四分三厘

古玉海獸琫

古玉椒圖琿

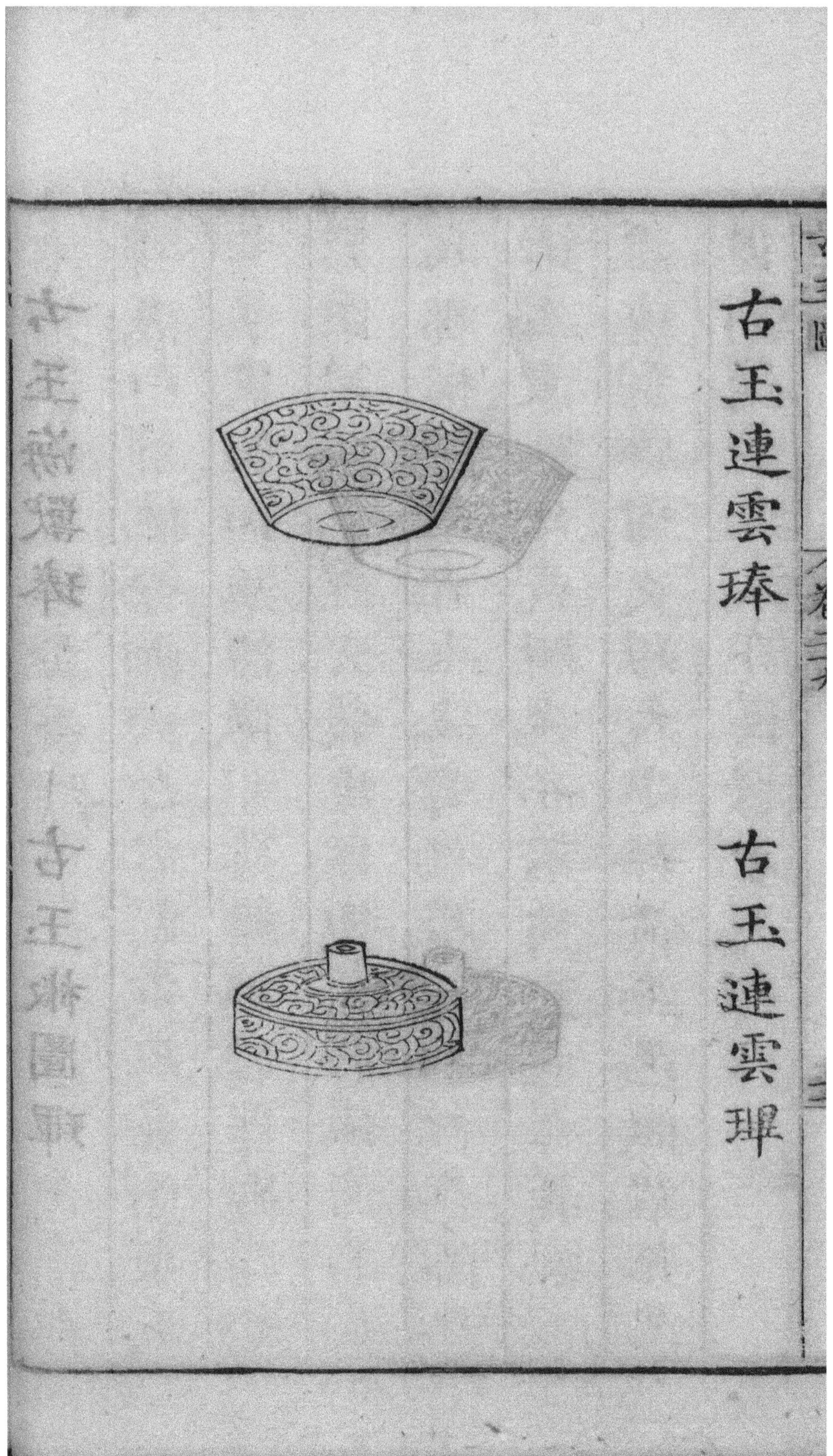
古玉連雲琫
古玉連雲琕

右海獸椒圖琫琿長短大小同前玉色瑩白而微紅刻琫作異獸之形戴角鼓翼作奮飛之象生動如活猙獰可畏琿上琱作椒圖之形臣謹按龍經云龍生九種一名椒圖形如大螺性好閉古人設之門闥之上云今飾於琿上亦取其藏閉設而不用戢武之義歟

右連雲琫琿長短大小如前玉色微碧無瑕俱刻連雲之文亦漢器也

宋淳熙敕編古玉圖譜第二十九冊 終

宋淳熙敕編古玉圖譜第三十冊

古玉響節

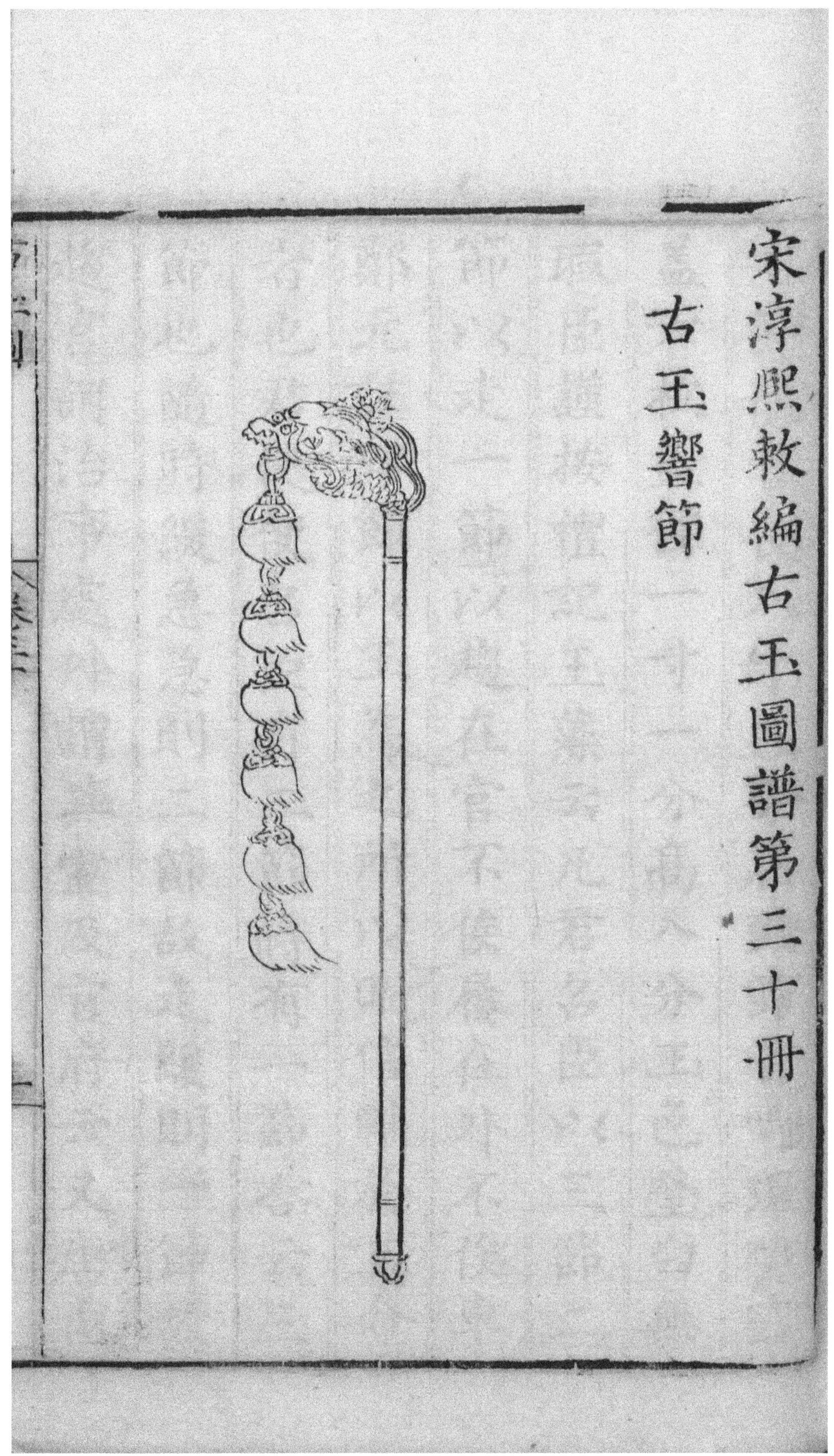

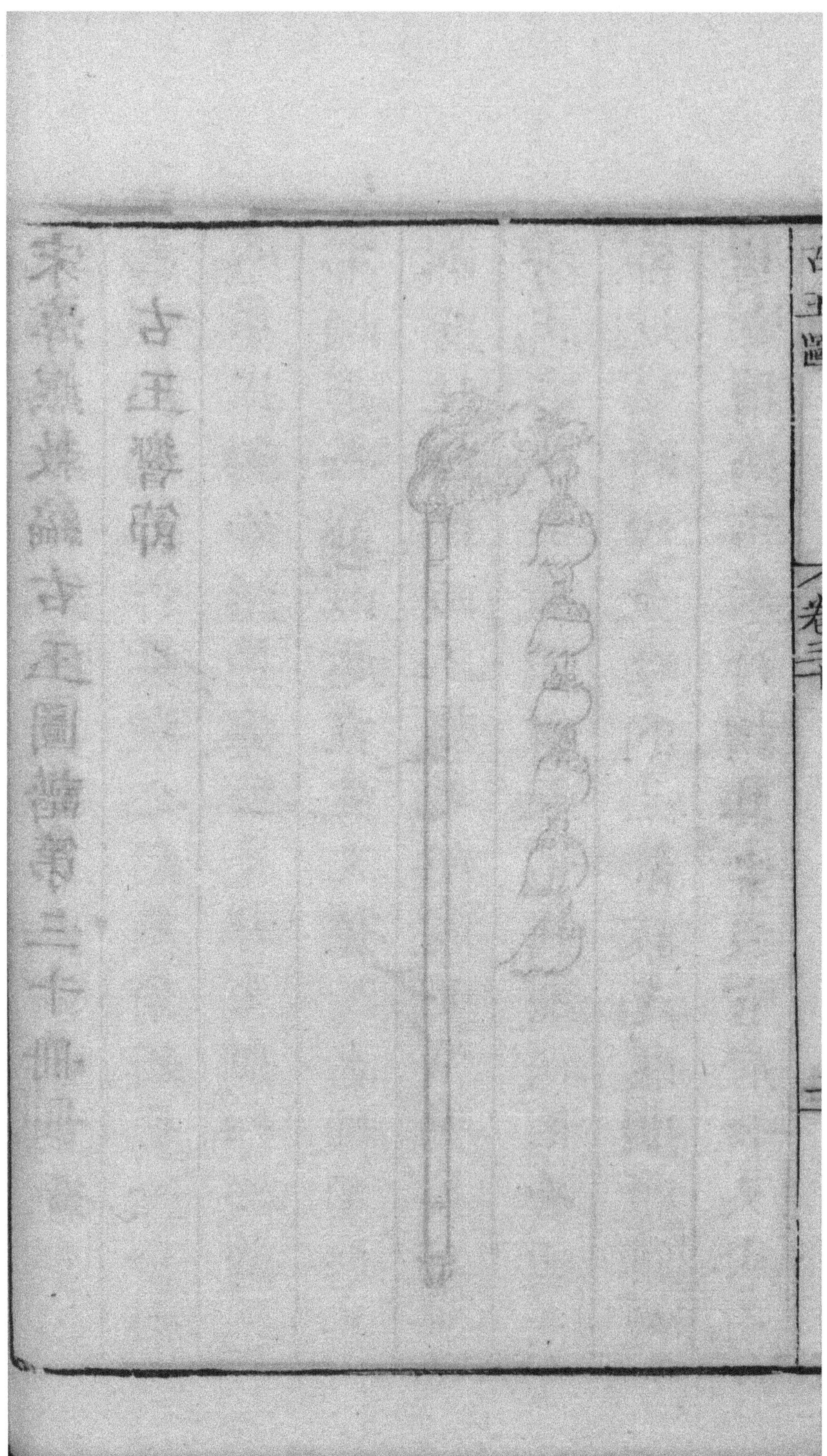

古玉旄節

宋淳熙敕編古玉圖譜第三十冊

右節龍首長八寸五分屈頸昂首啣環繫節蓋六枚蓋徑一寸一分高八分玉色瑩白無瑕臣謹按禮記玉藻云凡君名臣以三節二節以走一節以趨在官不俟屨在外不俟車鄭元註曰節以玉為之所以明信輔於君命者也君使使名臣有二節時有一節合云三節也隨時緩急急則二節故走緩則一節故趨官謂治事處外謂其室及官府云又唐鹵

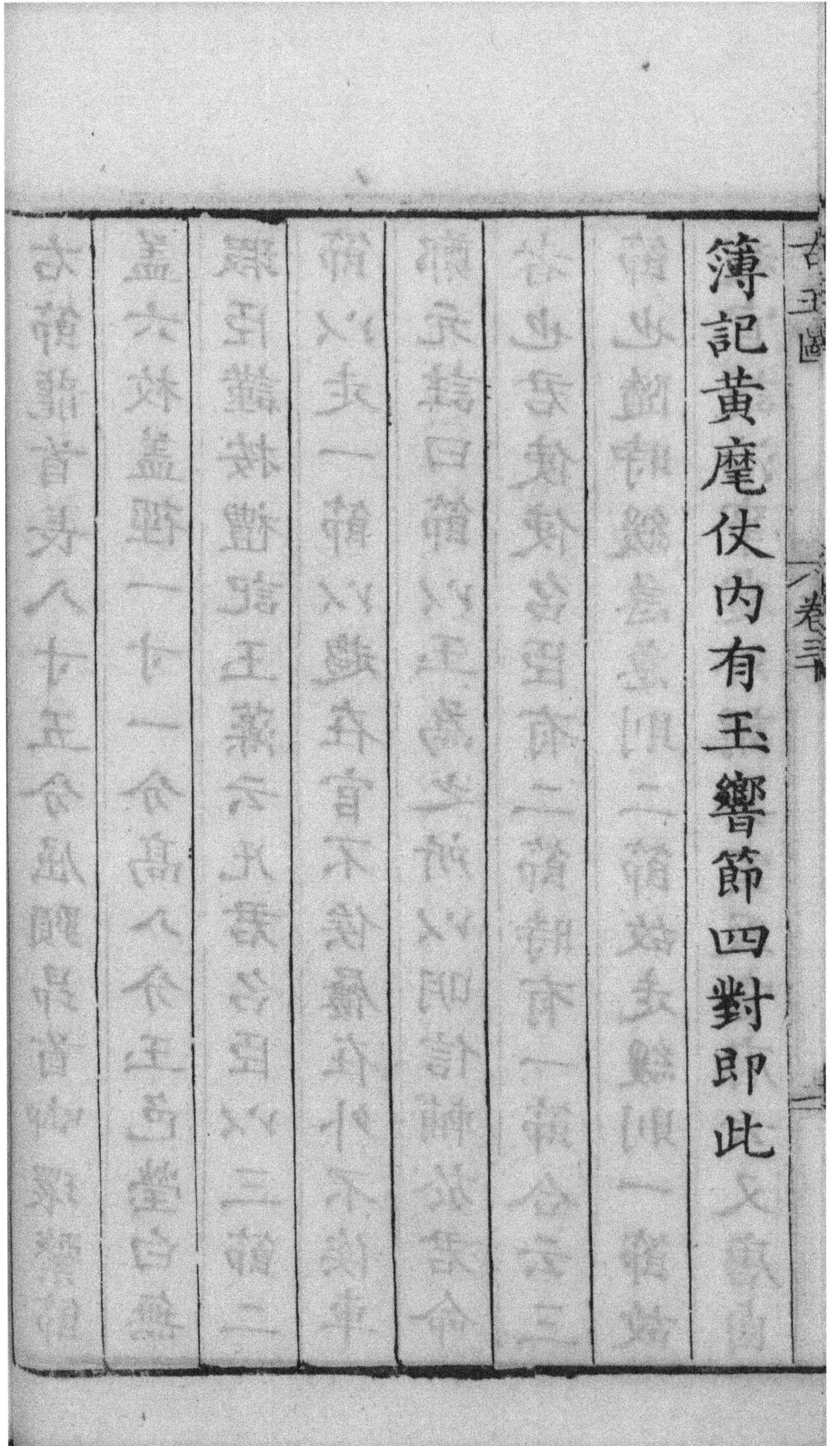

簿記黃麾仗內有玉響節四對即此

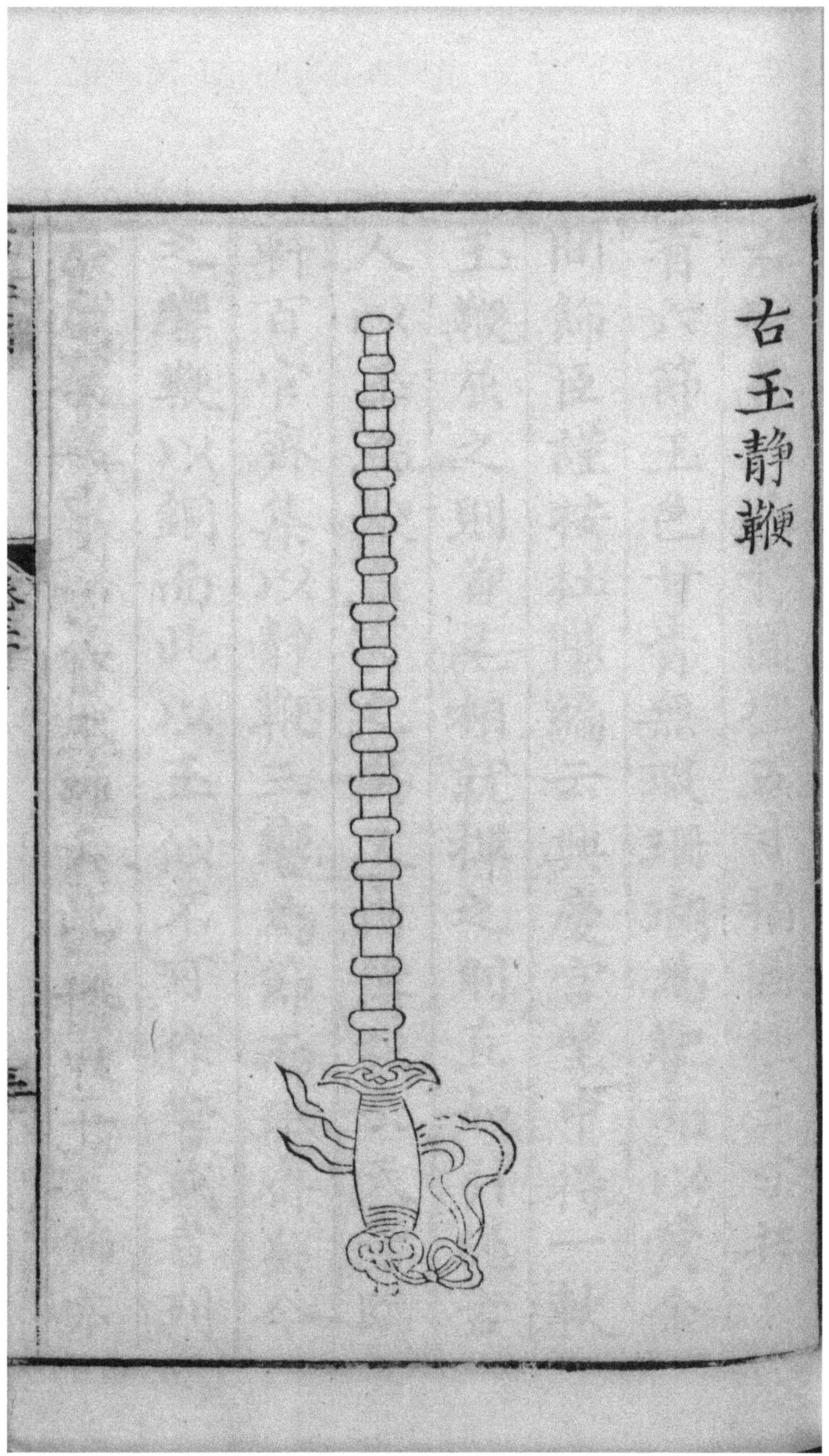

古玉靜鞭

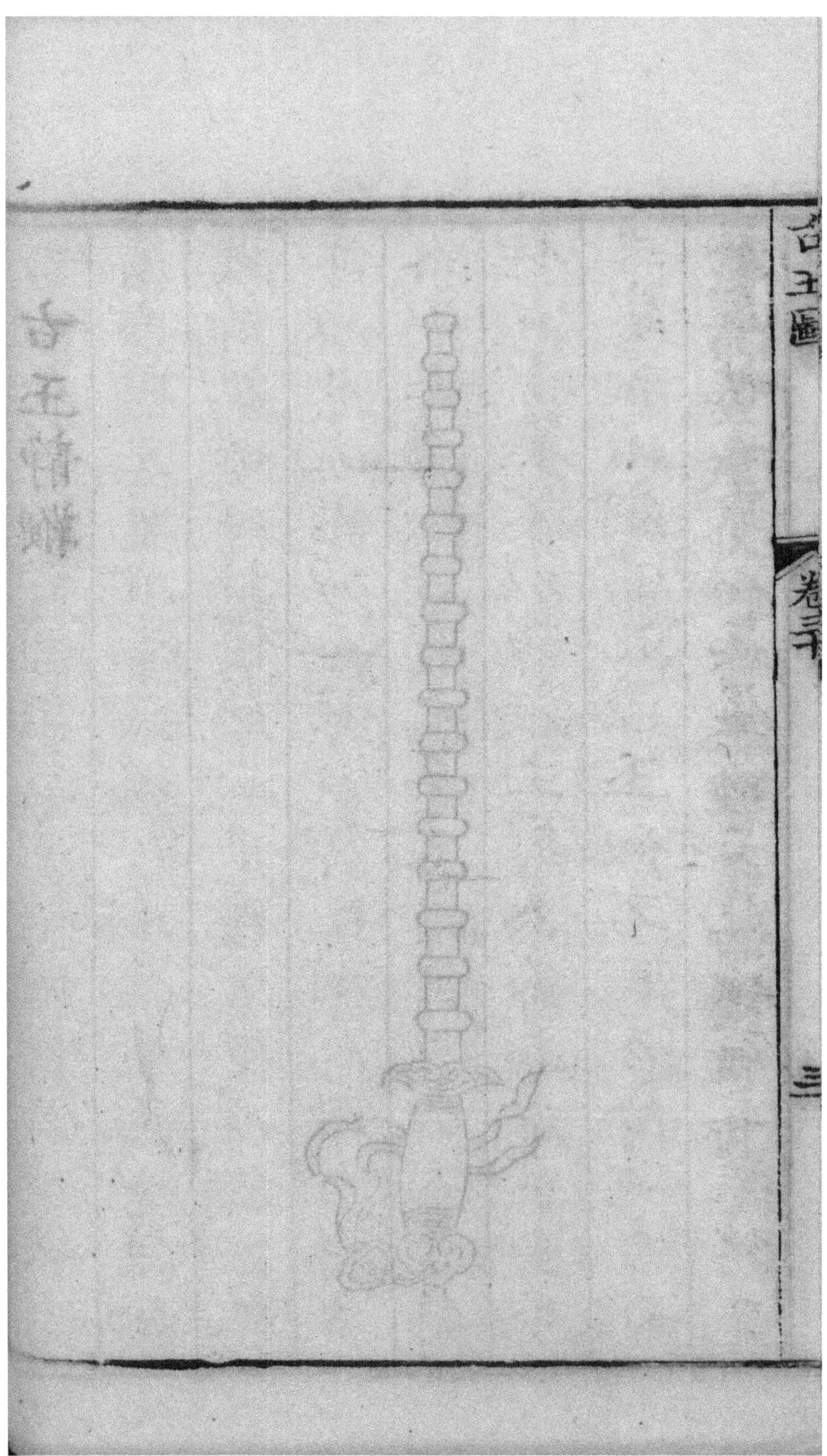

右鞭長三尺首圓徑五寸梢圓徑三寸共有六節玉色甘青無瑕珊瑚為靶而以黃金間飾臣謹按杜陽編云興慶宮壁中得一軟玉鞭屈之則首尾相就揮之則直如引繩古人以玉為鞭蓋有之矣又鹵簿記云天子臨軒百官齊集以靜鞭三響為節而班齊矣今之響鞭以銅而此以玉似不可作響或者列於麾仗之中以為儀飾云此鞭有二裝飾亦

同必隋唐物也為儀飾云此璥有二衆飾亦
文響璥以銅而此以玉似不可作響改音則
軒百官齋集以靜璥三響為節而班齊矣令
人以玉為璥蓋有文矣又陶穀記云天子臨
玉璥底文則首尾相就擇之則直如引繩古
閒飾區謹按杜陽編云興慶宮聲中得一璥
有六節五色甘青無瑕琱琢為龍而以貴令
古璥長三尺首圓徑五寸㨿圓徑三寸共

古玉立瓜仗

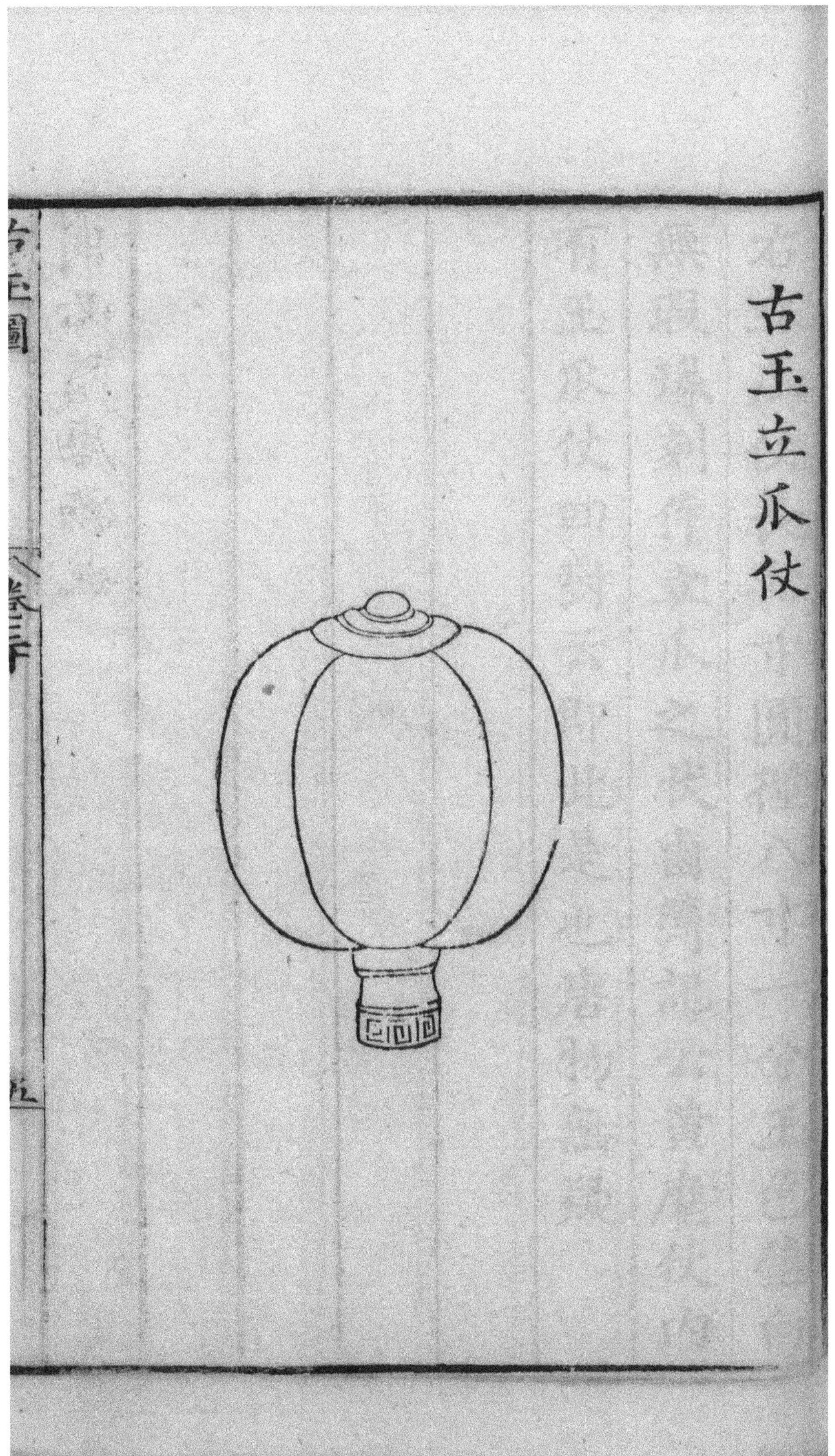

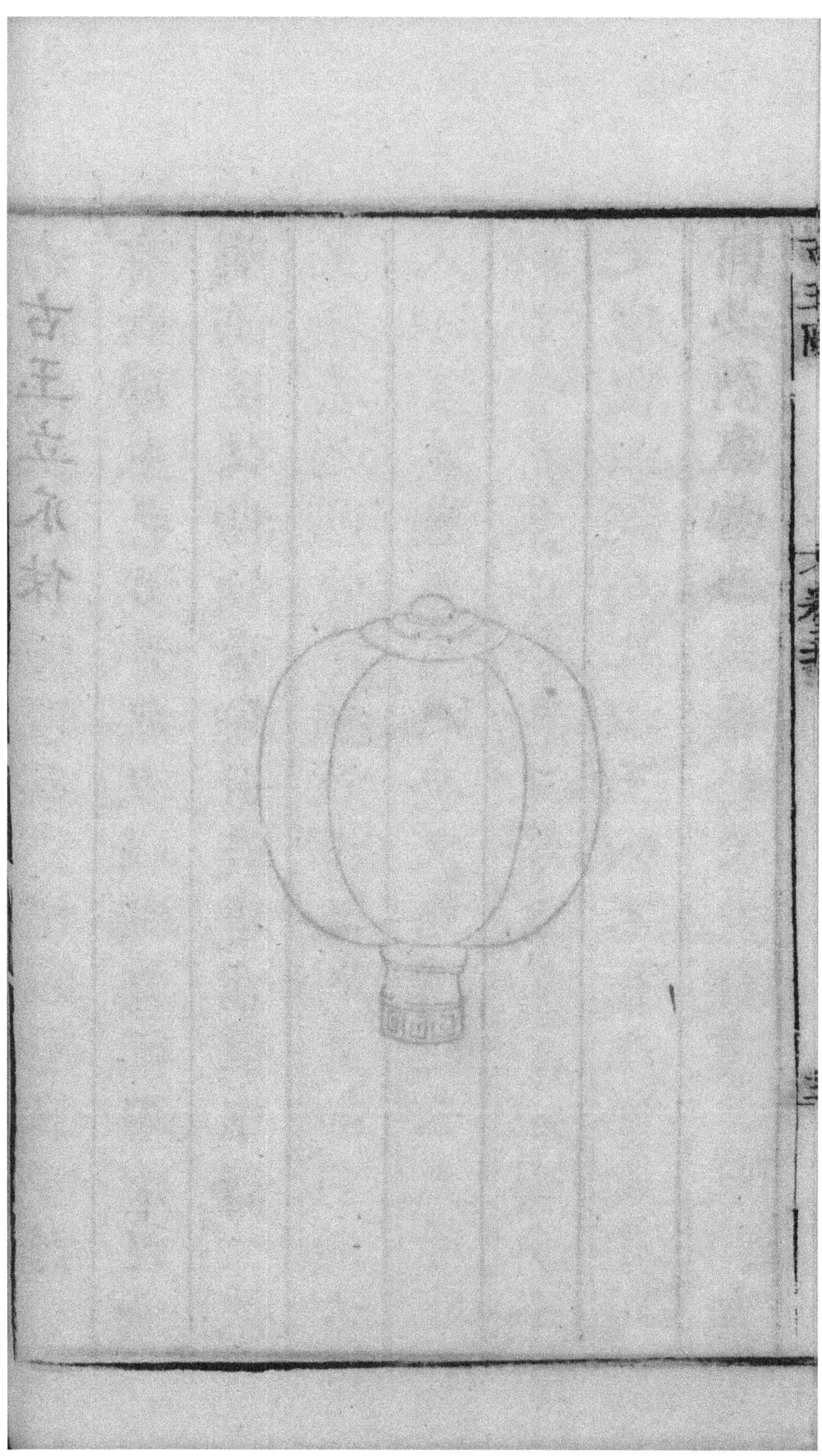

右立爪仗長七寸圓徑八寸一分玉色瑩白無瑕瑑刻作立爪之狀鹵簿記云黃麾仗内有玉爪仗四對云即此是也唐物無疑

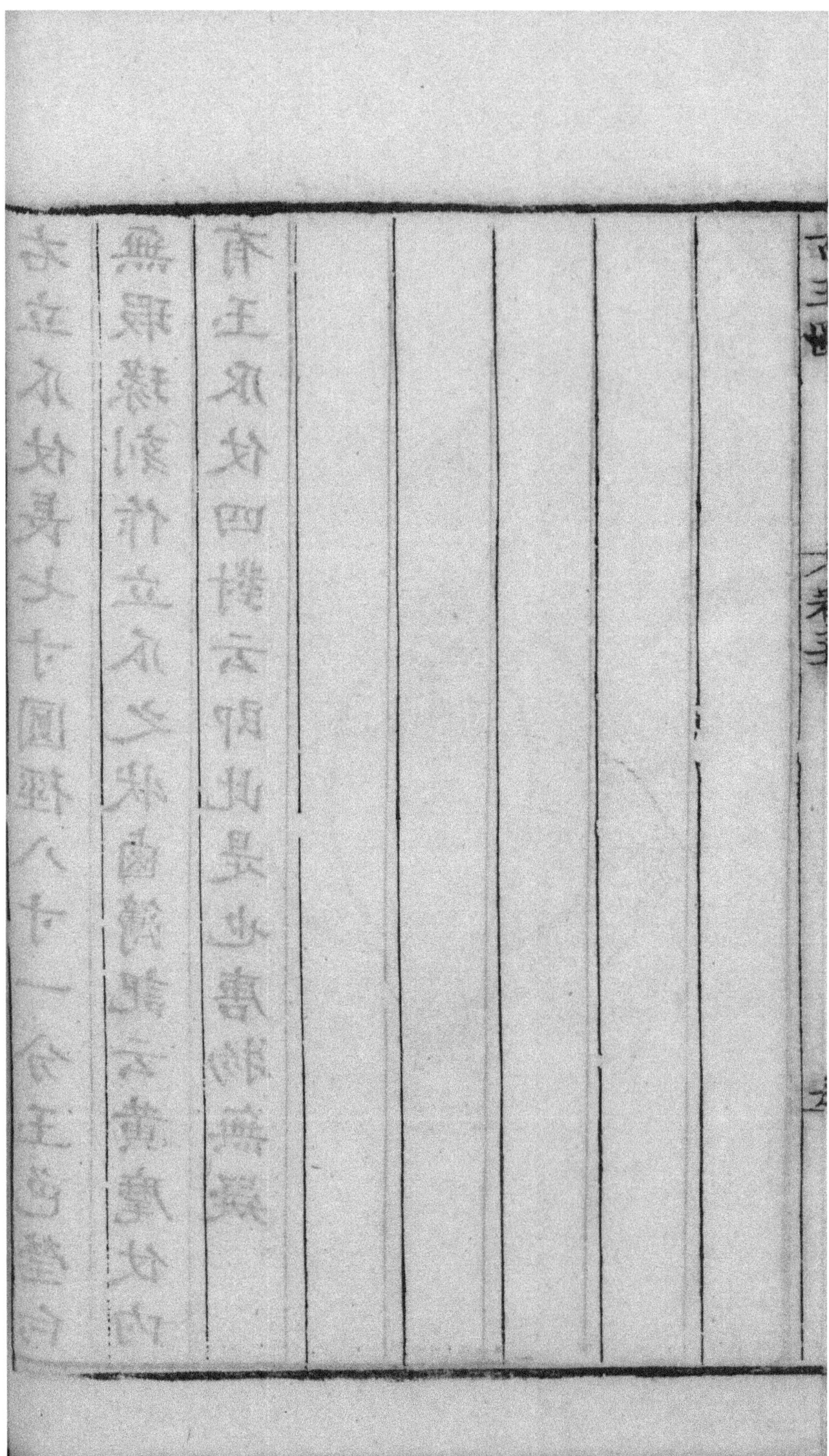

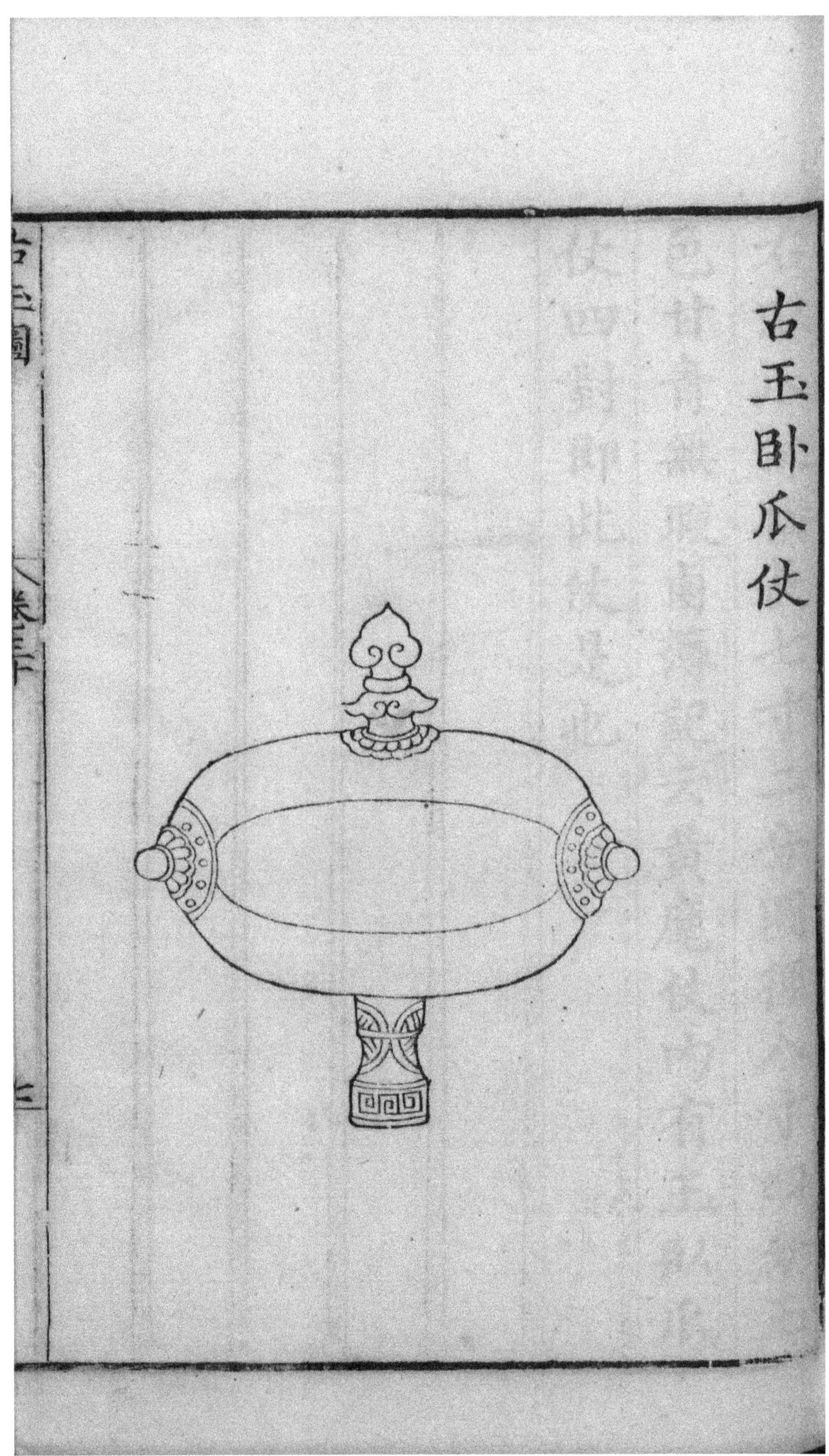

古玉卧瓜仗

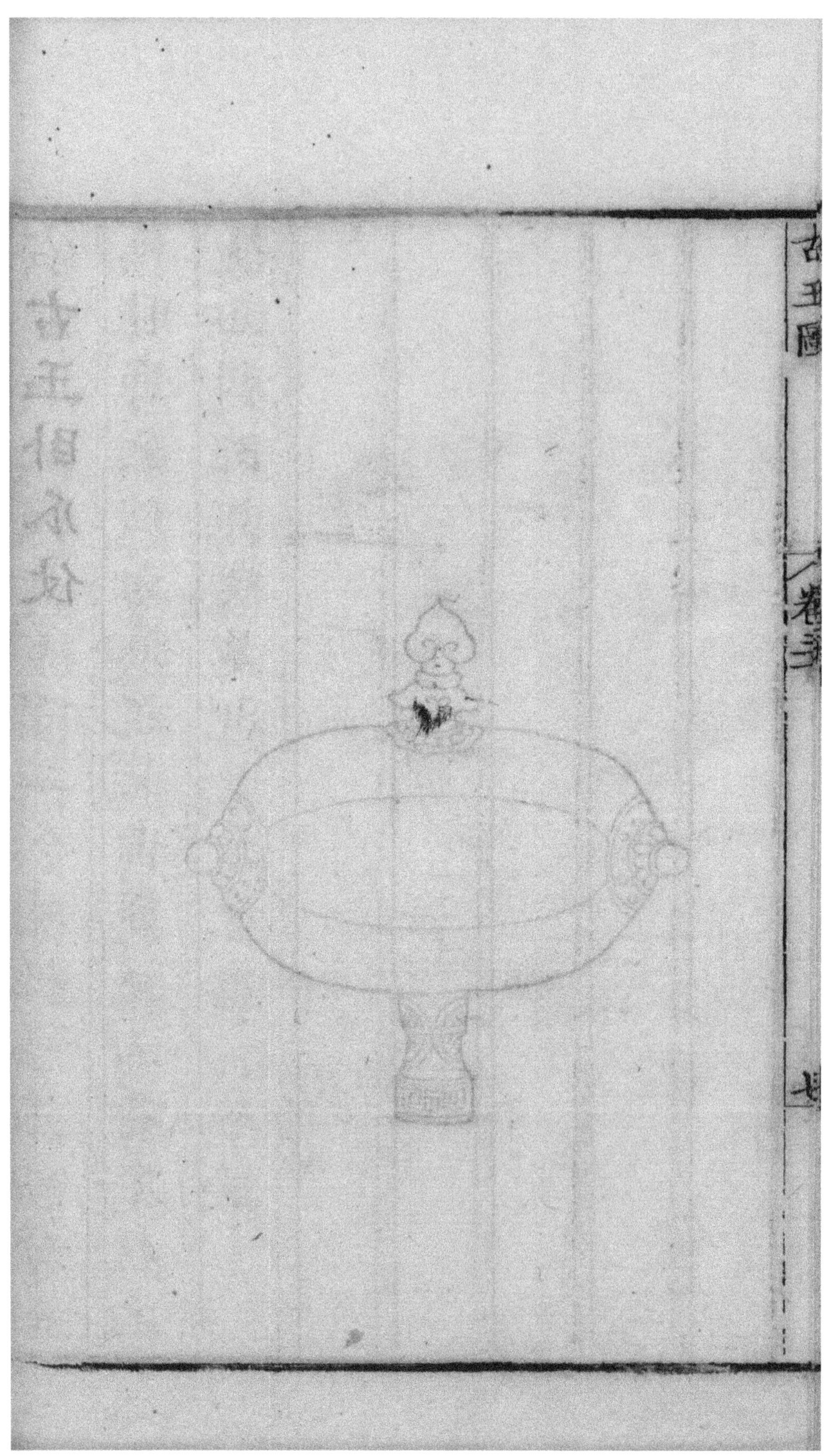

右臥瓜仗橫長七寸二分圓徑八寸四分玉色甘青無瑕鹵簿記云黃麾仗內有玉臥瓜仗四對即此仗是也

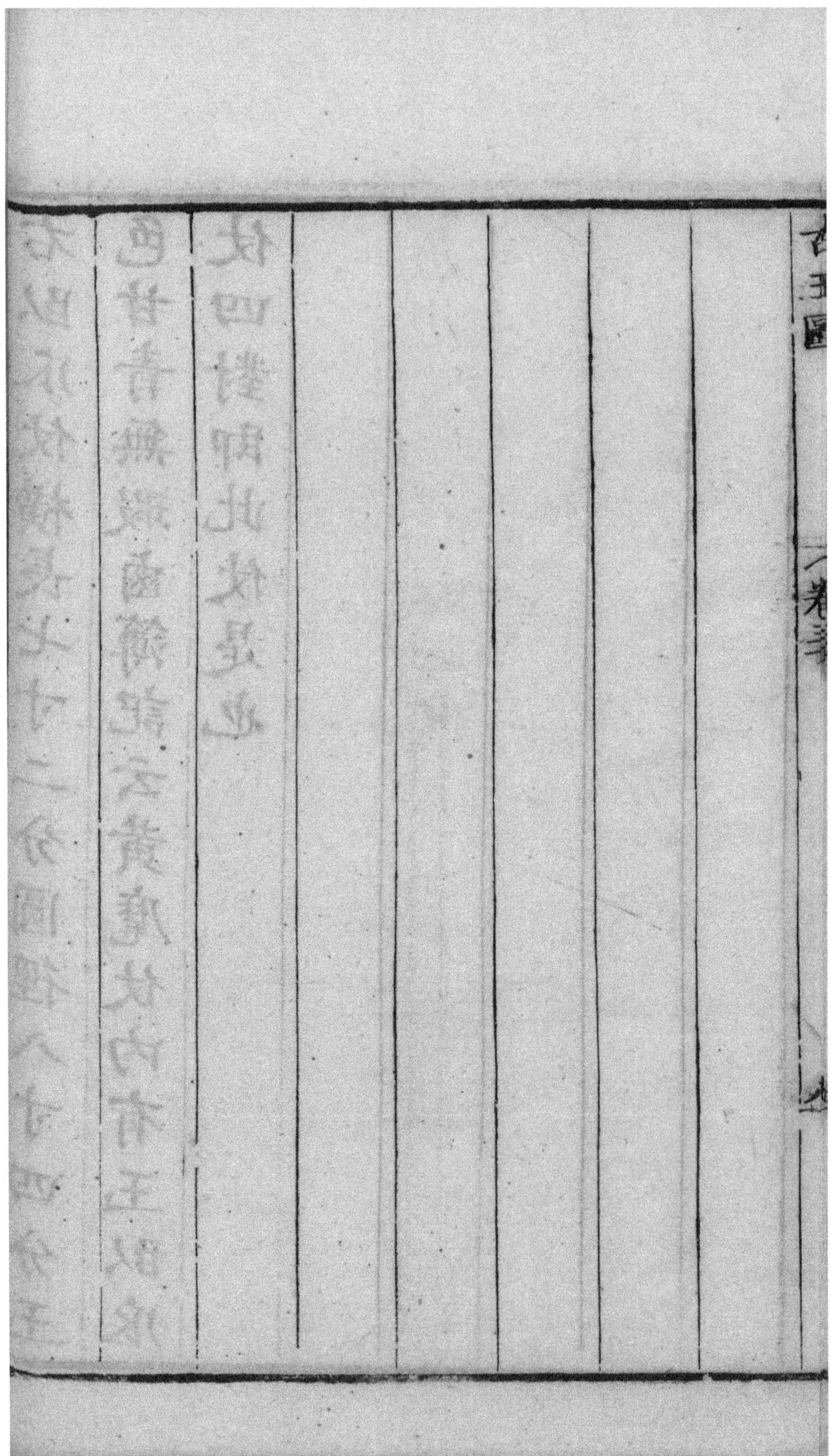
古玉圖

玉色瑩白與瑕以新羅國朱樓高拱氏一

二尺戟如飾以玉蓋紫纓曲簿記云黃尾中

內有玉對者卽此

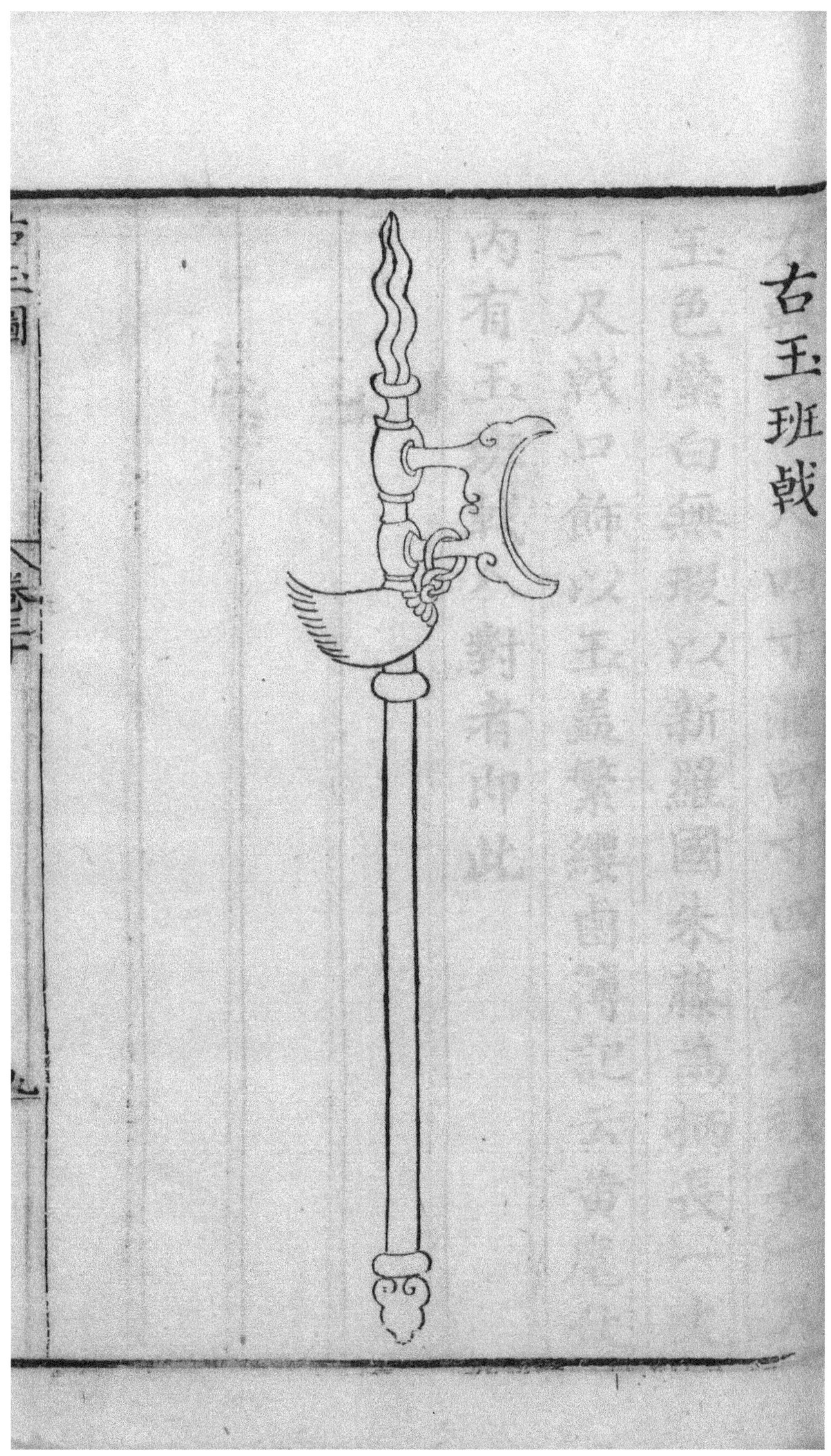

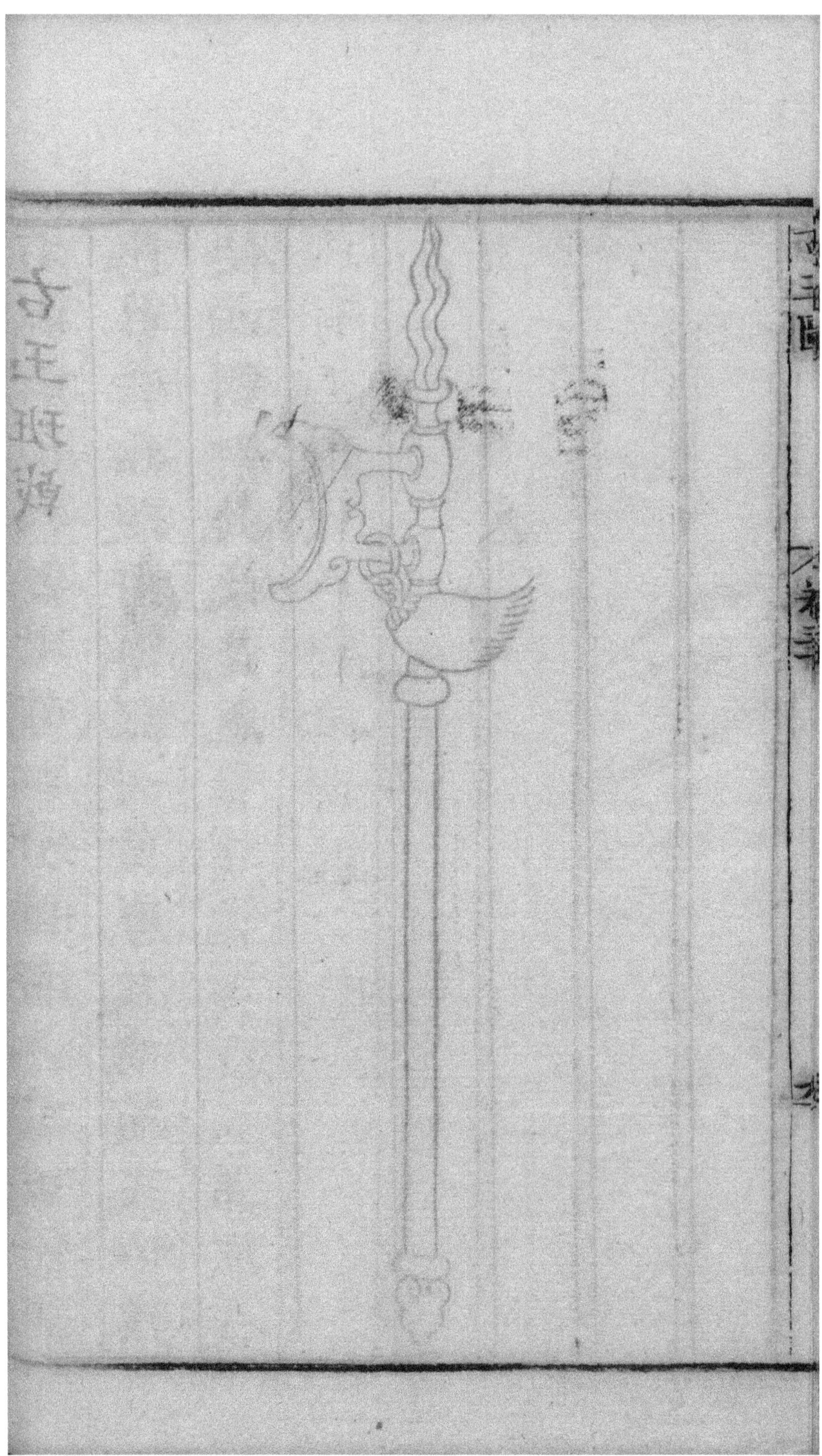

右戟長一尺四寸濶四寸四分小枝長一尺玉色瑩白無瑕以新羅國朱藤為柄長一丈二尺戟口飾以玉蓋繁纓鹵簿記云黃麾仗内有玉班戟八對者即此

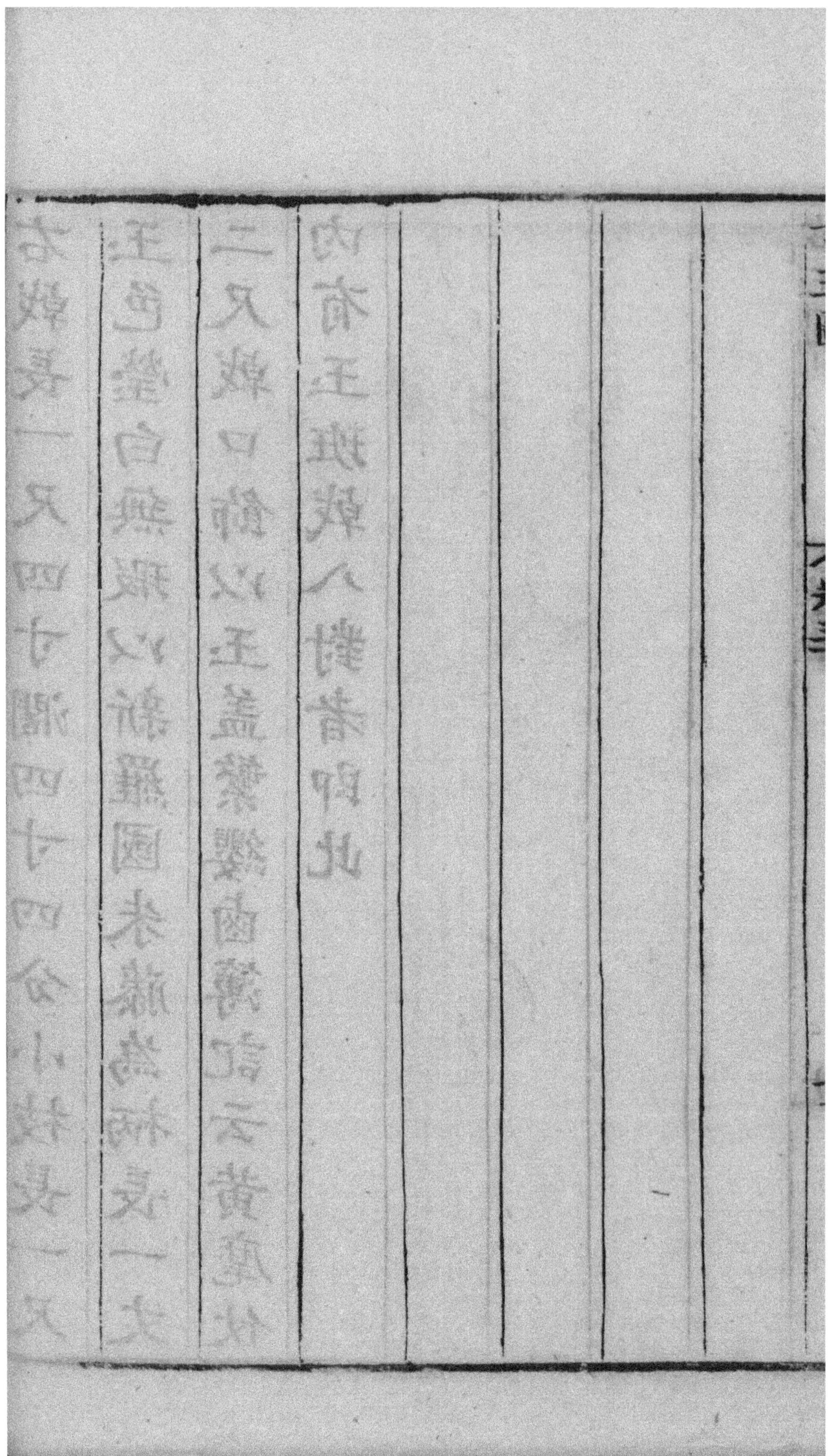

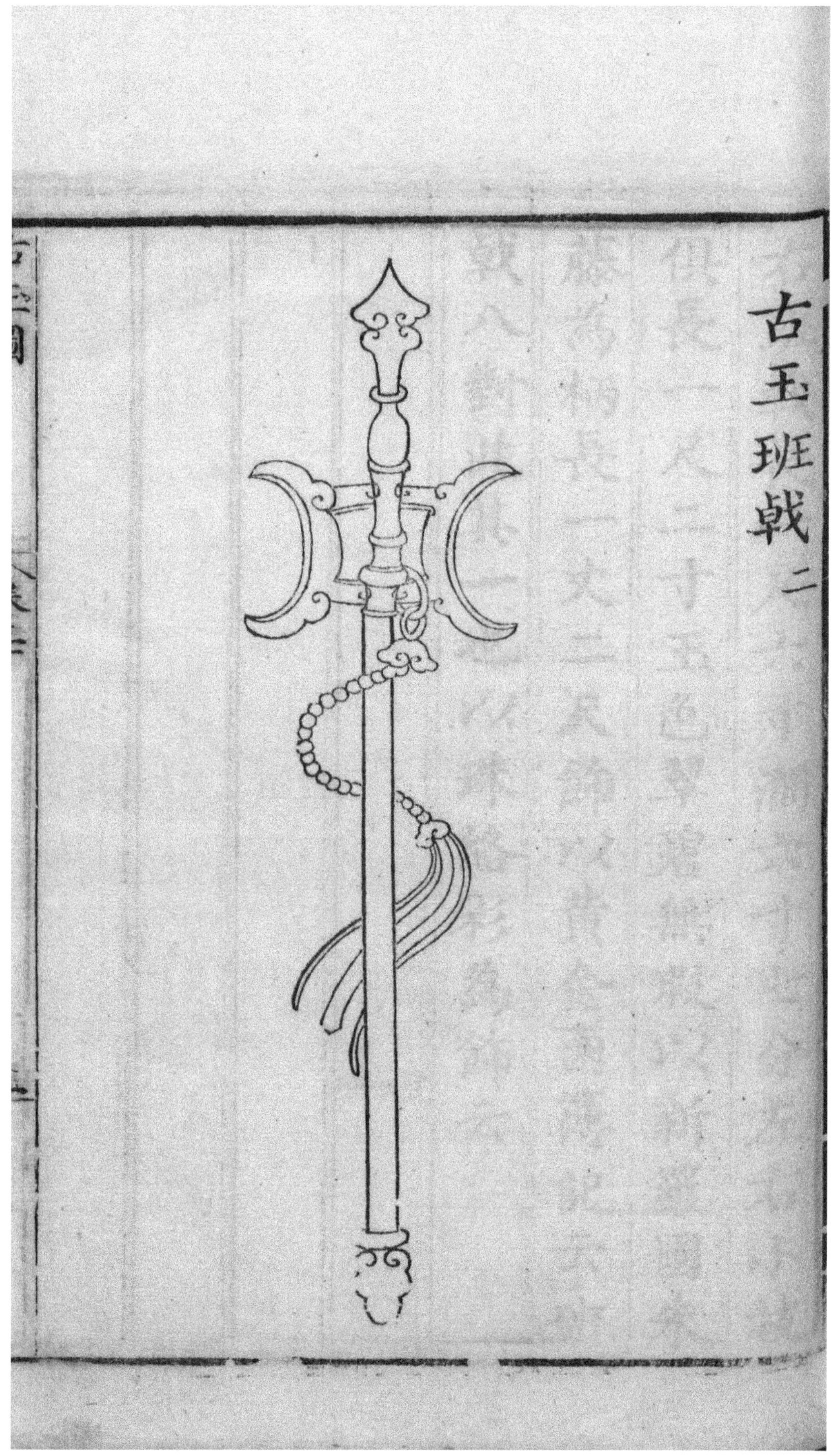
古玉班戟 二

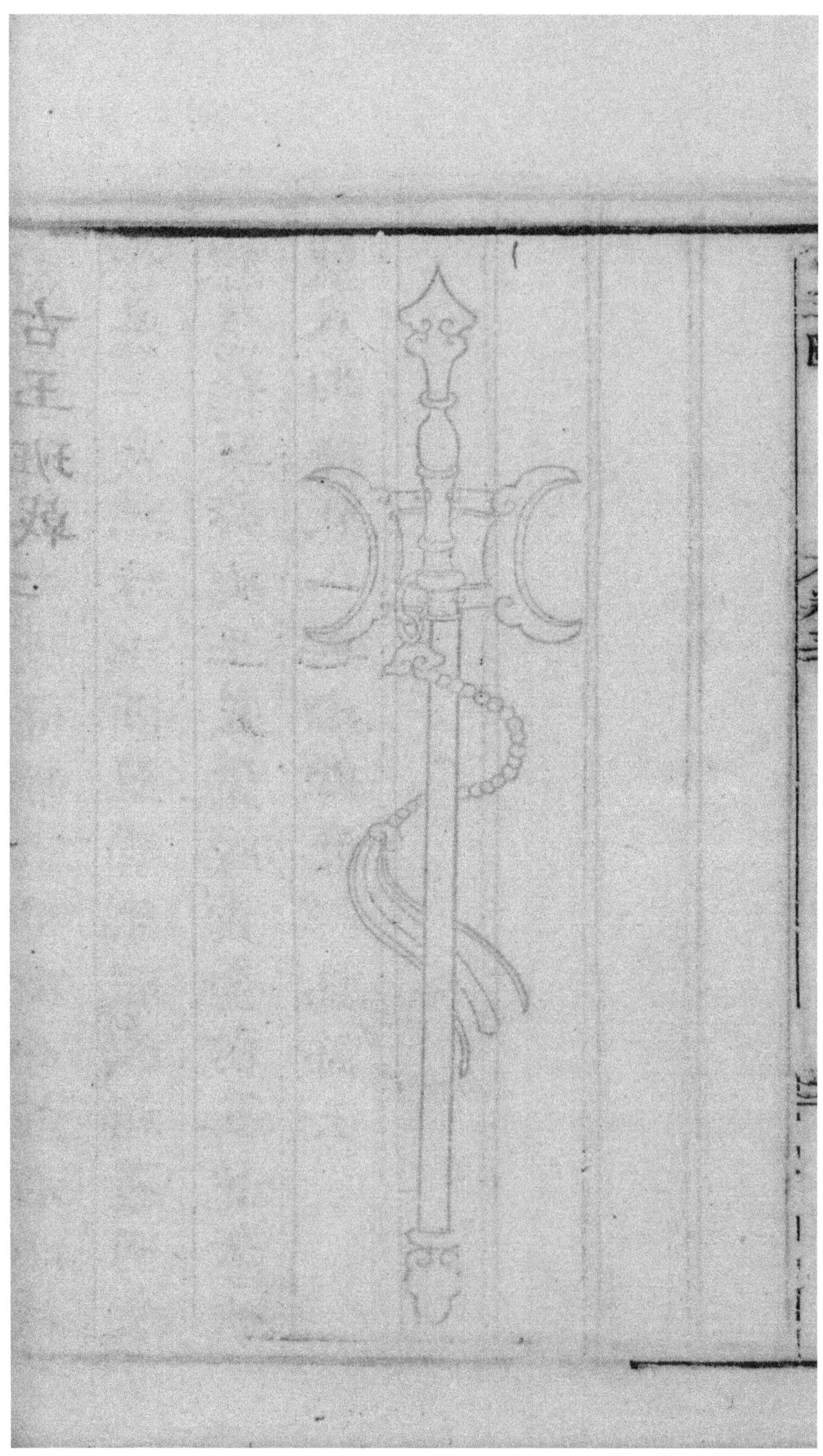

右班戟長一尺六寸濶六寸七分左右小枝俱長一尺二寸玉色翠碧無瑕以新羅國朱藤為柄長一丈二尺飾以黃金鹵簿記云班戟八對此其一也以珠絡彩為飾云

宋淳熙敕編古玉圖譜第三十冊終

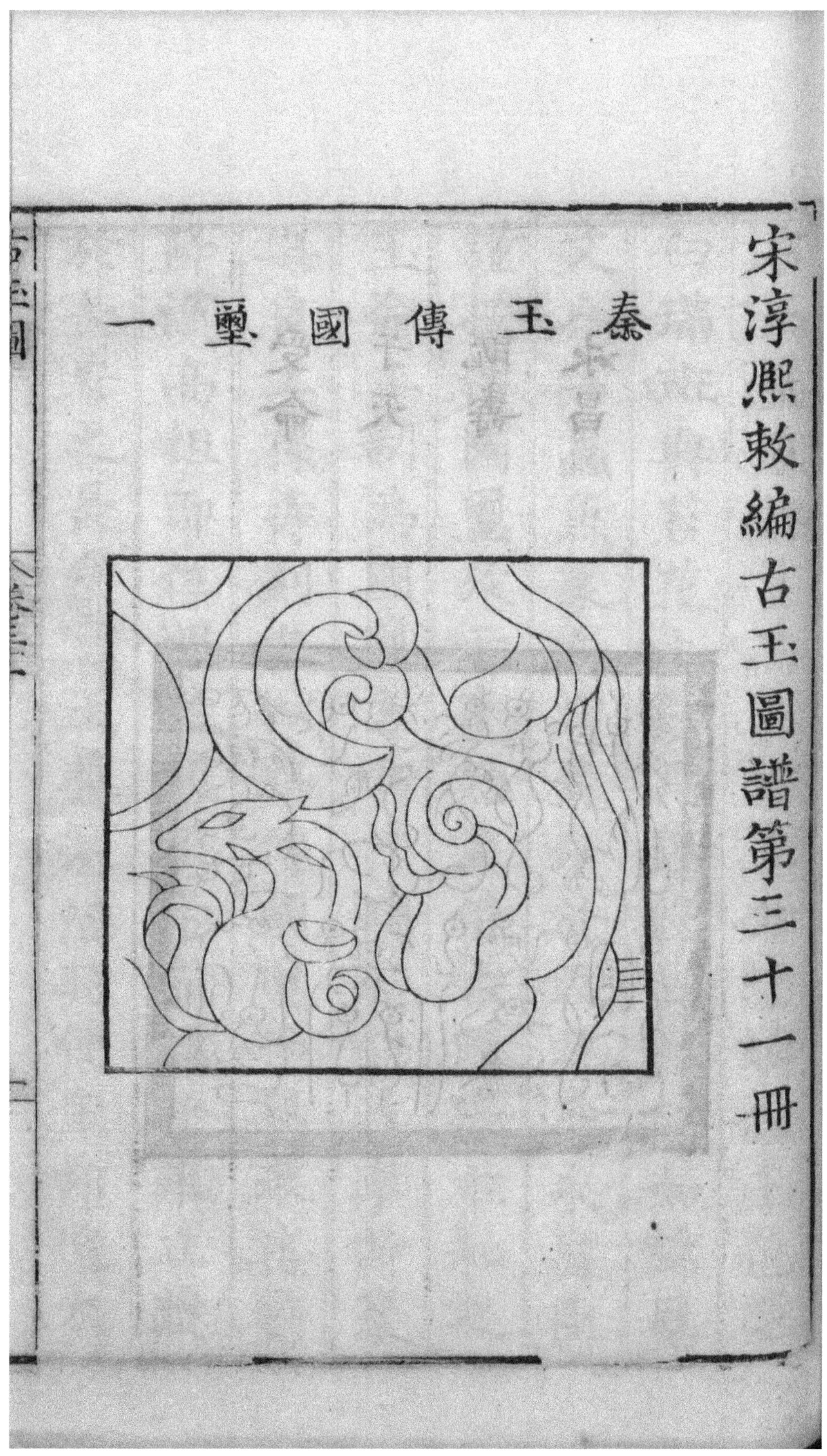
宋淳熙敕編古玉圖譜第三十一冊
秦玉傳國璽一

受命于天既壽永昌

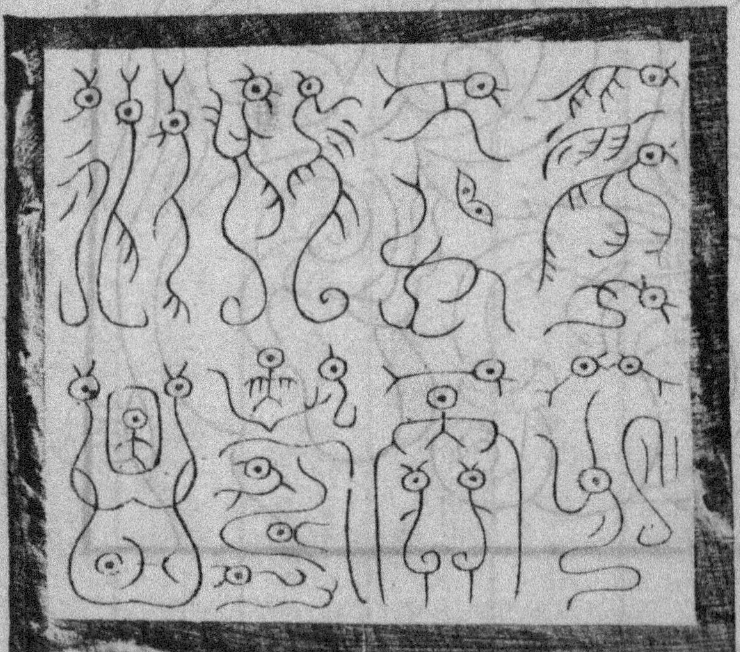

右玉璽方四寸高五寸五分蟠螭鈕玉色瑩白璊斑與苔花土銹丹碧殷紅相錯如錦璽文八字蟲魚篆文曰受命於天既壽永昌臣謹按傳國璽攷云秦始皇併六國得卞和之玉命工制為國璽方四寸螭虎鈕敕李斯篆其良工孫壽刻之以為傳國璽子嬰奉其璽降漢高祖即位服之後平帝崩孺子未立藏於長安之長樂宮王莽篡漢時使王舜迫太

后求出璽投地刓螭角微玷其後璽歸光武至獻帝時董卓之亂掌璽者投之井孫堅探井得之後徐繆送歸獻帝尋以禪魏魏以禪晉五胡亂華為劉石所得後復歸之東晉自後宋齊梁陳以至於隋隋滅陳得之後煬帝遇弑江都蕭后攜之入於突厥唐太宗求之不得乃自刻一玉璽曰皇帝景命有德者昌貞觀四年蕭后始自突厥奉璽歸唐朱温篡

唐璽入於梁梁亡入後唐廢帝自焚自是璽不知所在皇朝元符元年咸陽縣民段義修舍得古玉印文曰受命於天既壽永昌上之敕先臣蔡京等辨驗以為秦璽遂命曰天受傳國受命寶改元元符後徽祖復制國定命二寶併此為三寶靖康之亂諸璽皆為金營所得岳飛朱仙鎮之捷復得以獻行在云此璽本一因傳摹者各有不同故篆文有異耳

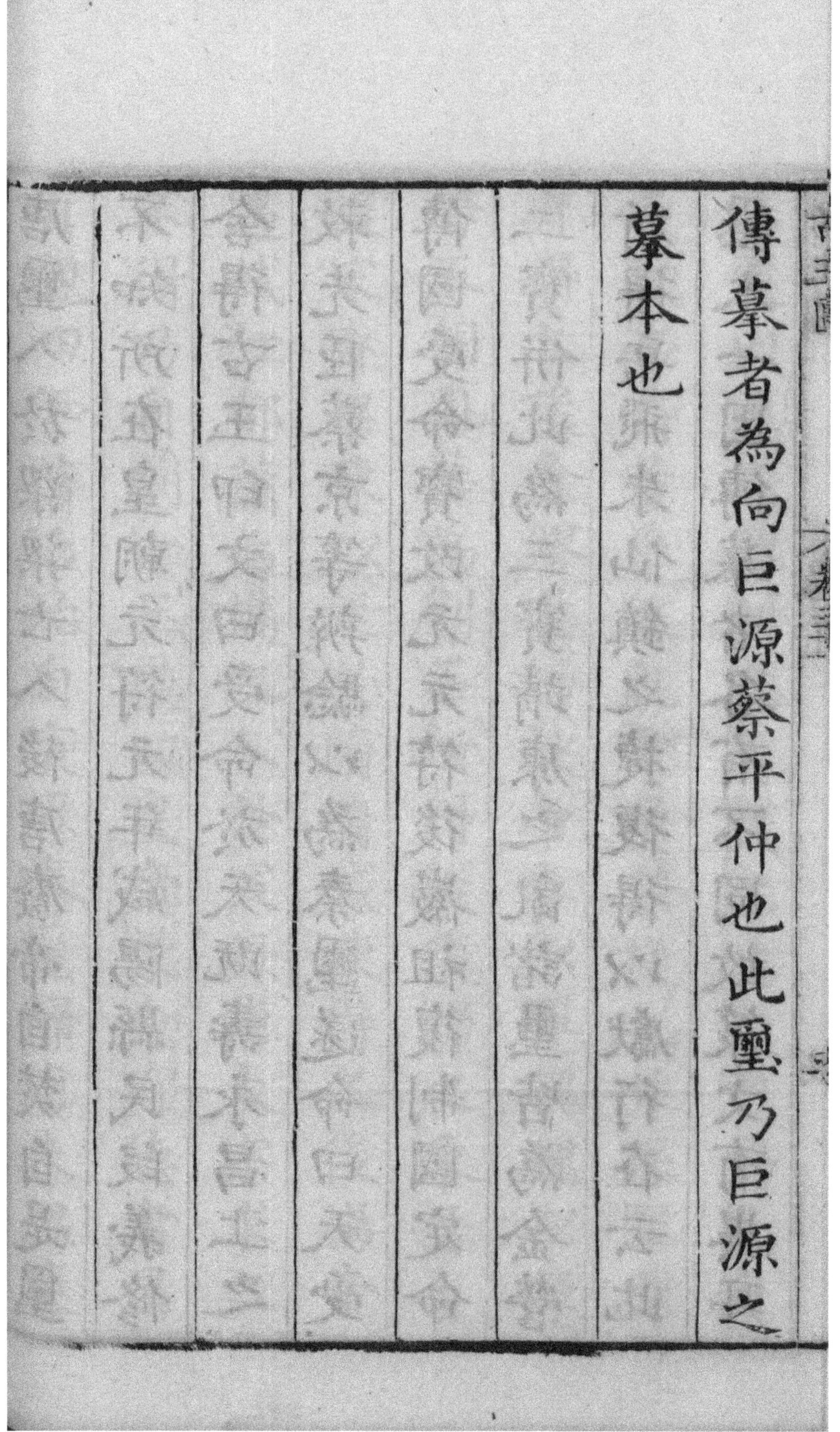

傳摹者為向巨源蔡平仲也此璽乃巨源之摹本也

秦玉傳國璽二

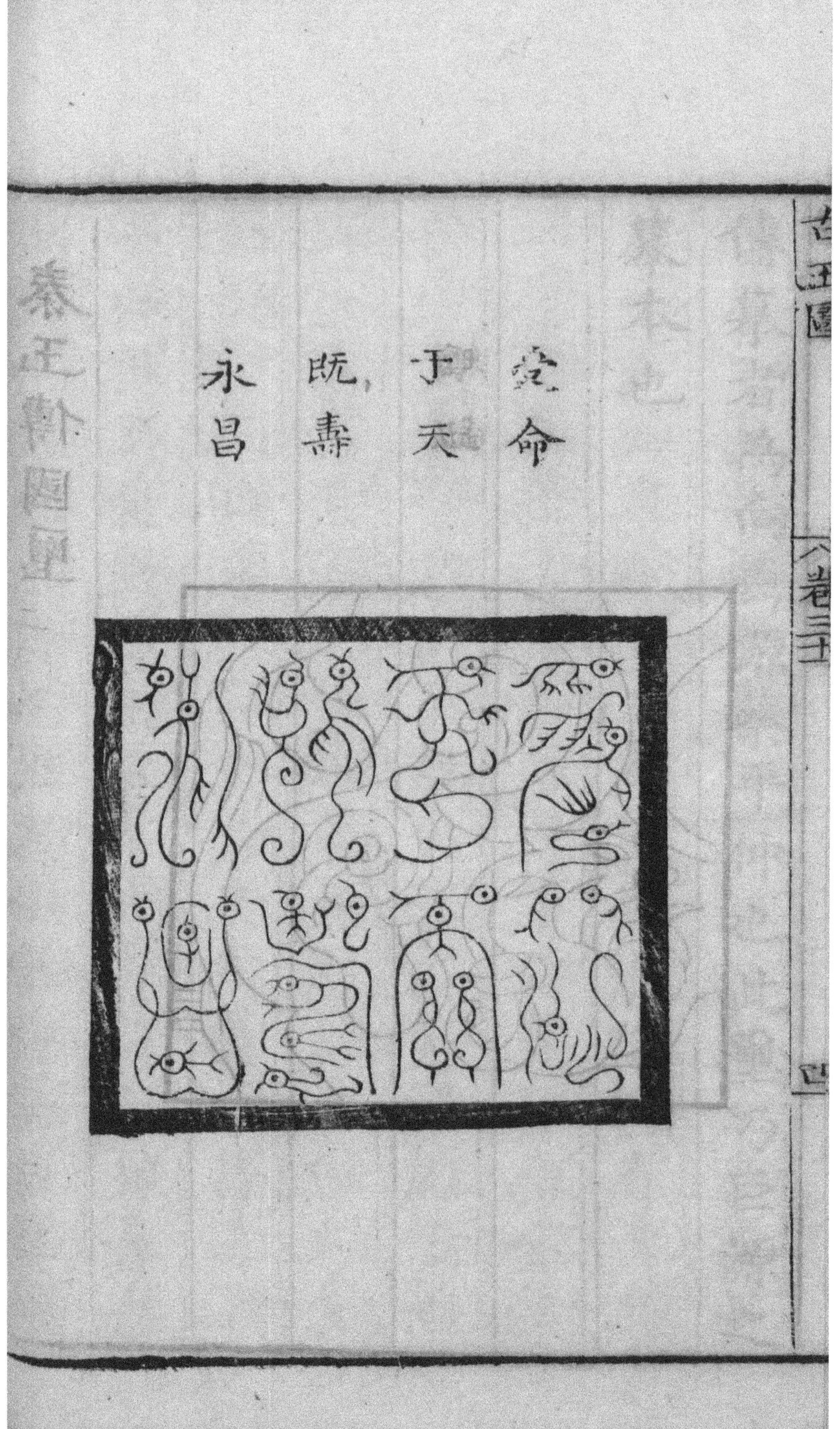
受命
于天
既壽
永昌

右璽即前璽也其玉之大小悉同唯此璽文

出自蔡平仲畧有異耳

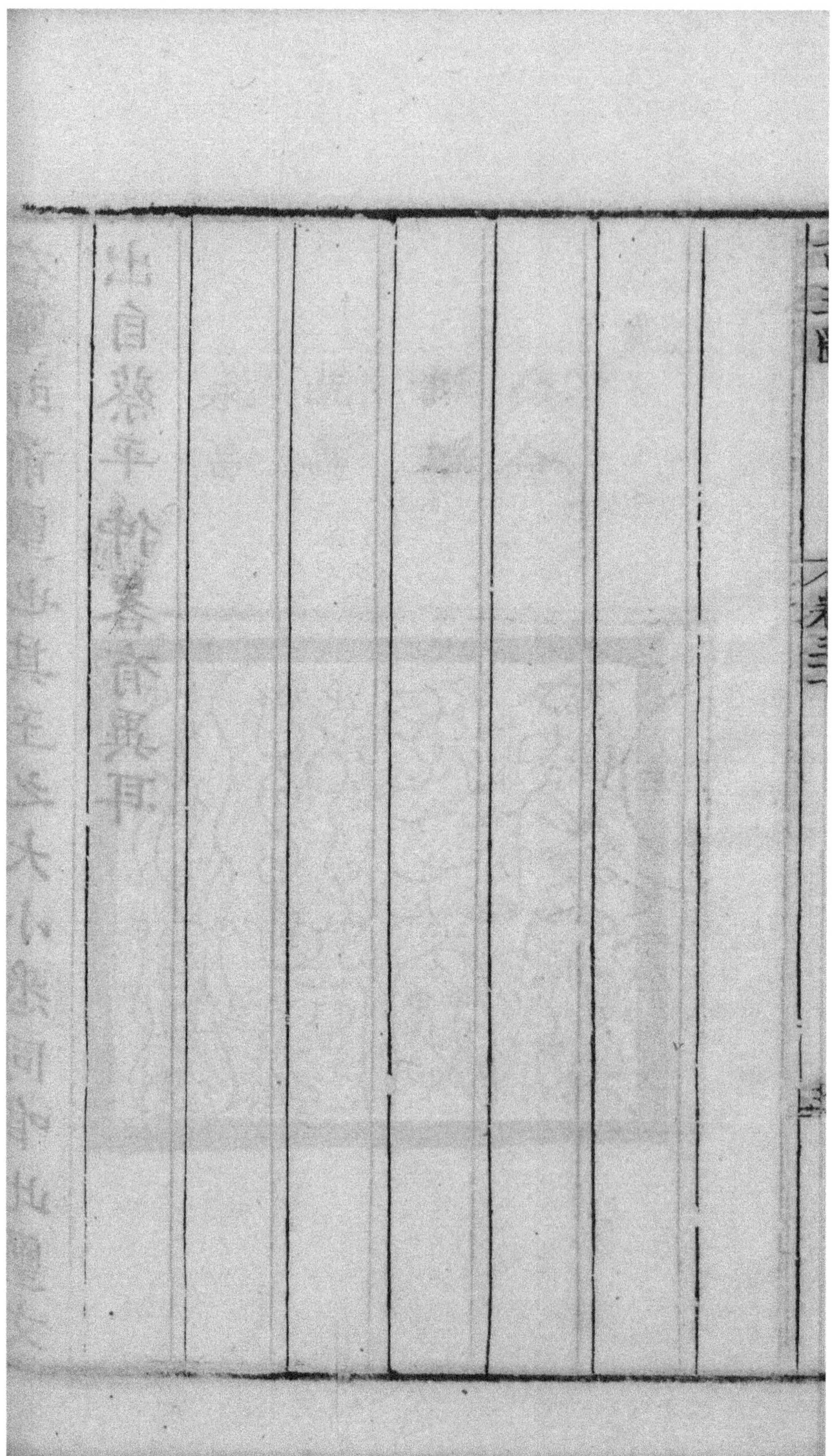

秦玉傳國璽 三 銘八字
螭鈕

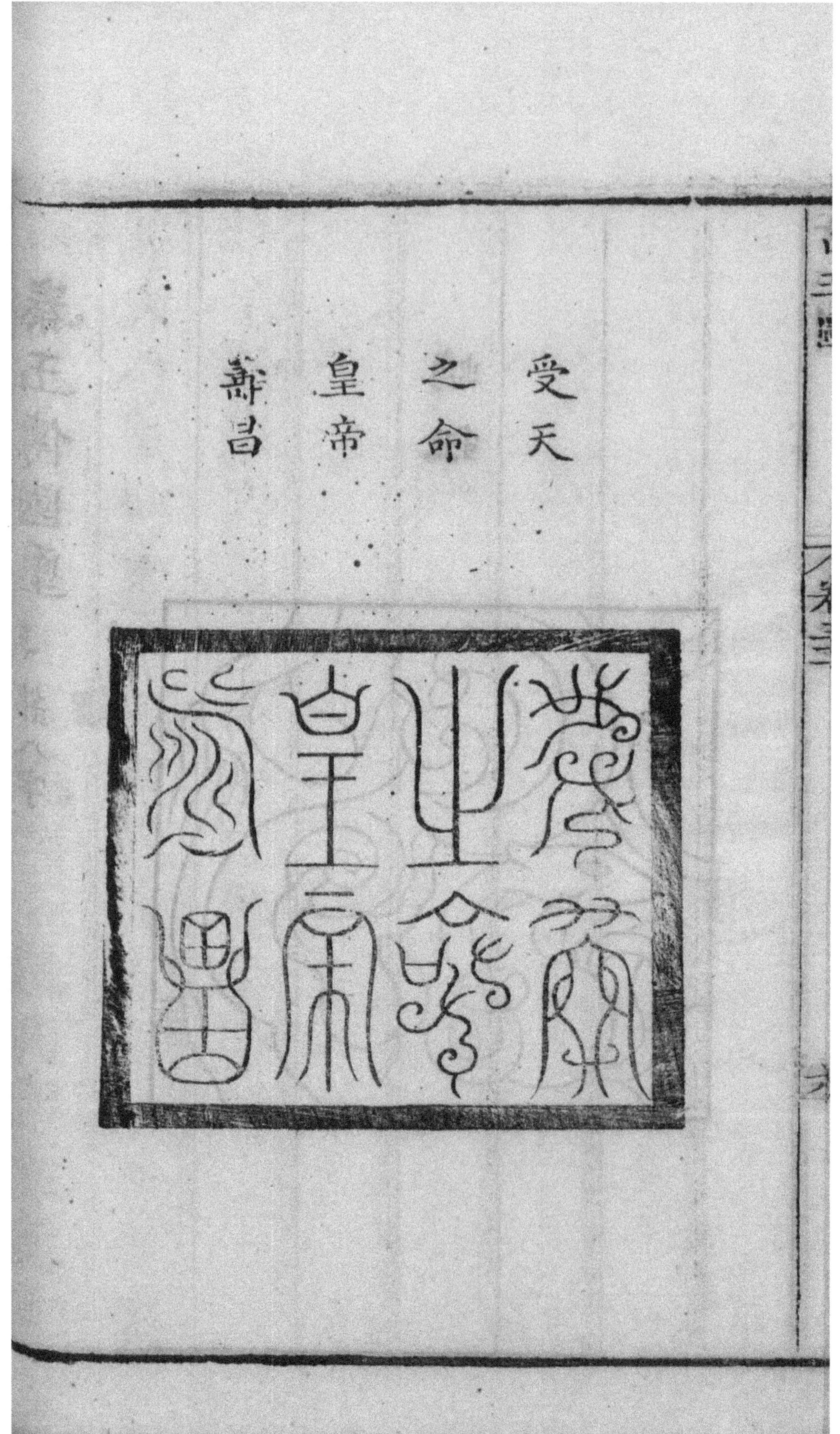

受天之命皇帝壽昌

右璽大小玉色螭鈕璘斑苔銹俱同前璽唯篆文八字曰受天之命皇帝壽昌相傳亦為始皇傳國次璽摹本出自畢景儒家

始皇傳國次璽集本出自畢景儒家

篆文八字曰受天之命皇帝壽昌相傳亦為

右璽大小玉色螭鈕獸環古銹俱同前璽唯

秦玉小璽 銘九字 一

疢疾除
永康休
萬壽寧

右璽方三寸高四寸六分玉色甘黃璊斑勻點蟠螭為鈕蜿蜒如生篆文九字云疢疾除永康休萬壽寧觀其篆文醇古琱法精工真祖龍之遺器也

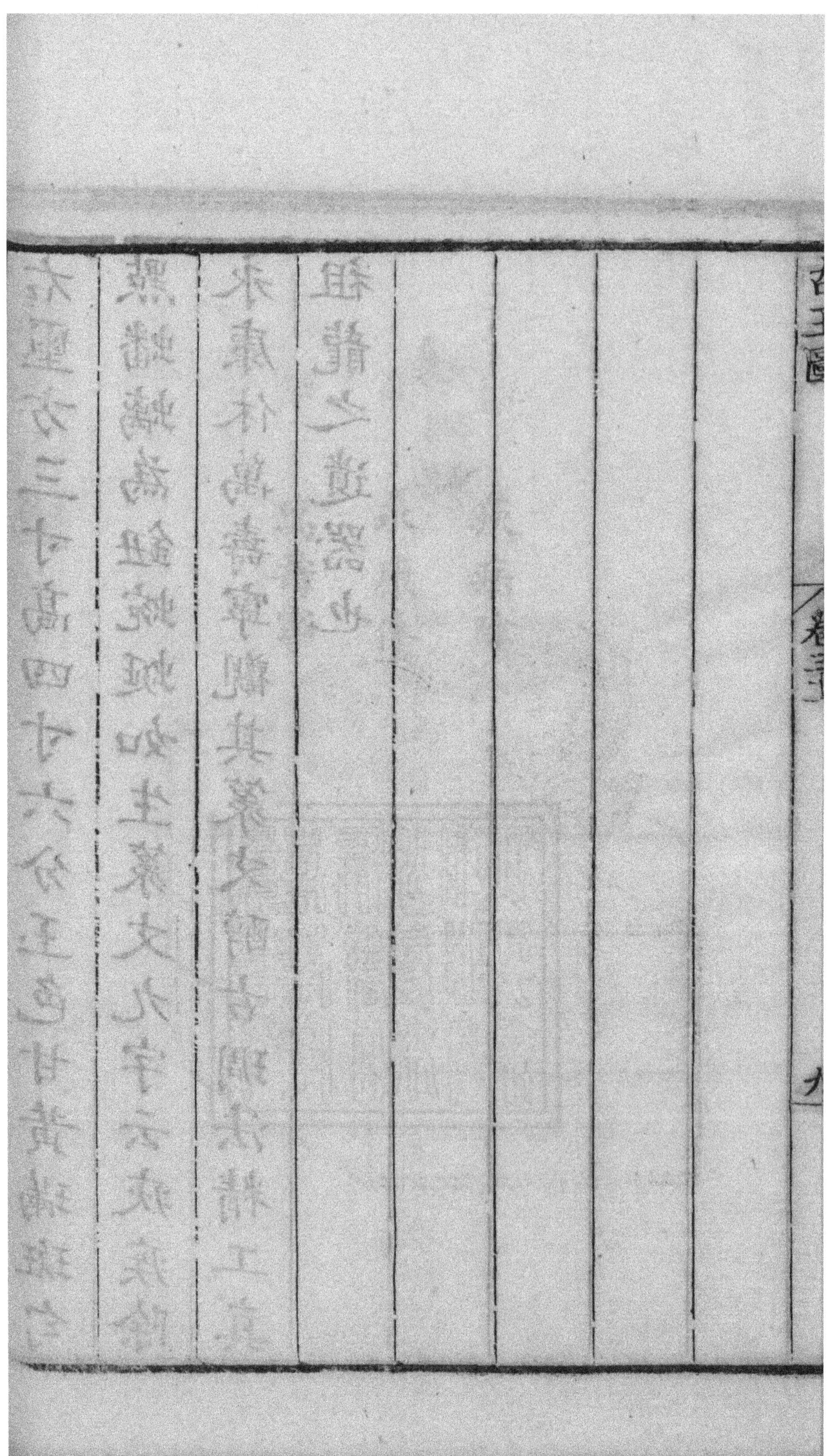

秦玉小璽 計四字 二
螭虎鈕

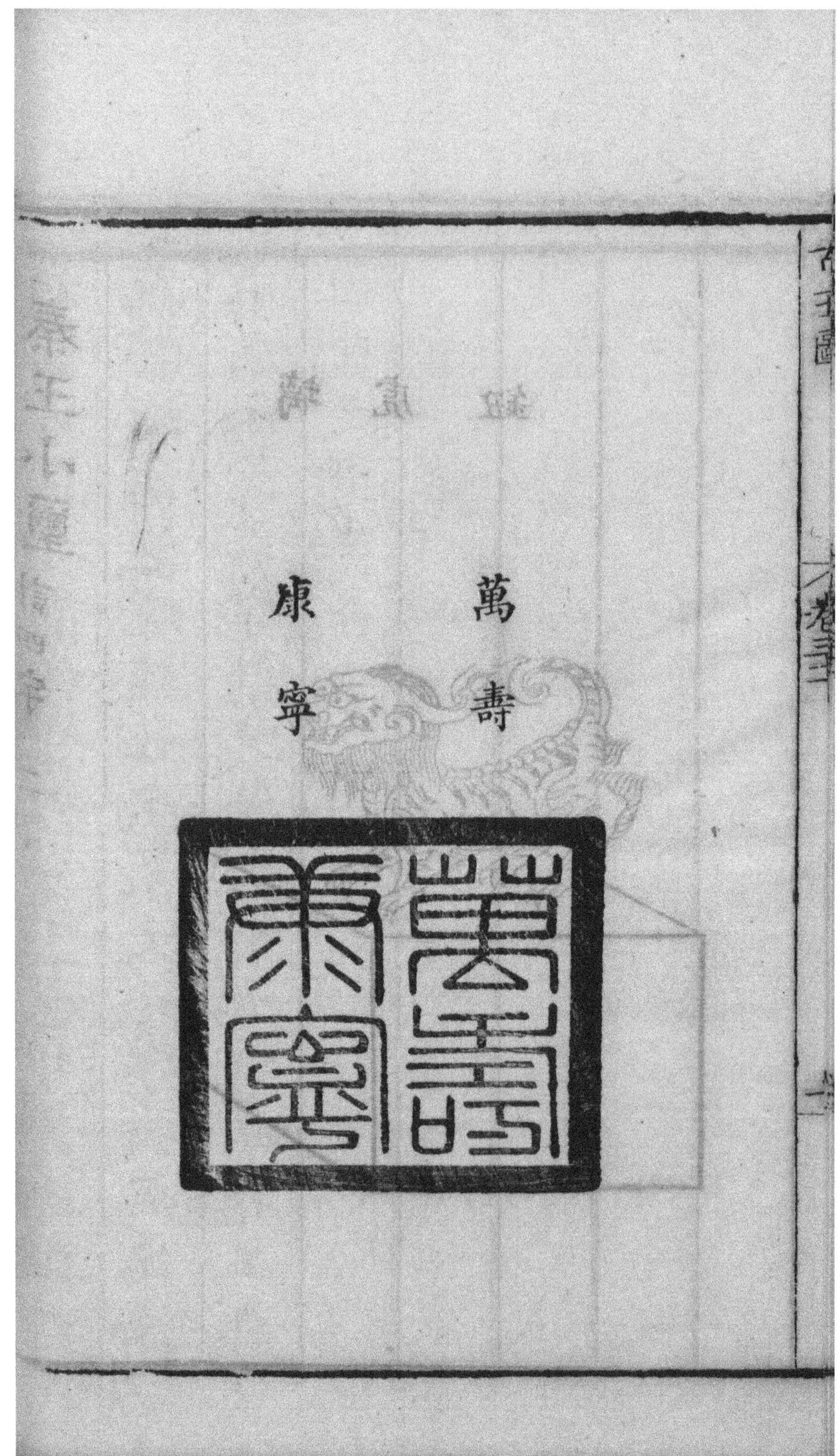
萬壽
康寧
萬壽康寧

石璽方三[illegible][illegible]分高五寸五分行螭為鈕爪牙纖利形躍如生璽文四字曰萬壽康寧玉色甘青璊斑殷赤篆文之精非李斯不能也

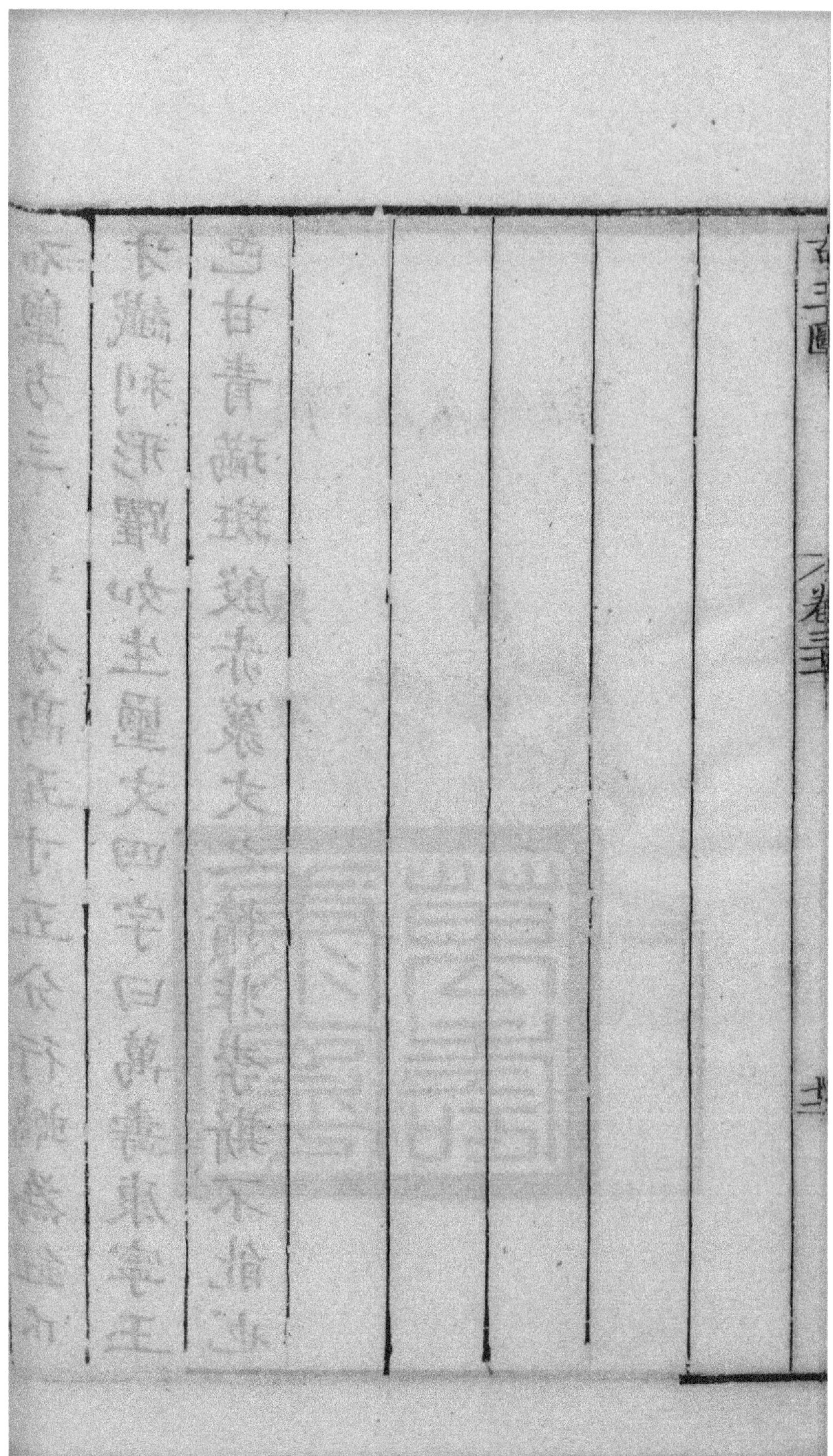

秦玉小璽 計二字 三

永壽

右璽大小高低玉色螭鈕璊斑悉同前璽惟篆二字曰永壽蟲魚篆為異耳篆法元妙與傳國首璽相同知相斯之筆定為秦璽無疑云

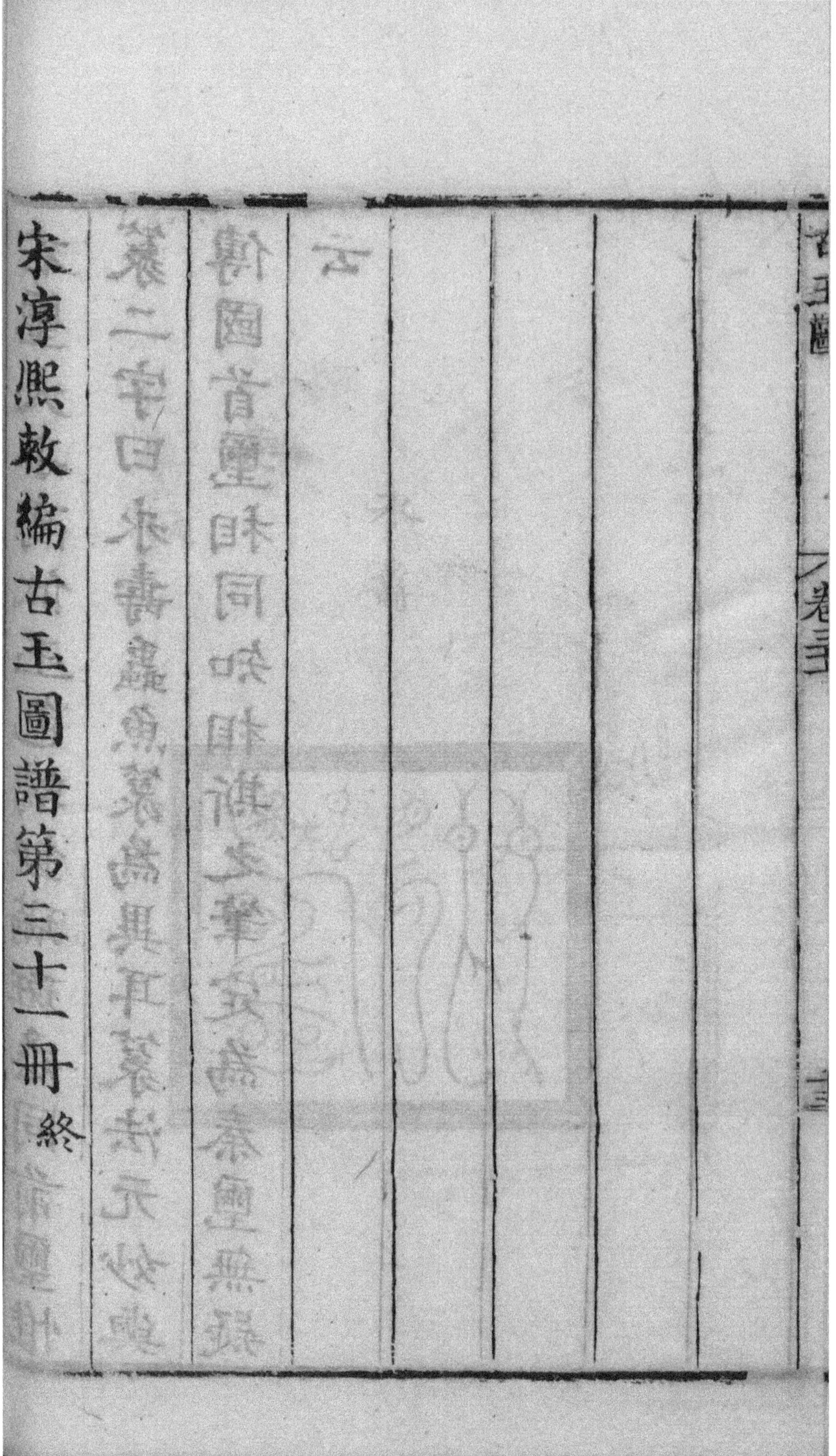

宋淳熙敕編古玉圖譜第三十一冊　終

宋淳熙敕編古玉圖譜第三十二冊

漢玉六璽一

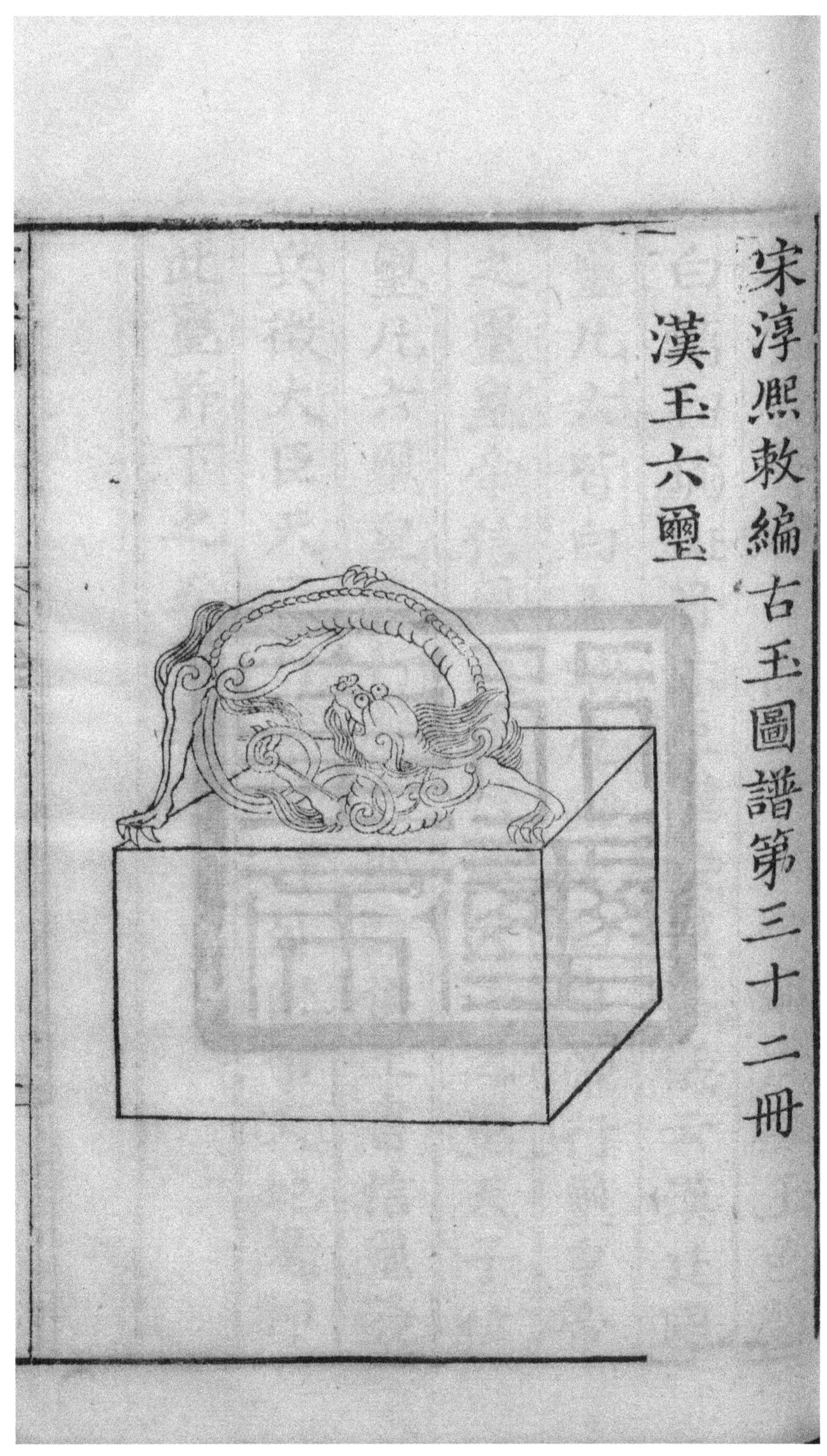

右璽長方四寸高六寸一分螭虎鈕玉色瑩白螭鈕瑞斑丹赤臣謹按漢舊儀云漢廷國璽凡六皆白玉螭虎鈕文曰皇帝行璽皇帝之璽皇帝信璽天子行璽天子之璽天子信璽凡六璽皇帝行璽封賜諸侯王書信璽發兵徵大臣天子行璽策拜外國事天地鬼神此璽并下之五璽是也

此璽幷下之五璽是也
兵徵大臣天子行璽策拜外國事天地鬼神
璽凡六璽皇帝行璽封賜諸侯王書信璽發
之璽皇帝信璽天子行璽天子之璽天子信
璽凡六璽白玉螭虎鈕文曰皇帝行璽皇帝
白螭鈕瑞斑明珠臣瓚漢書儀云漢建國
右璽長方四寸高六寸一分螭虎鈕玉色瑩

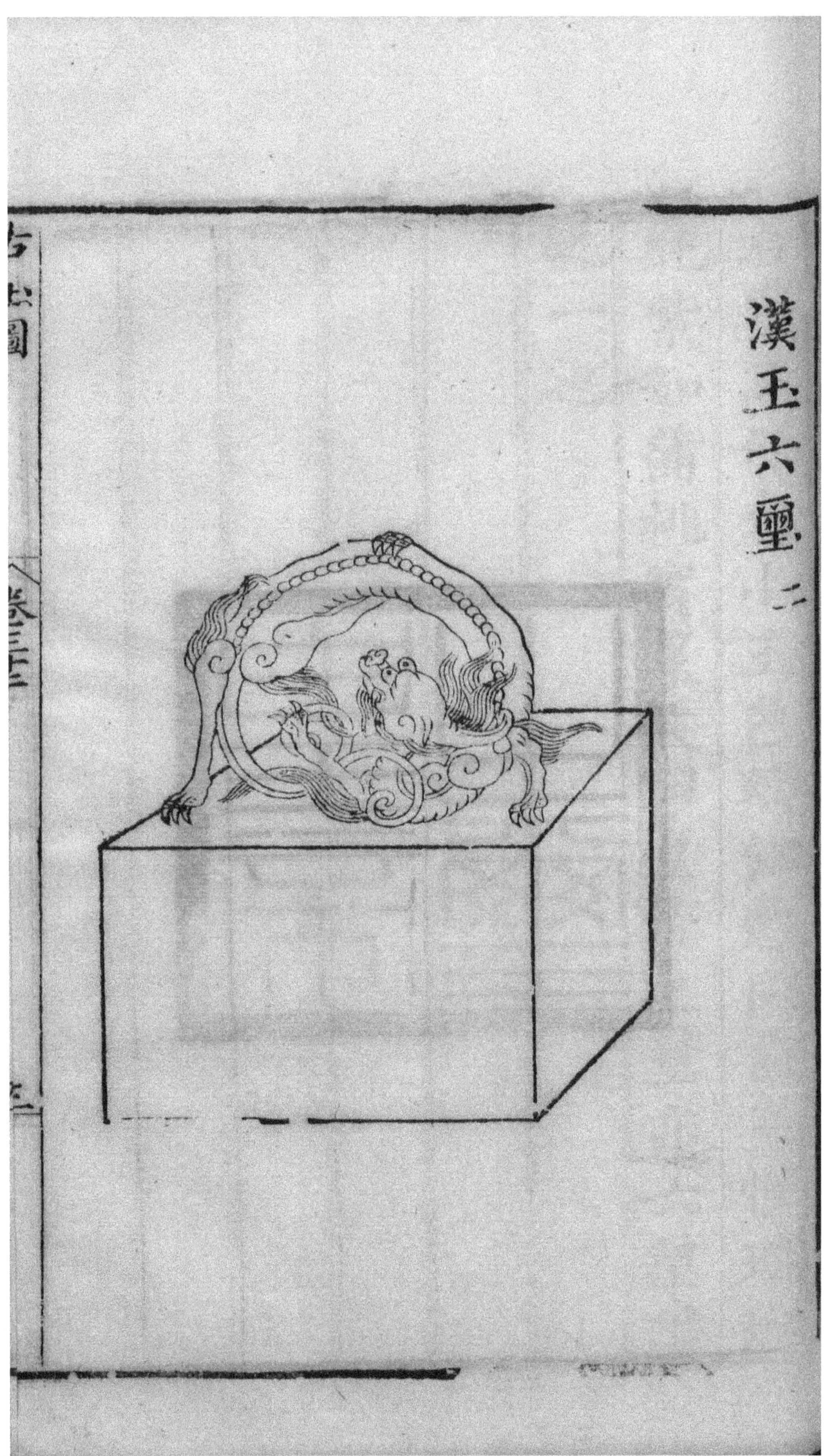

漢玉六璽二

皇帝之璽

右璽高低大小玉色螭鈕悉同前璽惟璊斑純紫如蒲桃實篆文曰皇帝之璽亦六璽中之一也

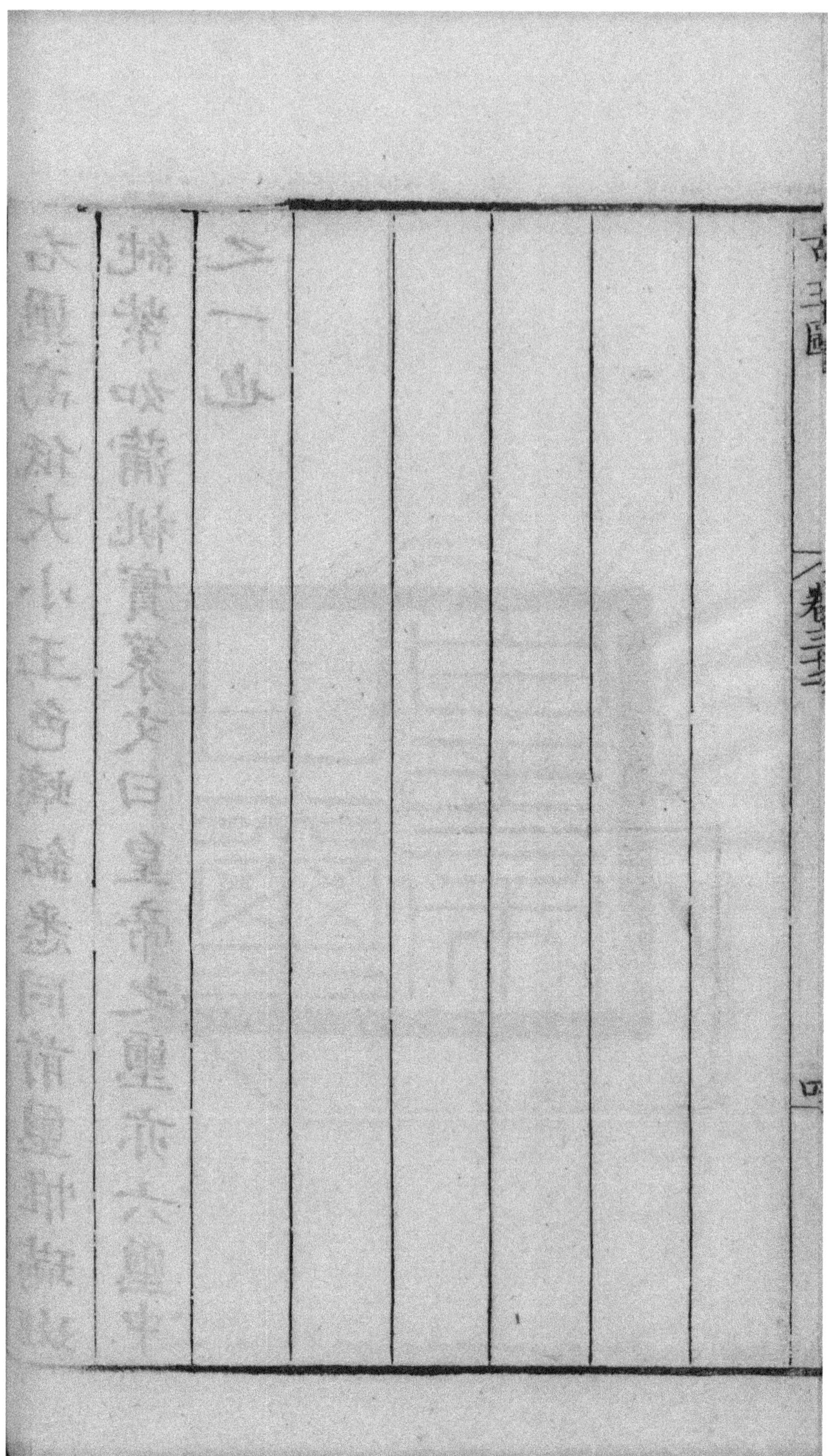

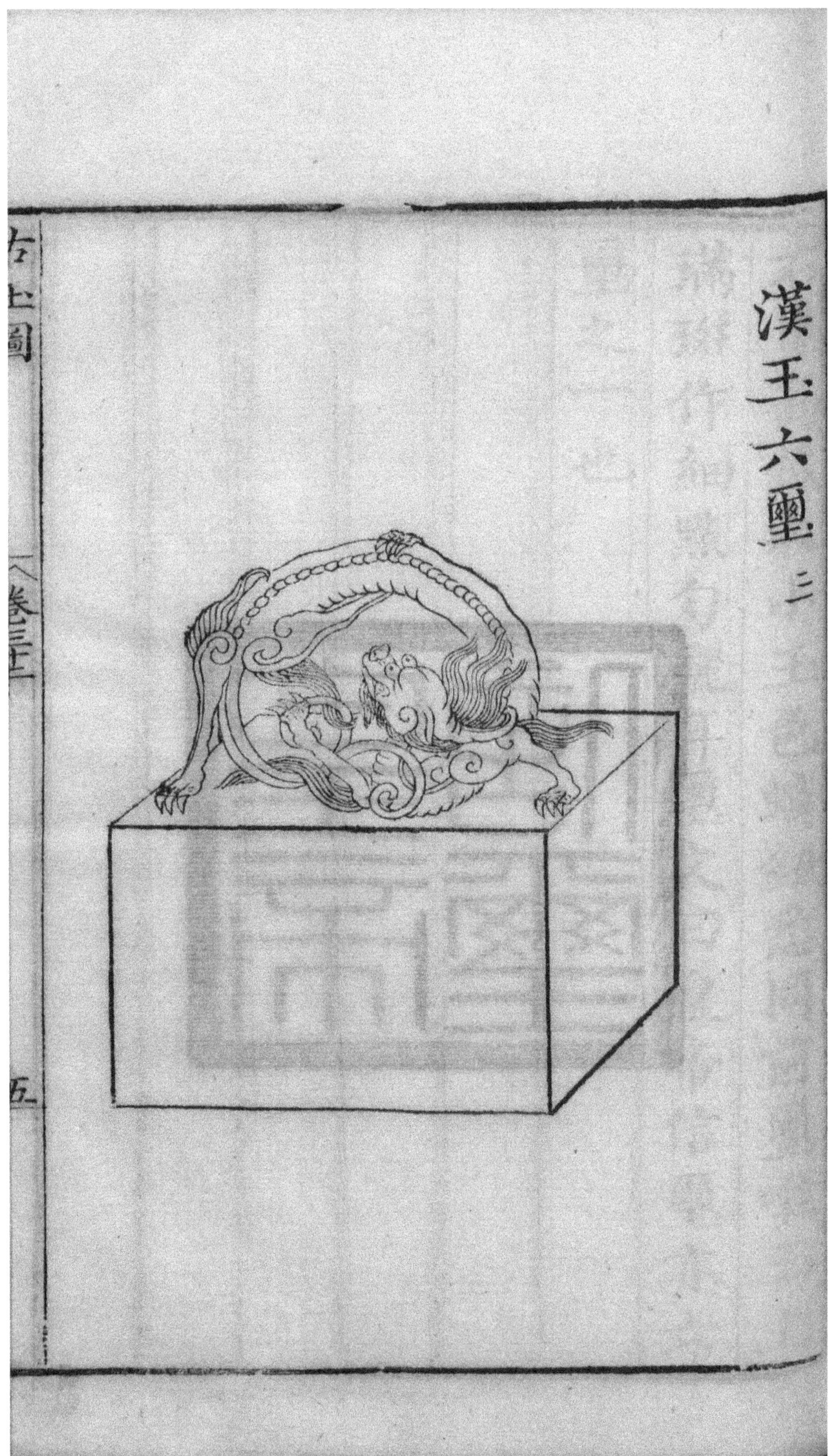

漢玉六璽 三

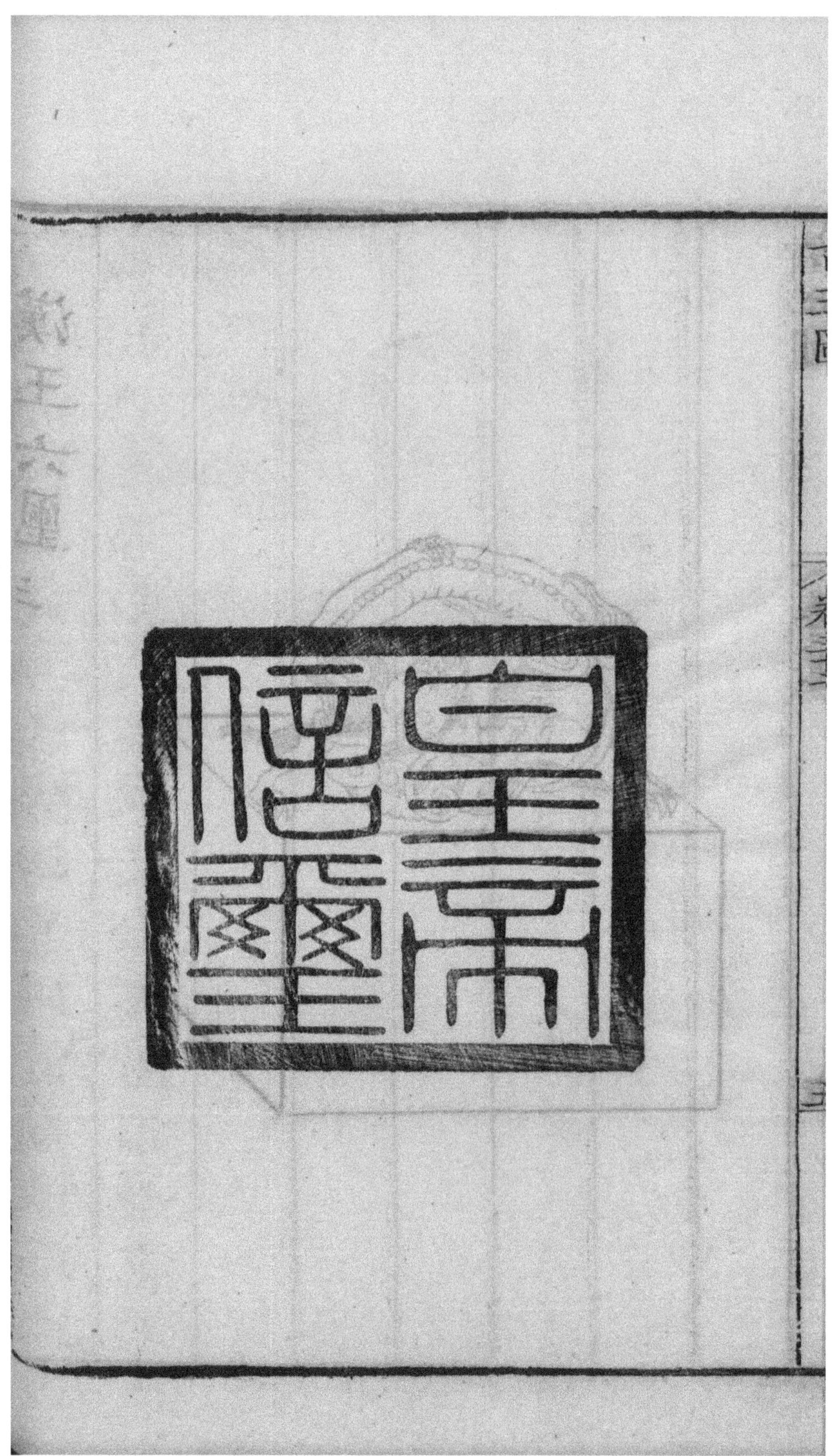
皇帝之璽

右璽高低大小玉色螭鈕悉同前璽唯玉上璊斑作細點勻灑耳璽文曰皇帝信璽亦六璽之一也

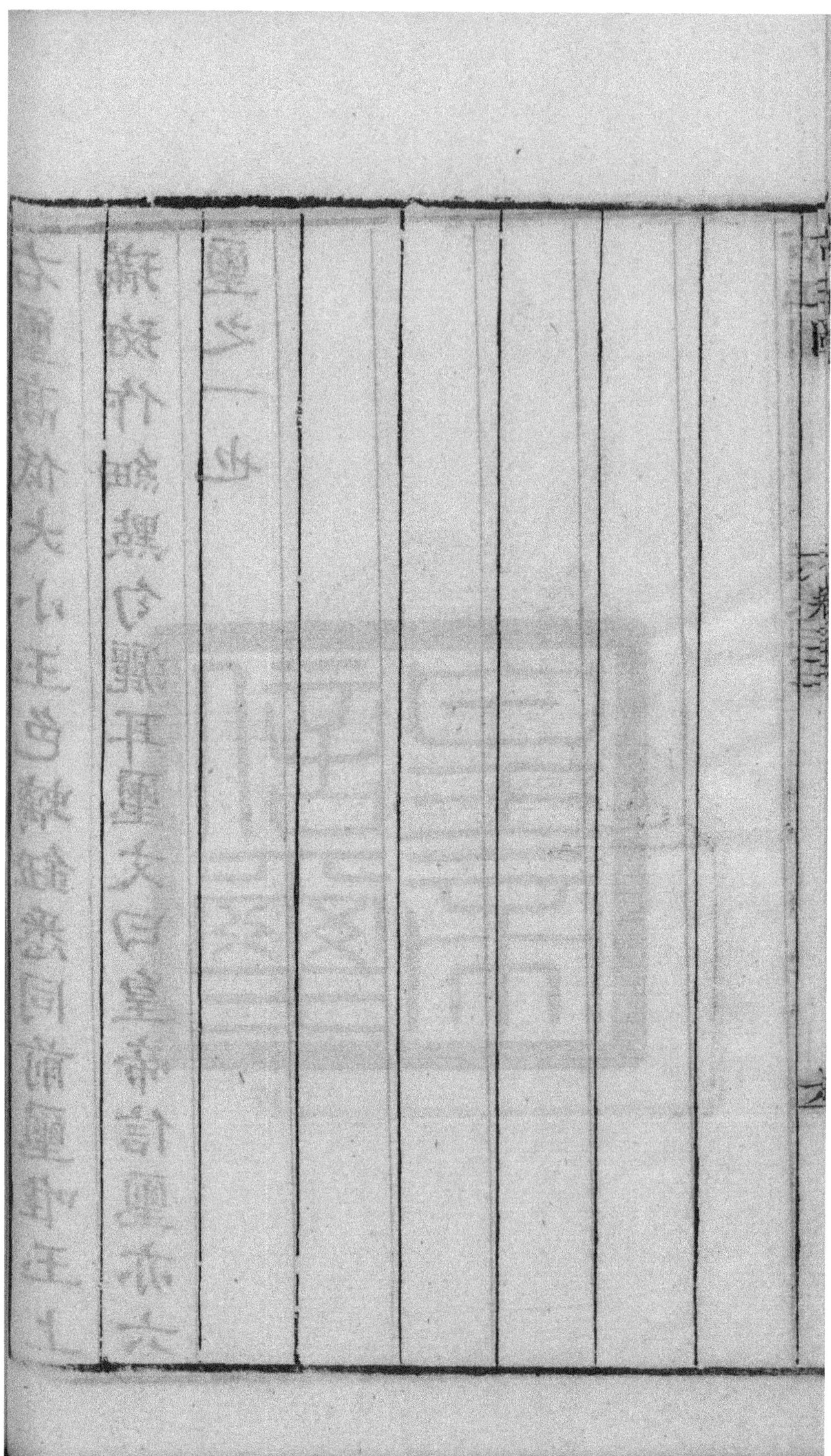

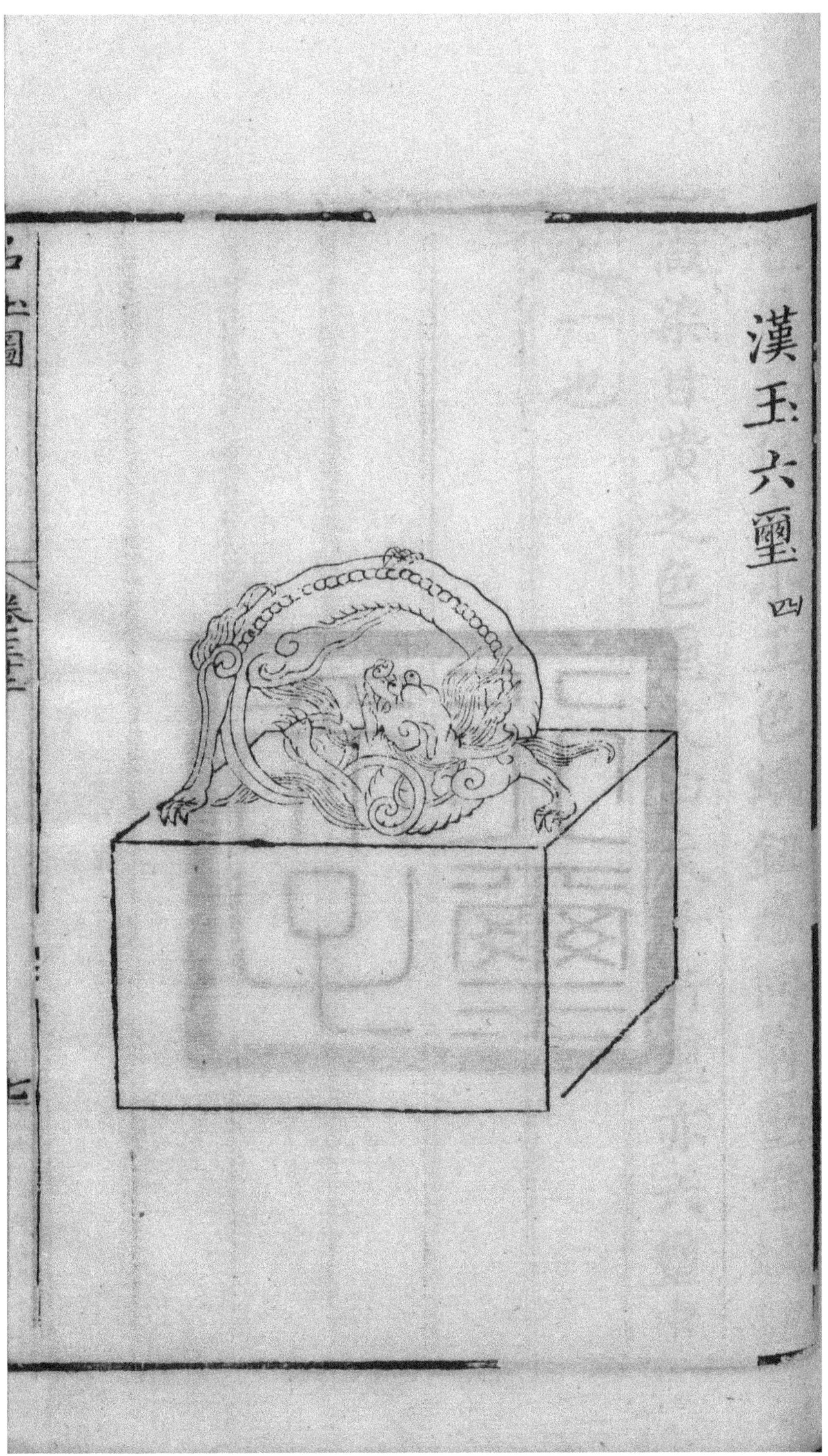
漢玉六璽 四

七璽高低大小玉色螭鈕悉同前璽唯螭鈕微染甘黃之色璽文曰天子行璽亦六璽中之一也

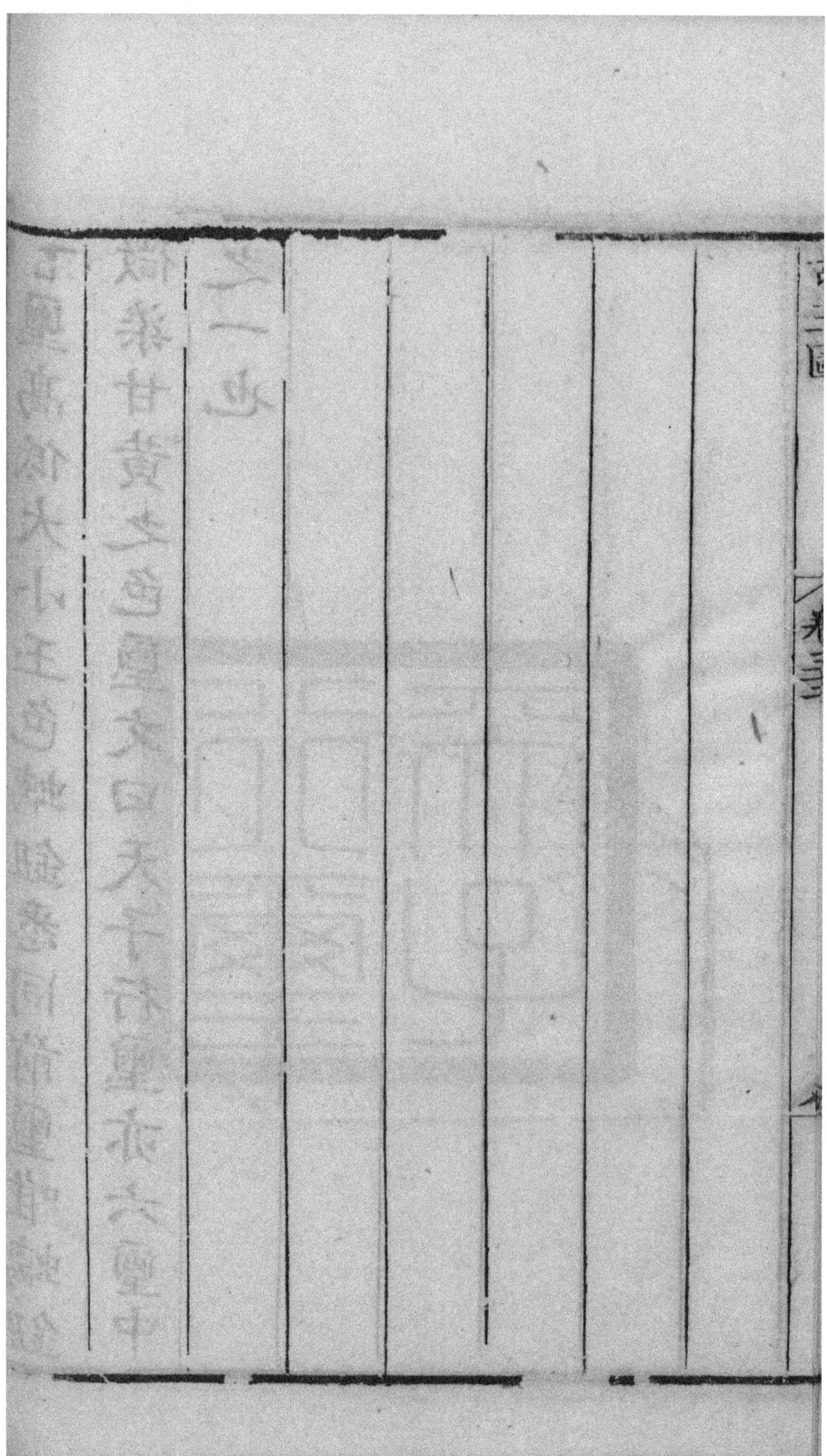

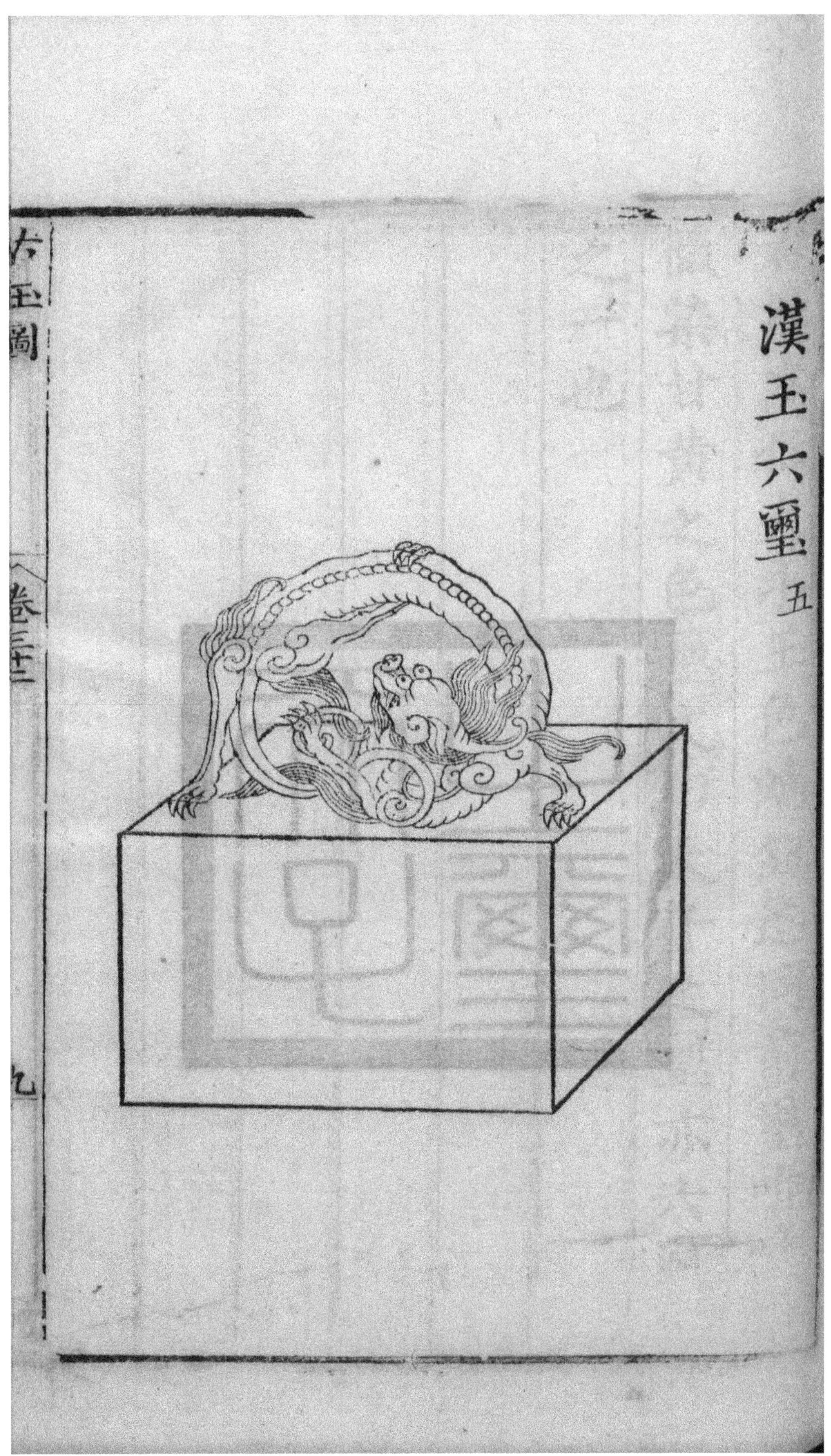

漢玉六璽 五

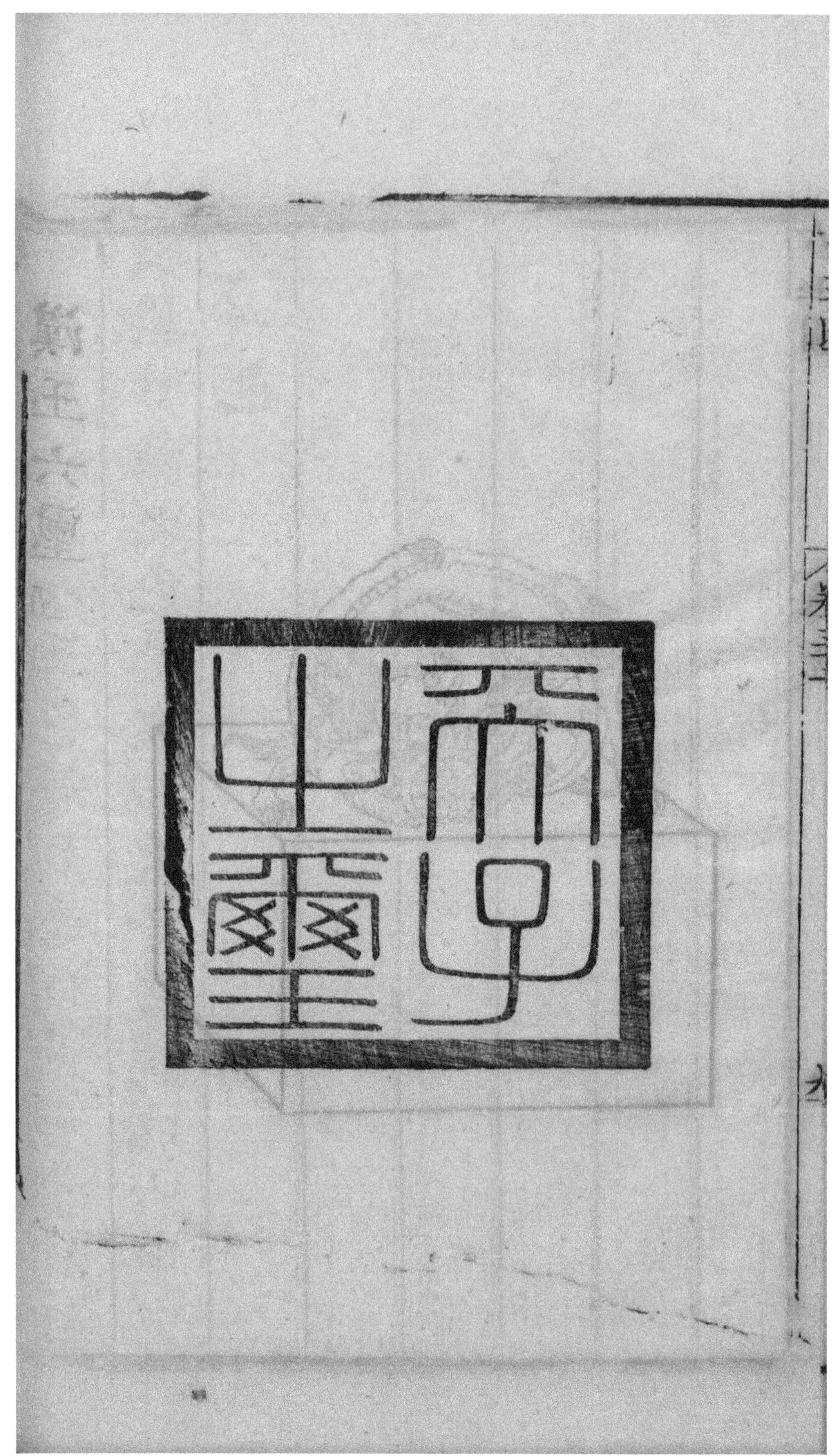

右璽高低大小玉色螭鈕悉同前璽唯古黴染甘黃之色璽文曰天子之璽亦六璽之一也

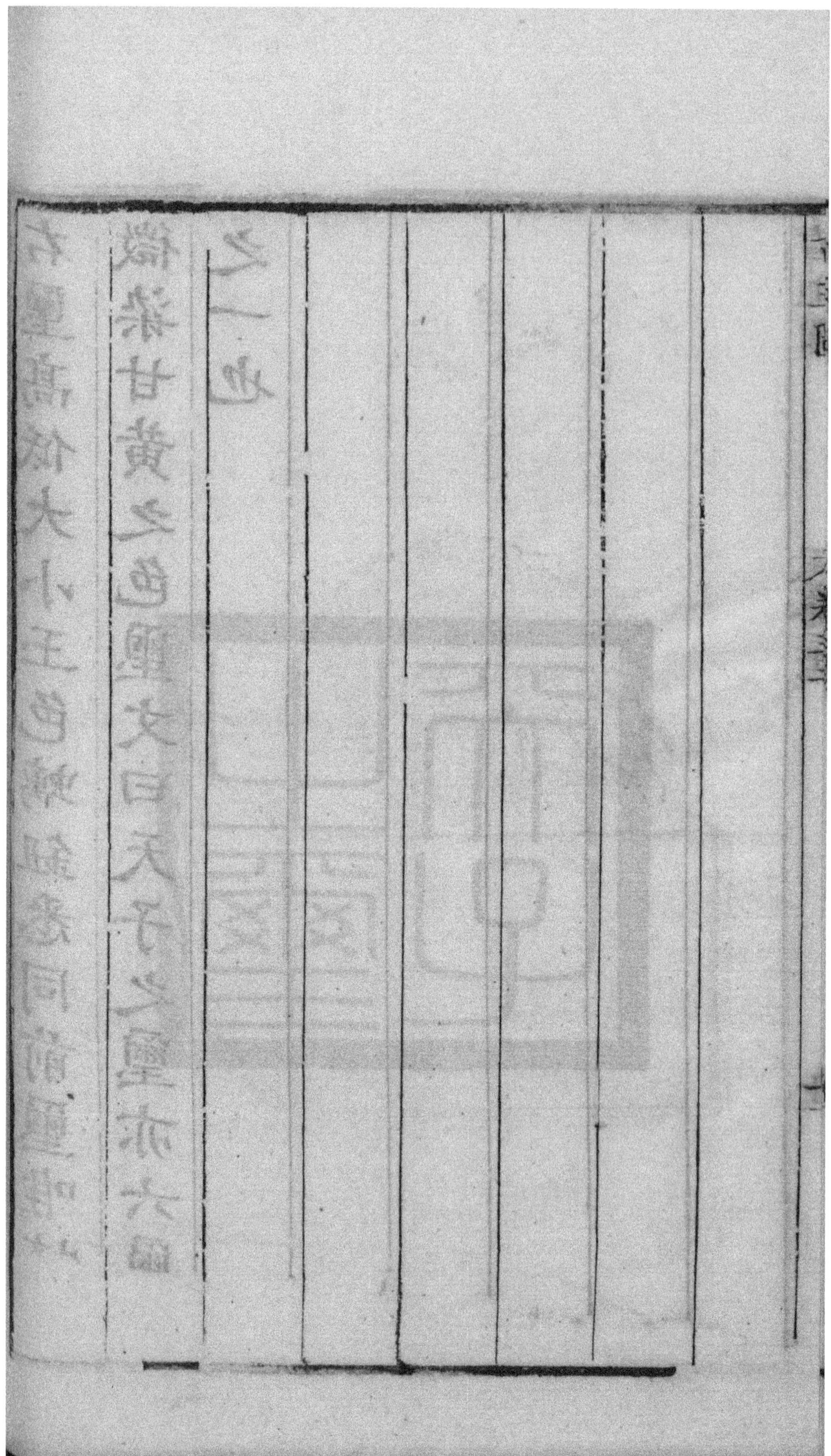

漢玉六璽 六

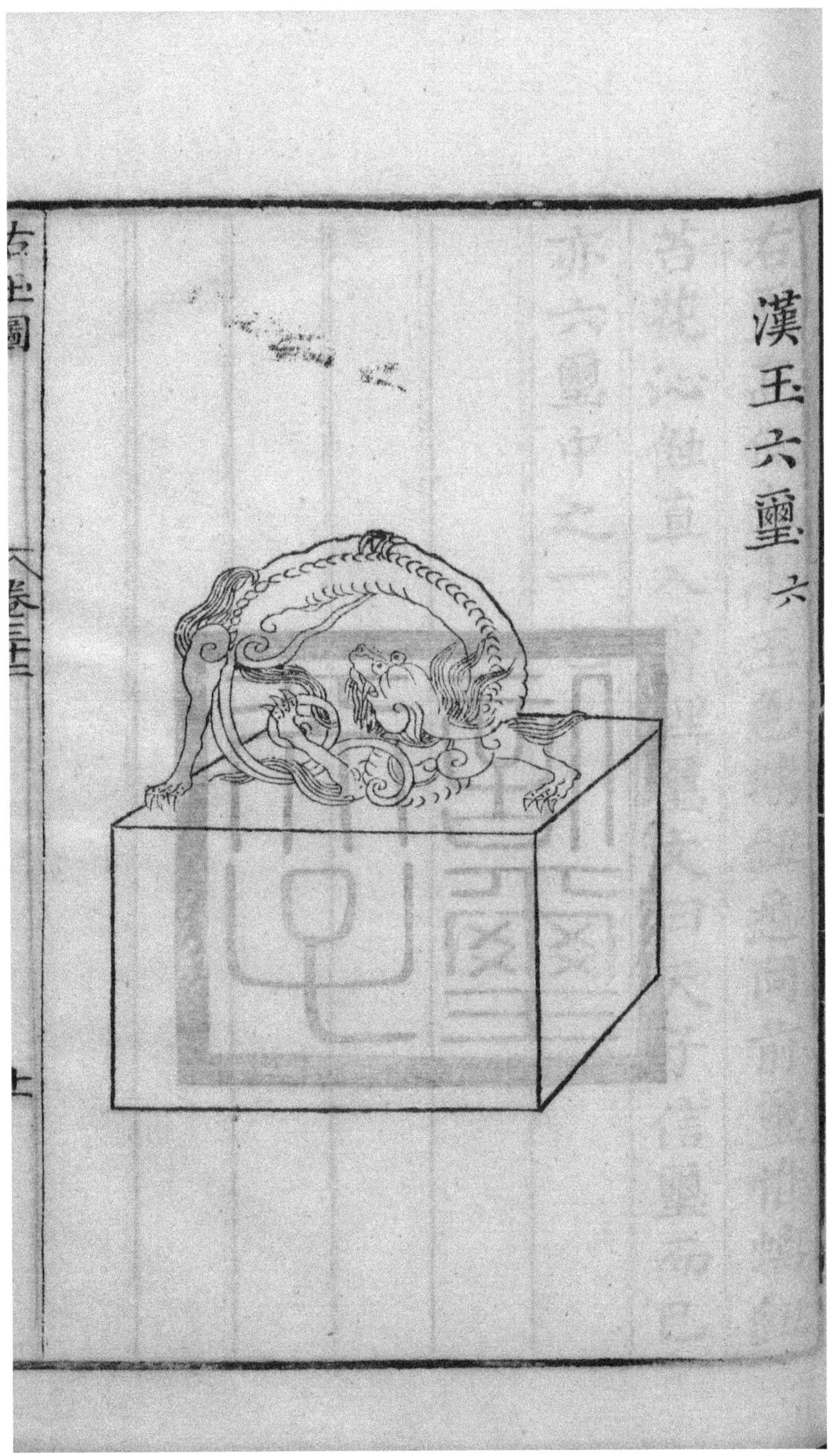

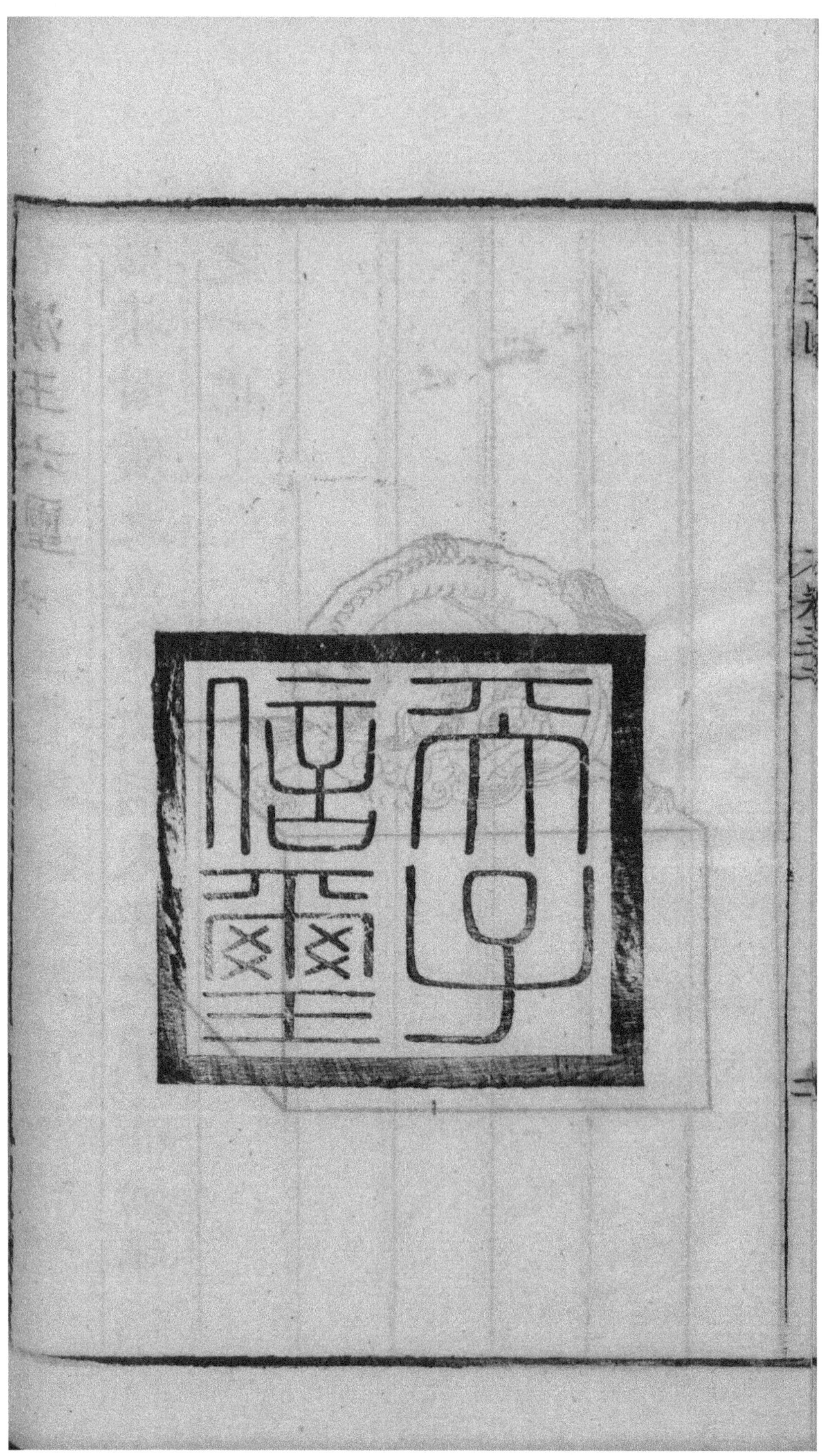

右璽高低大小玉色螭鈕悉同前璽惟螭鈕菭花沁蝕直入膚理璽文曰天子信璽而已亦六璽中之一也

宋淳熙敕編古玉圖譜第三十二冊　終

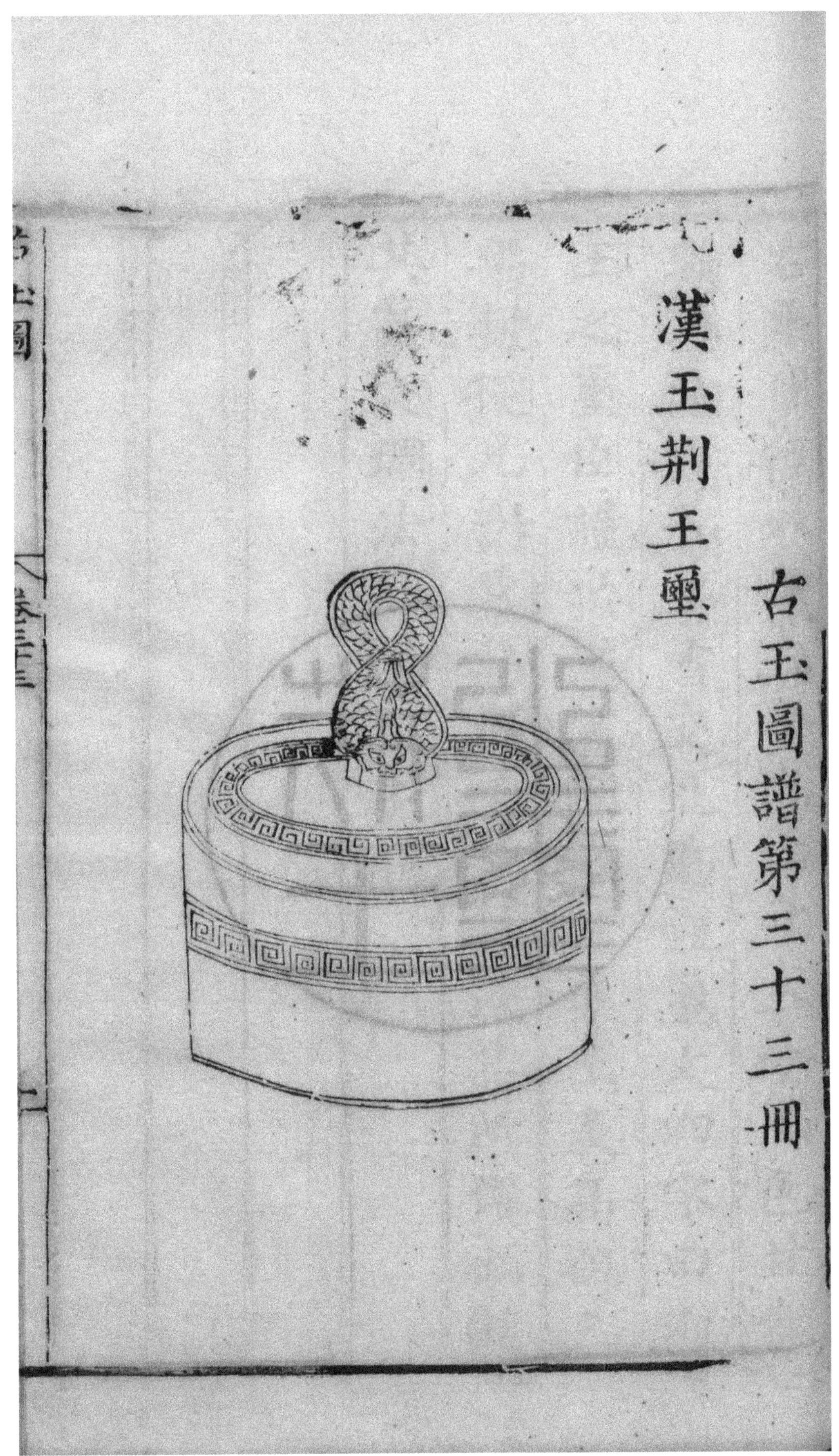
古玉圖譜第三十三冊
漢玉荆王璽

荊王璽

右璽圓徑八寸三分高四寸五分玉色甘青璊斑細點如絳雪交虬為鈕璽文四字曰荆王之璽臣謹按漢書同姓諸侯王表高祖三年封從兄劉賈為荆王此璽或其所作也觀其篆文琱法非漢人不能

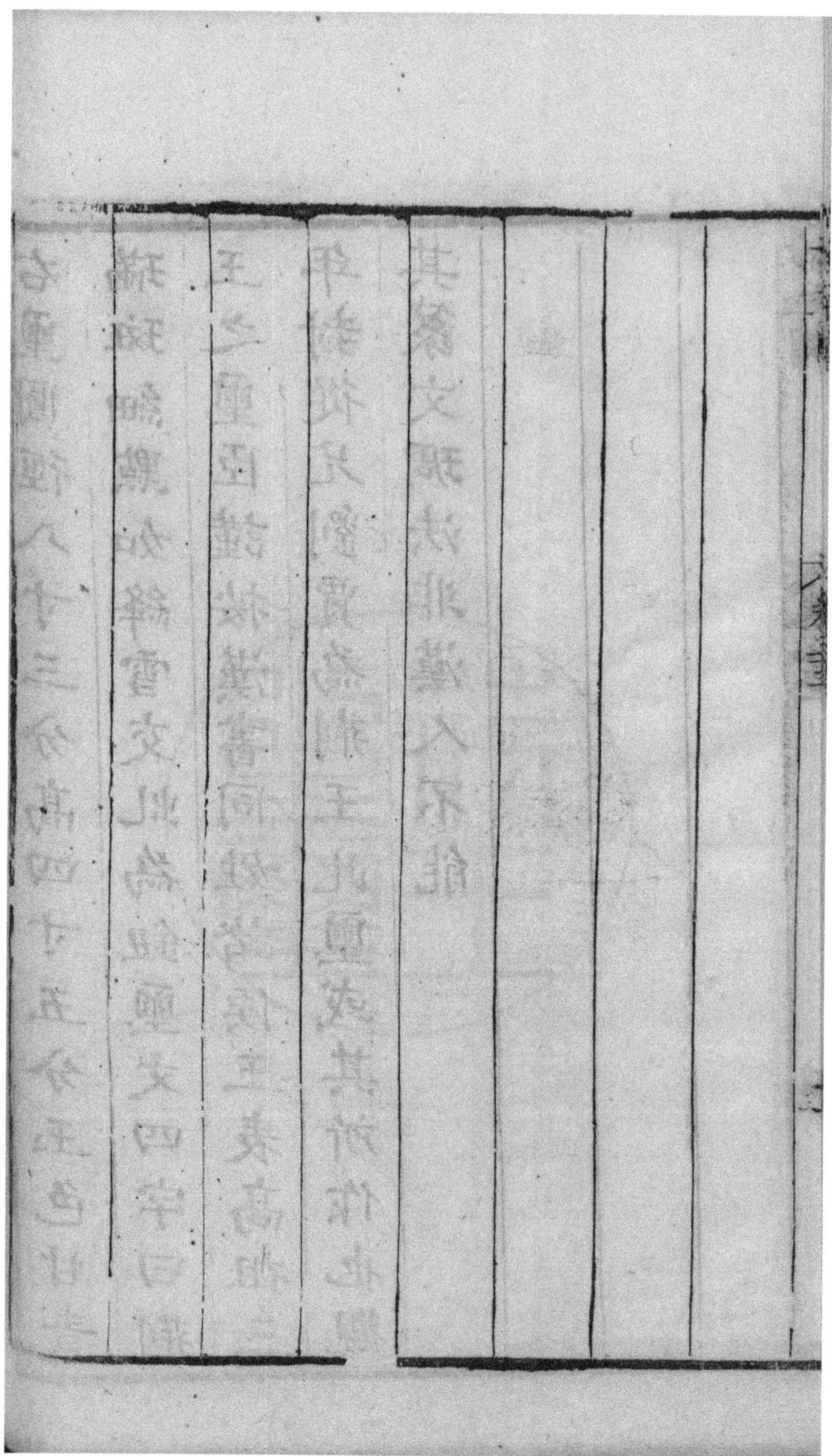

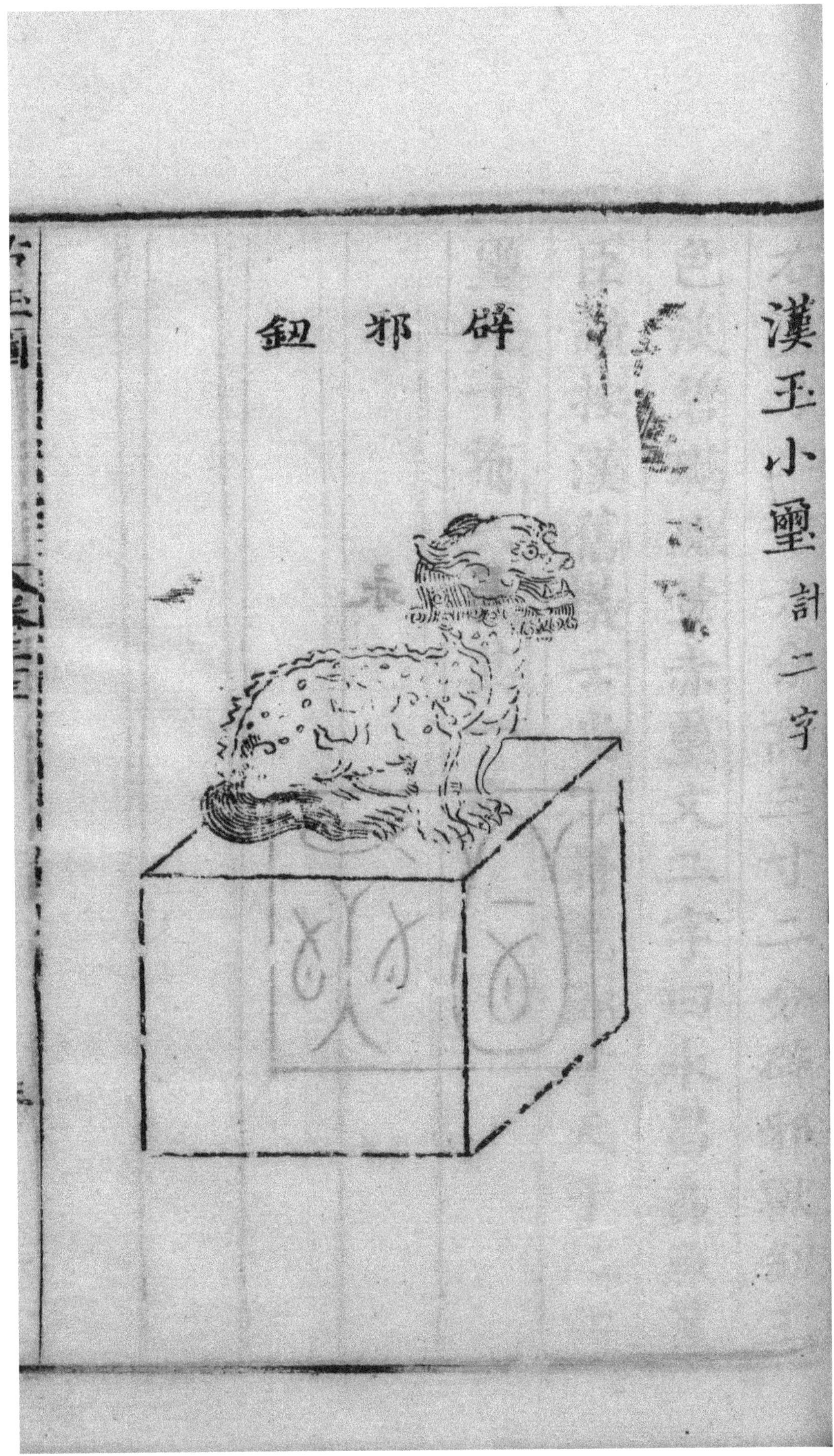
漢玉小璽計二字
辟邪鈕

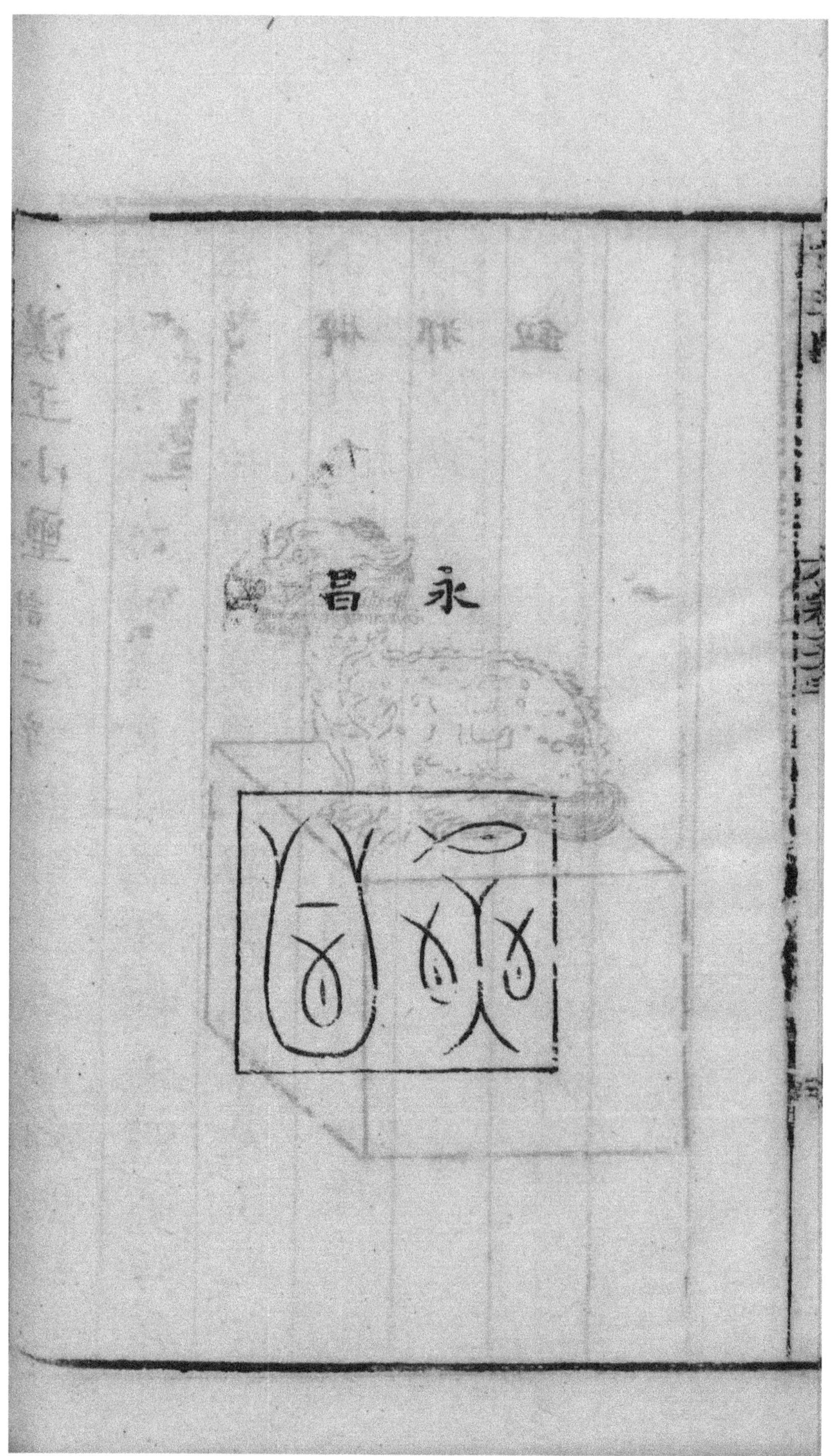
永昌

右璽方二寸六分高三寸二分辟邪獸鈕玉色淡碧璊斑暈赤璽文二字曰永昌蟲魚篆臣謹按漢舊儀云尚方符璽郎掌天子之印璽凡十有六此其一也

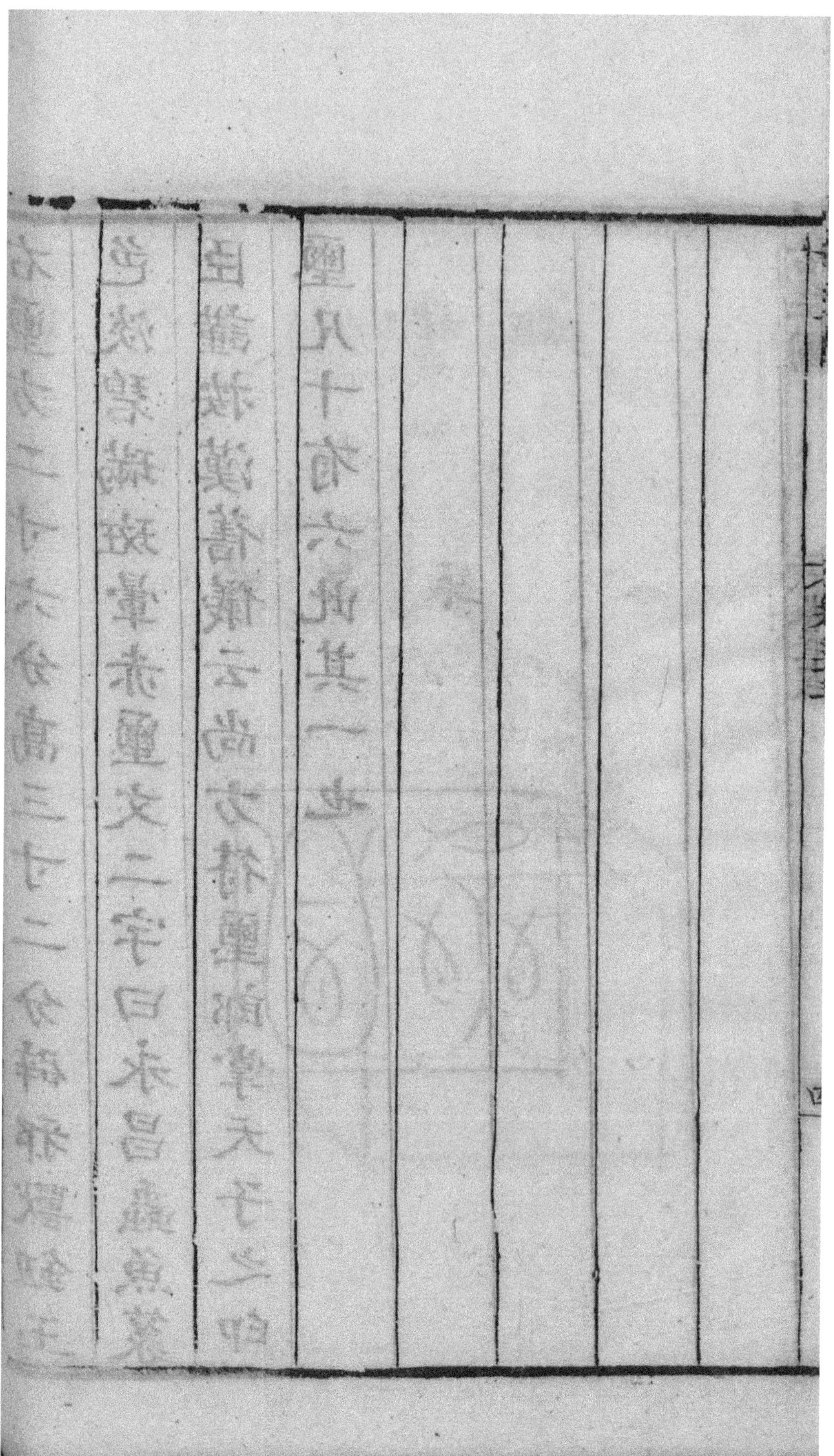

圖凡十有六此其一也

臣鏻按漢舊儀云尚方符璽郎掌天子之印

迄後綏和禪輦赤璽文三字曰永昌蟲魚篆

右璽方二寸六分高三寸二分辟邪獸鈕

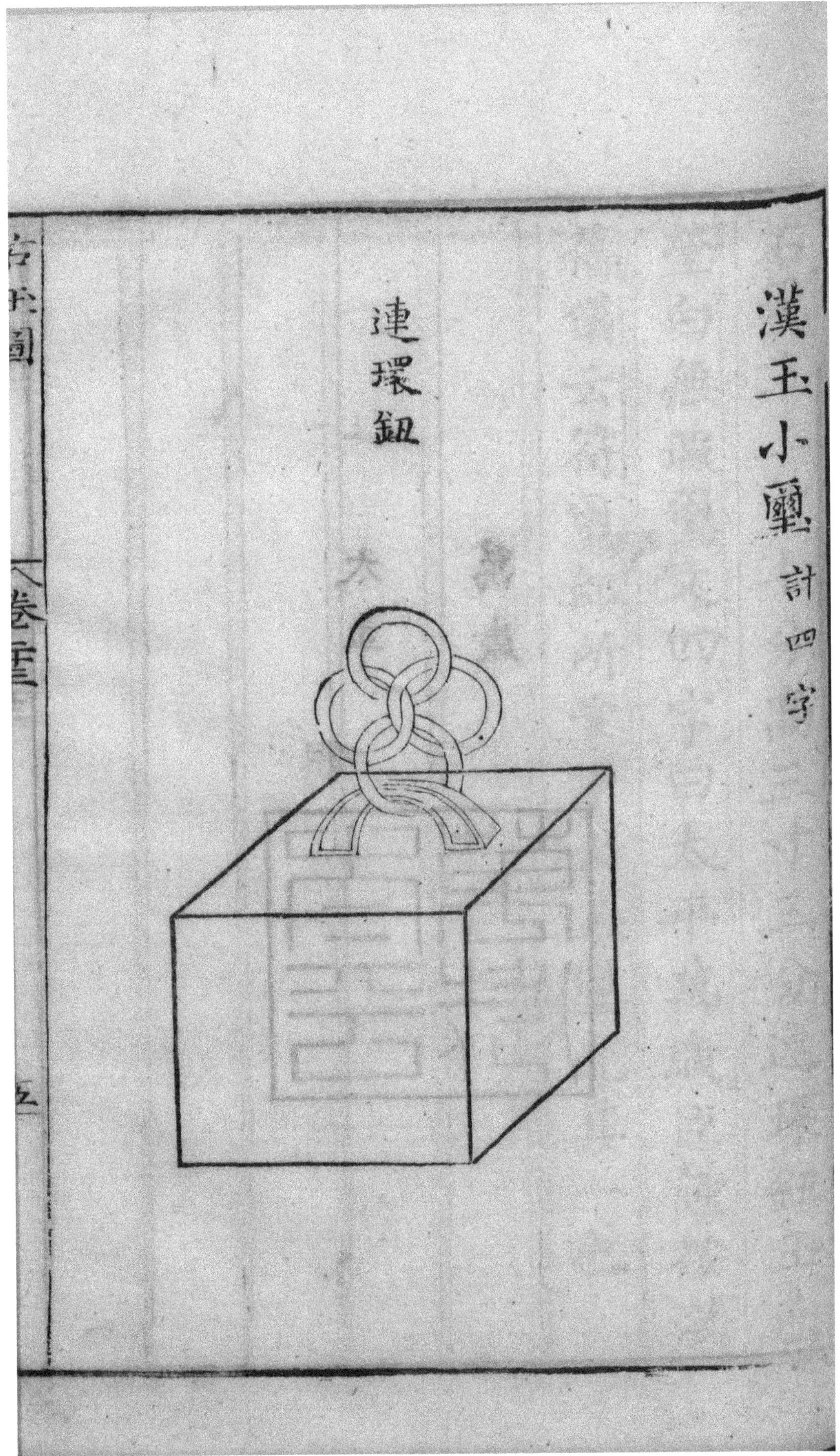
漢玉小璽 計四字
連環鈕
古玉圖
卷三
五

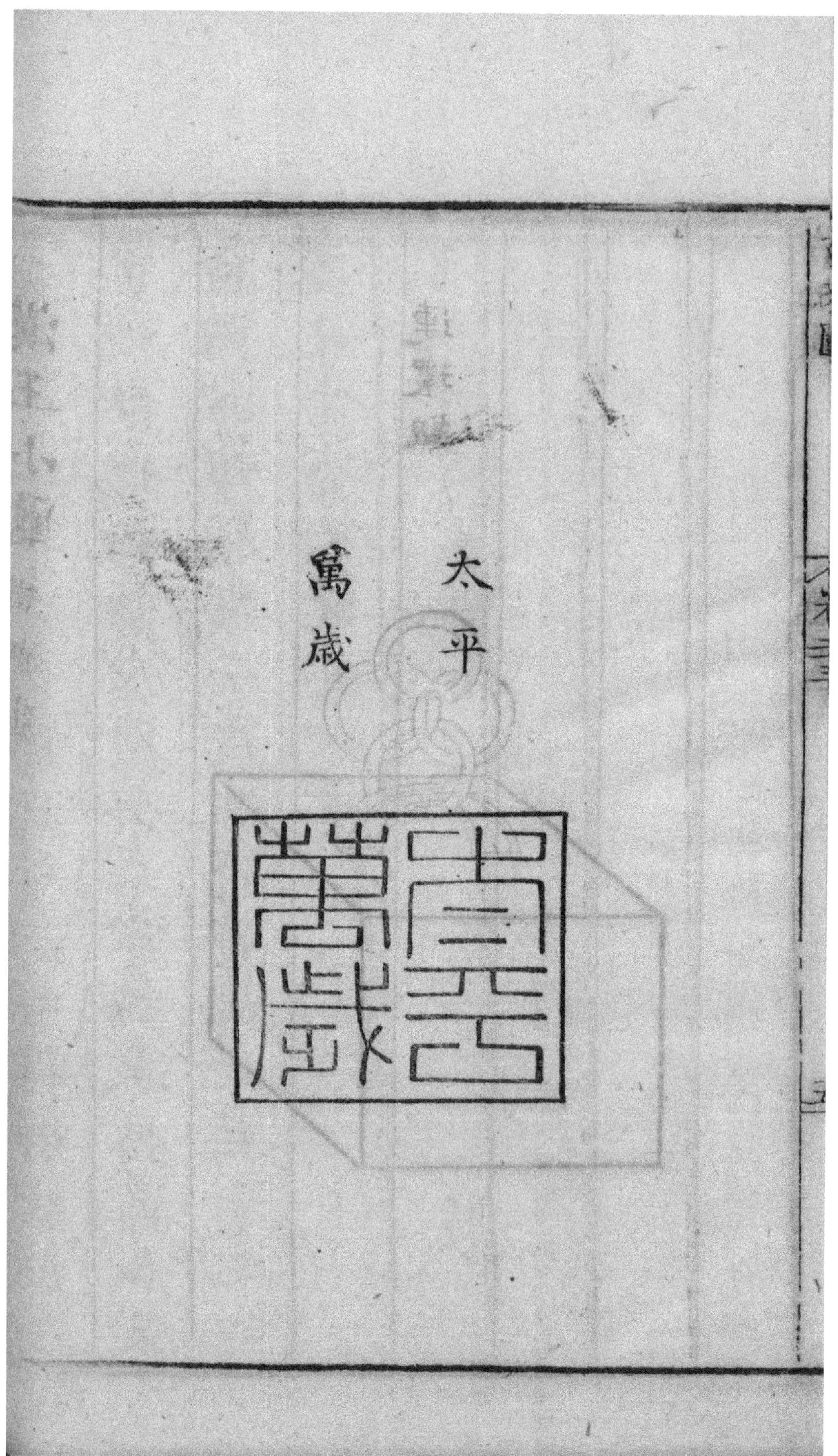
太平
萬歲
太平萬歲

右璽方二寸七分高三寸三分連環鈕玉色瑩白無瑕璽文四字曰太平萬歲臣謹按漢舊儀云符璽郎所掌十六玉璽此其一也

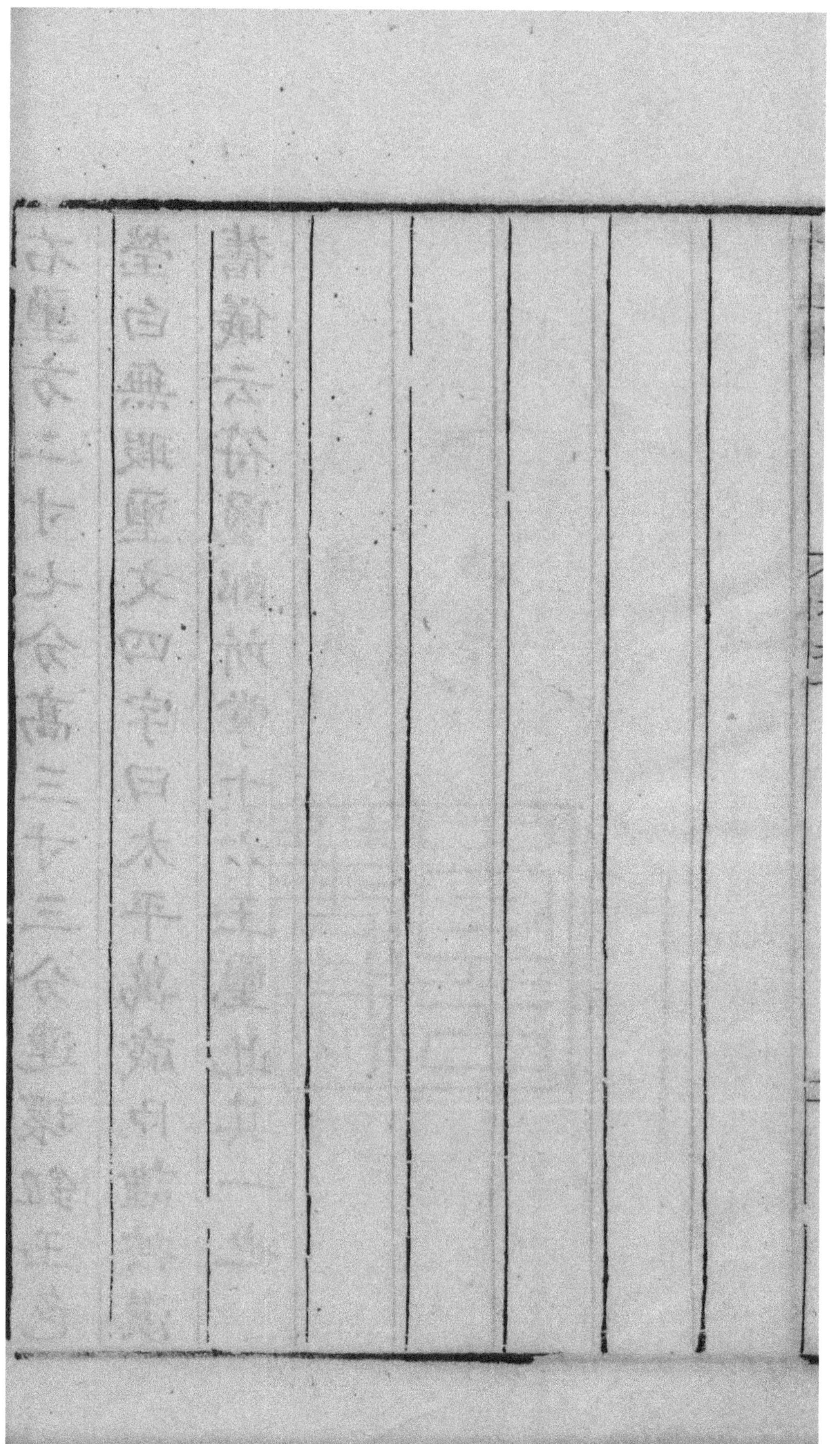

舊[illegible]

瑩白無瑕凹文四字曰太平萬歲[illegible]

右璽方二寸七分高三寸三分通[illegible]

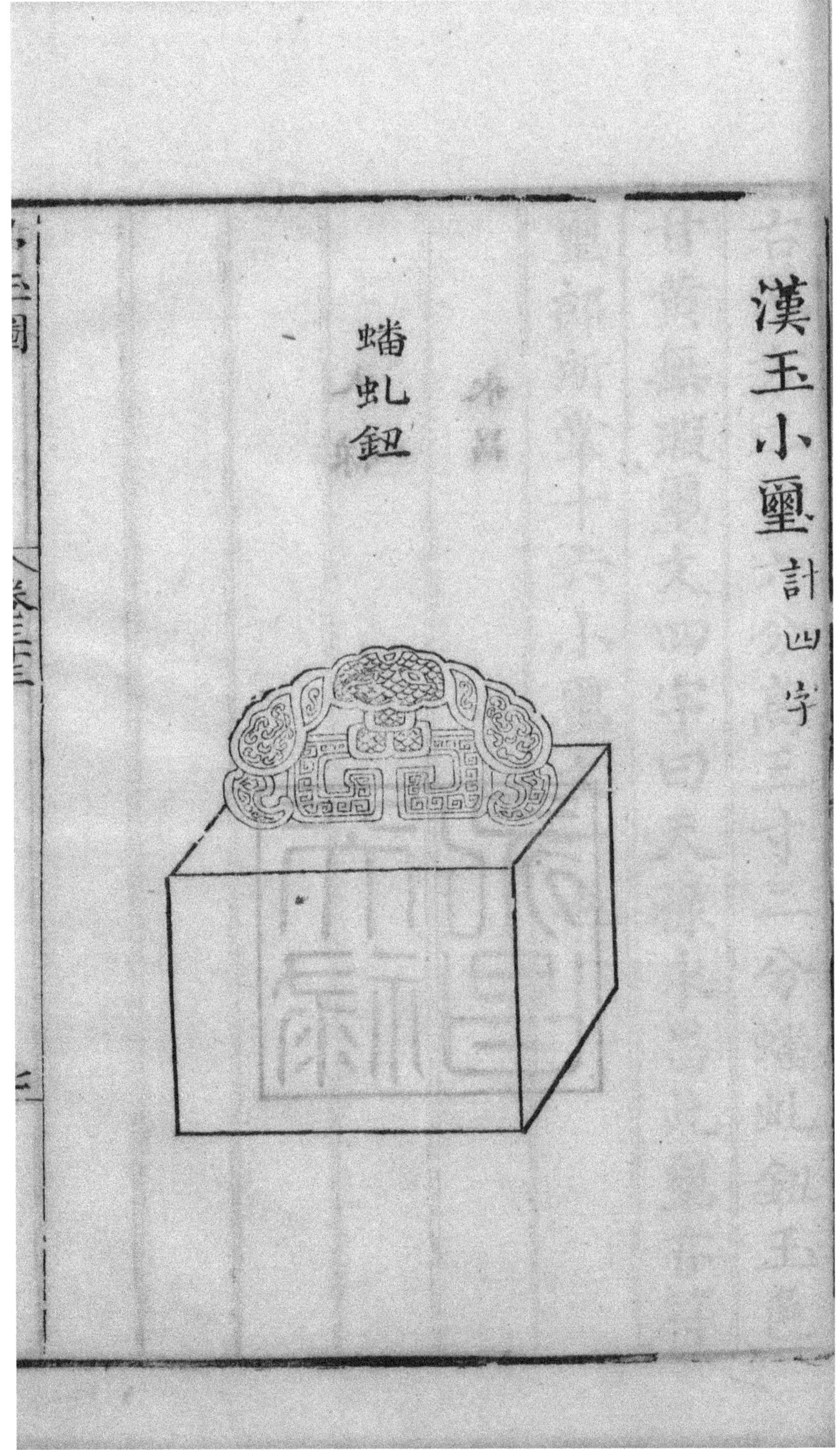
漢玉小璽計四字
蟠虬鈕

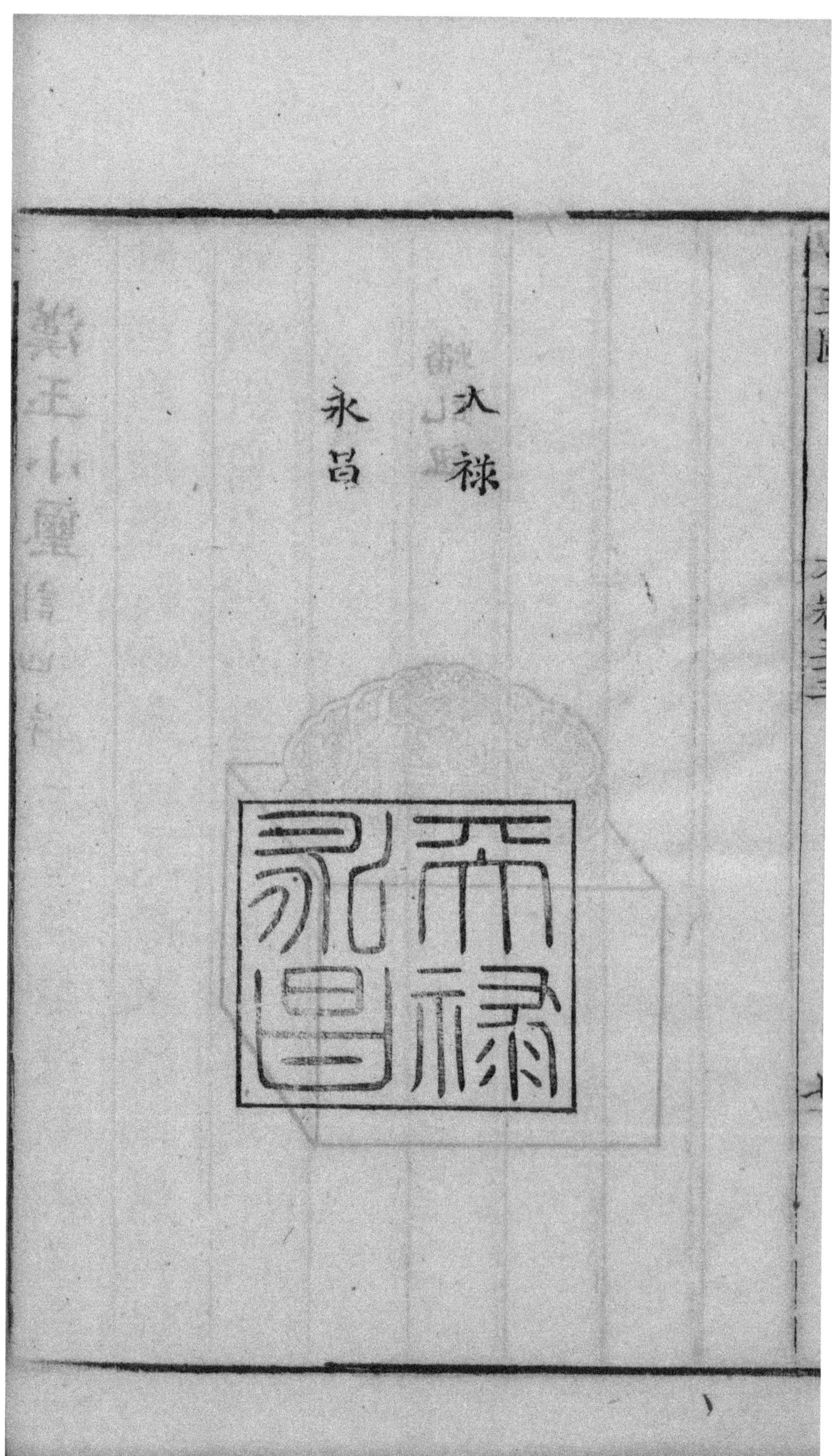

大祿

永昌

右璽方二寸六分高三寸二分蟠虬鈕玉色甘黄無瑕璽文四字曰天祿永昌此璽亦符璽郎所掌十六小璽之一也

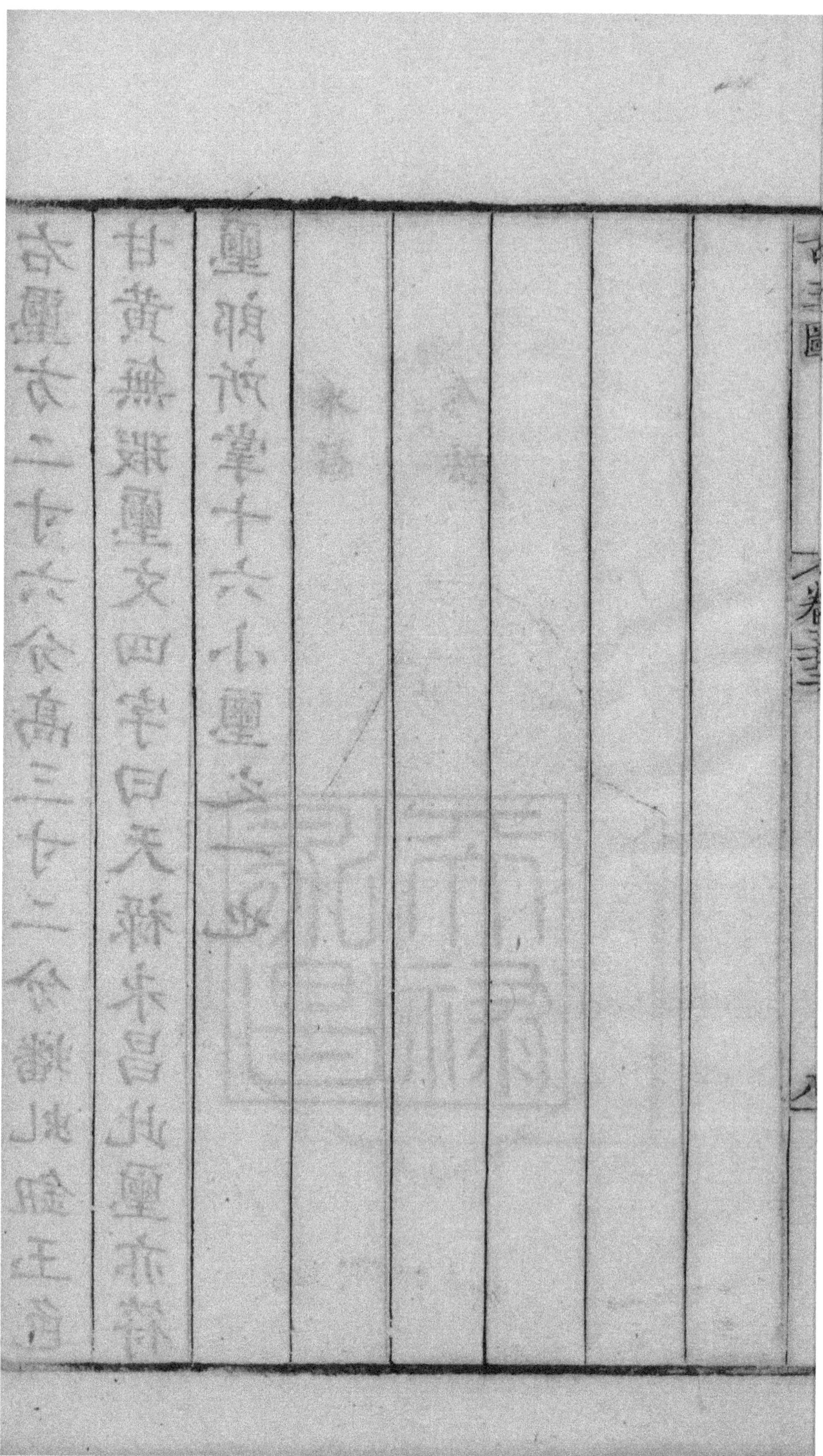

璽即所掌十六小璽之一也

甘黃無瑕璽文四字曰天祿永昌此璽亦存

右璽方二寸六分高三寸二分螭虬金土色

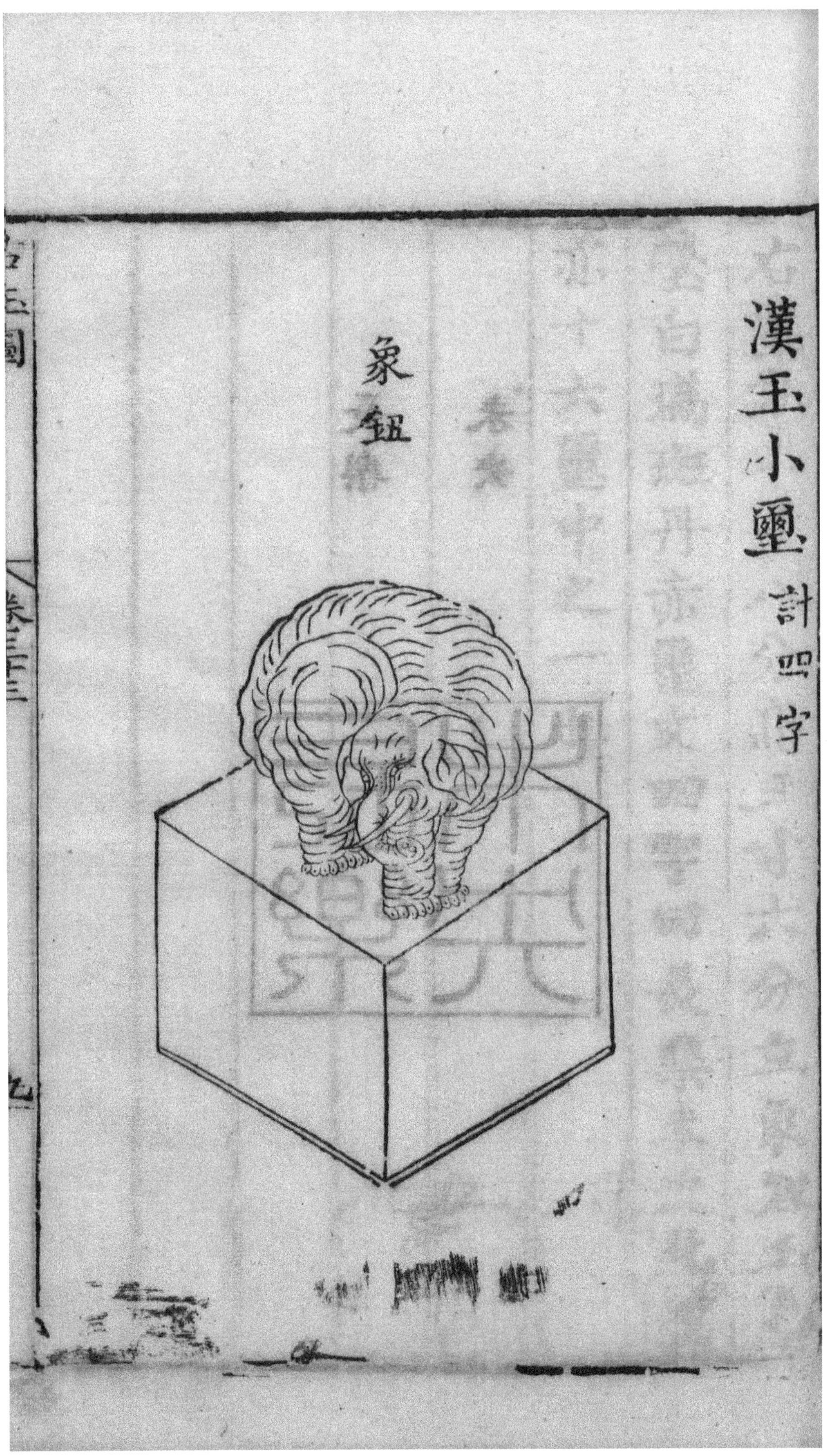
漢玉小璽 計四字
象鈕

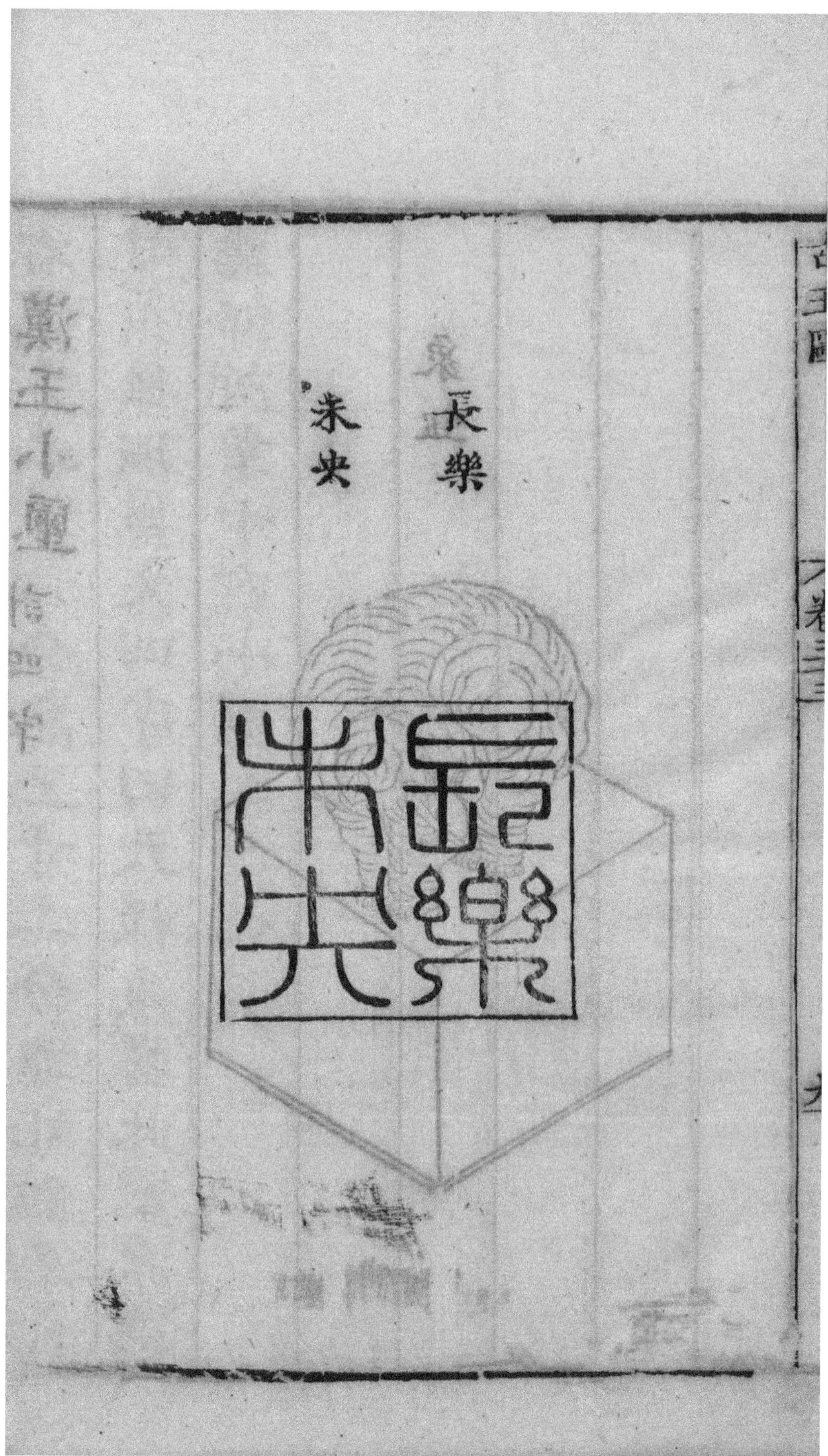
長樂
未央
長樂未央

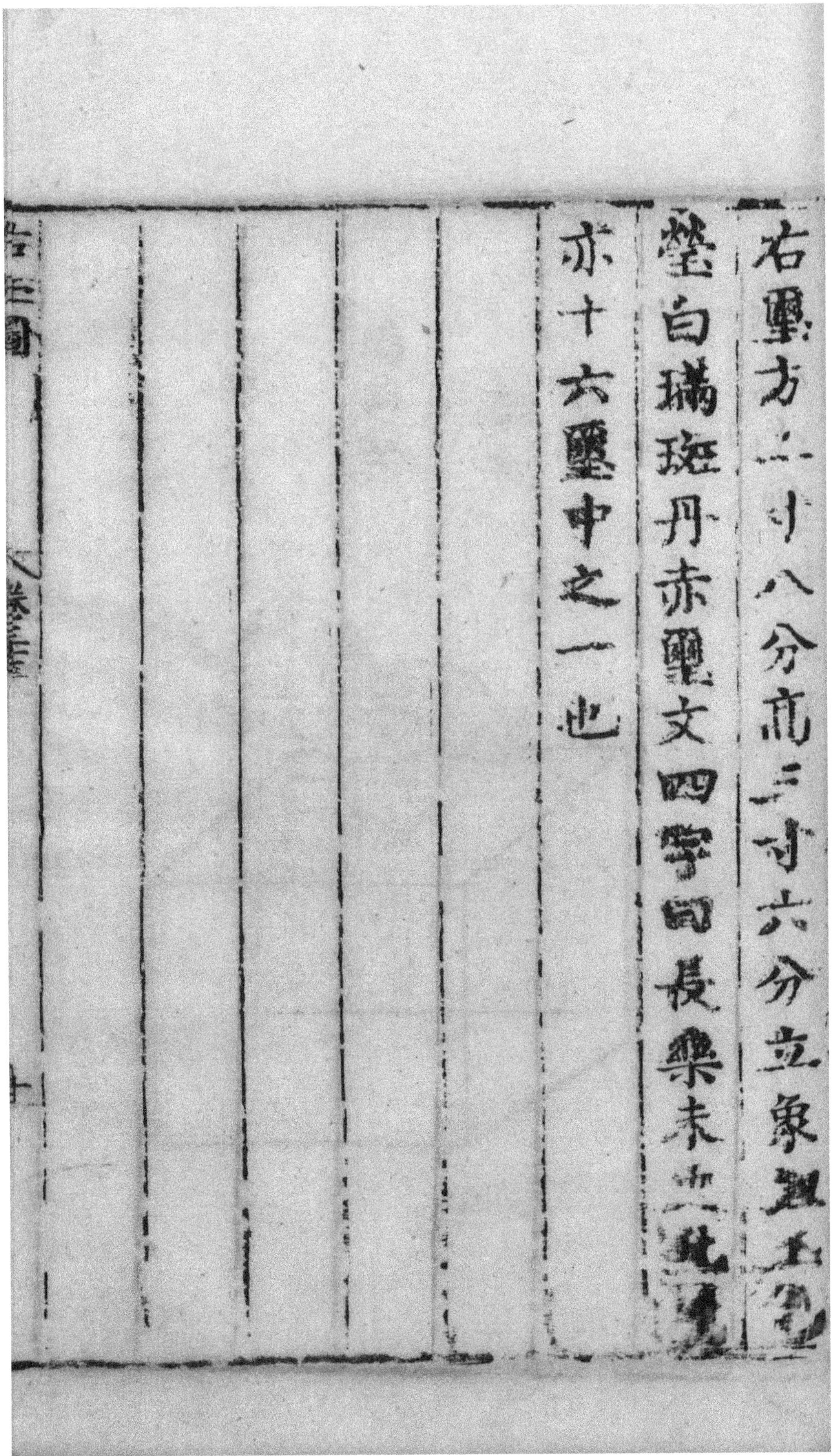

右璽方二寸八分高二寸六分立象鈕五色
瑩白璘斑丹赤璽文四字曰長樂未央此
亦十六璽中之一也

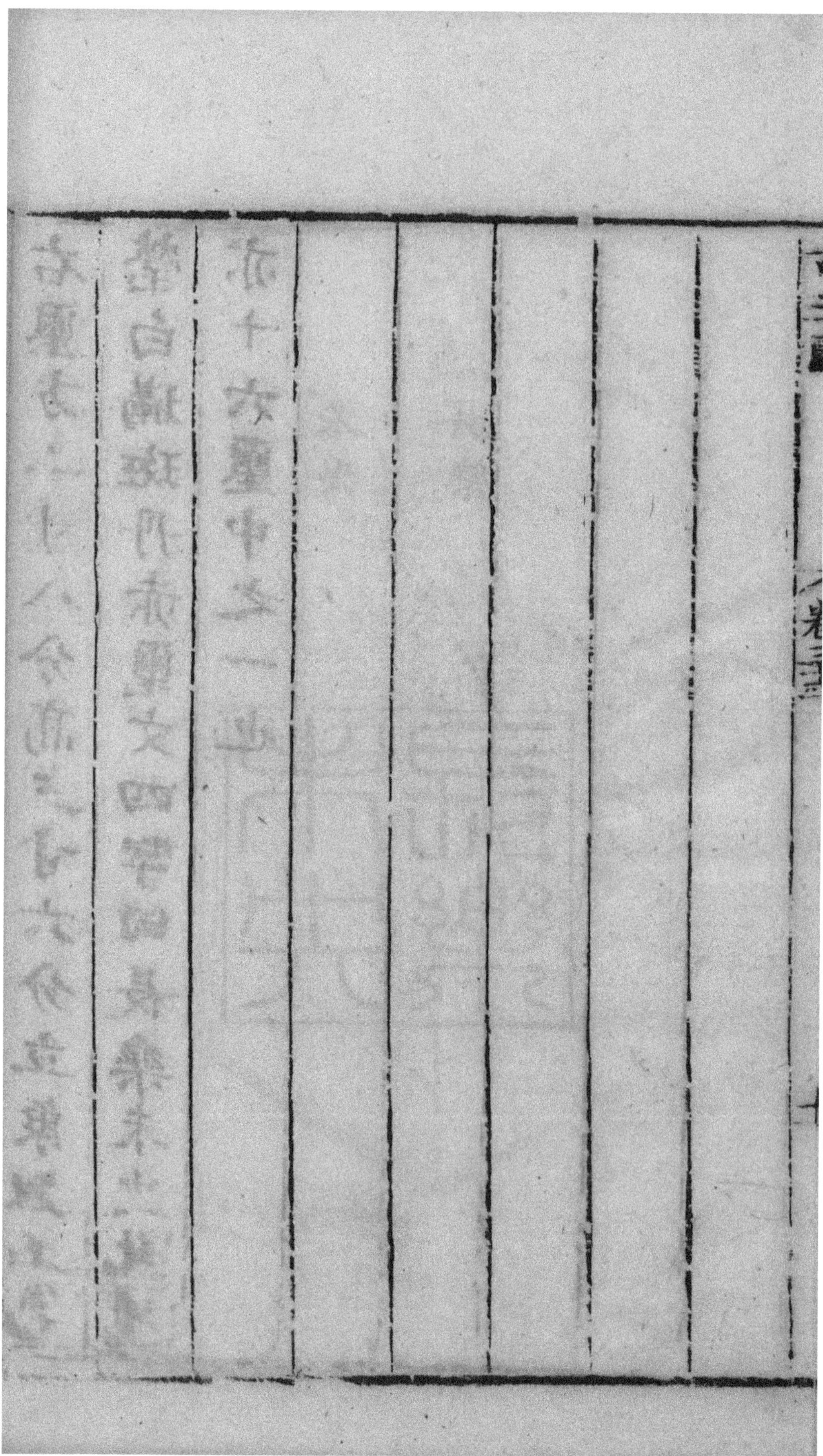

漢玉小璽計四字
陽鳥鈕
古玉圖
卷

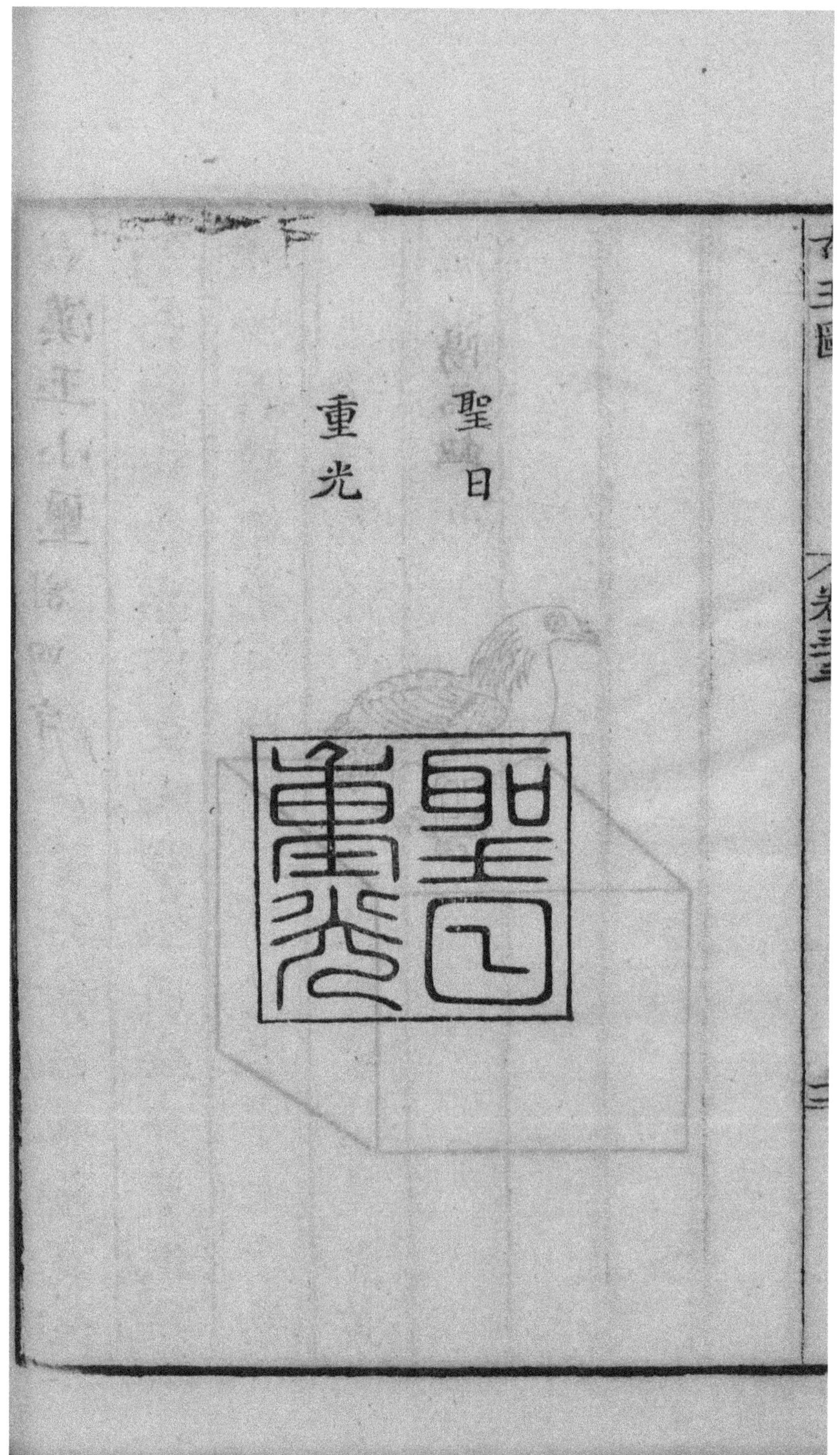
聖日
重光
聖日重光

右璽方二寸五分高二寸七分三足陽烏鈕玉色瑩白而微紅璽文四字曰聖日重光臣謹按漢詩紀事有日重光詩乃頌皇太子初立應瑞四休祥也乃日重光月重輪星重暈海重潤是也

宋淳熙敕編古玉圖譜第三十三冊　終

宋淳熙敕編古玉圖譜第三十四冊

唐玉小璽

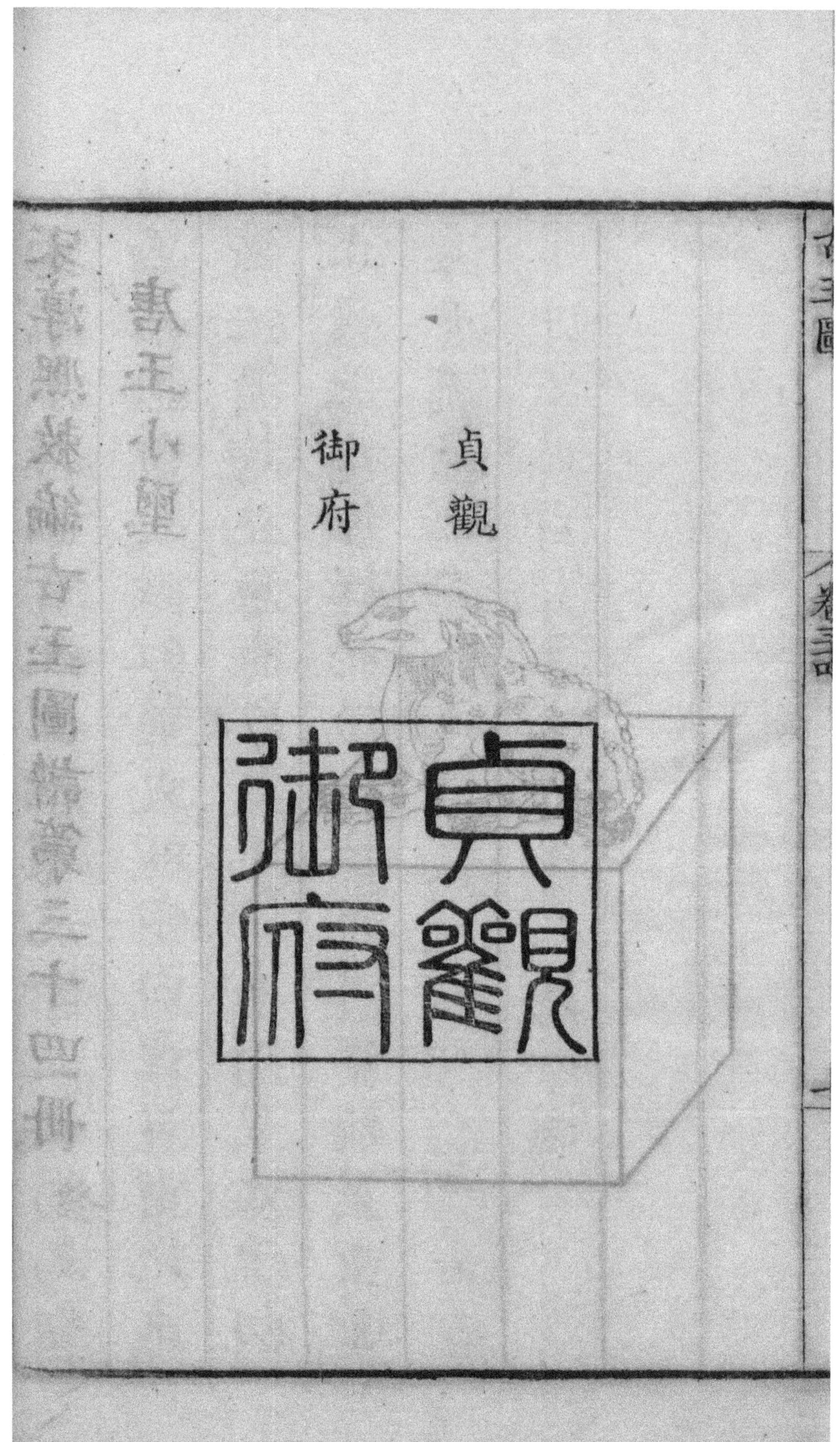
唐玉小璽
貞觀
御府
貞觀御府
古玉圖
卷三

右璽方三寸高四寸六分天祿獸鈕玉色瑩
白無瑕璽文四字曰貞觀御府臣謹按紀元
録云貞觀為唐太宗之年號也臣又於秘閣
奉敕鑒審歷代帝王名臣書畫見唐太宗文
皇帝真蹟御書賜褚遂良九日登高詩黃麻
牋上有此印記篆文大小與此一同

箋上有此印記篆文大小與此同

皇帝真蹟御書賜褚遂良九日登高詩黃麻

奉敕鑒審歷代帝王名臣書畫見唐太宗文

錄云貞觀爲唐太宗年號進臣文於秘閣

白麻箋璽文四字曰貞觀御府臣謹按紀元

右璽方三寸高四寸六分天祿辟邪鈕玉色瑩

唐玉小璽
大唐
麐德
元年
御篆

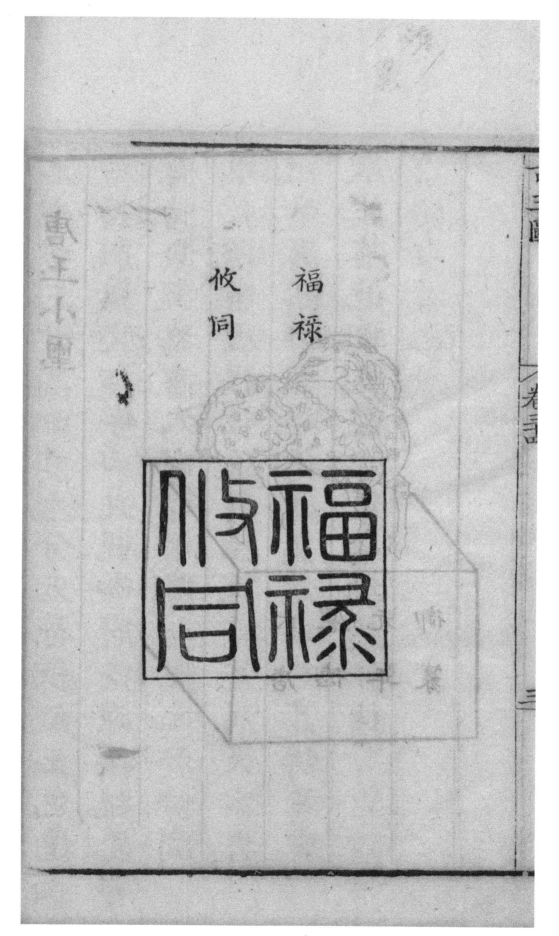

福祿攸同

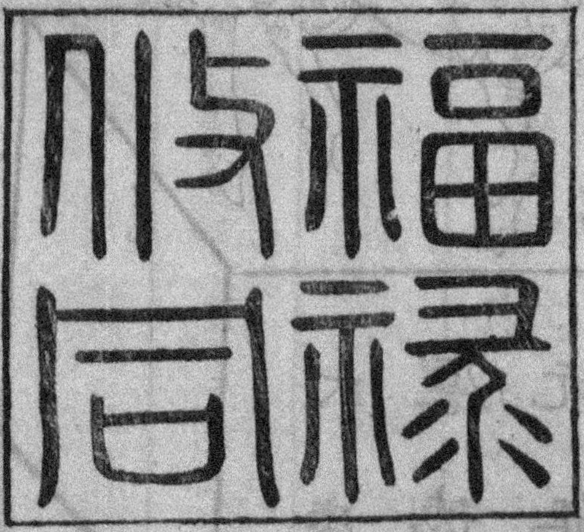

右璽方三寸二分高三寸八分角鹿鈕玉色瑩白瑞斑惟鹿身遍滿印臺則瑩淨無瑕最奇特臺上楷書八字曰大唐麐德元年御篆璽文四字曰福祿攸同臣謹按紀元錄云麐德為唐高宗之紀年也高宗雖工書法然實未聞其能篆也觀此篆法結搆頗佳昔曾致力於六書也歟

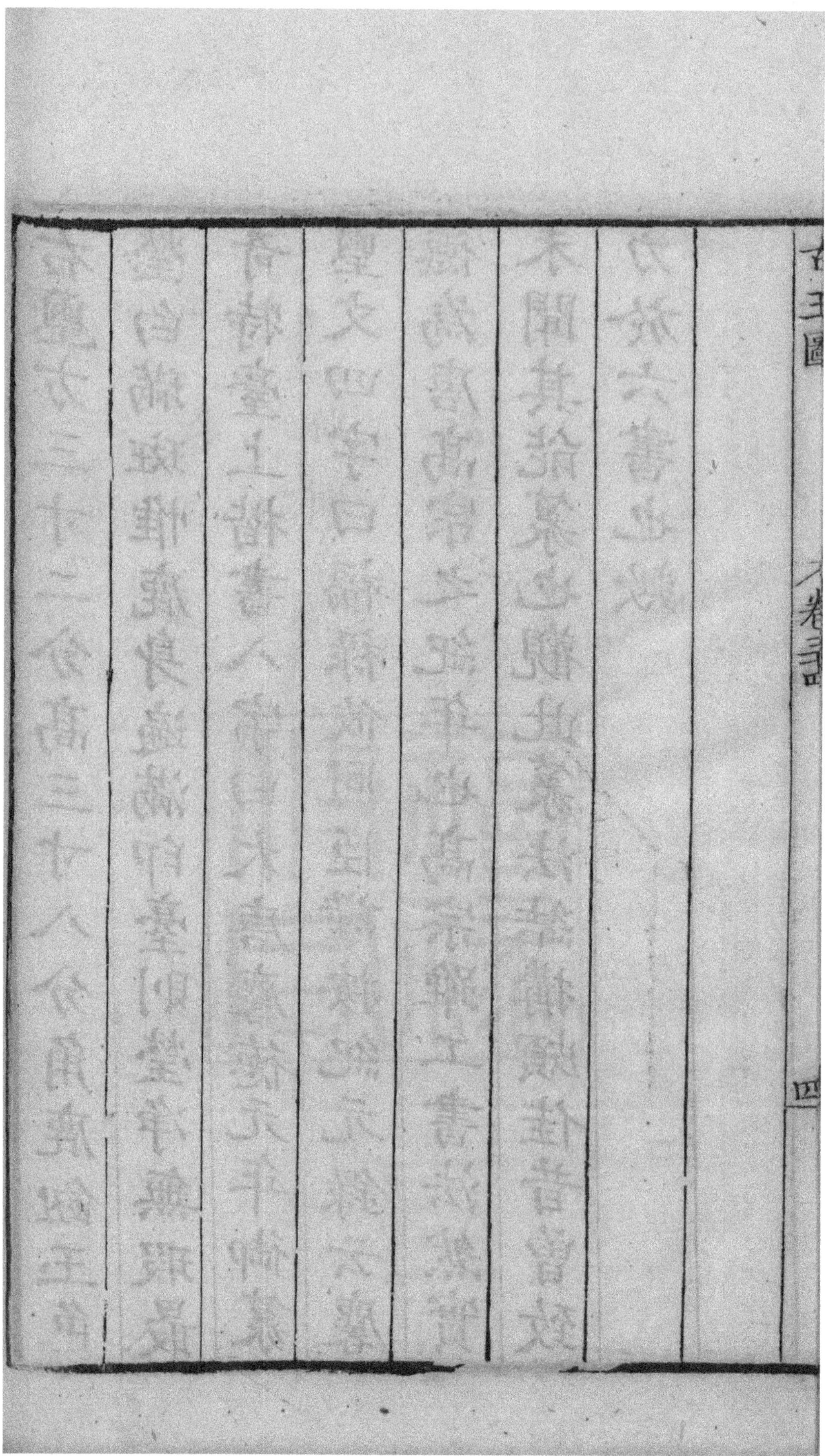

唐玉開元小璽

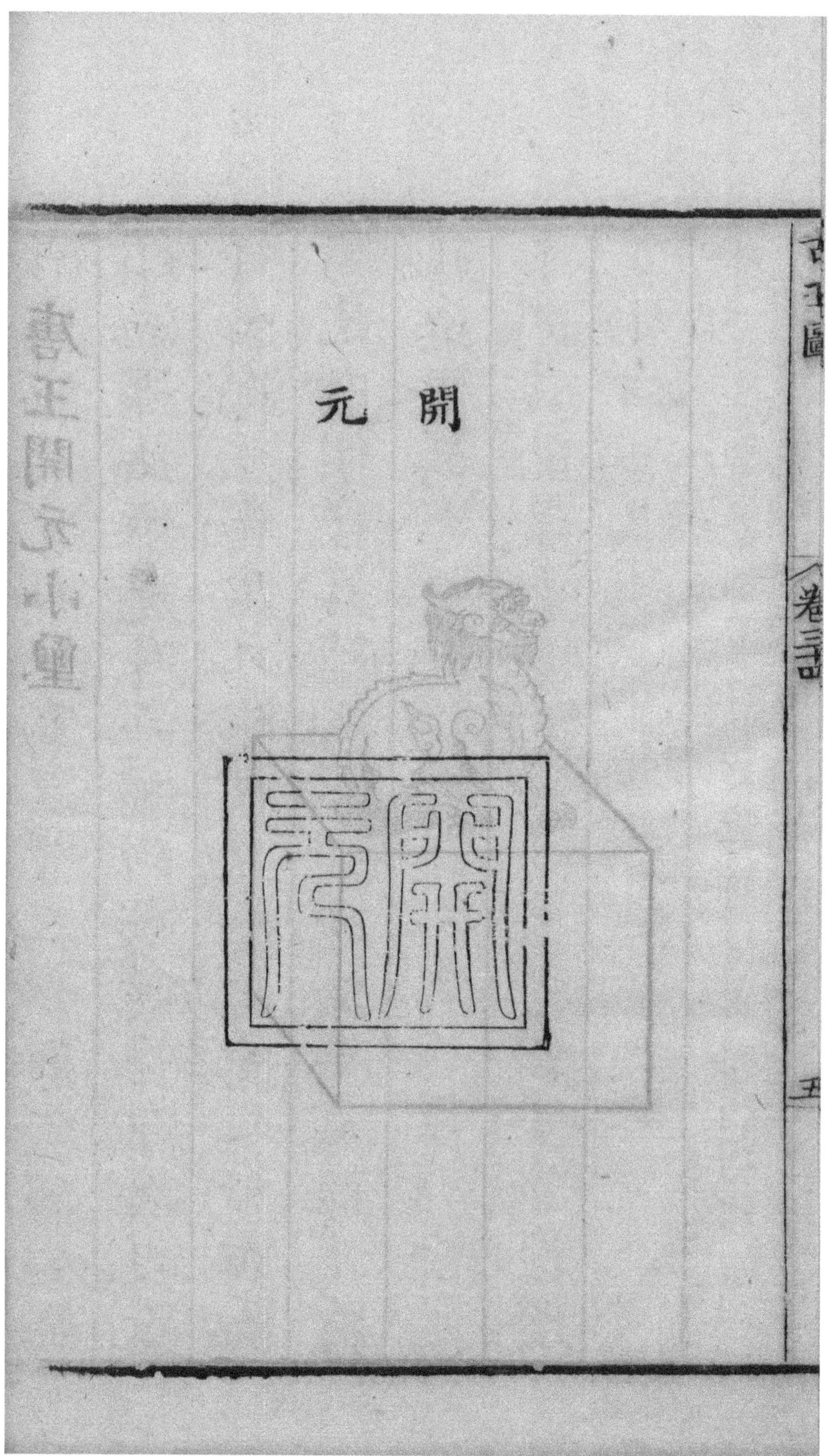
開元
古玉圖
卷
五

右璽方二寸四分高三寸三分辟邪獸鈕玉色淡碧無瑕璽文二字曰開元臣謹按紀元錄云開元爲唐元宗明皇帝之年號臣於秘閣見唐明皇真蹟御書鶺鴒頌黃麻牋上有此璽文云

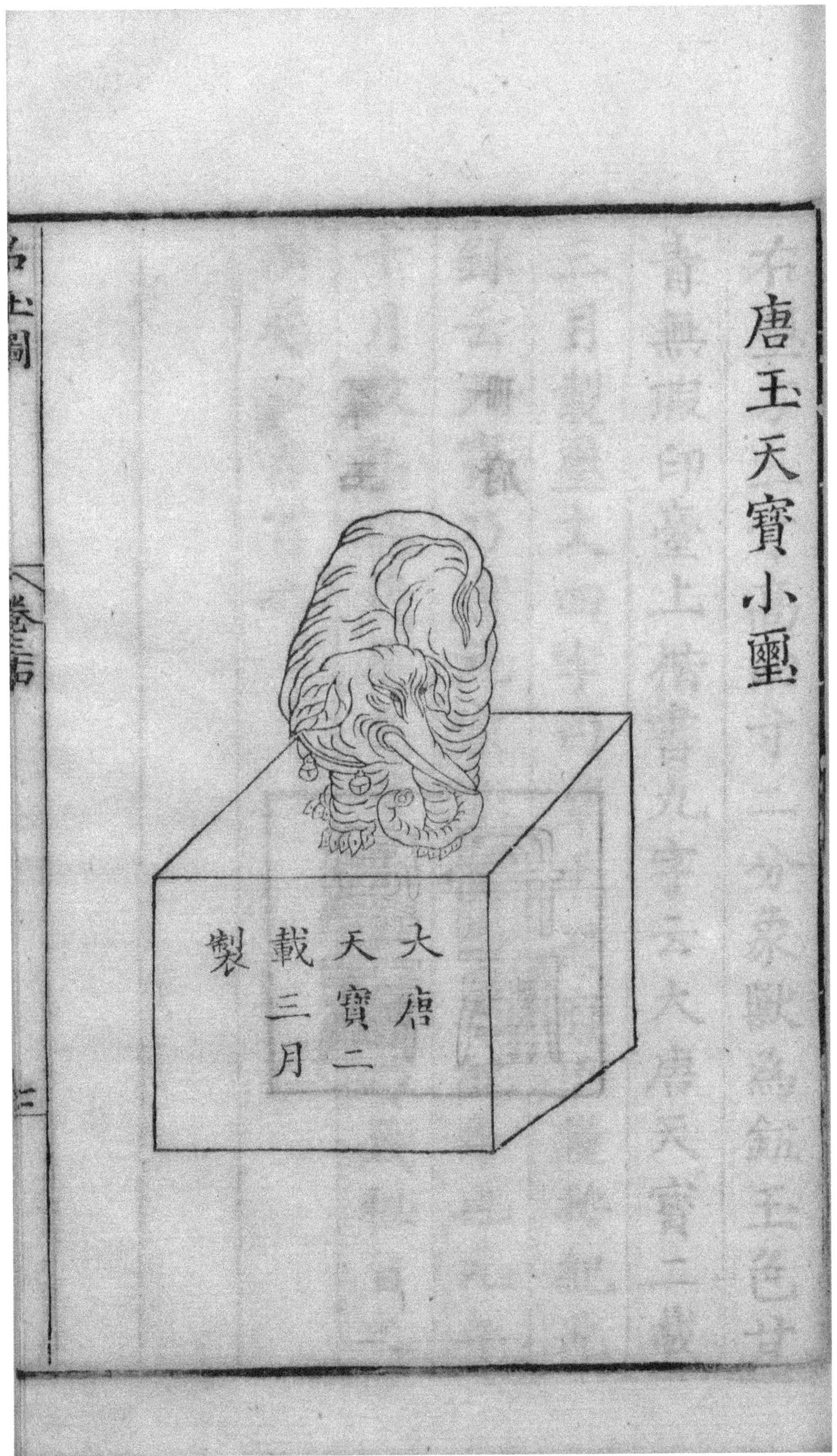

唐玉天寶小璽

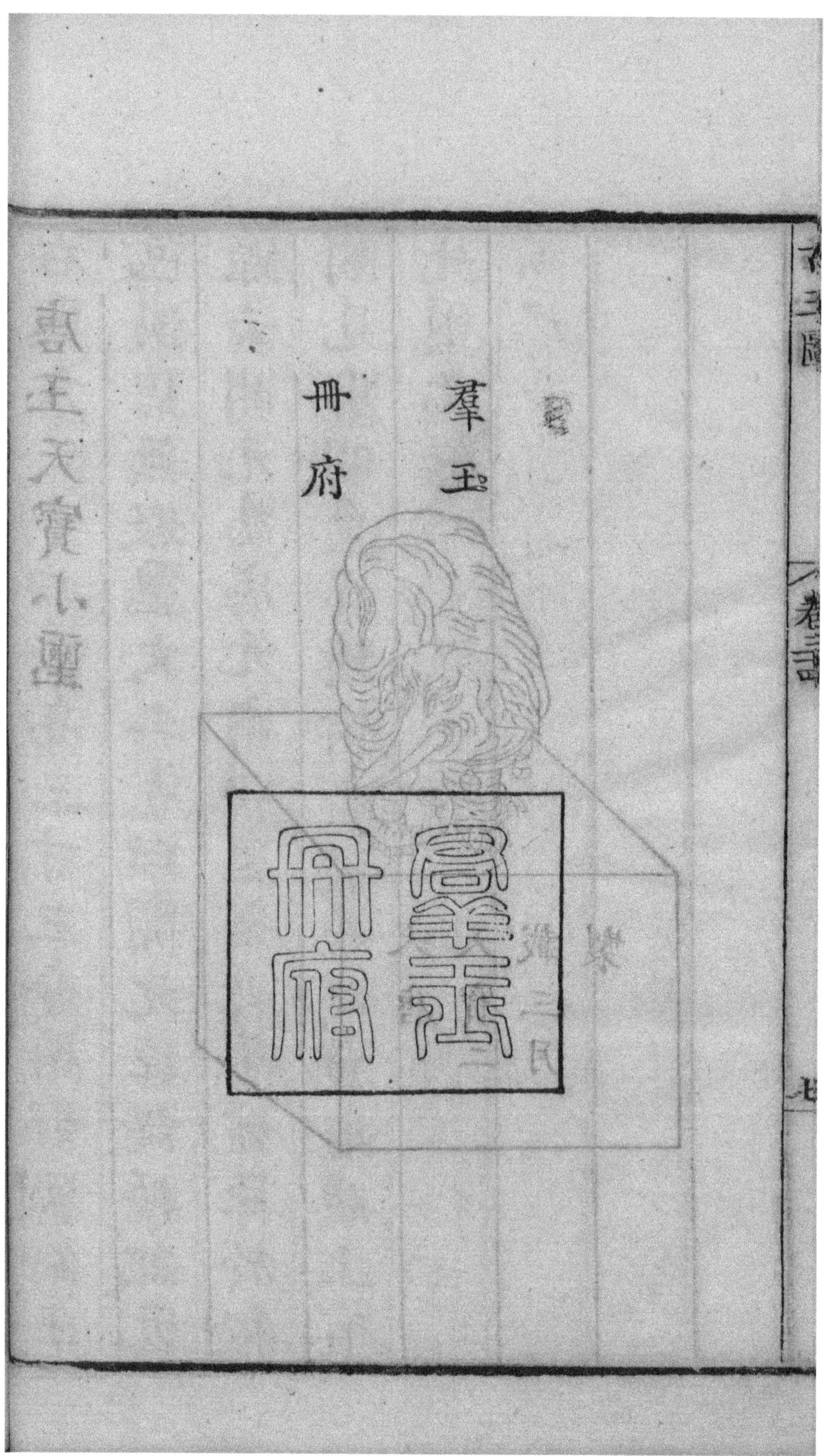
羣玉冊府
羣玉冊府

右璽方三寸高四寸二分象獸為鈕玉色甘青無瑕印臺上楷書九字云大唐天寶二載三月製璽文四字曰羣玉冊府臣謹按紀元錄云天寶乃唐元宗明皇帝之紀年也元年十月改年稱載是也羣玉冊府乃藏秘旨之所屬秘書省也

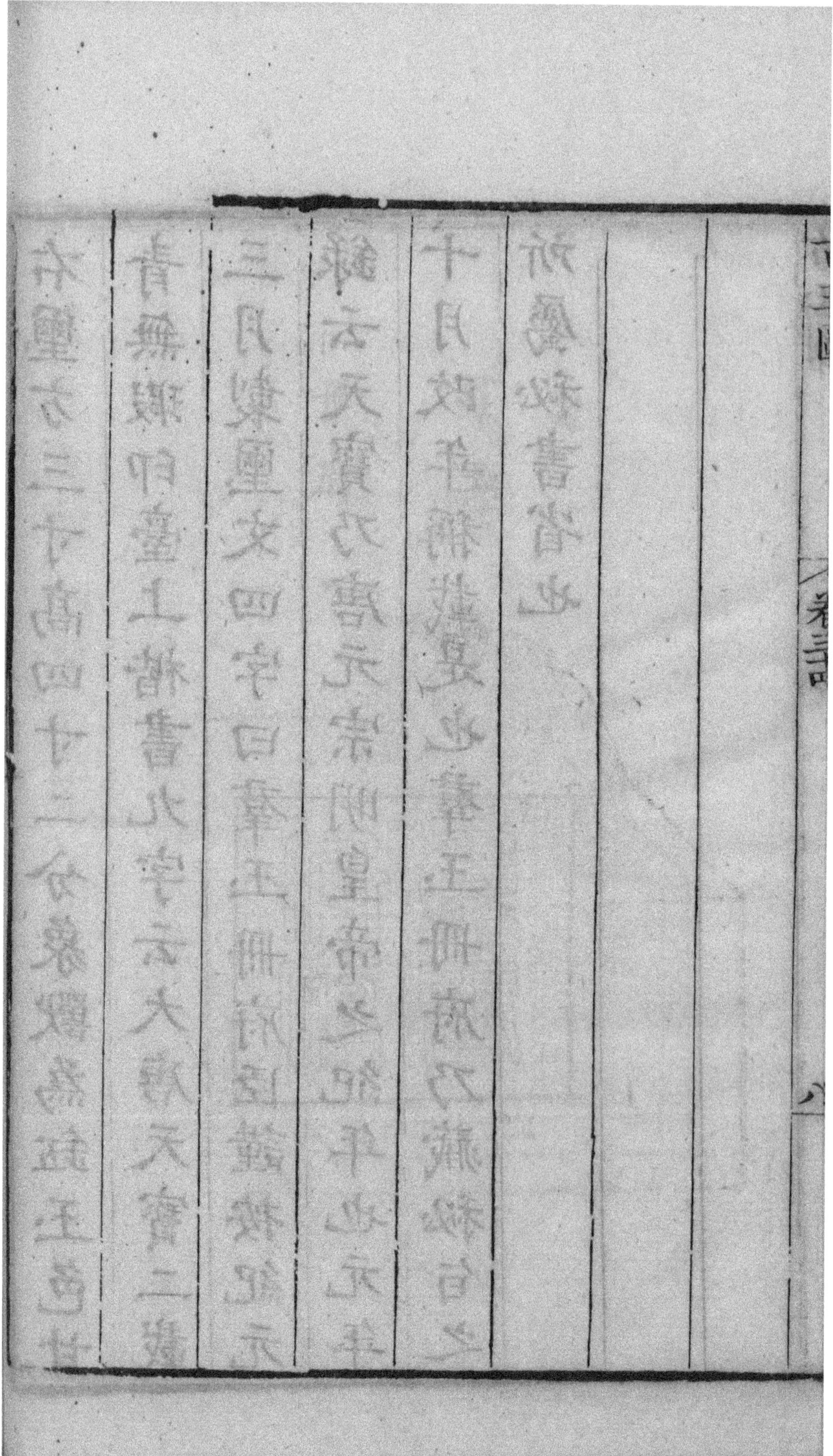

唐玉萬歲通天璽

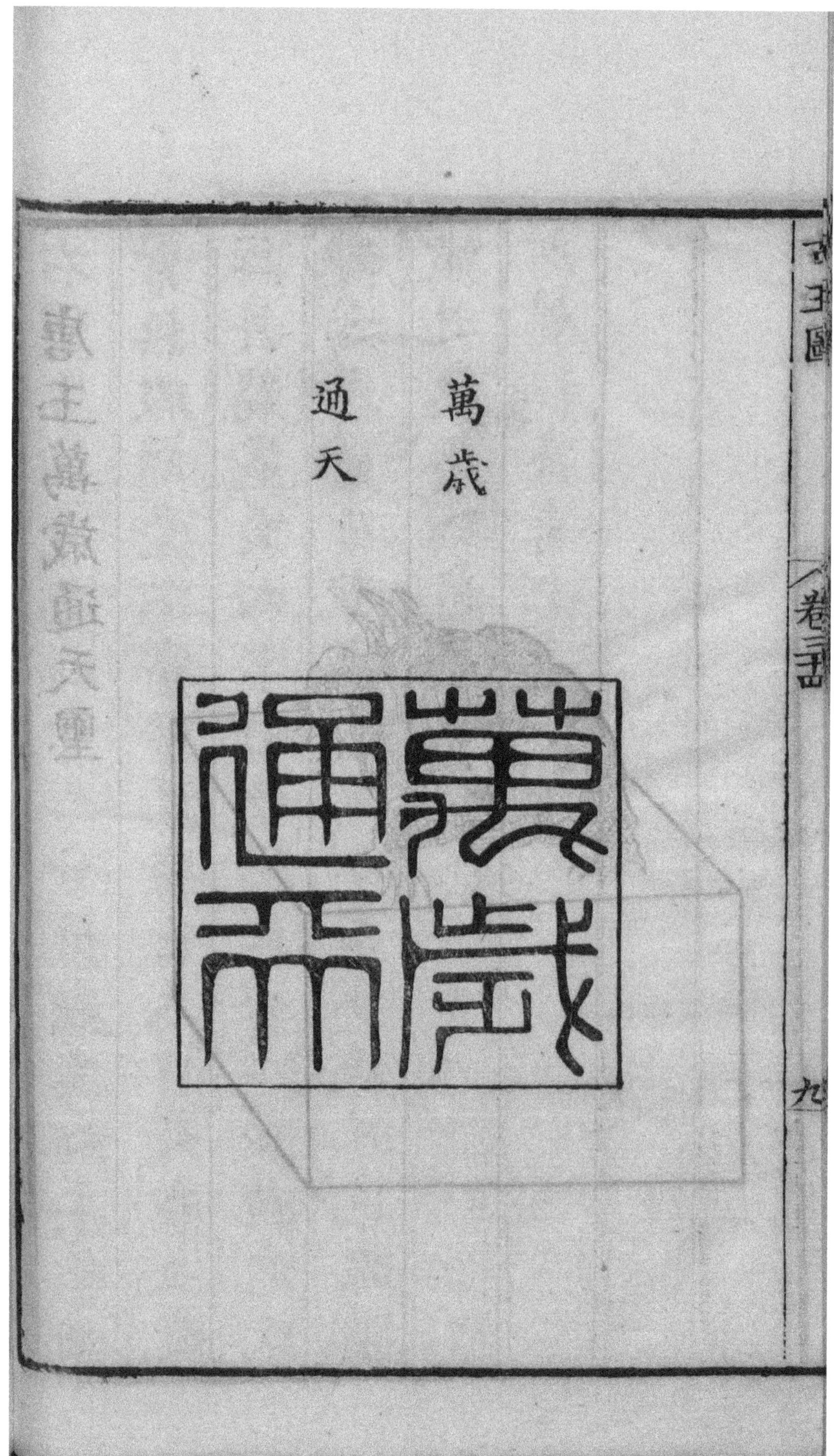
萬歲
通天
萬歲通天

右璽方四寸長五寸一分神龜為鈕玉色純紫無瑕璽文四字曰萬歲通天臣謹按紀元録云萬歲通天乃唐僞周武曌之年號武氏僭竊唐鼎云以水德王以龜為瑞凡章服璽綬之上俱以龜為象云

綫文上俱以龜為象云

僧稱唐鼎云以水德王以龜為瑞凡章服多飾

錢云萬歲通天乃唐偽周武曌之年號改元

崇無假璽文四字曰萬歲通天臣謹按紀云

右璽方四寸長五寸一分柄作龜為鈕玉色純

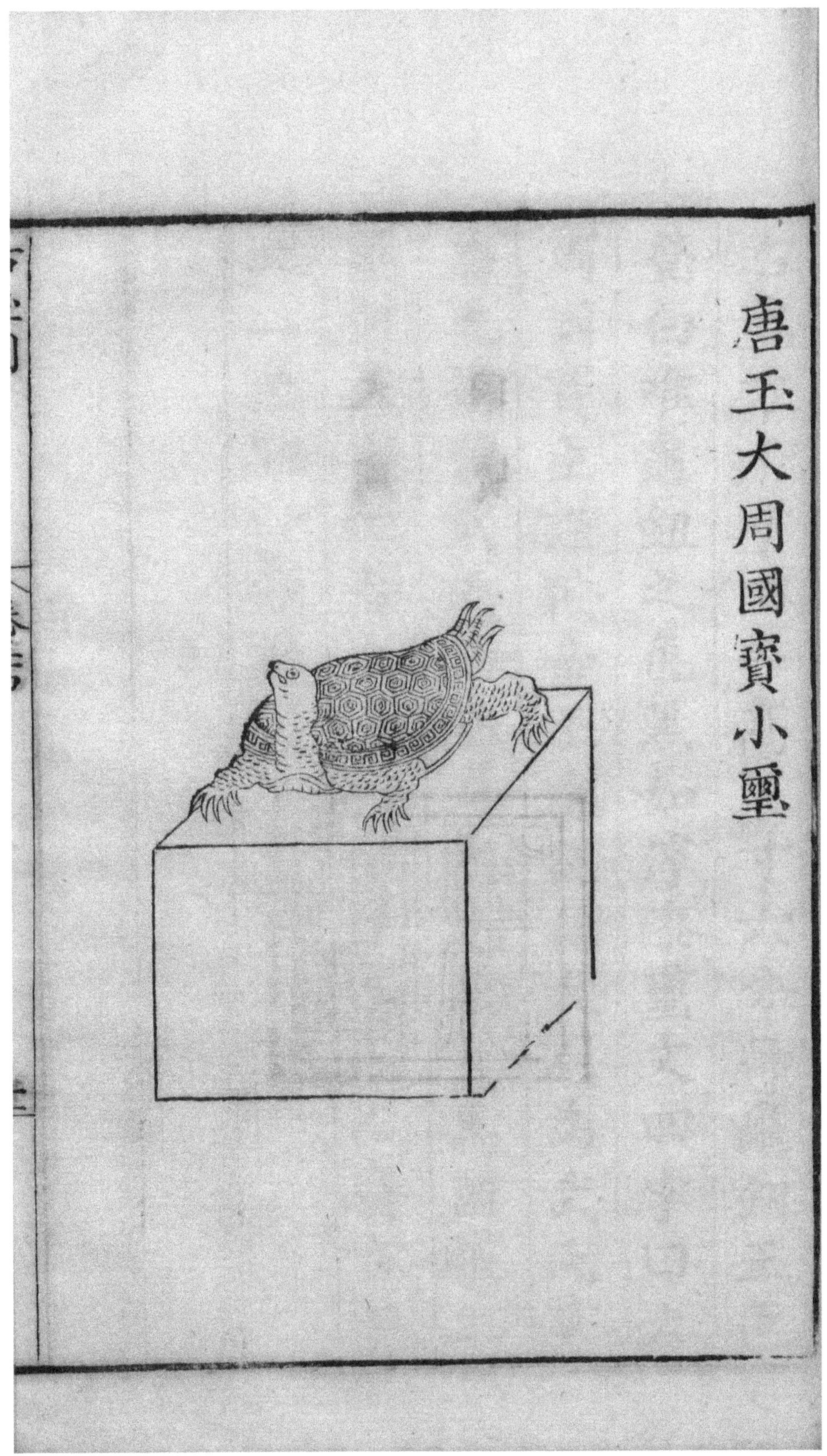

唐玉大周國寶小璽

大周國寶

右璽方二寸四分高三寸六分神龜鈕玉色瑩白唯龜鈕之色黑如淳漆璽文四字曰大周國寶臣謹按帝王建極記大周為武氏篡唐之僞號武氏雖為唐朝元后實為國賊二璽何足重輕昔人有云君子不以人廢言增此一璽聊以備數云

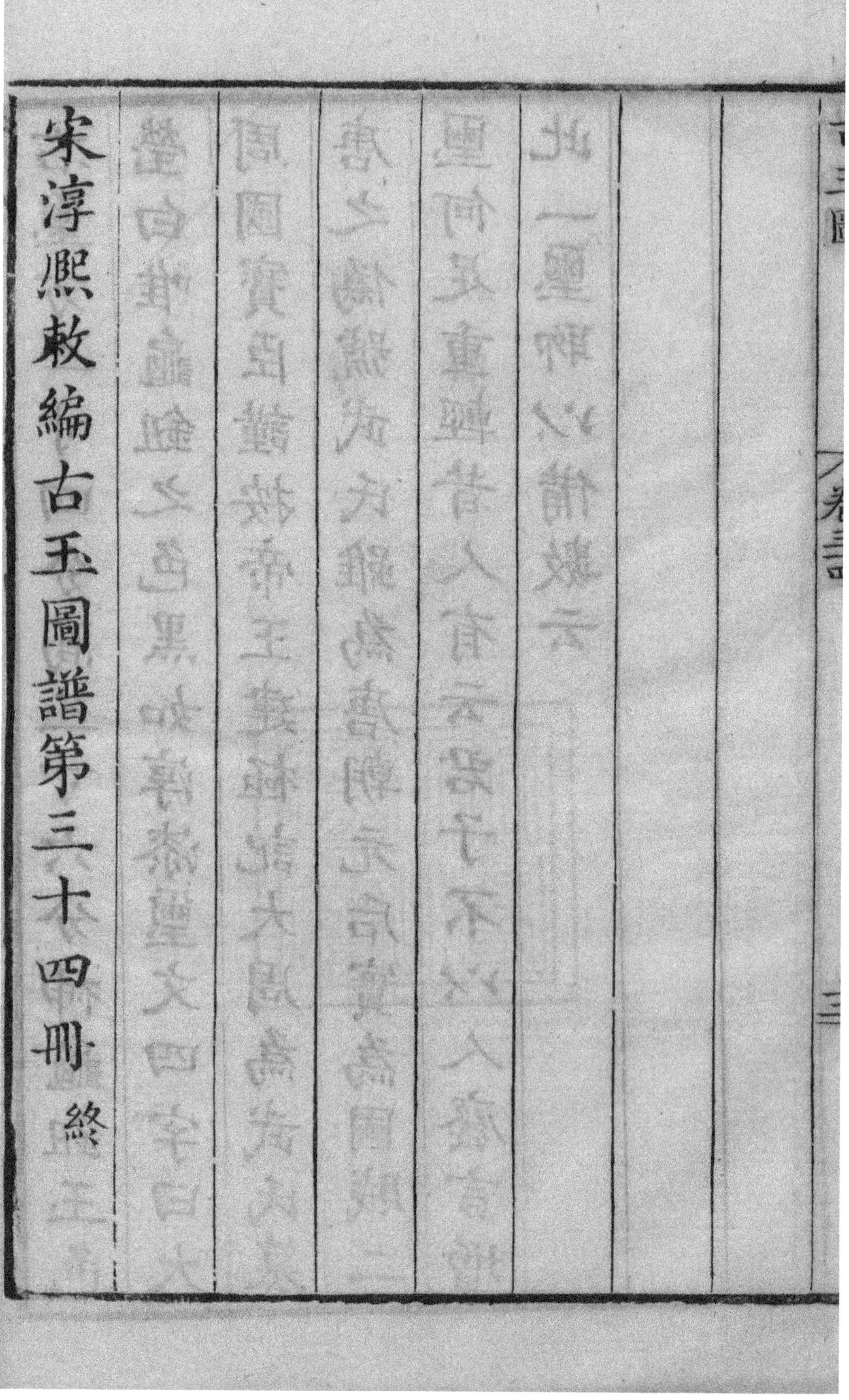

宋淳熙敕編古玉圖譜第三十四冊 終